KB060396

제2판

여성을 위한 법

이은영·장보은

박영사

제 2 판 머리말

이 책을 개정하는 일을 제안받았을 때 가장 먼저 든 생각은 내가 법을 공부하는 여성이기는 하지만 여성을 위한 법을 말하기에는 부족함이 많다는 것이었다. 학교로 자리를 옮기기 전 10여 년간 변호사로 일하면서는 스스로를 여성 법조인으로 강조하기보다 법조인으로 남성들과 동등하게 경쟁하고 평가받고자 애썼고, 법학자가 되어서도 기존의 주류 법학의 논의들을 전제로 공부를 해 왔기 때문에 걱정이 앞선 것이 사실이다. 그러나 나 역시 가정과 일 사이에서 덜거덕대며 두 딸을 키우는 워킹맘이기에, 이번 개정 작업은 여성의 눈으로 법을 들여다볼 수 있는 귀중한 공부가 되었음을 고백하여야 하겠다.

최근 우리 사회의 여성운동은 새로운 전기를 맞고 있다. 미국 할리우드를 중심으로 대대적으로 일어났던 성폭력 피해 고발운동인 '미투(#metoo)'는 우리 사회 여러 분야를 뒤흔들었고, 문화예술계는 물론, 검찰, 정치권 등 권력층의 민낯을 여지없이 드러냈다. 이러한 현실은 여성이나 사회의 약자들을 위하여 진보해 왔다는 우리 법과 제도가 현실에서는 제 몫을 다하지 못하고 있음을 보여주는 것은 아닐까? 더욱 우려스러운 것은 성차별에 대한 인식이 다른 성에 대한 혐오로 이어지는 현상이다. 남녀 대결로 치닫는 젠더 혐오는 해결 방안이 될 수 없다. 성에 의한 차별을 넘어서기 위한 법체계의 변화를 진지하게 고민하여야 하는 이유가 여기에 있다.

그 첫걸음으로서 이 책은 여성이 생애주기마다 부딪치는 법률문제를 소개함으로써 성과 관련된 전체적인 법의 모습을 이해하는 데에 도움을 주고, 구체적인 문제 해결을 위한 단초를 제공하고자 하였다. 이 책이 처음 출판된 2011년 이후 관련된 여러 법률이 개정되었고, 간통죄가 위헌으로 결정되는 등 주요한 판례 변경도 있었다. 예를 들어 여성발전기본법은 양성평등기본법으로 법명이 변경되었고, 가족법에서도 이혼 후 단독친권자로 지정된 부모 일방이 사망한 때 타방의 친권이 자동적으로 부활하는 것을 금지하는 내용이 포함되었으며, 미성년자의 입양시 법원의 허가를 얻도록 하고, 자녀의 복리를 위하여 필요한 경우 친권을 제한하는 등 여러 변화가 있었다. 또한 강간죄는 여성뿐만 아니라 사람에 대한 강간 및 유사강간을 처벌하는 것으로 확대되었고, 혼인한 부부간에도 강간죄가 성립되는 것으로 판례가 변경되었다. 이번 개정판은 기본적으로 기존의 틀을 유지하되 그간에 나온 새로운 법률과 판례를 보완하는 데 중점을 두었다.

이 책의 저자이신 이은영 교수님은 40여 년간 법을 여성의 관점에서 비판하고 여성들에게 실질적으로 도움을 줄 수 있도록 학문적, 사회적 노력을 다하셨다. 개정 작업을 하면서 교수님의 뜻과 명성에 반하지 않고자 노력하였으나, 되돌아보니 부족한 부분도 많고 최근 여성 운동이나 법체계의 변화를 충분히 포함시키지 못한 것도 아쉬움으로 남는다. 이는 관련 공부가 충분하지 못한 나의 책임인데, 그럼에도 불구하고 전적으로 믿고 맡겨주신 이 교수님께 진심으로 감사를 드리며, 앞으로 부족한 부분을 충실히 채워나갈 것을 다짐한다.

2019년 2월
장 보 은

머 리 말

법과 함께한 지난 삼십 년 사회도 법도 많이 바뀌었다. 여성에 관한 한 법은 굉장한 진보를 거듭해 왔다. 그래서 지금 법만 놓고 보면 꽤 잘 되어 있는 것처럼 보인다. 이제 여성을 위한 법률은 아주 많아져서 모두 다 알기 어려울 만큼 다양해졌다. 물론 서구의 법에 비하면 아직 갈 길이 멀다. 문제는 문화와 관습이다. 이것들은 세대를 거듭해도 좀체 변하지 않는다. 21세기의 여성들이 조선 시대와 비슷한 억울함으로 고민하다 법률가라면 무슨 뾰족한 수가 있을까 하고 상담하러 온다. 그런데 상담을 받아 주는 법률가는 그동안의 법의 변화를 모른채 까마득한 옛날이야기만 해 주고 있다. 다행히 요즈음은 억울한 여성들이 자신을 도와줄 법률을 직접 검색할 수 있는 시대가 되었으나, 궁지에 빠진 사람이 자신을 끌어내 줄 법률을 발견할 수 있는 정보는 아직 그다지 많이 구축되어 있지 못하다.

법을 전공하겠다고 마음먹은 때부터 지닌 '법은 약자를 위한 것'이라는 좌우명에 부끄럽지 않으려고 노력해 왔지만, 사람일이 마음먹은 대로 되지 않는다는 만고의 진리만을 깨달았다. 학창시절 법을 배우면서 우리나라 법이 강자를 위한 법, 남성을 위한 법이라는 사실을 알고서 무척 놀랐다. 법률가의 의식을 깨게하고 법을 바꾸려고 운동하는 나를 두고 '소수설 교수'라는 별명이 붙여졌다. 그래도 개의치 않고 법이 외면하는 음지에 한 줌의 햇빛이라도 더 비추도록 사회의 구조를 흔들어댔다. 그리고 스스로 싸우기를 결심하고 법을 향해 손을 뻗치는 사람에게 조금이라도 도움이 되겠거니 하고 책을 써 왔다. 그러다 보니 법을 여성의 관점에서 비판하고 여성에게 실질적 도움을 줄 수 있도록 만드는 일을 해온 지 삼십 년이 훌쩍 넘게 되었다. 요즈음은 내가 그동안 해 왔던 투쟁방식이 얼마나 허약했었나 하는 생각을 하면서 반성하고 또 반성하고 있다. 그 사이 철이 나서 법만 가지고 사회가 변하는 것은 아니라는 사실을 깨닫게 되었기 때문이다.

이 책은 여성이 생애주기마다 부딪치는 법률문제를 친절하게 소개했다. '요람에서 무덤까지' 여성들은 다음과 같은 각기 다른 현실의 벽에 부딪친다. 학교는 왜 나에게 고전소설에 나오는 '여자의 일생'을 당연한 것처럼 가르치는지, 원하지 않은 임신으로 일생을 망치지 않기 위한 궁여지책으로 낙태를 해도 되는지, 회사는 왜 여성을 임시직으로만 채용하려고 하는지, 여성이 승진하려고만 하면 유리천장이 어떻게 가로막는지, 여성이 인구의 절반을 넘는데 장관이나 국회의원의 여성비율은 왜 그렇게 낮은지, 여성들을 학대하는 포르노를 보고 성적 쾌감을 얻는 남성들이 정상인지, 남자들은 왜 여자아이부터 할머니까지 모든 여성을 성폭력이나 매매춘의 대상으로 삼는지 등등 그 벽은 참 많기도 하다. 최근 들어 입법자들은 돈 안들이고 선심 쓰기 위해 여성에 관련된 법률을 자주 개정해 왔고 또 앞으로도 그러할 것이기 때문에 현행법의 구체적인 규정을 다루기가 싫었지만, 그래도 법의 변천사를 살펴보고 현재 활용할 수 있는 규정을 찾기 위해서 그 소개를 담았다.

가족법은 여성들이 상담하러 오는 법률문제의 대부분을 차지하고 있다. 이 책에서는 특히 가족법에 관한 판례를 상세히 소개하여 이 책만 읽고도 실제문제에서 해결책을 찾도록 하였다. 씨만 뿌려 놓고 모른 체 하는 남자에게 양육비를 받아 낼 수 있는지, 변심하여 파혼을 요구한 남자에게 위자료를 청구할 수 있는지, 이혼을 한 후 자녀 양육비는 매달 어떻게 받는지, 재혼 후 자녀의 성을 재혼남편과 같은 것으로 바꿀 수 있는지, 가사노동은 얼마로 평가되는지 하는 실질적인 문제가 잔뜩 담겨 있다. 그 밖에 여성노인이 관심 갖는 문제로서, 자녀에게 부양료를 얼마 청구할 수 있는지, 치매에 걸리면 재산관리와 간병을 맡아 줄 성년후견인은 어떻게 지정할 것인지, 남편의 사망 후 상속은 얼마나 받게 되는지, 상속세는 얼마나 내야 하는지, 한국전쟁 때 북한에 두고 온 남편의 자녀도 상속을 받게 되는지 등이 언급되어 있다. 마지막으로 요새 활발해진 남성운동과 남성학에 대해 소개하고 응원을 보냈다.

이 책을 쓰도록 권유해 준 박영사의 안상준 팀장과 조성호 부장에게 그 기획의 탁월함에 찬사를 보내며, 편집과 교정을 맡아 준 김선민 부장과 문선미 씨의 적극적인 조언에 깊이 감사드린다. 이 책은 종전의 『법여성학강의』의 내용을 대부분 흡수하였으므로, 당시 그 책을 쓰는 데에 도움을 주었던 분들에게 다시 감사의 말씀을 드린다.

2011년 7월
이 은 영

차   례

여성을 위한 **법**

CHAPTER 01

여성주의와 법

"세상에 불쌍한 인생은 조선 여편네니 우리가 오늘날 이 불쌍한 여편네들을 위하여 조선 인민에게 말하노라. 여편네가 사나이보다 조금도 낮은 인생이 아닌데 사나이들이 천대하는 것은 사나이들이 문명개화가 못되고 자기의 팔심만 믿고 압제하려는 것이니 어찌 야만에서 다름이 있으리오. 조선 부인네들도 차차 학문이 높아지고 지식이 넓어지면 무리한 사나이들을 제어히는 방법을 알리다. 아무쪼록 학문을 높이 배워 부인의 권리를 찾으라."

_서재필 박사, 1896년 4월 21일자 독립신문 사설 중에서

I. 여성주의

여성주의의 대두

여성주의란 무엇인가

여성주의Feminism는 여성이 남성과 동등한 인간으로 대우받지 못하며 법·제도·정치질서를 통해 차별받는다는 상황을 인식하고, 원인을 분석하는 이론이다. 근대 이후 인간은 남녀노소, 빈부, 인종에 상관 없이 모든 사람이 다 평등한 것으로 이야기되지만, 여성과 관련된 차별들은 빈부나 인종과 관련된 차별보다 더 뿌리깊게 남아 있다. 여성주의는 여성과 남성을 생물학적 차이 이상으로 구분하고 그 사회적 의미를 달리 부여하는 것에 저항한다. 서구의 여성주의는 '성별관계'에 초점을 두고 현재의 지배질서를 분석하고 대안을 모색한다는 점에 그 공통점이 있다. 대표적인 여성주의의 종류로는 자유주의적 여성주의, 마르크스주의적 여성주의, 급진적 여성주의, 사회주의적 여성주의가 있고, 그 밖에 정신분석학적 여성주의, 실존주의적 여성주의, 포스트모던 여성주의, 생태 여성주의 등도 주창되었다.

자유주의적 여성주의

자유주의적 여성주의Liberal Feminism는 여성에게 남성과 동등한 정치적·사회적·경제적 권리를 보장하는 법적·제도적 장치를 마련할 것을 요구하였다. 근대초기의 자유주의 사상은 여성들에게 자의식을 불러일으키는 계기가 되었다. 자유주의 사상으로부터 영향을 받은 여성들은 남성의 특권적 지위에 대항하여 평등을 주장했고, 여성에 대한 차별에 저항하는 이론과 운동을 펼쳐 나갔다. 자유주의적 여성주의자들은 여성에 대한 차별의 원인이 여성의 본성적 열등성에 있는 것이 아니라, 여성을 비이성적이고 감성적인 존재로 보는 사회적·문화적 관습과 편견 때문이라고 파악하였다. 다만, 자유주의 여성주의자들은 공적 영역인 사회와 사적 영역인 가정을 분리하는 당시의 사회사상에 기초하여, 공적 영역에서 남성과 동등한 권리를 획득하고자 주장했지만 사적 영역은 국가가 개입할 수 없는 영역으로 생각하였다. 또한 자유주의적 여성주의는 여성문제의 원인을 제도적 불평등에서 찾고 남성과 동등한 권리를 얻는 것으로 문제가 해결되리라는 기대를 가졌을 뿐, 가정과 사회에서 여성을 억압하는 원인이 무엇인지에 대한 구조적 분석은 시도하지 않았다는 취약점이 있다.

마르크스주의적 여성주의

마르크스주의적 여성주의Marxist Feminism는 인류 역사상 발전되어 온 경제적 착취구조와 계급형성을 여성억압의 원인으로 보고, 그 대안으로서 계급혁명에 의한 생산구조의 사회화를 주장하였다. 자본주의가 발달함에 따라 남성들은 임금노동에 참여하고 여성들은 생물학적 특성과 관습에 의해 가사노동을 담당하게 되었다. 그러나 여성들은 가사노동을 담당하면서도 현실적으로 생계유지를 위한 저임금의 노동에 참여할 수밖에 없었고, 그 결과 가사노동과 임금노동이라는 이중부담을 지게 되었다. 또한 저임금과 가사노동 담당자라는 이유로 자본가에게 착취당하고, 남편에게 종속되었다. 따라서 남녀평등을 위하여는 여성을 저임금노동력으로 이용하는 성별분업구조를 없애고, 여성의 사회참여를 방해하는 가사노동과 육아의 사회화가 필요하며, 여성이 남성과 함께 임금노동에 참여하여 계급투쟁을 통한 계급철폐와 사유재산제의 폐지를 이루어야 한다고 주장하였다. 마르크스주의적 여성주의는 여성문제를 역사적이고 사회구조적인 문제로 인식하였으나, 여성억압의 문제를 계급억압의 문제로 한정하였다는 점이 한계로 지적된다.

여성주의의 발전

급진적 여성주의

급진적 여성주의Radical Feminism는 가부장제에서의 여성억압을 가장 보편적이고 뿌리깊은 인간억압형태로 파악하고, 남성과 여성의 지배·피지배 구조를 변혁하지 않는 한 여성억압은 사라지지 않을 것이라고 주장하였다. 초기의 급진적 여성주의자들은 여성억압의 가장 근본적인 이유가 남녀의 생물학적 차이 때문이라고 생각하여 인공태반과 같은 과학기술을 통하여 이를 극복하려고 하였으나, 점차 생물학적 결정론에서 벗어나 현실의 성차별적인 문화나 성역할에 관심을 갖게 되었다. 즉, 급진적 여성주의자들은 남성성과 여성성이라는 사회적인 성역할이 남성이 여성을 지배하는 도구로 활용되었으며, 강간·매춘·포르노 등을 통해 여성이 성적으로 노예화되어 왔음을 밝혀냈다. 고정적 성역할에 대항하여 '남성성'보다 더 가치 있는 '여성성'을 갖춘 인간형을 발굴해 내고 레즈비언적 감정과 자매애에 의한 여성연대를 주장하였다. '사적인 것이 가장 정치적인 것이다'라는 말로 대표되는 급진적 여성주의는 가부장제라는 용어를 일반화시키고 성과 출산 등의 사적인 문제를 학문적으로 접근하여 그 정치적 의미를 분석했다는 점에서 여성학의 발달에 큰 기여를 했다. 다만 모든 현상을 남녀의 지배·피지배 관계라는 대립적인 관계로 단순화시킴으로써 경제적·사회적 요인을 배제했다는 점에서 한계를 드러냈다.

사회주의적 여성주의

사회주의적 여성주의Socialist Feminism는 마르크스적 여성주의와 급진적 여성주의를 종합하여 남녀차별의 문제를 경제적·문화적 양면에서 분석하려고 시도하였다. 즉, 사회주의적 여성주의는 급진적 여성주의는 경제적 측면이나 계급적 대립을 고려하지 않은 취약점이 있고, 마르크스주의적 여성주의는 성적 지배관계와 여성억압적 문화를 간과했다는 점을 지적하면서, 가부장제와 자본주의가 모두 여성억압의 주요한 원인이라고 보았다. 따라서 사회주의해방이 곧 여성해방으로 직결되는 것은 아니며, 가부장제와 성별분업의 폐지가 함께 이루어질 때 여성문제가 해결될 것이라고 주장하였다. 이러한 사회주의적 여성주의에 대해서는 급진주의와 마르크스주의를 기계적으로 결합한 것에 불과하고, 하나의 확고한 여성주의적 대안을 제시하지 못한다는 비판이 제기되었다.

여성을 위한 **법**

정신분석적 여성주의

정신분석적 여성주의Psychoanalytic Feminism는 프로이드 이론의 생물학적 환원주의에 대하여 비판하였으며, 정신분석적 접근을 통해 여성주의적 시각을 반영시켰다. 프로이드의 정신분석 이론에 따르면, 모든 유아의 첫번째 사랑의 대상은 어머니이지만, 사내아이는 아버지가 자신을 거세할 것을 두려워하여 어머니에 대한 사랑을 포기하고 아버지의 권위에 복종하여 초자아超自我를 발전시킨다. 반면에 여자아이는 처음에 어머니를 사랑하지만 오빠나 남동생의 페니스를 선망하고 자신에게 페니스를 주지 않은 어머니를 원망하게 되고 사랑의 대상을 아버지로 전환시킨다고 하였다. 그 결과 여자는 성기콤플렉스에 빠지게 되고 페니스를 가진 남자아이를 갈망하게 된다고 하였다. 이처럼 소녀는 소년과 같은 오이디푸스 콤플렉스를 경험하지 못하기 때문에 강한 초자아를 발전시키지 못한다고 하였다. 정신분석적 여성주의는 오이디푸스 콤플렉스 대신 오이디푸스 이전의 시기들을 분석하거나 오이디푸스 콤플렉스에 대하여 비가부장적인 의미들을 부여하는 등 콤플렉스를 재해석하여 여성해방적 논의를 이끌어 내려고 노력하였다. 예를 들어 도로시 디너스타인과 낸시 초도로우는 오이디푸스 이전 시기에 남성성과 여성성이 결정되어 남성지배 구조를 생산해 낸다고 보고, 이것을 막기 위해 남성과 여성이 함께 아이를 양육하여야 한다고 주장하였다. 정신분석적 여성주의는 여성억압 구조를 심리적으로 분석해 내려는 시도를 하는 점에서 의미가 있지만, 그것만으로는 여성억압에 대한 총체적 설명을 제공하지 못하는 한계를 갖는다.

실존주의적 여성주의

프랑스의 여성철학자 시몬느 드 보봐르는 『제 2 의 성』1949에서 여성억압에 대한 실존주의적인 분석을 시도하면서 실존주의적 여성주의Existentialist Feminism를 창안하였다. 가부장적인 현실에서 남성은 긍정적인 자아로서 여성은 부정적인 타자他者로서 존재하고, 타자가 자아에 대한 위협이라면 여성 역시 남성들에게 위협이 되며, 결국 남성은 여성을 억압하게 된다고 설명하였다. 남성들이 여성을 타자로 간주하는 것은 출산과 양육 기능을 담당하는 여성을 '육체'로 인식하기 때문이라고 분석하였다. 나아가 여성들이 타자성을 극복하기 위해서는 여성들이 지성인이 되어 지적 활동을 해야 하고, 주체로서의 자신의 지위를 확인하기 위해서 경제적인 능력을 가짐으로써 자신의 초월성을 회복해야 하며, 사회주의적인 사회변혁을 향해 노력함으로써 남녀 사이에 주체와 객체, 자아와 타자간의 갈등을 없애야 한다고 그 대안을 제시하였다. 이러한 보봐르의 주장은 여성문제를 지나치게 추상적으로 파악했다는 점, 전통적 가치관에 따라 남성적 특질에 높은 가치를 부여한다는 점에서 비판을 받고 있다.

포스트모던 여성주의

포스트모던 여성주의Postmodern Feminism는 여성들이 갖고 있는 타자성이 결코 '열등함'을 의미하는 것이 아니라 오히려 다원성, 다양성, 차이 등을 의미하는 것이며, 타자성은 현재의 지배질서인 가부장제를 비판하는 힘이 된다고 주장하였다. 포스트모더니즘은 근대성을 의미하는 모더니즘을 비판하고 이것을 넘어서고자 하는 경향인데, 이 경향은 여성주의에도 영향을 미치게 되었다. 포스트모던 여성주의에서는 '근대성'이란 '나'를 중심으로 타자를 대상화하는 이분법적 사고에 기초를 둔 것으로 파악하고 이를 거부한다. 그리고 단일한 개념을 비판하며 '여성'이라는 범주 자체를 해체하려는 시도를 하였다. 포스트모던 여성주의는 주변부, 억압당한 자에게 잠재해 있는 가능성을 밝혀내는 시도를 했다는 점에서 의미가 컸지만, 다른 한편 여성적인 것을 남성적인 것보다 우위에 둔 것이 중립적이지 못하다는 비판을 받았다.

생태 여성주의

생태 여성주의Eco Feminism는 생태론과 여성론이 결합하여 만들어진 여성주의의 한 경향을 말한다. 사회운동으로서 여성운동과 환경운동이 반핵과 반군국주의 운동을 통해 자연스럽게 결합되어 생태 여성운동으로서 발전하였다. 학문적 측면에서는 유토피아적 대안사회를 제시했던 생태론과 여성주의가 결합하여 생태 여성이론이 탄생하였다. 생태 여성주의는 권력의 분산, 위계질서의 해체, 직접민주주의의 실현, 지역의존적 경제구조, 가부장제로부터의 해방 등 이상적 성격을 가진 대안사회를 지향한다.

 sex, gender, sexuality의 구분

여성주의자들은 종래의 남성과 여성의 차이를 일원적으로 파악하던 sex로부터 gender라는 개념을 분리해 냈고, 그 후에 다시 sexuality라는 또 하나의 개념을 분리해 냈다. sex, gender, sexuality의 구분은 남녀의 모든 성적 특질과 차이가 생래적인 고정불변의 것이 아니라, 사회·문화적 환경으로부터 비롯된 유동적인 것임을 보여 준다.

:: **sex(성)** 생물학적 성(性)을 의미한다.

:: **gender(성별, 성역할)** 생물학적 성에 기반하여 사회적으로 학습되어 구성된 구체적 행동과 기대를 일컫는 것으로 사회적 성을 의미한다.

:: **sexuality(성, 성성)** 성이 생물학적인 차원을 넘어 사회·문화적으로 만들어지며, 사회규범과 제도와의 관계에서 작용함을 의미하는 것으로, 성적 욕망을 창조하고 조직하고 표현하고 방향지우는 사회적 과정이다.

2. 법여성학

법여성학의 생성

남성중심 법학에서의 탈피

법학은 그간 남성의 가치관에 기초해서 남성의 영역을 중심으로 규율해 왔다. 이러한 전통법학은 가부장제의 전통적인 성역할 차이를 당연한 전제조건으로 받아들이고, 이러한 기초 위에서 모든 법논리를 전개하였다. 그러나 여성학과 이에 바탕을 둔 사회운동이 확산됨에 따라 이러한 전통법학의 기초가 흔들리게 되었고, 그 결과 법학을 수정하려는 노력이 따르게 되었다.

여성을 위한 법

법여성학Feminist Jurisprudence은 이제껏 당연시되어 왔던 법사상, 관습, 제도에 의문을 던지고, 현존하는 실정법과 법원칙을 분열시켜 변화를 모색하는 학문경향이다. 법여성학은 한편으로 여성과 남성의 평등을 증진시키고자 하는 정치적 측면을 가지며, 다른 한편으로 '생물적 의미의 성'sex이 아닌 '사회적 의미의 성'gender에 분석의 초점을 맞추는 여성학적 측면을 갖는다. 법여성학의 이론적 기초는 여성주의Feminism에 있다. 여성학은 가부장적 사회와 그에 바탕을 둔 학문풍토를 변화시키려는 적극적 지식운동이다. 여성학은 사회의 현상을 있는 그대로 분석하거나 기존 가치관을 추종하는 등의 소극적·수동적인 자세를 갖고 사회를 보는 것을 거부한다. 여성학은 사회적·정치적 변화를 모색하는 사회운동으로서의 역할도 수행하므로 여성운동과 밀접한 연관성을 갖는다. 이러한 여성학이 법학분야에 도입되어 '법여성학'이라는 독자적인 법분야를 형성하고 있다. 이처럼 법여성학은 여성주의 이론을 법의 분야에서 연구하고 실천하는 법학의 한 분야이다.

법여성학의 목적

법여성학의 목적은 법의 영역에서 여성의 사고를 배제하거나, 낮게 평가하거나 또는 훼방해 왔던 것에 반대하고 법실무를 여성의 시각에서 재구성하는 데에 있다. 법여성학의 방법론은 여성의 경험에 상응하는 방법으로, 그리고 완전한 양성평등을 위해서 필요한 사회구조변동과 제휴하는 방법으로 세계를 묘사하는 점에 특색이 있다.

법여성학에서는 법률을 평가할 때 문구만을 분석하거나 또는 그 법률이 합리적으로 보이는지보다는 그것이 여성에게 미치는 실질적인 효과를 고려한다. 어떤 법률은 문구만으로는 남녀를 평등하게 대우하는 듯하지만 실제 적용결과에 있어서는 여성에게 해를 끼치거나 여성의 불이익을 영속적인 것으로 만드는 효과를 갖기도 한다.

비판적 법여성학

비판적 법여성학의 대두

미국의 비판적 법여성학Feminist Critical Theories의 현실적이고 날카로운 문제제기는 20세기 말 법여성학이 급격히 보급·발달하게 된 계기가 되었다. 비판적 법여성학은 1980년대에 비판법학Critical Legal Studies: CLS 내에서 여성주의Feminism 관점이 강하게 부각된 것에서 비롯한다. 1980년대에 성차별문제는 인종문제와 함께 비판법학회의 주요 의제로 떠올랐다. 1989년 캐나다의 후친슨A. C. Hutchinson 편저로 출간된 『비판법학』Critical Legal Studies에는 많은 주옥같은 논문들이 게재되었는데, 그 중에는 여성법학에 관한 논문도 포함되었다.

법여성학은 자유주의 법이론에 대해 저항한다는 점에서 비판법학과 사상을 공유하게 되었다. 비판적 여성학은 국가와 가족의 한계는 사실적 기반이나 규범적 기반에 모두 문제가 있다고 보고, 국가가 사적인 일에 간섭하지 않는 것이 개인의 자율성을 신장하는 데에 기여한다는 자유법이론liberal legalism을 비판했다. 육아, 조세, 상속, 소유, 복지, 산아제한에 관한 국가정책은 가족관계에 깊은 영향을 주므로, 전통법에서의 공적 영역과 사적 영역의 구분은 여성문제를 푸는 데 어려움을 준다고 분석했다.

비판적 법여성학의 분류

비판적 법여성학은 차이론Difference Theory, 차이주장론Difference Voice Theory, 지배론Dominance Theory으로 분류될 수 있다.

:: **차 이 론** 여성이 공적 생활에서 남성과 동등한 조건으로 경쟁할 수 있어야 한다고 주장하며, 평등권 법개정을 위한 운동을 주도한다.

:: **차이주장론** 도덕성에 관한 지배적 방법론이 남성의 속성에 따른 편파적인 것이었다고 비판하고, 법원칙에서 규칙과 추상성을 강조하는 것은 남성이 '추상화, 권리, 형식' 등을 중요시하는 데에서 기인한다고 한다. 반면에 여성은 '관계, 배려, 윤리' 등을 중요시하는데 법원칙은 이러한 가치에는 충분한 관심을 기울이지 않는다고 주장한다. 법원칙과 실무관행에 심리분석이론을 도입하여 관계를 기초로 한 새로운 접근방법을 제시한다.

:: **지 배 론** 남녀의 불평등을 비합리적인 차별이라는 관점이 아니라 '여성의 사회적 종속'이라는 관점에서 파악한다. 여성문제는 유사한 처지에 있는 사람들이 다른 취급을 받는 데에 있는 것이 아니라, 한 집단이 다른 집단을 성적 관습을 이용해서 지배한다는 데에 있다고 주장한다. 또한 성추행, 매매춘, 포르노 사진 등을 종래 남녀차별의 문제로 다루지 않고 사회적 규범으로부터의 탈선으로 취급하여 왔던 것을 비판하고, 이들이 여성의 종속을 반영하는 극단적인 예라고 지적한다. 맥킨논C. A. MacKinnon은 지배론적 여성이론을 열렬히 지지하는 대표적 법학자인데, 그녀가 쓴 『수정되지 않은 여성주의』Feminist Unmodified, 1987는 이 분야의 글에서 반드시 인용되는 문헌이다.

법여성학의 학문적 위상

법학과 여성학의 접점

법여성학은 법학의 한 분야이면서 동시에 여성학의 한 분야이기도 하다. 법여성학은 규범의 영역에 속하는 문제를 다룬다는 점에서 법학에 속하며, 여성주의의 시각에서 기존의 남성위주의 체제를 비판한다는 점에서 여성학과 공통된 과제를 수행한다. 여성학은 고유한 연구영역을 갖는 학문분야로서 자리잡고 있다. 이와 보조를 맞추어 법여성학도 법학과 여성학의 접점에 위치하는 고유한 학문분야로의 자리매김을 시도하고 있다.

법여성학의 통합법학적 성격

여성학을 종래의 학문 분야와의 관계에서 통합적으로 이해할 것인지, 분리하여 이해할 것인지에 대하여는 논쟁이 있으나, 법여성학이 기존 법학이 세워 놓은 체계와 방법론을 전적으로 무시할 수는 없다는 점은 자명하다. 법학은 순수한 사회과학이 아니라 법규범을 매개로 하는 응용과학이므로 법여성학도 기존의 법규범을 의식하지 않을 수 없기 때문이다. 법여성학이 기존의 법규범을 비판하는 경우라도, 그 전부를 부정하는 것은 아니므로, 문제되는 부분 이외에 대하여는 법학방법론을 활용하며, 여성 억압적 규정에 대해 비판하고 대안을 제시하는 과정에서도 법학방법론이 상당부분 응용될 수밖에 없다. 이런 점에서 법여성학은 기존 법학의 한 영역으로 자리잡게 된다.

다른 한편 법여성학은 기존 법학의 체계나 방법론을 상당부분 부정하고 독자적인 체계와 방법론을 정립하고 있으며, 기존의 법영역인 헌법, 형법, 민법 등의 규율대상에 따른 구분이나 법철학, 법사회학, 법해석학, 입법학 등의 접근방법에 따른 구분을 넘어 그 모든 영역을 넘나드는 통합법학의 성질을 갖는다.

법여성학의 접근방법

연구방법의 세 가지 특징

법여성학에서는 다양한 방법론이 모색되고 있으나, 대체로 다음과 같은 접근방법으로 정리할 수 있다. 첫째, 여성 억압의 현상과 원인을 밝히기 위해 사회과학의 방법론을 사용한다. 법여성학자는 구조적 불평등과 그 바탕에 깔려 있는 규범에 도전한다. 사회적·경제적 지위를 개선하기 위한 선행작업으로서 여성에 대한 정치적·사회적 차별구조를 폭로하고, 여성의 종속적 현실을 초래한 가부장적 사상을 부정하며, 그것이 가부장적 문화와 결합하여 여성억압을 당연한 것으로 받아들이도록 했음을 지적한다. 문화적 결과를 생물학적 숙명인 것처럼 잘못 묘사한 법률을 찾아내어, 이러한 법제도가 남녀의 실제 차이보다 훨씬 큰 차별을 야기하였음을 보여주고자 한다.

둘째, 법여성학은 경험적 분석을 기초로 법에 접근한다. 법여성학의 작업과정은 구체적인 경험에서 출발하여, 이 경험을 이론으로 정착시키고, 그 경험을 좀 더 깊이 이해하기 위하여 이론에 의존하는 과정을 밟는다. 이는 추상적 원칙을 적용해 나가는 기존의 법학 방법론과는 대조적이다. 사회를 분석하는 관점의 다양성을 유지하기 위하여 여성의 경험을 반영하는 방법론은 의미가 있다.

법여성학은 정치사상이 갖는 근본적 모순을 분석하는 작업보다는 오히려 포르노라든가 성적 추행의 생생한 경험들을 다룬다거나 어떤 제도가 개인에게 미치는 결과를 독백형식으로 서술하는 방법을 자주 이용한다. 예를 들면, 강간이라는 법적 개념 자체가 여성의 경험과 동떨어져 있다고 지적하고 여성이 아는 사람으로부터 강제적인 성관계를 당한 경우를 강간으로 분류할 것인가부터 쟁점으로 삼아야 한다고 주장한다. 이를 판단함에 있어서 중요한 것은 여성이 원하지 않는 성관계를 강요당했다는 것 또는 성과 관련된 모욕감을 느꼈다는 사실이므로 이것은 여성의 경험에 바탕을 두어야 한다고 주장한다. 법적 개념과 사회적 현상 사이에 큰 차이가 있으므로 성폭력, 가정 내의 학대에 관한 통계는 단순히 수집되는 것이 아니라 여성적 시각에서 구성될 수밖에 없다고 한다.

바네트Katherine Barnett는 실제 문제에서 출발하여 실제적 이유에 근거를 부여하는 것이 법여성학의 고유한 분석방법이라고 강조했다. 법여성학은 지배에 대하여 사고하는 것이 아니라 지배당하고 있다는 경험에서 출발하며, 그 경험에 대한 구체적인 대안을 모색한다. 여성학의 방법론에 관한 오랜 논쟁 지점은 '여성의 다양한 경험들에 관한 다양한 생각들로부터 어떻게 일관된 정치적 분석을 끌어낼 수 있는가'의 문제이다. 여성의 경험은 시대, 문화, 계급, 인종, 종교, 성교육, 연령과 같은 요인에 따라 아주 다르기 때문이다. 법여성학자는 인식대상의 범위를 단순화시킬 필요가 있으며, 비록 일부를 부정하는 희생을 치르더라도 단일화된 경험을 조직화해야 하는데, 이 작업에서는 특히 법이 소외시키거나 하위에 두었던 경험에 중점을 두어야 한다.

셋째, 법여성학은 성평등 사회를 건설하기 위해 법률을 매개수단으로 사용한다. 따라서 법해석론에 그치지 않고 법제정 및 개정을 요구하는 입법론에 높은 비중을 둔다. 법여성학은 법현상에 대한 사실적·과학적 접근방법을 취한다는 점에서 법사회학, 법철학과 공통점을 갖지만, 경우에 따라서는 구체적인 법규정을 염두에 둔 규범적·실정법적 접근방법을 취하기도 한다. 법여성학은 민법, 형법, 사회법 등의 전통적인 법분야를 넘나들며 남녀평등이라는 이념을 위해 필요한 모든 수단을 동원하는 점에서 다양성이 있다. 또한 법여성학은 법률가의 전유물이 아니며 법률가만을 향한 이론이 아니라는 점에서 대중성이 있다.

근대법의 인간관의 수정

근대법이 기초로 삼고 있는 인간관은 자기의 일은 스스로 판단하여 자율적으로 결정하며 일단 결정한 것은 어떠한 어려움이 있더라도 반드시 실행하는 '합리적 인간'으로, 중산층 이상의 남성을 기초로 한 것이다. '합리적 인간'의 법사상은 여성이 현실로 당한 사회적 억압을 외면하고, 여성을 법의 영역으로부터 소외시켰다. 법여성학은 이러한 인간관을 기초로 하는 자유주의 법이론Liberal Legalism에 대해 저항하며, 자유주의 법이론을 유지시키는 법률을 수정할 것을 요구한다.

고전적 자유주의는 계약에 의한 교환을 규범형성의 방법으로 전제하고, 친분관계나 신뢰관계는 법규범의 영역으로 포용하지 않고 도덕세계에 방치하였다. 이에 바탕을 둔 법이론은 자기 자신의 요구를 조금도 오류 없이 판단할 능력, 그리고 다른 사람들이 의도하는 것을 정확히 파악하는 능력을 갖춘 이상적인 인간상을 그려내고 이에 적합한 인간만을 법적으로 보호한다. 결국 근대법이 상정하는 '합리적인 인간이 계약을 통해 자기의 이익을 증대해 나가는 사회'란 바로 교육을 받은 중산층 이상의 남성이 거래를 통해 이윤을 증대시키는 것만을 염두에 두고 설계된 것이다.

여성을 위한 법학

여성을 포용하는 인간상의 발견

　법여성학은 여성의 관점에서 그간 전통법학이 간과했던 편파성을 발견해 내고 그것을 성차별이라고 판정하며 그 차별을 제거하기 위한 방안을 모색한다. 구체적인 법제도에 나타난 차별을 철폐하고, 나아가 법학이 상정하는 인간상을 남성위주에서 '여성을 포용하는 인간상'으로 변형시킴으로써, 법학방법론에 여성적인 접근방법을 추가하여 인간적인 방법론을 발견하고자 한다. 이러한 시도는 법률 및 법학의 틀을 변화시키는 것에서 출발하여, 모든 인간이 평등하게 공존하고 개인의 존엄성이 존중되는 사회의 건설을 목표로 한다.

공적 영역과 사적 영역의 구분 완화

　근대법의 자유주의 사상은 국가의 간섭이 미치지 않는 개인의 사적 영역을 보장해야 한다고 주장했다. 이러한 '공·사영역의 구분'에 따라 법률은 공적인 간섭으로부터 자유로운 사적 영역을 구분하여, 사적 영역은 자율이 지배하므로 법적 규제를 해서는 안 된다고 믿었다. 이러한 사상은 여성들을 법의 보호에서 배제하는 결과를 낳았다.

　국가는 여성들이 주로 담당하는 가사와 육아를 개인적인 일로 취급하고 그에 대해 보상할 필요가 없다고 생각했다. 한 노동자가 출근하기 위하여 다른 숨은 노동자가 가정에서 노동하고 있다는 사실은 전혀 고려되지 않았다. 출산이나 육아에 드는 비용은 순전히 개인이 부담하여야 하며 그로 인한 여성노동자의 노동력 감소는 개인의 게으름으로 취급되었다. 또한 가정에서 부부간, 부모와 자녀간의 부당한 대우는 법이 간섭할 필요가 없는 개인적인 갈등으로 취급되었다. 국가는 아내나 자녀에 대한 폭력, 학대에 대하여 관심을 기울일 필요가 없고, 남녀의 성관계는 더욱 사적인 일로써 범죄가 아닌 이상 간섭해서는 안 된다는 입장을 취해 왔다.

　법여성학은 국가의 이러한 소극적인 태도가 여성억압을 조장해 왔으며, 억압으로부터 벗어나려는 여성들에게 법적 도움을 뿌리치는 역할을 한다고 비판하고, 공적 영역과 사적 영역의 구분을 완화함으로써 여성 보호를 위한 적극적인 법제도 활용이 필요하다는 점을 강조하였다.

이상사회의 설계

종래 법여성학자들은 구체적 논점에 중점을 두고 대안을 모색할 뿐 이상적 전망을 제시하는 일에는 소극적이었다. 성적 불평등이 존재하지 않는 이상적 사회에서의 양성관계를 미리 그려볼 수는 없다는 것이었다.

그러나 법여성학은 그 지향하는 여성의 삶을 구체적으로 제시하기 위해 이상적 인간상 및 사회를 설계하여 보여 주어야 할 것이다. 성에 기초한 불평등이 있는 사회가 법여성학의 이상에 맞지 않는다는 것은 분명하다. 그러나 여러 구체적 문제에서 법여성학자들이 모색하는 대안이 일관성과 지속성을 갖기 위해서는 남녀불평등의 타파라는 부분적인 구상만 가지고는 불충분하다. 법여성학이 지향하는 인간상이 제시되어야 하며, 이상적인 인간상들이 구성하는 사회의 모습이 개략적으로라도 그려져야 한다. 이러한 이상사회는 법여성학 한 분야만의 힘으로는 이룰 수 없고, 다른 사회과학과의 연계가 필요할 것이다.

성 주류화

여성을 사회의 변화주류에 합류시키기 위한 개념으로서 '성 주류화'gender mainstreaming라는 용어가 국제적으로 사용되고 있다. 성 주류화는 정치적·경제적·사회적 영역에서 정책과 프로그램의 구성·이행·평가·모니터링에 있어서 여성의 관심과 경험을 반영시키기 위한 전략으로, 모든 정책분야 및 이를 다루는 기관에서 성 관점이 통합되어야 하고, 사회의 모든 분야에서 여성의 양적, 질적 참여가 확대되어야 하며, 기존의 남성 중심으로 조직된 정부 및 주류 영역이 성 인지적으로 재편되어야 한다는 것을 의미한다.

● 여성들이 법을 잘 알게 되면 자신의 권리와 이익을 옹호하는 데에 큰 도움이 될 것이다. 여성에 대한 법률교육을 확대할 수 있는 방안을 제시해 보자.

● 사회 전반적으로 여성의 양적, 질적 참여가 확대되어야 하는 이유는 무엇일까? 그 구체적인 방안에 대하여 이야기해 보자.

3. 한국법여성학의 역사

한국법여성학의 발전단계

법여성학의 발전단계

법여성학은 법영역에서의 여성소외를 극복하기 위한 학문이다. 법여성학은 인간의 존엄dignity, 개인의 고결성integrity, 평등한 생활을 목표로 하며 법학 속에서 여성이 남성과 더불어 자기 스스로 선택할 수 있고 자기를 실현할 수 있도록 모색한다. 전통법학에서 소외되었던 여성의 삶을 포용하고 과거의 성역할에 대한 변화를 수용하지 않는다면 그 법학은 반쪽 법학에 불과할 것이다.

종래 법여성학은 대부분 여성에 의해 연구되어 왔다. 여성법률가들이 남성에 비해 여성문제에 대한 자의식을 갖추기 쉬운 입장에 있기 때문이었다. 수십 년 전에는 우리나라에 여성법률가의 수가 적었기 때문에 법여성학이 학문적으로 성숙하기 어려운 여건이었다. 그럼에도 불구하고 여성학을 공부한 몇몇 여성법률가의 주도로 법여성학은 학문적 깊이를 더하고 있다. 연구기관에서 법여성학 연구를 전담하는 법률가의 도움으로 정책적 연구도 상당히 다양하게 전개되고 있다. 우리의 법여성학은 비록 역사는 짧지만 그 발전과정을 다음과 같이 단계를 나누어 볼 수 있다.

:: **평등의식의 발아기** 1950년대 이후에 주로 가족법의 제정과 개정방향에 관련하여 남녀평등의 사상을 반영하려고 노력하였다.

:: **법여성학의 태동기** 1970년대 말 서양의 페미니즘이 학문적으로 소개되면서 법학과 접목하여 법여성학을 탄생시켰다. 이 시기에는 정책적 연구와 연계하여 특별법의 분야에서 새로운 제도를 신설하기 위한 각론적 연구에 집중하였다. 이 시기의 법여성학에서 중심적인 위치를 차지한 분야는 노동법이었는데, '평등'과 '보호'를 동시에 달성할 것을 목표로 하였고 이는 남녀고용평등법의 제정이라는 성과를 가져왔다.

:: **법여성학의 성장기** 1990년대에 접어들어서는 법여성학이 독자적인 학문분야로서 발전하기 시작하였다. 법여성학적 연구는 고용할당제의 도입과 간접차별을 금지시키기 위한 것으로 관점이 옮겨졌다. 이어서 고용할당제에 관한 위헌논쟁, 군가산점에 관한 위헌논쟁을 통해 헌법상 평등권에 관한 새로운 관점을 요구했다. 점차 법여성학자들은 여성노동의 문제를 평등에서 복지의 차원으로 확대시켜 나갔으며, 이러한 전환의 결과 출산휴가비용 및 육아휴직비용의 사회적 분담을 이끌어냈다. 그리고 남녀의 대인관계와 성관계 같은 매우 사적인 영역에서부터 평등한 관계가 정착되어야 한다는 이론이 제기되어 성폭력, 성희롱, 매매춘, 포르노, 가정폭력 등을 여성적 시각에서 연구하였고, 1990년대 후반부터는 법여성학에 남성법학자들의 참여가 활발해졌다.

평등의식의 발아기

해방 후 여성문제에 대한 인식은 특히 가족법분야에서 봉건적 가족제도에 대한 비판으로 강하게 드러났다. 가족법에 관한 연구 및 개정운동은 1950년대에서부터 현재에 이르기까지 계속되어 왔으며 몇 번의 가족법개정에서 남녀평등의 가족관이 상당 부분 채택되었다. 가족법개정에 관한 연구에서는 여성법학자뿐 아니라 남성법학자의 적극적인 참여가 있었다는 점, 다른 여성관련 법의 제정·개정과는 달리 법률가가 개정과정 및 규정내용에 관해 주도적인 역할을 담당했다는 점이 특징적이다. 가족법학자들은 선진국의 제도와 우리 가족법을 비교하는 과정에서 남녀평등의 의식에 깊이 몰입하게 되었다.

초기의 법여성학의 연구가 가족법에 집중된 이유로서는 여성의 주된 활동영역이 가정이었으므로 가정에서의 남녀평등이 매우 중요하다는 점, 가족법은 다른 분야에서와 달리 남녀의 성별에 따른 규율이 필수적이므로 남녀차별이 명백히 드러나게 된다는 점, 가부장제를 전통적 미풍양속으로 옹호하려는 유교학자들에 의해 유독 가족법부문에서는 봉건시대의 남존여비의 잔재가 제거되지 않았다는 점, 가족법은 기본 육법에 속하여 법학자들의 연구가 집중되었다는 점 등을 들 수 있다.

법여성학의 태동기

여성주의적 관점에서 법제도를 고찰하게 된 것은 1970년대 말의 일이다. 이 시기에는 서양의 여성주의를 학문적으로 소개하기 시작하였고, 여성주의적 연구는 법학과 접목하여 법여성학을 탄생시켰다. 여성법률가들이 남성에 비해 여성문제에 대한 자의식을 갖추기 쉬운 입장에 있었기 때문에 이 시기의 법여성학은 대부분 여성에 의해 연구되었다. 당시 여성법률가의 수가 매우 적었기 때문에 법여성학이 학문적으로 성숙하는 데에는 어려움이 있었지만, 여성학을 연구한 여성법률가들은 새로운 학문분야로서 법여성학을 개척하였다. 여성개발원국가설립정책연구기관이 설치되어 이 곳에서 법여성학연구를 전담하는 법률가가 생기게 된 것도 법여성학의 개척에 큰 도움을 주었다. 이들은 주로 정책적 연구를 담당하였으며 특별법의 분야에서 새로운 제도를 신설하기 위한 각론적 연구에 집중하였다. 1980년대 이후 여성관련 특별법의 제정과 개정에는 이들의 연구가 큰 도움이 되었다. 특히 1987년 제정된 「남녀고용평등법」은 1980년대의 여성운동, 노동운동, 그리고 법여성학자의 공동의 노력으로 얻어진 결과로서 법여성학연구에 획기적인 전기를 마련하였다. 이 법은 여성에 대한 차별을 금지하는 규정을 두는 동시에 모성보호를 위한 육아휴직제의 신설, 직장보육시설의 설치에 관한 규정도 둠으로써 '평등'과 '보호'를 동시에 달성하였다. 이는 과거의 노동법학자들이 여성노동에 관하여 "평등을 얻기 위해서는 모성보호를 포기하

여성을 위한 **법**

거나 최소한으로 축소해야 한다"고 역설했던 것과는 입장을 달리한 것이었다.

이 시기의 법여성학에서 중심적인 분야는 노동법이었다. 산업화로 인한 여성고용이 증가하면서 여성노동자의 열악한 상황에 관심이 모아졌고, 여성노동자는 자신의 권익향상을 위해 적극적으로 여성운동을 펼쳤다. 여성노동자가 남성과 동등한 대우를 받으면서 모성을 유지하는 노동환경을 보장받기 위해서는 근로기준법 이외에 새로운 법제정이 필요하였다. 이와 더불어 고학력 여성들의 직장진출이 남녀차별의 선입관에 부딪쳐 좌절되자 남녀고용평등을 위한 새로운 접근이 요구되었고 이에 관한 연구가 활발해졌다. 노동분야에서는 정치적·경제적 상황에 따라 노동시장의 여건도 계속 변화하므로 신속하고 전문적인 대응방안을 제시할 필요가 있었다. 이러한 사정으로 여성노동에 관한 연구가 축적되면서 이 분야는 법여성학을 정착시키는 데에 결정적인 역할을 담당하게 되었다.

법여성학의 정착단계에서는 주로 여성 차별에 관한 개별 사안에 대한 대응방법이 연구되었으나, 법여성학의 이념과 방법론을 제시할 총론의 부분에 대한 연구는 부족했다. 따라서 법여성학이 하나의 학문분야로서 정착하기 위한 이론적 기초는 아직 미흡한 상태였다.

법여성학의 성장기

법여성학이 독자적인 학문분야로서 발전하기 시작한 것은 1990년대부터라고 말할 수 있다. 1980년대까지 법여성학적 연구는 비법률가 및 비학자의 여성운동에 의해 자극된 면이 있다. 법여성학적 연구는 여성단체, 정당, 정부출연의 연구기관에서 주도했고 법학내부에서 자발적으로 전개된 것은 드물었다. 정당의 입장에서는 여성문제가 대중에 대해 큰 정치적 영향력을 갖기 때문에, 그리고 여성단체의 입장에서는 법적 접근이 그들의 활동성을 가장 뚜렷하게 부각시킬 수 있다는 이유에서 여성관련법의 제정에 주력했다. 아동탁아에 관한 법률, 성폭력에 관한 법률 등 여성운동의 중심사업으로 부상된 법안일수록 법률가의 참여는 보조적·소극적으로 나타났다. 여성운동가 및 정치가들은 그들의 정책을 입안하기 위해서 법률가를 동원하여 그들이 갖지 못한 전문지식을 보충해 왔으며, 이러한 운동권과 정치권의 요청은 법여성학을 발달시키는 촉매제가 된 반면, 구체적 대응방안의 강구에만 관심을 쏠리게 하는 부작용도 가져왔다. 이 과정을 거치면서 법여성학자들은 여성운동가나 정치가의 시각과 법률가의 시각에 차이가 있을 수 있다는 점을 발견하였고, 법여성학을 여성운동과 별도의 독립된 학문분야로서 발전시켜 나갈 필요가 있다는 점을 깨닫게 되었다.

1990년대 노동부분의 법여성학적 연구는 고용할당제의 도입과 간접차별을 금지시키기 위한 것으로 관점이 옮겨졌다. 이러한 시도는 고용할당제에 관한 위헌논쟁·군가산점에 관한 위헌논쟁 등 법학계에 활발한 논쟁을 불러일으켰다. 제정초기의 남녀고용평등법은 '차별철폐'의 방법으로 평등을 달성하려고 했는데, 그 중에서도 직접차별을 염두에 두고 만들어졌다. 여성학자들은 차별철폐의 방법만으로는 남녀평등이 달성되기 어려운 문화적·사회적 요인이 있음을 간파하고 '고용할당제'를 통한 평등의 구현을 주장하였다. 또한 유독 여성근로자에게만 급격히 늘어난 임시직, 시간제근로, 파견근로 등 변칙적인 근로형태는 남녀고용평등법을 무기력하게 만들었는데, 변칙적 고용형태를 이용한 '간접차별'의 문제는 아예 차별로 보지도 않으려는 분위기였다. 코스별인사관리제도신인사제도, 희망퇴직 및 정리해고의 자격요건상의 차별, 군복무자 가산점부여 및 우대제도 등 여성에 대한 고용관행은 더욱 교묘해져서 남녀고용평등법이 쫓아가기 어려울 정도가 되었기 때문에 법여성학은 이러한 문제에 대한 대응책을 강구해야 했다.

점차 법여성학자들은 여성노동의 문제를 평등에서 복지의 차원으로 확대시켜 나갔다. 여성이 생리구조상 부담할 수밖에 없는 임신, 출산, 육아의 문제를 노동자와 사용자간의 근로계약의 범주에 가두어 둔 채 해결책을 찾는 데에는 한계가 있다는 것을 의식하고, 일하는 여성의 임신, 출산, 육아에 대한 국가적 배려가 필요하다고 주장했다. 직장탁아시설의 설치를 의무화하는 것에서 나아가 보육시설을 국가 및 지방자치단체가 운영하도록 촉구하고, 출산비용 및 육아비용도 사업주의 전적인 부담이 아닌, 고용보험 등을 통한 사회적 분산을 시도하였다. 한편, 경제위기와 이혼의 증가로 빈곤계층에 여성의 비중이 늘어나면서 사회복지법의 관점에서 여성문제를 접근하게 되었다. 편모가정에 대한 보조, 여성노인의 연금 등에 관한 연구는 입법으로 결실을 맺었다. 그 밖에 여성실업자, 여성부랑자에 대한 사회적 배려 등도 연구의 대상이 되었다.

또한 1990년대에는 남녀의 성적 관계라는 매우 사적인 영역에서부터 평등한 관계가 정착되어야 한다는 논의가 활발하게 전개되었다. 성폭력이 단지 범죄의 한 유형에 그치지 않고 가부장적 사회의 여성비하와 연결된다는 문제의식에서 성폭력을 규제하는 법률을 정비하기 위한 연구를 하였다. 이와 더불어 성희롱을 방지하기 위한 사업자의 예방조치를 강제하고 그 피해자에게 손해배상청구권을 인정하는 등 성희롱방지에 관한 연구도 활발했다. 직장에서의 성희롱, 지하철 등 공공장소에서의 성희롱, 백화점 화장실 등에서의 여성에 대한 비디오촬영을 금지시키고, 음란비디오, 서적 등을 풍기문란의 측면에서가 아니라 여성비하의 시각에서 규제할 것을 주장하였다. 그 밖에 낙태, 간통, 매매춘 등 성에 관한 법률문제가 종합적으로 연구되어 법여성학의 한 각론분야로서 자리를 잡았다.

1990년대 후반에 들어서는 법여성학에 남성법학자들의 참여가 활발해졌다. 이전에도 여성노동문제와 관련하여서는 남성학자의 연구가 종종 나왔으나 여성노동에 대한 충분한 이해가 부족한 경우가 많았다. 그러나 1990년대 후반 이후에는 법여성학의 여러 부문에서 남성학자들의 연구물이 양적인 성장을 하였음은 물론, 그 접근방향에 있어서도 여성주의적 이론에 대한 이해를 바탕에 깔고 자신의 논지를 전개해 나갔다. 남성학자의 참여는 법여성학의 접근이 여성들만의 성향을 반영하는 것이 아니라 인간의 보편적인 정의관을 반영하는 것으로서 일반적 설득력을 갖는다는 점을 보여주었다.

이러한 법여성학의 발달에도 불구하고 아직도 법여성학을 주된 전공영역으로 삼는 학자들은 손에 꼽을 정도로 부족한 실정이다. 대학의 법학교육에서 법여성학의 강좌는 주류가 되지 못하고, '법여성학'이라든가 '법과 여성'이라는 강좌명 이외에 '법과 시민생활' 등 모호한 명칭 아래 행해지는 경우도 많다. 법학

전문대학원이 설치2009년된 이후 법여성학 강의는 판사, 검사, 변호사 등을 양성하기 위한 전문법학교육의 한 과목으로서 정착하기 위한 시도를 하고 있으나, 변호사 시험이라는 현실적인 문제에 부딪혀 내실 있는 교육이 이루어지지 못하는 한계가 있다. 2010년 이후 법조계는 여성 법조인의 숫자의 증가에 대해 우려의 눈길을 보낼 뿐 여성 법조인의 정체성을 찾기 위한 젠더법학의 전개에는 소홀한 측면이 있다.

한국법여성학의 과제

법여성학의 취약분야

법여성학의 가장 큰 약점은 법여성학의 이념과 방법론을 제시할 총론의 부분이 취약하다는 점이다. 우리의 법여성학은 남성법학이 주도하는 인간상을 비판하고 새로운 인간상을 제시하려는 노력을 하지 않았으며, 성문법주의의 법제도 아래에서 개념법학, 해석법학에 눌려 법여성학이 지향해야 할 인간상을 보여주지 못했다. 새로운 인간상에 관한 일관된 청사진이 부족하며 법여성학이 만들려는 이상사회를 제시하지 못했다. 법여성학자들이 사회적 요청에 신속히 대응하기 위하여 정책적·해석학적 연구에 몰두했고 사상적 측면에는 소홀했었다는 것이 그 원인이다. 또 다른 원인으로서 우리의 법학풍토가 법철학이나 법사회학 등의 기초법학의 기반이 약하므로 여성문제를 수용할 법사상을 찾기 어려웠다는 점도 들 수 있다.

우리의 법여성학의 또 다른 취약점으로서 그 연구동기의 소극성을 들 수 있다. 몇몇 예외를 제외하고는 법여성학자들은 법여성학을 주전공분야로 갖지 않았기 때문에 연구에 임하는 자세도 소극적일 수밖에 없었다. 기존의 법학풍토에서 자신의 능력과 경력을 인정받기 위해서는 기존 법학의 한 분야를 택하여 주전공분야로 삼고 법여성학은 단지 주변적인 관심분야로 머물 수밖에 없었고, 시간과 관심의 제약으로 법여성학자들은 새로운 아이디어를 개발하고 외국의 동향을 파악하는 등에 소홀할 수밖에 없었다. 법여성학은 법률가 자신보다 오히려 비법률가의 여성운동에 자극을 받았다. 법여성학적 연구는 여성단체, 정당, 정부 출연의 연구기관에서 주도했고 법학내부에서 자발적으로 전개된 것은 드물었다. 정당의 입장에서는 여성문제가 대중에 대해 큰 정치적 영향력을 갖기 때문에, 그리고 여성단체의 입장에서는 법적 접근이 그들의 활동성을 가장 뚜렷하게 부각시킬 수 있다는 이유에서 여성관련법의 제정에 주력했다. 영유아보육법, 성폭력방지 및 피해자보호 등에 관한 법률 등 여성운동의 중심사업으로 부상된 법안일수록 법률가의 참여는 보조적·소극적이었다. 여성운동가 및 정치가들은 그들의 정책안을 입안하기 위해서 법률가에게 도움을 청하였으나, 이러한 운동권과 정치권의 요청은 법여성학을 발달시키는 촉매제가 된 반면, 말단적 문제에 관심을 집중시키는 부작용도 가져왔다. 이러한 과정을 통해 법여성학이 여성운동에서 독립하여 학문으로서 정착할 필요가 있다는 점을 깨닫게 되었다.

한국법여성학 과제

법여성학은 과거의 산발적인 논의를 집합하여 하나의 이데올로기 아래 일관된 체계를 형성하려 하고 있다. 이러한 시점에서 법여성학의 기초이론을 정립하고 그 방법론을 점검하는 일은 법여성학이 법학의 한 분야로서 학문적 위상을 자리매김하는 데에 필수적인 과정일 것이다.

최근 백 년간 법여성학이 눈부시게 발달했지만, 법여성학을 주된 전공영역으로 삼는 학자들의 수가 적고 대학에서의 강좌도 부족한 실정이다. 아직도 법여성학은 법학의 주변분야로서 남성주도의 법학풍토를 변화시키지 못하고 있어 법여성학이 나아가야 할 길은 멀다고 말할 수밖에 없다. 향후 법여성학은 여성주의의 담론과 세계관의 차이에 따라 다양한 입장으로 분화될 것이며, 헌법, 민법, 형법, 법철학, 법사회학 등의 기존 법학분야와의 인접성도 더욱 밀접해질 것이라고 예측된다.

● 우리나라가 취하고 있는 자유주의 정치체제·경쟁적 시장구조와 여성주의는 어떻게 조화를 이룰 수 있는가? 아울러 우리 사회의 여성문제의 구조적 원인은 무엇이며 이를 해결하기 위해서 우리는 어떤 노력을 해야 하는지 구체적으로 생각하여 보자.

● 현재 우리 사회는 무한경쟁, 창조성, 다양성을 지향하고 있다. 이런 흐름들은 여성을 피억압 집단으로 규정하는 여성주의적 평등개념과 어떻게 조화를 이룰 것인지 생각해 보자.

여성을 위한 **법**

CHAPTER 02

헌법과 양성평등

"여성이 단두대에 오를 권리가 있다면 연단에 오를 권리도 가져야 한
다."

　　_올림프 드 구즈(Olympe de Gouges), 여성과 여성 시민의 권리선언

　　　　　　　　　　　　　　　　　　　　　　　중에서(1791)

헌법과 양성평등

여성주의가 원하는 평등

성중립적 평등주의의 취약점

성의 차이를 반영하지 않은 소위 성중립적인 평등주의는 여성들에게 실질적인 도움이 되지 않으며 오히려 더 무거운 짐을 지울 수 있다. 노동환경에서의 성중립적 평등주의는 여성도 남성과 같이 노동을 가정에 우선하는 삶을 살 것을 강요한다. 그러나 일반적으로 직장여성은 가정에서도 어머니와 아내로서의 역할을 담당해야 하므로, 직장여성이 정상적인 결혼생활을 유지하는 것이 어렵게 되거나 소수의 초인적 여성만이 직장생활을 할 수 있는 상황에 놓이게 된다. 이러한 노동 현실은 여성에게 국한된 문제가 아니다. 아내라는 보조노동자의 무임금노동을 전제로 한 남성노동자 위주의 '노동자상'은 노동자의 사생활을 박탈하고 재충전의 기회를 무시하는 비인간적인 희생을 요구한다. 남성노동자 한 명이 노동을 하기 위하여 가사노동을 전담하는 여성의 희생이 뒤따름에도 불구하고 이들의 노동이 충분히 인정받지 못하는 경우도 많다.

가족 구성원이 직장생활을 하면서 가정도 원만하게 유지할 수 있도록 하기 위해서는 남녀가 가사를 분담할 수 있는 여건을 만들어야 한다. 육아휴직을 남녀에 관계없이 허용하거나, 근로시간을 단축하거나 탄력적으로 운영하는 방안 등 노동자의 개인적인 삶을 되찾아주는 일도 필요하다. 개인이나 가정을 희생하여 사용자를 위한 노동을 최우선시하여야 한다는 전제를 유지하면서, 여성노동자에게 모성보호를 위한 특혜를 주는 것만으로는 노동현장에서 여성노동자에 대한 기피현상을 깨뜨리지 못할 것이다.

성차이를 반영한 평등주의

법여성학의 일차적 과제는 남녀차별적인 제도를 없애는 것이나, 그 후의 이차적인 과제는 '차이를 고려한 평등'을 모색하는 일, 즉 실질적인 평등을 마련하기 위한 제도를 설치하는 일이다. 현재 우리 사회에는 다양한 모습의 가족이 존재하며 그 상황은 지역과 연령에 따라 큰 차이를 보이고 있다. 직장과 가정을 양립하는 주부와 가정일에 전념하는 전업주부가 있고, 전자에도 하루 종일 직장에 나가는 경우, 시간제 노동을 하는 경우, 남편과 함께 농업이나 상업을 하는 경우 등 여러 가지 형태가 있다. 가족 구성에도 대가족과 핵가족, 시부모를 모시는 경우와 처가부모를 모시는 경우, 전처소생의 아이를 양육하는 경우, 직장사정으로 인한 별거부부 등 다양하다. 어느 한 모습만을 전형적인 모델로 삼아 경직된 결론을 내려서는 안 되고 구체적인 상황에 맞는 탄력적인 운영을 해야 한다.

노동분야에서는 특히 남녀 사이의 고용평등이 중요한 과제로 인식된다. 법여성학에서 의도하는 차별금지는 '성중립적 동등대우'가 아니라, 여성이 실제 노동현장에 참여할 수 있는 '인간적 노동환경의 조성'을 의미한다. 노동자이며 어머니인 여성의 특수한 필요성을 인식하는 데에 배타적인 입장을 취해서는 안 되며, 생물적 구조나 사회적 기능에 의한 남녀의 차이를 인정하고 그에 상응하는 조치를 취하여야 한다.

기회의 평등을 넘어서 결과의 평등으로

기회의 평등

여성주의 초기의 목표는 남성과 동등한 법적·사회적 대우를 받는 것이었다. 근대 초기까지도 여성들은 재산권, 투표권, 교육권 등의 권리를 보장받지 못하였고, 여성주의자들은 여성이 남성과 같은 이성적 존재임을 주장하며 여성에게 남성과 동등한 기회가 제공될 것을 요구하였다. 기회의 평등이 이루어진다면 여성도 자신의 능력을 충분히 발휘하여 남성과 평등해질 수 있다고 믿었던 것이다. 기회의 평등을 이루기 위한 여성운동의 대표적인 예로서 19세기 중반부터 영미에서 시작된 여성들의 참정권Suffrage 투쟁을 들 수 있다. 우리나라에서는 가족법 등 여러 법률에서 여성차별적 조항을 폐지·개정하는 여성운동이 기회의 평등을 목표로 한 것이었다.

　기회의 평등조차 주어지지 않는 상황에서 여성의 지위향상은 불가능하다는 점에서 기회의 평등은 여성문제를 해결하기 위한 가장 기본적이고 중요한 문제이다. 그러나 사회적·문화적 여건이 차별적인 상황에서 기회의 평등만으로는 한계가 있다. 초기 여성운동가들이 기회의 평등을 목표로 삼았기 때문에, 자유로운 경쟁이라는 명분에서 형식적 평등만을 얻어냈을 뿐 실제로는 차별적인 조건이 여성의 지위향상에 걸림돌이 되고 있다는 사실을 간과했다. 가사노동과 양육은 여자의 역할이라는 이데올로기가 지배하는 상황에서는 형식적으로 남녀 모두에게 동일한 노동기회가 주어진다고 하더라도 여성들이 남성과 같은 지위에 진출할 수 없다. 많은 여성들이 사회진출보다는 가사노동을 선택하도록 강요받을 것이며, 여성들이 노동시장에 진출한다고 하더라도 생계부양자가 아니라는 이유로 저임금을 받고 가사노동과 임금노동이라는 이중부담을 지게 되며, 직장에서도 비전문적인 업무를 담당하여 직업적 성취를 이루기도 어려울 것이다. 이러한 이유에서 현재 여성주의에서는 기회의 평등은 조건의 평등으로 가기 위한 첫걸음일 뿐이라고 한다.

조건의 평등

　기회의 평등이 가지는 현실적인 한계를 인식하면서 '조건의 평등'이라는 개념이 등장하였다. 조건의 평등은 여성이 남성과 같이 동일한 여건을 갖추고 출발점을 같이할 수 있도록 보장하여야 한다는 것을 의미한다. 예를 들어 여성노동자가 출산휴가를 충분히 받고 아동보육시설을 손쉽게 이용할 수 있도록 배려하는 것은 노동의 기회 균등에서 나아가 조건의 평등을 도모하는 일이다. 남성과 여성이 종래의 지배관계에 의해 서로 다른 상황에 처해 있으며, 이러한 차이를 무시한 채 동일하게 취급하는 것은 여성의 불평등을 제거할 수 없다.

　조건의 평등사상은 균일한 경쟁조건만으로는 차별을 겪을 수밖에 없는 여성에게 경쟁의 조건이 같아지도록 배려함으로써 실질적인 평등을 이루려 하였다. 그러나 조건의 평등 역시 실질적인 평등이 되기에는 많은 한계점이 있었다. 가부장제 이데올로기가 존재하는 한 완전한 조건의 평등은 불가능하다는 점, 조건의 평등이 말하는 '평등'의 개념 역시 남성의 관점과 기준에서의 같음 혹은 다름에 대한 논의일 뿐이라는 점 등의 비판이 제기되었다. 결국 조건의 평등사상만으로 문화적으로 뿌리 깊은 가부장제적 이데올로기를 극복하지 못하였다.

결과의 평등

결과의 평등은 역사적으로 오랜 기간 지속된 차별로 심각한 불평등 상태에 처해 있는 사람들에게 잠정적으로 평등한 결과에 도달하도록 하기 위하여 제안된 평등개념이다. 흑인, 여성, 제3세계 국민들이 받는 불평등은 기회의 평등, 조건의 평등사상에 더하여 결과의 평등까지 가미해야 비로소 평등에 이르게 된다. 결과의 평등은 현재의 차별을 없애고 실질적인 평등을 이루기 위해 잠정적인 우대조치와 복지측면에서의 배려를 할 것을 요구한다.

역사적으로 차별받아 왔던 집단은 그렇지 않은 집단과 같은 지위에 접근할 수 있는 조건이 마련될 때까지 우대와 배려를 통하여 경쟁력을 형성할 수 있다. 국제연합이 평등을 달성하는 방안으로서 각국에 권고하는 것에는 결과의 평등을 위한 우대조치가 포함되어 있고, 여러 나라에서 시행되는 적극적 우대조치affirmative action나 할당제도 결과의 평등사상에 바탕을 둔 것이다. 정치부문의 여성할당제, 고용부문의 여성 할당제·목표제는 오래 전부터 누적된 차별적 조건을 극복하기 위한 한시적인 조치이다.

헌법으로 보장된 평등권

평등사상의 역사적 발전

여성해방사상은 근대 이후 중세의 봉건질서로부터 인간성을 회복하려는 사회적 움직임과 함께 싹트기 시작하였다. 루소만 하더라도 모든 사람이 자유, 평등, 독립을 최고의 가치로 보면서도 남녀간의 불평등을 자연법에 부합하는 것으로 생각하였다. 그러나 1789년 프랑스인권선언 제1조에서는 "인간은 권리로서 자유롭고 평등하게 태어나며 생존한다. 사회적 차별은 공동이익에 기초한 경우에 한해 행해질 수 있다"고 선언하였고, 평등에 관하여는 제 6 조에서 "법률은 보호하든가 처벌하든가 간에 만인에 대해서 평등해야 한다. 법률 앞에 평등한 모든 시민은 덕성과 재능에 의한 차별 이외에는 누구나 그의 능력에 따라서 공적인 고위직, 지위, 직무 등에 동등하게 임명될 수 있다"고 천명하였다.

산업혁명 이후 노동문제에 대한 인식이 변화하면서 평등사상은 남녀평등 이념을 포용하게 되었다. 생산방식이 가내수공업에서 공장제수공업으로 바뀌면서 많은 여성이 독립된 경제활동 주체가 되었고, 이에 따라 여성의 노동자의식이 싹트고 가정과 직장에서 여성에 대한 억압과 불평등을 시정하겠다는 여성주의적 의식도 생겨났다. 이러한 사회적·경제적 변화를 배경으로 19세기 후반의 여성운동가와 사회운동가는 남녀간의 평등권을 마땅히 받아들여야 할 기본권으로서 주장하기에 이르렀다.

평등사상의 현대적 수정

헌법상의 평등사상은 형식적 평등에서 실질적 평등으로 변천되어 왔다. 근대 초기의 평등사상은 기회의 평등을 얻고자 하는 형식적·추상적 평등에 불과하였다. 형식적 평등이란 사람은 천부적으로 평등하므로 개개인의 능력 등에 차이가 있더라도 그 구체적 차이에 개의하지 말고 법률상의 취급에 있어서 사람으로서 평등하게 다루어져야 한다는 주장이다. 그러나 산업화 이후 경제적·사회적 강자와 약자의 대립이 격심해지자, 형식적 평등 개념으로는 실제의 평등이 실현되지 않는다는 점이 명료해지고 종래의 형식적 평등관에 근본적 변화가 요구되었다.

형식적 평등을 극복하는 방안으로서 실질적 평등과 결과의 평등에 의한 보완이 행해졌다. 실질적 평등이란 동등한 자는 동등하게, 다른 사람은 다르게 취급하는 것이 정의를 실현하기 위한 법의 자세라고 보는 견해이다. 사람들의 사회적 기반, 능력, 적성이 각자 다르므로 서로 다른 사람을 평등하게 취급하는 것은 강자를 더욱 강하게, 약자를 더욱 약하게 하는 결과적 불평등을 초래한다는 점을 인식한 것이다.

실질적 평등을 구현하고자 하는 사상은 헌법에 명문으로 규정되기에 이르렀다. 1919년의 바이마르헌법 이후 각국 헌법에 근로기본권, 생존권 등이 규정되었고 재산권에 대한 사회적 제약도 가해졌다. 이러한 사회적 기본권사상의 등장으로 종래의 추상적·형식적 평등사상의 맹점이 보완되었다.

헌법의 평등권규정

1948년 제헌헌법 이래로 평등권은 중요한 기본권으로서 보장되어 왔다. 평등권 조항이 제헌헌법에 포함된 것은 근대법의 조류에 따른 것이지만, 남녀동권선언이나 제헌헌법 공청회 등을 통한 선각적인 여성들과 진보적 남성들의 노력도 큰 역할을 하였다.

현행 헌법 제11조 1항은 "모든 국민은 법 앞에 평등하다. 누구든지 성별, 종교, 또는 사회적 신분에 의하여 정치적·사회적·문화적 생활의 모든 영역에 있어서 차별을 받지 아니한다"라고 규정하는데, 이는 법 앞에 평등과 성차별 금지를 선언한 조항이다. 평등권은 균등하게 참여할 수 있는 기회를 보장함으로써 기본권 실현의 방법적 기초가 된다. 사생활과 정신생활 영역은 물론 정치·경제·사회·문화생활의 영역에서 인간의 존엄과 가치를 실현시키기 위한 헌법상의 모든 기본권과 관련하여 여성은 남성과 동등하게 그 주체가 된다.

헌법상 평등권의 내용

기본권으로서의 평등권

양성평등은 우리의 헌법으로서 보장되는 기본권에 속한다. 헌법은 여성이 남성과 마찬가지로 법 앞에 평등함을 선언한다. 평등권은 초국가적인 천부인권으로서 헌법에 앞서 존재하는 권리를 헌법에서 명문으로 인정하고 있는 것이다. 평등권은 인간의 존엄과 가치, 행복추구권과 함께 최상의 정의正義로서 우리 헌법의 기본원리의 하나이다.

헌법에서는 평등권을 인간의 존엄성을 보장하는 중요한 권리로 인식한다. 헌법 제10조는 "모든 국민은 인간으로서의 존엄과 가치를 가지며, 행복을 추구할 권리를 가진다. 국가는 개인이 가지는 불가침의 기본적 인권을 확인하고 이를 보장할 의무를 진다"고 선언한다. 그리고 국민의 평등에 관하여 헌법 제11조는 "모든 국민은 법 앞에 평등하다. 누구든지 성별·종교 또는 사회적 신분에 의하여 정치적·경제적·사회적·문화적 생활의 모든 영역에 있어서 차별을 받지 아니한다"고 선언한다. 이 헌법 규정에 따라 누구든지 성별, 종교 또는 사회적 신분에 의하여 정치적·경제적·사회적·문화적 생활의 모든 영역에 있어서 차별을 받아서는 안 된다는 것을 '차별대우의 금지원칙'이라고 한다. 성별, 종교라든가 정치적·경제적 평등은 헌법상의 예시규정이기 때문에 인종, 출신지역 등을 이유로 하거나 종교적·군사적 영역에서의 차별대우도 금지된다. 헌법은 평등원칙의 기본규정인 제11조 이외에도 정치, 노동, 경제생활, 가족생활, 복지부문 등에서 양성평등을 보장한다.

정치부문에서 양성평등

헌법 제24조와 제25조는 모든 국민은 법률이 정하는 바에 의하여 선거권과 공무담임권을 가진다고 선언한다. 정치적 영역과 공적 영역에 있어서의 양성이 평등하게 참여하도록 기회와 조건을 제공하기 위한 헌법적 근거이다. 그러나 여성의 정치참여는 이러한 헌법상의 평등에도 불구하고 극히 미진한 상태이다. 그동안 우리 사회의 민주화 노력과 지방자치제 실시 등의 정치발전과 함께 1980년대 후반부터 여성의 정치참여의 당위성과 필요성이 고조되어 오면서 여성의 정치참여를 증진시키기 위한 제도적 보장방안이 논의되고 있다.

노동부문에서 양성평등

헌법 제32조 4항은 "여자의 근로는 특별한 보호를 받으며 고용·임금 및 근로조건에 있어서 부당한 차별을 받지 아니한다"고 규정한다. 이는 여성의 신체적·생리적 특성에 따른 모성보호에 근거한 여성의 근로에 대한 특별보호와 근로관계에서의 성차별 금지를 명문화한 규정으로서 여성의 생활영역에서의 평등을 보장하는 헌법적 근거이다. 이 규정은 1987년 제9차 개헌에서 여성단체의 요구에 의해 수정·신설된 것으로, 이전의 헌법이 여자와 연소자를 동일한 위치에 두고 배려하던 것에서 벗어나 여성근로의 보호와 차별금지를 독립적으로 규정하였다는 점에 의의가 있다. 또한 근로조건기준의 법정주의 조항 이외에 여성근로에 대한 차별금지를 별개의 조항으로 규정함으로써 산업혁명 초기부터 뿌리깊은 성차별 관행에 대하여 경종을 울렸다. 노동부문에서의 양성평등을 위한 세부적인 조치는 근로기준법과 남녀고용평등과 일·가정 양립 지원에 관한 법률 등에서 규정하고 있다.

복지부문에서 양성평등

헌법 제34조 3항은 "국가는 여자의 복지와 권익의 향상을 위하여 노력하여야 한다"고 규정한다. 이는 1987년 제9차 개헌에서 신설된 규정으로 사회적 약자인 여성에 대한 국가의 의무를 명문화하였다. 이 규정은 현대 민주주의국가의 사회법치국가원칙에 근거한 것으로, 여성의 권익향상을 위한 국가의 의무이행을 청구할 수 있는 헌법적 근거이기도 하다. 관련법으로는 국민연금법, 고용보험법, 의료보험법, 국민기초생활보장법, 사회보장기본법, 한부모가정지원법 등이 있다.

혼인과 가족생활에서 양성평등

헌법 제36조 1항은 "혼인과 가족생활은 개인의 존엄과 양성의 평등을 기초로 성립하고 유지되어야 하며 국가는 이를 보장하여야 한다"고 규정한다. 이는 사회통합의 기초적 단위인 혼인과 가족생활 영역에서의 양성평등을 보장하는 헌법적 근거로, 개인의 존엄, 혼인의 자유, 양성의 평등 등이 보장되는 민주적 가족제도에 대한 상위의 제도적 보장규정이다.

과거 민법에는 호주제도, 여자의 재혼금지기간 등 남성을 우대하고 여성을 차별하는 규정이 많았는데, 몇 차례에 걸친 민법개정으로 이러한 규정들은 상당부분 폐지·개정되었다. 이처럼 민법 중 가족법(친족, 상속편)은 개인의 존엄과 양성평등의 정신에 부합하는 혼인과 가족생활을 규정하여야 하고, 그 외에도 국적의 취득과 상실, 귀화 등에 관한 국적법과 대한민국에 있는 외국인 및 외국에 있는 한국인의 생활에 관한 국제사법 조항도 이 헌법정신에 합치되어야 한다.

연혁적으로 혼인에 관하여 제헌헌법 제20조에는 "혼인은 남녀동권을 기본으로 하며 혼인의 순결과 보건에 관하여 국가의 보호를 받는다"고 규정되어 있었고, 제3공화국 헌법에서 혼인의 남녀동권을 삭제하고 "혼인의 순결과 가족의 건강은 국가의 특별한 보호를 받는다"고 개정하였으며, 제5공화국 헌법[1980년]에서 처음으로 혼인과 가족생활에서의 개인의 존엄과 양성평등을 규정하였고, 현행 헌법[1987년]에 이르러 제36조 2항으로 "국가는 모성의 보호를 위하여 노력하여야 한다"는 모성보호 부분을 추가하였다. 본 규정 중 국가의 보장의무는 1987년 헌법개정에서 신설된 조항으로, 종래의 가부장제적 가족제도를 개혁하고자 하는 헌법적 의지의 표현이라 할 수 있다.

평등권의 헌법적 효력

평등권의 효력

평등권은 헌법상 보장된 기본권이므로, 국가는 평등권을 보장해야 할 의무를 진다. 기본권은 국민의 국가에 대한 주관적 공권公權이다. 공권은 국가권력을 대상으로 하며 그 권리의 효력이 국가권력에만 미치는 것이 원칙이다. 이것을 기본권의 대국가적 효력이라 한다. 평등권은 국가가 갖는 행정권, 사법권 및 입법권을 구속한다. 평등권에 어긋나는 법률이나 명령은 위헌결정에 따라 효력을 상실하게 된다. 그런데 기본권으로서의 평등권은 국가에 대해서 법적 효력을 가질 뿐 아니라, 개인들 사이에 있어서도 평등권에 따른 법적 효력이 인정된다고 해석하는 견해가 유력하다.

평등권의 개인에 대한 효력

과거의 헌법이론에 의하면 헌법의 기본권은 개인 사이에 있어서는 효력을 갖지 않는 것으로 해석되었다. 국가권력 이외에도 개인이나 기타 사회적 세력에 의하여 실질적으로 개인의 자유를 침해하는 일이 많다는 것이 드러나면서, 기본권의 적용범위를 국가권력에 대한 관계에 국한하지 않고 개인 상호간의 관계에서 타인으로부터 평등권의 법익침해를 받은 경우에까지 기본권의 적용범위에 포함시키는 헌법이론이 많은 지지를 얻고 있다. 이렇게 개인 사이에서도 헌법상 기본권의 효력이 확장되는 경우를 가리켜 '기본권의 대사인적 효력' 또는 '기본권의 제3자적 효력'이라고 부른다. 평등권의 대사인적 효력을 인정하는 이론에 따르면, 사립학교나 기업 등에 의한 평등권 침해에 대하여 헌법적 구제를 요청할 수 있게 된다.

기본권 침해에 대한 구제

기본권 침해는 누가 어떠한 방식으로 기본권을 침해하였는가에 따라 다양한 모습을 띠며, 각 침해유형에 따라 법적 구제수단도 다르다. 예를 들어 국회에서 법률을 제정하여야 함에도 불구하고 이를 제정하지 않는 경우, 국민은 국회에 대하여 입법을 청원할 수 있을 뿐 아니라 일정한 경우 입법부작위에 대한 헌법소원심판을 청구할 수 있다. 어떤 법률규정이 국민의 기본권을 침해한 구체적 사례가 있는 경우에는 피해를 받은 국민은 위헌법률심사를 청구할 수 있다.

국민은 기본권을 보장받기 위한 기본권을 갖는다. 기본권보장을 위한 기본권으로서 우리나라에서 인정되는 것은 청원권, 재판청구권, 형사보상청구권, 국가배상청구권 등이 있다. 기본권을 구제하기 위한 제도로서는 사법부에 의한 구제가 가장 효과적인 것이고, 헌법재판소에서의 헌법소원은 최종적인 것이다.

헌법재판에 의한 기본권보호

헌법재판에 의한 기본권의 보호방법으로는 구체적 규범통제와 헌법소원이 있다. 구체적 규범통제는 법률이 헌법에 위반되는 여부가 재판의 전제가 된 경우에 법원이 그 법률의 위헌 여부를 심사하고, 위헌법률의 적용을 거부함으로써 위헌법률에 의한 기본권의 침해로부터 기본권을 직접적으로 보호하는 경우를 말한다. 다른 한편 헌법소원은 입법권·사법권 등 공권력의 과잉행사에 의해서 자신의 기본권이 직접·현실적으로 침해되었다고 주장하는 국민이 헌법재판소에 직접 기본권의 보호와 구제를 청구함으로써 헌법재판에 의해서 직접 기본권의 보호를 받는 제도이다. 우리 헌법 제111조는 공권력의 행사 또는 불행사로 인하여 헌법상 보장된 기본권을 침해받은 사람은 헌법재판소에 헌법소원을 제기할 수 있도록 규정하고 있다.

다음은 헌법재판소의 결정예이다.

■ 군필자 공무원채용시험 가산점제 위헌결정 ■

제대군인에 대하여 여러 가지 사회정책적 지원을 강구하는 것이 필요하다 할지라도, 그것이 사회공동체의 다른 집단에게 동등하게 보장되어야 할 균등한 기회 자체를 박탈하는 것이어서는 아니되는데, 가산점제도는 아무런 재정적 뒷받침없이 제대군인을 지원하려 한 나머지 결과적으로 여성과 장애인 등 이른바 사회적 약자들의 희생을 초래하고 있으며, 각종 국제협약, 실질적 평등 및 사회적 법치국가를 표방하고 있는 우리 헌법과 이를 구체화하고 있는 전체 법체계 등에 비추어 우리 법체계내에 확고히 정립된 기본질서라고 할 '여성과 장애인에 대한 차별금지와 보호'에도 저촉되므로 정책수단으로서의 적합성과 합리성을 상실한 것이다. 가산점제도는 수많은 여성들의 공직진출에의 희망에 걸림돌이 되고 있으며, 공무원채용시험의 경쟁률이 매우 치열하고 합격선도 평균 80점을 훨씬 상회하고 있으며 그 결과 불과 영점 몇 점 차이로 당락이 좌우되고 있는 현실에서 각 과목별 득점에 각 과목별 만점의 5퍼센트 또는 3퍼센트를 가산함으로써 합격여부에 결정적 영향을 미쳐 가산점을 받지 못하는 사람들을 6급이하의 공무원 채용에 있어서 실질적으로 거의 배제하는 것과 마찬가지의 결과를 초래하고 있고, 제대군인에 대한 이러한 혜택을 몇 번이고 아무런 제한없이 부여함으로써 한 사람의 제대군인을 위하여 몇 사람의 비(非)제대군인의 기회가 박탈당할 수 있게 하는 등 차별취급을 통하여 달성하려는 입법목적의 비중에 비하여 차별로 인한 불평등의 효과가 극심하므로 가산점제도는 차별취급의 비례성을 상실하고 있다. 그렇다면 가산점제도는 제대군인에 비하여, 여성 및 제대군인이 아닌 남성을

여성을 위한 **법**

부당한 방법으로 지나치게 차별하는 것으로서 헌법 제11조에 위배되며, 이로 인하여 청구인들의 평등권이 침해된다 헌법재판소 1999. 12. 23. 선고 98헌마363 결정(위헌).

■ 형법 제241조(간통죄) 위헌 여부에 관한 헌법소원 ■

사회 구조 및 결혼과 성에 관한 국민의 의식이 변화되고, 성적 자기결정권을 보다 중요시하는 인식이 확산됨에 따라 간통행위를 국가가 형벌로 다스리는 것이 적정한지에 대해서는 이제 더 이상 국민의 인식이 일치한다고 보기 어렵고, 비록 비도덕적인 행위라 할지라도 본질적으로 개인의 사생활에 속하고 사회에 끼치는 해악이 그다지 크지 않거나 구체적 법익에 대한 명백한 침해가 없는 경우에는 국가권력이 개입해서는 안 된다는 것이 현대 형법의 추세여서 전세계적으로 간통죄는 폐지되고 있다. 또한 간통죄의 보호법익인 혼인과 가정의 유지는 당사자의 자유로운 의지와 애정에 맡겨야지, 형벌을 통하여 타율적으로 강제될 수 없는 것이며, 현재 간통으로 처벌되는 비율이 매우 낮고, 간통행위에 대한 사회적 비난 역시 상당한 수준으로 낮아져 간통죄는 행위규제규범으로서 기능을 잃어가고, 형사정책상 일반예방 및 특별예방의 효과를 거두기도 어렵게 되었다. 부부간 정조의무 및 여성 배우자의 보호는 간통한 배우자를 상대로 한 재판상 이혼청구, 손해배상청구 등 민사상의 제도에 의해 보다 효과적으로 달성될 수 있고, 오히려 간통죄가 유책의 정도가 훨씬 큰 배우자의 이혼수단으로 이용되거나 일시 탈선한 가정주부 등을 공갈하는 수단으로 악용되고 있기도 하다. 결국 심판대상조항은 과잉금지원칙에 위배하여 국민의 성적 자기결정권 및 사생활의 비밀과 자유를 침해하는 것으로서 헌법에 위반된다 헌법재판소 2015. 2. 26. 선고 2009헌바17 등 결정(위헌).

적극적 우대조치와 할당제

적극적 우대조치

적극적 우대조치란 단순히 차별을 금지하는 데에서 그치지 않고, 과거의 차별에서 유래하는 현재의 폐해를 제거하기 위한 적극적 노력의 일환으로서 차별받는 집단에 대해 우대조치를 취하는 것을 말한다. 약자를 위한 적극적 우대조치는 평등권을 적극적 방법으로 실현하는 기능을 발휘한다. 적극적 우대조치는 능력위주의 기회균등사상을 완전히 부정하는 것이 아니라, 기회균등의 전통적 개념을 보완하는 제도로서 긴급성과 잠정성을 띠는 차별해소책이다.

　미국에서는 소수 인종과 여성 등 특정한 집단에 대한 구조적인 차별을 인식하여, 과거의 차별을 보상하고 실질적인 평등을 보장하기 위하여 차별의 기초가 된 인종, 성별 등을 고려하여 그들을 우선적으로 처우하려는 이론이 대두하였는데 이것이 우선적 처우preferential treatment이다. 1965년 "미국연방정부와 조달계약을 체결하는 자는 인종, 피부색, 종교, 출신국에 관계없이 구직자가 고용되고 근로자가 대우받는 것을 보장하기 위하여 적극적 우대조치affirmative action를 강구하라"는 행정명령이 발해진 이후에 여러 종류의 적극적 우대조치가 실시되었다.

할당제와 평등권

　할당제는 현존하는 차별을 해소하기 위해 국가, 지방자치단체 또는 사업주가 잠정적으로 특정 성性을 우대하는 잠정적 우대조치로서, 여성에 대한 차별을 제거하기 위한 법적·정치적 수단에 의해 여성참여의 비율이 일정한 수준에 이를 때까지 여성을 우선적으로 고려하는 제도이다. 할당제는 가부장제와 남녀차별이 지배하는 사회적 현실을 인식하고 이러한 여건 아래에서 신속하게 여성의 실질적 평등을 실현하는 제도이다. 추상적 평등주의 또는 성중립적 평등주의는 여성에게 실질적인 도움이 되지 않으며 경우에 따라서는 여성에게 불이익이 될 수도 있다. 여성주의적 법의 1차적 과제는 '남녀차별적인 제도를 없애는 것'이지만, 이것이 달성된 후의 2차적인 과제는 '차이를 고려한 평등을 모색하는 일'이다. 남녀가 추상적으로 평등하게 취급되어야 한다는 원칙만을 관철하다 보면 실제로 여성의 이익은 외면당하게 되므로, 할당제와 같은 적극적인 평등제도를 도입할 필요가 있다.

　할당제가 헌법상의 평등권을 침해하는 것이라는 반론도 제기되고 있다. 그러나 할당제나 기타 여성우대조치는 남녀의 실질적 평등에 도달하기 위한 수단으로서 헌법의 평등권규정에 합치하는 것이라고 해석하는 합헌론이 다수견해이다. 국가는 남녀의 실질적 평등을 구현하기 위해 적극적 조치를 취할 의무를 지며, 할당제는 이러한 국가의 의무를 수행하는 수단이 된다고 해석될 수 있다.

할당제의 종류

할당제는 경직된 할당제, 자격할당제, 목표할당제 등으로 분류될 수 있다.

:: 경직된 할당제는 일정 직위나 자리의 일정 비율을 무조건적으로 여성에게 할당하는 형태이다.

:: 자격할당제에는 동일자격 또는 동일가치의 자격이 있을 때 여성을 우선적으로 고려하는 '동일가치자격시의 할당제'와 규정된 비율이 달성될 때까지 여성이 그 직에 필요한 최소한의 자격만 갖추면 다른 후보자의 자격과 관계없이 여성을 임용하는 '최소자격요건 할당제'가 있다.

:: 목표할당제는 인사결정시마다 임용권자에게 여성을 임용해야 할 의무를 부과하지 않고 일정 기간 내에 목표율만 달성할 의무를 부과하는 제도이다. 이외에도 결과적으로 달성해야 할 여성의 비율을 정해 놓은 결과할당제와 인사결정 때마다 여성이 일정 비율이 되도록 하는 결정할당제가 있다.

생각해볼 문제

● 자유주의국가에서 평등이 갖는 의미와 복지국가에서 평등이 갖는 의미는 실질적으로 어떠한 차이를 갖는가?

● 법률에 의해 평등권을 침해당한 여성이 보호받을 수 있는 방법은 무엇이며, 그 절차는 어떻게 되나? 어떤 여성이 자신이 직접 차별을 당하지 않았지만 모든 여성을 위하여 남녀차별의 소지가 있는 법률규정을 폐지시키려고 한다면, 어떤 방법이 있나?

● 결과의 평등을 이루기 위해서는 어떤 환경이 필요한가? 여성에 대한 정치할당제 · 고용할당제를 실시하면서 다른 한편 남성들의 권리가 침해받지 않도록 하기 위해 어떤 노력이 필요한가 생각해 보자.

● 할당제가 평등의 실현을 위한 평등의 침해라는 주장에 대해서 어떤 반론을 제기할 수 있나? 할당제가 남성에 대한 평등권침해라는 역차별의 소지를 안고 있다는 주장에 대해 어떻게 생각하나?

2. 양성평등기본법

여성발전기본법의 제정

여성차별은 전통적 가치관과 맞물려 있어 쉽게 해결되지 못한 채 존속되고 있다. 교육, 노동, 가족, 복지 등 각 부문에서 차별의 관행이 뿌리깊게 자리잡고 있기 때문이다. 여성차별의 열악한 상황을 개선하기 위해서 특별법이 계속 제정되었지만 각 특별법은 목적을 달리하고 그 적용분야가 한정되어 있기 때문에 종합적인 법률이 필요하다는 의견이 있었다. 1995년 이러한 의견에 따라 여성을 위한 법률의 기본원칙을 정하는 법으로서 여성발전기본법이 제정되었다. 여성발전기본법은 헌법의 남녀평등이념을 구현하기 위한 국가와 지방자치단체의 책무에 관한 기본적인 사항을 규정함으로써 정치·경제·사회·문화의 모든 영역에 있어서 남녀평등을 촉진하고 여성의 발전을 도모함을 목적으로 하였다.

여성발전기본법은 제정 이후 20여 년간 양성평등과 여성의 사회 참여 확대 및 권익 증진에 많은 영향을 준 것이 사실이다. 그런데 여성정책을 둘러싼 사회 환경과 관련 법제도가 크게 변화하고, 여성정책의 패러다임이 '여성발전'에서 '실질적 양성평등 실현'으로 전환되었으며, 세계적으로도 여성정책의 패러다임이 '성 주류화'로 바뀌어 가고 있는 상황에서 헌법상 남녀평등 이념을 보다 강력하게 실현하기 위해 현행법의 전면 개정이 불가피하다는 지속적인 문제제기가 있었다. 이에 따라 2014년 여성발전기본법의 법명을 양성평등기본법으로 변경하게 되었고, 새로운 양성평등기본법에서는 양성평등과 관련된 권리보장과 정부의 책임성을 강화하고, 양성평등 정책 추진체계의 내실화, 양성평등 촉진을 위한 시책 강화, 정책의 양성평등 효과를 강화하기 위한 성 주류화 조치의 체계화 등을 규정하여 실질적 양성평등을 실현하기 위한 내용을 구체화하고 있다.

법의 기본이념

양성평등기본법은 개인의 존엄과 인권의 존중을 바탕으로 성차별적 의식과 관행을 해소하고, 여성과 남성이 동등한 참여와 대우를 받고 모든 영역에서 평등한 책임과 권리를 공유함으로써 실질적 양성평등 사회를 이루는 것을 기본이념으로 한다. 여성은 모성기능_{임신, 출산, 수유}기능을 제외하고는 남성과 동등한 잠재력을 가진 존재로서 가정과 사회·국가의 발전에 참여할 권리와 책임을 가진다는 새로운 여성관을 표방하고 있다. 남성은 취업 기타 사회활동을 하고 여성은 육아 기타 가사노동을 담당하는 것이 순리에 맞는다는 전통적 성별역할분업의 고정관념에서 탈피할 것을 선언한다. 이러한 기본이념은 1975년 '세계여성의 해' 선포 이후 UN, ILO와 같은 국제기구와 많은 국가들이 공통적으로 표방해 온 이념이다.

양성평등기본법의 주요내용

양성평등기본법은 양성평등의 이념을 실현하기 위하여 다음과 같은 사항들을 규정하고 있다.

:: **양성평등정책** 여성가족부장관은 5년마다 양성평등정책 기본계획을 수립하여야 하고, 양성평등정책에 관한 주요사항을 심의 조정하기 위하여 국무총리 소속으로 양성평등위원회를 두며, 양성평등정책의 촉진을 위하여 국가와 지방자치단체가 직무 수행 과정에서 성 주류화 조치를 취하여야 한다는 점을 규정하였다.

:: **적극적 조치** 국가와 지방자치단체에게 특정 성별의 참여가 현저히 부진한 분야에 대하여 적극적 조치를 취하도록 노력하도록 하고, 여성가족부장관은 국가기관 등에게 적극적 조치를 권고할 수 있도록 하였다. 이것은 법률상의 평등, 기회의 평등에서 나아가 사실상의 평등, 결과의 평등까지 실현할 수 있는 잠정적 특별조치이다.

:: **평등한 사회참여확대** 여성과 남성의 평등한 참여를 도모하기 위한 국가와 지방자치단체의 책무에 대해 규정한다. 즉, 정책결정과정, 정치 참여, 공직 참여, 경제활동 참여 등 전반적인 사회활동에 대하여 여성과 남성이 평등하게 참여하기 위한 시책을 마련하도록 하였다.

:: **모·부성보호** 국가기관 등과 사용자는 임신, 출산, 수유, 육아에 관한 모성

및 부성권을 보장하고, 이를 이유로 가정과 직장 및 지역사회에서 불이익을 받지 않도록 하여야 한다. 양성평등기본법은 모성보호의 개념을 권리보장의 개념으로 전환하고, 보장의 대상을 모성뿐만 아니라 부성으로 확대하여 실질적인 양성평등을 도모하고자 하였다.

:: **일·가정 양립지원** 국가기관 등과 사용자는 일과 가정생활의 조화로운 양립을 위한 여건을 마련하기 위하여 노력하여야 하고, 일과 가정생활의 양립을 지원하기 위하여 영유아 보육, 유아교육, 방과 후 아동 돌봄, 아이 돌봄 등 양질의 양육서비스 확충, 출산전후휴가와 육아휴직제 확대 및 대체인력 채용·운영의 활성화, 가족친화적인 사회환경 조성 등에 관한 시책을 마련하여야 한다.

:: **인권보호 및 복지증진** 국가와 지방자치단체에 성차별 금지 및 성폭력·가정폭력·성매매 범죄 및 성희롱을 예방·방지하고 피해자를 보호하여야 할 의무를 부과하는 한편, 지역 및 나이 등에 따른 여성 복지 수요를 충족시키기 위한 시책을 강구하도록 하였다. 또한 장애인, 한부모, 북한이탈주민, 결혼이민자 등 취약계층 여성과 그 밖에 보호가 필요한 여성의 복지 증진을 위하여 필요한 조치를 하도록 하였다.

:: **양성평등 문화확산** 가정교육, 학교교육, 사회교육에서 양성평등 의식을 높이는 교육을 하고, 민주적이고 양성평등한 가족관계를 확립시키기 위하여 노력하며, 대중매체를 통하여 양성평등 의식이 확산되도록 노력할 것을 국가와 지방자치단체의 책무로서 부과한다.

:: **양성평등기금의 설치** 이 법의 목적을 실현하기 위한 사업을 지원하기 위하여 국가가 여성발전기금을 설치하는 것을 규정한다. 기금은 양성평등 실현을 위한 사업의 지원, 관련 비영리법인 및 비영리민간단체의 지원, 국제협력 관련 사업 지원 등을 위하여 사용된다.

● 여성문제가 정부의 각 부처 업무와 관련이 있는 종합적인 사회문제임에도 불구하고 여성문제를 전담하는 부처를 설치할 필요가 있는가?

● 지방이 도시에 비하여 양성평등의 의식 수준이 낮은 편이라고 할 수 있을까? 양성평등 의식을 고양시키기 위하여 지방자치단체가 할 수 있는 활동으로 어떤 것을 생각할 수 있는가?

CHAPTER 03

여성주의법의 역사

"… 성별을 이유로 하는 차별은 관행화된 인류의 악습으로, 매우 파괴적인 결과를 야기한다. 따라서 국가는 차별의 철폐를 위해서 모든 노력을 아끼지 말아야 하며, 이러한 공동의 목표를 달성하기 위해 주저함 없이 모든 국가 권력을 행사해야 한다."

_ 리처드 A. 엡스타인

I. 여성주의법의 생성

여성주의에 입각한 법이란 무엇인가

법학분야에서 남성 위주의 법제에 의문을 던지고 이를 양성평등한 내용으로 바꾸려는 시도는 대한민국정부가 수립된 이후 꾸준히 진행되어 왔다. 이러한 시도는 소수의 여성법률가가 남녀차별을 철폐하기 위한 법개정운동을 벌였던 것에서 출발하였으나 초기의 법개정운동에 있어서는 여성문제에 대한 체계적인 이해는 결여되었고 실정법으로 나타난 차별에 대해 사안별로 문제제기를 하는 정도에 그쳤었다. 당시에는 여성문제에 대한 깊은 고민 없이 남녀평등이라는 당위성을 간단히 끌어냄으로써 그 사상적 취약함을 드러내었다. 당시 법조인이나 학자들의 사상적 기반은 남녀를 불문하고 대개 보수적이었다. 가부장제에 기초한 전통적 관행을 미풍양속으로서 찬미했고 인간으로서 반드시 지켜야 할 도의로 여겼다. 다만 선거라든가, 취업이라든가 하는 분야에서 남녀평등을 향한 주장들이 아주 적은 부분에서 제기될 뿐이었다.

여성의 지위향상을 위한 법률이 속속 제정되는 것과 동시에 법여성학이라는 새로운 법영역이 기존의 남성 중심의 법학계를 잠식하기 시작했다. 법여성학이 하나의 학문분야로서 기반을 잡아 간 것은 여성학이라는 새로운 학문적 관점이 사회과학 내지 인문과학의 한 분야로서 정착하였던 것에 크게 힘입었다. 여성의 사회적 지위향상을 위한 제도적 접근에 한정하지 않고, "법에 있어서 평등이란 무엇인가", "정의란 무엇인가" 그리고 "인간으로서의 행복이란 어디에 있는 것일까"라는 등의 철학적 문제를 던지고 새로운 관점에서 재구성해 나갔다. 초기에 남녀차별적인 법규정을 개정하려는 차별제거의 관점에서 접근하던 것에서 더 나아가 남녀차별의 관습을 바꾸기 위해 법의 강제성을 활용하고자 하는 적극적인 입장을 취하는 데에 이르는 등 그 접근방법에서도 크게 변화해 왔다.

여성관련법은 어떻게 변화해 왔는가

여성의 법적 지위는 우리나라에 근대법이 수용된 이후 현재에 이르기까지 계속 향상되어 왔다. 여성관련법의 변천과정은 입법의 성격에 따라 네 개의 시대로 구분될 수 있다.

:: **봉건주의청산기** 근대법제의 수용과 함께 여성의 지위가 대폭 향상되었다. 구가족법은 일부일처제를 취하였고 아내의 이혼청구권을 인정하였다.

:: **법제정비기** 헌법1948년에 남녀의 평등을 명언하는 규정이 들어갔으며, 근로기준법1953년에도 남녀의 차별대우를 금지하는 규정을 두었다. 형법1953년에서 간통죄의 적용에 남녀를 동등하게 하는 규정을 두었고, 민법1958년은 아내의 무능력제도를 폐지하였고 부부별산제를 취하는 등 구법시대보다 여성의 지위를 훨씬 향상시켰다.

:: **여성주의법의 정착기** 가족법의 개정1977년으로 어머니도 아버지와 친권을 공동으로 행사하는 등 아내의 지위가 강화되었다. 1980년대 이후에 여성학적 관점에서 기존의 법이 갖고 있는 성차별적 이데올로기가 규명되기 시작하면서 여성관련법은 괄목할 만한 발전을 가져오게 되었다. 헌법1980년, 1987년 개정에 남녀평등에 관한 별도의 규정이 신설되었으며, 1987년 여성에게 고용상 평등한 기회 및 대우를 보장하고 모성보호와 복지증진을 도모하기 위하여 「남녀고용평등법」이 제정되었다. 사회복지법으로서 1989년 「모자복지법」이 제정되었다.

:: **여성주의법의 팽창기** 1990년대에는 노동, 가족, 복지, 교육, 조세 등 각 부문에 잔존하던 남녀차별적인 규정들이 대부분 삭제되었다. 여성발전기본법의 제정1995년을 통해 여성관련 법령이 체계성과 일관성을 갖게 되었다. 가족법개정1990년으로 호주제도가 호주승계제로 약화되고 이혼시 재산분할청구권이 인정되었다. 국적법의 개정1997년과 국제사법의 개정2001년을 통해 부계혈통주의가 완화되었다. 노동부문에서는 고용할당제가 도입되었고, 공직과 정치분야에서도 여성할당제가 실시되기 시작했다. 출산휴가의 비용이 사회적으로 분산되었고, 육아휴직급여가 신설되는 등 모성보호가 강화되면서 사회보장적 성격을 부분적으로 띠게 된 것은 매우 주목할 만한 변화였다. 「영유아보육법」의 제정1990년으로 종합적인 탁아정책이 수립되었고 국민연금법의 개정1998년을 통해 이혼한 배우자의 분할연금수급권이 인정되었다. 가정폭력·성폭력·성매매를 규율하기 위한

법이 강화되었다. 성폭력특별법이 제정[1993]년되었고 윤락행위방지법이 개정[1995]년되었으며, 성희롱방지를 위한 입법이 행해졌다. 가정폭력을 예방하고 가정폭력의 피해자를 보호하기 위해 「가정폭력방지 및 피해자보호 등에 관한 법률」[1997]년과 「가정폭력범죄의 처벌 등에 관한 특례법」이 제정되었다. 그리고 남녀차별사건을 전담하는 피해구제기구로서 '고용평등위원회'와 '남녀차별개선위원회'가 설치되었다.

이와 더불어 1990년대에 들어서는 새로이 제정·개정된 법률에 기한 판결이 속출하여 남녀평등의 법이념이 현실화되었다. 제대군인 가산점제도에 대한 사건 등에서 헌법재판소의 위헌결정이 내려졌다. 좋은 판결들이 계속 나옴에 따라 남녀평등 규정들이 실제로 작동하게 되었고 여성문제에 대한 의식을 높이는 계기를 마련하였다.

ㄹ. 여성주의법의 발전단계

봉건주의청산기

여성의 법적 지위와 관련된 법률들은 봉건주의의 잔재를 버리고 근대 서양의 법제도를 도입함과 더불어 발달하였다. 조선시대의 말기에 시도되었던 근대법제의 수용은 일본의 식민주의에 의해 일시 중단되었다. 그 후 일제가 우리나라에 일본법을 강제로 적용시키는 과정에서 근대 서양법제는 우리나라에 전면적으로 수용되는 결과로 되었다.

일제하 가족법조선민사령(1910년)에 의하여 일본민법의 일부가 답습된 것의 규정은 조선시대 말기의 봉건적 가족제도를 폐기하고 당시의 일본이 취하였던 근대적 가족제도를 도입하는 것을 골자로 하였다. 1945년 일제에서 해방됨과 더불어 일제시대의 법에서 벗어나 우리 민족의 법을 가져야 한다는 생각은 하였지만 해방 이후 우리법을 제정하기까지는 상당한 시간이 걸렸다. 1948년 제정된 헌법을 비롯하여 1953년 근로기준법, 1958년 민법 등이 점차 제정되었다. 이 법률들이 제정되어 시행되기 이전에는 일제시대의 법률이 당분간 그대로 적용되었다. 일제시대의 가족법은 조선민사령[1910년]에 의하여 일본민법의 일부를 수용하였다.

일제시대 가족법의 근대법적 특징은 법률혼주의를 도입하였다는 점, 일부일처제를 취하였다는 점, 여자에게 이혼청구권이 인정되었다는 점 등이었다. 그러나 일제민법은 다음과 같은 점에서 남존여비의 가부장제를 옹호하였다. ① 아내를 독립적으로 법률행위를 할 수 없는 무능력자로 하고 남편에게 아내의 재산에 대한 관리권을 인정함으로써 아내를 남편에게 경제적으로 종속하는 존재로 규정하였다. ② 일부일처주의를 취하기는 했으나 남편의 부정행위를 묵인하는 태도를 취하였다. 즉 아내의 부정한 행위는 간통죄로 처벌되고 이혼사유가 되는 반면 남편의 부정행위는 그렇지 않은 남녀의 이중적인 성윤리관을 유지하였다.

1945년 일제에서 해방되자 우리 민족은 일본법의 지배에서 벗어나 우리가 스스로 만든 법을 가져야 한다는 생각은 하였지만 중요한 법률의 제정을 마치기까지 십 년 이상의 세월이 걸렸으며 새로운 입법이 행해지기까지 종전과 같이 일본법이 적용될 수밖에 없었다.

근대법은 봉건주의와 유교문화에 의해 고착된 남존여비의 가부장제에서 벗어날 수 있는 '자유와 평등'의 이념을 관철하고자 하였다. 근대법제도의 도입 이후 우리법은 인간평등의 기본권사상에 기초한 민주주의이념과 함께 인간존엄을 가능하게 하는 사회를 형성하기 위한 복지국가로 나아가기 위해 기반을 다지고 있다. 여성은 이러한 법 발달의 과정속에서 남녀차별을 없애기 위한 여러 법제도를 마련하였으나 사회의 불평등은 쉽게 제거되지 않았다. 그리하여 종래의 열악한 조건을 극복하기 위하여 실질적으로 평등한 생활을 보장해 주는 법제도가 마련되기를 열망하게 되었다.

법제정비기

독립정부를 수립한 이후 여성의 법적 지위와 관련하여 가상 관심을 끌었던 분야는 일제시대의 법제에 깊게 박혀 있던 남존여비의 규정들을 제거하는 일이었다. 1948년의 헌법제정 이후 1950년대 말에 이르기까지 우리의 입법작업에 의해 대한민국의 근대법체계가 확립되고 적어도 법의 영역에서는 봉건주의가 발붙일 곳이 없었다. 남성이든 여성이든 모든 인간이 평등하다는 이념은 여러 법률을 통해 정착되었다.

1948년 제정된 헌법은 평등권규정을 둠으로써 대한민국이 기본적으로는 남녀평등의 사회를 구현한다는 점을 밝혔고 이에 기초해 속속 법률들이 제정되었다. 즉 제헌헌법은 법 앞에서의 평등을 선언하고 성별에 의한 차별을 배척함으로써 대한민국의 모든 법률이 남녀평등사상에 기초하여 제정되어야 할 것임을 분명히 하였다. 이에 따라 간통죄는 남녀 모두에게 적용되게끔 규정되었고, 아내를 무능력자로 하는 규정 및 남편에게 아내의 재산관리권을 부여하는 규정도 삭제되었으며, 남편의 부정행위도 이혼사유가 되는 것으로 되는 등 일제하의 남존여비의 법상황은 상당히 개선되었다. 즉 1953년 제정된 형법은 간통죄의 요건을 '배우자 있는 자가 간통한 때'로 규정함으로써 종전의 남편과 아내의 불평등한 취급을 없애고 남편과 아내 모두에게 성실의무를 부과하였다. 1953년의 근로기준법은 남녀의 차별대우를 금지하는 한편 여자와 소년을 보호하기 위한 규정을 두었다.

1958년의 민법은 가족편에서 구법시대보다 여자의 지위를 훨씬 향상시켰다. 여자의 분가分家를 인정하고, 아내의 무능력제도를 폐지하였으며, 부부재산에 관하여 아내와 남편이 각자 독립하여 재산을 소유·관리하는 부부별산제夫婦別産制를 채택하였고, 재판상 이혼원인을 과거의 '처의 간통' 대신에 '배우자의 부정행위가 있었을 때'라고 남녀를 같게 규정하였으며, 부모가 공동으로 친권을 행사할 수 있도록 하였고, 상속법에서 여자에게 일정한 경우 호주상속권을 인정하고 결혼 안한 딸의 상속분을 아들과 같이 하는 등 아들과 딸을 평등하게 대하려고 노력하였다.

그럼에도 불구하고 1953년 근로기준법, 1958년 제정된 민법 등에는 아직도 봉건주의와 유교문화에 의해 고착된 남존여비의 가부장제의 잔재가 상당부분 남았다. 법률을 제정하는 사람이든 이를 해석·집행하는 사람이든 모두 남성이었고 여성들은 입법, 행정, 사법과 같은 공적 영역에 참여하여 자신의 주장을 펼칠 여건이 되지 못하였다. 남성들은 가부장제가 우리의 미풍양속으로서 보존하여야 할 것이라는 생각에서 벗어나지 못하였다.

여성주의법의 정착기

근대법제도의 도입 이후 입법부는 자유와 평등의 사상에 기초하여 봉건적 사회규범에 존재하던 남녀간의 차별을 없애려고 노력하였다. 그러나 남녀차별을 없애기 위한 여러 법제도가 마련되었음에도 불구하고 사회에서 여성에 대한 차별은 없어지지 않았고 급속한 산업화로 인해 오히려 남녀간의 불평등은 심화되어 갔다. 가족법 및 여성과 관련된 법률에는 전통적인 미풍양속이라는 미명 아래 남녀에게 불평등한 규정들이 아직도 많이 남아 있었다. 특히 노동법분야에서는 여성노동자의 열악한 근로조건을 개선시키고 실질적으로 평등한 근로를 보장해 주는 법제도가 마련되기를 열망하게 되었다. 노동현장에서는 법 앞의 평등이 '기회의 균등'을 의미했을 뿐 '조건의 평등'을 의미하지는 않았다는 것이 실제로 드러남으로써 조건의 평등을 위해 노동법이 개선되어야 한다는 주장이 높아졌다.

정부수립 후 1960년대 초반까지 중요한 법률들이 제정되었기 때문에 1960년대 후반과 1970년대에는 입법활동이 그다지 활발하지 않았다. 여성의 지위향상과 관련하여서는 1977년에 가족법이 개정된 것이 이 시기의 대표적인 입법이었다. 그 개정사항 중 여성의 지위와 관련된 것으로서는 ▶ 부부재산 중 누구에게 속한 것인지 분명하지 않은 재산을 부부공유로 추정하는 것 ▶ 축출이혼을 막기 위해 협의이혼시 가정법원에 확인절차를 거치도록 할 것 ▶ 자녀에 대한 친권을 부모가 공동으로 행사하도록 하되 부모의 의견이 일치하지 않은 때에는 아버지가 행사하도록 할 것 등이었다. 이때의 가족법개정은 여성단체가 염원하였던 동성동본불혼제의 폐지 등 여러 사항을 빠뜨렸을 뿐 아니라, 남녀평등하게 개정된 사항들도 겉으로는 평등한 듯 보이지만 실제 운영에 있어서는 남성의 주도권이 유지되도록 교묘한 수단을 써서 여성들에게 비판의 대상이 되었다.

1980년대 이후에는 여성학적 관점에서 기존의 법이 갖고 있는 성차별적 이데올로기가 규명되기 시작했다. 경제성장을 위한 정책의 결과 여성노동자의 고용은 증가하게 되었지만, 여성은 주로 생산직에 채용되었으며 장시간·저임금의 열악한 근로조건 아래에서 고통받게 되었다. 여성노동자는 자신이 처해 있는 열악한 노동환경에서 벗어나기 위해서 노동문제와 여성문제의 두 가지 차원에서 개선책을 모색하였다. 남녀차별의 노동환경을 타개하지 않고는 여성은 산업예비군으로서 남성노동자의 임금을 낮추기 위한 수단으로 이용될 수밖에 없다는 사실을 깨닫게 된 것이었다. 1970년대 여성노동운동이 노동문제에 대한 의식만을 가지고 있었던 데에 반하여 1980년대의 여성노동운동은 여성문제에 대한 의식을 동반하게 되었다. 이러한 다각적 접근은 1980년대 후반 고용상의 남녀평등을 위한 입법에 큰 영향을 주었다.

이 시기에 접어들어 여성들은 법을 남녀불평등 사회구조와 현실을 개선하는 도구로서 활용하기를 희망하였다. 여성들은 종래의 법이 가부장제의 사회구조를 유지시키는 기능을 담당하고 있음을 지적하고 이 부작용을 막기 위한 수단으로 개혁적인 법률의 제정을 요구하고 나섰다. 그리고 남성에 의해 주도되어 왔던 입법에는 한계가 있음을 인식하고 여성문제의 제도적 개선을 도모하기 위해 여성 스스로 나서야 한다고 생각했다. 여성단체는 여성전문가의 도움을 얻어 법안을 작성하여 이 법안을 가지고 국회에 가서 입법운동을 펼침으로써 법제화 과정에 적극적으로 참여하였다. 여성들의 입법운동은 종래 가족법을 중심으로 했던 것에서 나아가 노동, 복지, 성 등의 영역으로 확장되었다.

이러한 여성운동의 적극적인 입법운동의 결과 1980년대에는 제5·6 공화국 헌법1980년, 1987년 개정에 남녀평등에 관한 별도의 규정이 신설되었으며, 1987년 여성에게 고용상 평등한 기회 및 대우를 보장하고 모성보호와 복지증진을 도모하기 위하여 「남녀고용평등법」이 제정되었다.

「남녀고용평등법」은 근로기준법의 남녀균등대우원칙을 고용의 단계에 따라 구체적으로 규정함으로써 근로기준법의 특별법으로서의 성격을 가지며, 다른 한편 남녀고용평등과 근로여성의 모성보호를 위한 국가의 책무를 규정하는 사회보장법의 성격도 갖는다. 남녀고용평등법의 제정에는 당시의 민주화운동 및 군사독재의 퇴진운동의 과정에서 길러진 여성의 정치력 향상이 큰 작용을 했다.

이 법의 제정을 위하여 여성학자, 여성단체, 노동조합총연맹, 여성국회의원 등이 힘을 합해 구체적인 법안을 작성하여 국회에 입법을 촉구하는 등 종래와는 다른 모습으로 적극적인 입법운동을 펼쳤다. 여성계가 제안한 법안에는 강제적 효력규정이 많았으나 국회에서는 이들을 노력규정으로 후퇴시키는 등 대폭적으로 수정하여 통과시켰다. 이에 대하여 여성계는 유감을 표시했지만 어찌 되었든 '여성운동의 성과로서 순수하게 남녀평등만을 위해 제정된 대한민국 최초의 단행법률'이라는 역사적 의의는 부정할 수 없었다. 여성단체는 이 법이 제정된 후에 다시 적극적인 법개정운동을 벌여 2년 후인 1989년 동일가치노동에 대하여 동일임금을 지급하는 등 대폭적인 개정을 보게 되었다. 이 시기의 여성을 위한 사회복지법으로서 1989년 제정된 「모자복지법」을 그 대표적인 입법으로 들 수 있다.모자복지법은 1989년 제정되었으나, 시행령과 시행규칙이 마련되고 예산이 배정된 후인 1990년 하반기에 비로소 시행되었다. 아동의 양육을 책임져야 하는 여성세대주 또는 세대주가 아니더라도 세대원을 사실상 부양하는 여성가구주로 구성되는 모자가정에게 복지급여, 복지자금대여, 고용촉진과 공공시설 내의 매점 및 시설의 설치 등의 복지서비스를 제공하는 것을 그 내용으로 한다.

이 시기의 여성운동이 법의 제정과 개정에 집중되었던 이유는 다음과 같이 분석된다. 여성운동이 민주화운동을 통해 힘과 전략을 축적할 수 있었으며 민주화 이후 합법적 활동으로 방향을 전환하였다는 점, 취업여성의 수가 증가하는 등 여성의 사회참여로 인해 차별철폐의 필요성을 절감하게 되었다는 점, 그리고 국민들이 전반적으로 권리에 대한 의식이 높아져 사회문제를 입법적으로 해결하는 방식을 선호하게 되었다는 점 등이었다. 법제도는 여성을 억압하는 요인 중에서 가장 뚜렷하게 드러나는 것이므로, 여성운동이 여성을 차별하거나 억압하는 법률들을 철폐할 것, 여성주의적으로 법률을 개정할 것, 여성의 권익향상을 위한 법률을 새로 제정할 것 등을 주장하고 그 주장의 관철을 위해서 사회운동을 벌이는 일은 필수적이라고 할 수 있다. 이러한 여성운동은 국민들로 하여금 여성주의적 의식이 깨어나도록 하는 의식화의 계기가 되었고, 제도적 기반을 다짐으로써 이후의 여성운동이 뻗어 나갈 수 있는 발판을 마련하였다. 제도가 마련된 후에 법위반행위에 대한 고발, 소제기 등의 사법투쟁을 벌인다든가, 그 제도의 정착을 위한 사업 등을 전개함으로써 제도와 현실 사이의 간격을 좁히려 노력하였다.

1980년대 후반부터 뚜렷이 나타난 여성운동의 입법지향성에 대하여는 다음과 같은 비판도 있다. ▶ 입법의 내용이 행정부의 자유재량에 맡기는 선언적 규정 또는 임의적 규정으로 이루어지는 경우가 많아 실효성이 적다는 점 ▶ 입법이 여성유권자를 호도할 목적으로 행해진 경우 실질적인 효과는 배제하고 선언적 규정을 둠으로써 전시적 입법으로 그친 경우가 많았다는 점 ▶ 입법이 가부장적 가치관과 타협하여 이루어짐으로써 원칙에서 벗어나거나 방향성을 상실한 경우가 있다는 점 등이다. 이러한 미진한 입법이 된 원인으로서 ▶ 법은 운동과 달리 기존의 질서를 유지하려는 보수적 속성을 가진다는 점 ▶ 여성운동이 남성들의 기득권을 유지시키는 사회경제적 질서를 변혁시키지 않으면서 부분적인 양보로 여성의 법적 지위를 개선하려는 소극적·타협적 입장을 취했다는 점 ▶ 여성들이 법의 기능을 충분히 이해하지 못하고 과장된 기대만을 가졌다는 점 등이 지적될 수 있다.

여성주의법의 팽창기

1990년대에 접어들어서는 모든 법영역에서 남녀차별적인 규정들이 검토되어 대부분 삭제되었고, 다양한 법영역에서 여성의 권익을 향상하기 위한 입법이 행해졌다. 노동, 가족, 복지, 교육, 조세 등 각 부문에서 남녀차별의 관행에 바탕을 둔 규정이 특별법, 행정명령, 지방자치법 등에 산재되어 있었다. 1990년대에는 모든 법령에 걸쳐 여성적 시각에서의 검토가 행해졌고 그 결과 수많은 남녀차별의 규정들이 폐지되거나 개정되었다. 1990년대에 제정된 여성관련법들은 한국의 여성주의법의 골간을 형성하게 되었다.

:: **여성발전기본법의 제정** 여성의 권익향상을 위한 특별법들이 계속 제정되었지만 특별법은 각각 목적을 달리하고 그 적용분야가 한정되어 있기 때문에 여성문제를 총괄하는 종합적 법률이 필요하게 되었다. 이러한 필요성에 응하기 위

해 1995년 여성발전기본법이 제정되었다. 이 법의 제정을 통해 여성관련 법령이 체계성과 일관성을 갖게 되었으며, 이 법을 계기로 하여 남녀평등과 여성발전을 도모하는 정책이 다양한 내용으로 개발되었다.

이 법의 제정을 통해 남성은 취업·기타 사회활동을 하고 여성은 육아·기타 가사노동을 담당하는 것이 순리에 맞는다고 하는 전통적 성별역할분업의 고정관념에서 탈피할 것을 선언하였다.

:: **여성의 정치참여와 공직진출** 여성의 정치참여와 관련하여서 할당제가 도입되었다. 2000년 정당법의 개정을 통해 비례대표의원에 관해 30%의 여성할당제가 규정된 것이었다. 정당이 비례대표 전국선거구 국회의원 후보자와 비례대표 선거구시·도의회 의원선거 후보자 중 100분의 30 이상을 여성으로 추천해야 한다동법 제31조 4항 신설.

:: **가족법분야의 여성주의정착** 이 시기의 또 하나의 중요한 입법으로서 1990년의 가족법家族法의 대폭적 개정을 들 수 있다. 1990년의 가족법개정은 그 이전의 개정보다 그 범위도 크고 내용도 혁신적이었으며 우리 사회의 바람직한 변화를 유도하는 법의 사회형성적 기능이 강조된 법개정이었다고 하는 긍정적 평가가 있었다. 그러나 유학자들의 반대가 영향을 미쳐 1990년의 개정 후에도 호주제도, 동성동본 불혼제도 등을 비롯한 가부장제의 골간은 그대로 남아 있게 되었으며, 개정 후에도 국민의 법의식과 괴리된다는 등의 이유로 보수집단의 개정가족법에 대한 반론이 제기되었다. 이 시기의 가족법개정에서 여성단체는 명분호주제을 양보하고 실리재산획득를 얻는 전략을 취하였다. 가족법의 편별에 있어서 종래의 호주상속제도를 호주승계제도로 전환함으로써 가부장제적 요소를 약화시킨 것은 좋은 일이나 호주승계제를 통해 가부장제를 존치시킴으로써 가족제도 및 호적제도의 부조리는 그대로 남아 있게 되었다. 그러나 여성의 경제적 지위는 신설된 재산분할청구권, 기여분제도 등을 통해 향상되었다.

1997년에는 국적법의 개정을 통하여 부모양계 혈통주의가 채택되었다. 국적법은 과거 국적취득에 관하여 부계혈통주의를 취하였기 때문에 한국여성과 결혼한 외국남성은 한국국적의 취득이 곤란했으나 개정 후의 부모양계혈통주의에 의해 국적취득에서의 남녀차별이 해소되었다.

2001년 국제사법의 개정을 통해 준거법의 지정에 있어서도 남녀평등이 관철되게 되었다. 과거에는 친족분야에 있어 부夫 또는 부父 단독의 본국법을 준거법으로 지정했으나, 개정 후에는 부부공통의 본국법이나 상거소지법常居所地法 등을 준거법으로 지정하고 있다.

:: **노동분야의 양성평등** 1990년대에 여성노동과 관련된 가장 큰 성과는 고용할당제雇傭割當制의 도입이었다. 고학력여성들이 남성과 같이 좋은 직장에 정규직 사원으로 취직되지 못하고 고작해야 시간제노동자, 계약직사원, 임시직사원 등으로 취업할 수밖에 없는 사정을 감안할 때 통상적인 남녀차별 금지규정만으로는 여성에 대한 진입장벽을 허물 수 없다는 결론에 이르렀다. 그리하여 여성계는 공무원과 민간기업을 포함한 고용부문에 있어서 여성고용할당제를 실시하여 여성들이 자신의 능력을 발휘할 수 있는 여건을 마련해 주도록 촉구하였다. 고용할당제는 공무원의 임용에 있어서 고용목표제로서 실시되기 시작하여 점차 확산되기에 이르렀다. 이러한 고용할당제의 도입과 관련하여 여성에 대한 우대는 남성에 대한 차별로서 헌법의 평등권정신에 어긋난다는 주장이 남성 쪽에서 나오기 시작하자 입법으로써 이러한 오해나 편견을 없애고자 하였다. 1998년에는 「근로기준법」과 「파견근로자보호 등에 관한 법률」의 개정을 통하여 경영상 이유에 의한 해고대상자를 선정할 때에 남녀의 성을 이유로 차별하거나 파견근로자의 성별을 이유로 근로자파견계약을 해지하여서는 안 된다는 규정을 둠으로써 고용현장에서의 성차별금지를 강화하였다.

2001년에는 노동관렵법에서 여성노동에 관한 규정이 상당히 많이 개정되었는데, 간접차별을 금지하고 육아휴직제도를 개선하는 대신 1950년대부터 존재하던 여성노동에 대한 보호를 삭감하는 것이었다. 이것은 여성노동자는 노동현장에서는 남성과 대등하게 일을 해야 하는 반면 모성보호만은 종전보다 두텁게 받는다는 여성노동에 대한 관점의 전환을 의미하는 것이었다. 획기적인 일은 유급출산휴가로 인한 비용을 사회적으로 분산시키는 제도를 취하면서 육아비용지원금을 신설하였다는 것이다.

:: **경제분야의 여성진출** 취업 이외의 여성의 경제활동을 지원하기 위하여 「여성기업지원에 관한 법률」과 「여성농어업인 육성법」이 제정되었다. 1999년 제정된 「여성기업지원에 관한 법률」은 여성기업의 활동과 여성의 창업을 적극적으로 지원함으로써 경제영역에 있어 남녀의 실질적인 평등을 도모한다. 2001년 제정된 「여성농어업인 육성법」은 정부로 하여금 여성농어업인 육성기본계획을 수립·시행토록 하고, 여성농어업인의 생활실태·노동실태를 정기적으로 조사하는 등 여성농업인 및 여성어업인의 권익보호·지휘향상·삶의 질 제고 및 전문인력화를 적극적으로 지원토록 한다.

:: **사회보장분야의 여성배려** 1990년대 여성관련 입법의 특징으로서 여성에 대한 사회보장제도가 강화되었다는 것을 들 수 있다. 영유아보육법을 통해 일하는 여성의 육아부담을 덜어 주었고, 국민연금법의 개정을 통해 여성의 이혼 후 연금수급권이 보장되었으며, 모성보호비용의 사회분담화도 추진되었다.

여성의 취업이 증가하게 되자 유아의 탁아문제는 일하는 여성이 당면하는 가장 어려운 문제로 부각되어 보육시설의 증가와 질적 향상에 대한 요청이 높아졌다. 1990년 「영유아보육법」이 제정됨으로써 종합적인 탁아정책이 마련될 수 있는 법적 기반이 만들어졌다. 영유아보육법은 산재되어 있던 아동보육에 관한 법률들을 통합한 것으로서 보육에 관한 기본법으로서 역할을 담당하게 되었다. 이 법의 제정으로 영유아보육사업의 체계화 및 보육시설의 조속한 확충을 꾀하게 되고 국가 및 지방자치단체의 탁아책임이 강조되었다. 그리고 이 법을 통해 아동의 보육이 아동뿐 아니라 여성의 복지에 관련된 것으로서 개개 가정의 문제로서가 아니라 국가 및 지역사회의 문제로서 다루어야 할 것임을 선언하였다.

1998년 국민연금법의 개정을 통해 이혼한 배우자의 분할연금수급권이 인정되었다. 혼인기간이 5년 이상인 자가 이혼한 경우에 배우자는 분할연금을 지급받을 수 있는 분할 연금수급권을 취득하게 되었다국민연금법 제57조의2. 이로써 여성들은 이혼 후에도 남편이 취득하게 되는 연금으로부터 혜택을 받을 수 있게 되었다. 그리고 사녀 또는 손자녀인 유족연금 수급권자가 출가한 경우에 과거에는 그들의 수급권이 소멸하도록 되어 있었으나, 이 규정이 삭제됨으로써 여성의 혼인 여부에 관계없이 유족연금권을 유지할 수 있게 되었다.

1999년 「장애인복지법」의 개정을 통해 국가 및 지방자치단체가 여성장애인의 권익보호를 위한 시책을 강구할 것을 촉구하였다.

:: **성폭력과 성매매의 금지** 1990년대에 접어들어 여성을 상품화하는 매매춘, 음란물에 반대하는 여성운동이 확산되었고 성폭력과 직장 내의 성희롱에 대한 강력한 법적 대응이 요망되었다. 1993년 성폭력특별법이 제정되었고 1995년 윤락행위방지법이 개정되었으며, 성희롱방지에 관해서는 1998년 남녀고용평등법은 직장에서의 성희롱을 중심으로 규정되었고 1999년 남녀차별금지구제법은 일반적인 성희롱을 포함하는 내용으로 규정되었다.

1994년 제정된 「성폭력방지 및 피해자보호 등에 관한 법률」은 성폭력범죄를 예방하고 그 피해자를 보호하며, 성폭력범죄의 처벌 및 그 절차에 관한 특례를 규정한다. 이 법으로 규제하는 성추행에는 지하철 등 공중밀집장소에서의 추행이나 음란물을 이용한 경우가 포함된다. 1998년 법개정을 통해 여성의 프라이버시 및 성적 수치심을 보호하기 위하여 카메라등이용촬영죄가 추가되었다.

종전의 「윤락행위등방지법」1961년 제정은 성을 파는 쪽의 여성과 포주 등을 처벌할 뿐이었으며, 성을 사는 남성고객에 대하여는 처벌하지 않아서 불합리하다는 비판을 받았었다. 그러던 차에 1995년의 법개정을 통해 매춘의 당사자인 여성과 남성을 모두 처벌하는 양벌주의를 취하였다.

1997년 가정폭력을 예방하고 가정폭력의 피해자를 보호함으로써 건전한 가정을 육성할 목적으로 「가정폭력방지 및 피해자보호 등에 관한 법률」이 제정되었다. 이 법에는 가정폭력의 예방과 방지를 위해 국가와 지방자치단체가 취해야 할 책무와 상담소, 피해자 보호시설, 전담의료기관 지정 등에 관한 규정이 있다. 그리고 1998년 제정된 「가정폭력범죄의 처벌 등에 관한 특례법」은 가정폭력범죄의 형사처벌절차에 관한 특례를 정하고, 가정폭력범죄자에 대한 환경의 조정과 성행의 교정을 위한 보호처분을 행함으로써 가정의 평화와 안정을 회복하고 건강한 가정을 육성하는 것을 목적으로 한다.

:: **피해구제수단의 강화** 여성이 부당한 차별행위 등으로 고통을 받거나 손해를

입은 경우에 신속하게 구제받을 수 있도록 남녀차별사건을 전담하는 피해구제절차가 마련되었다. 남녀고용평등법에 의해서 설치된 「고용평등위원회」는 고용상의 남녀차별 등에 관한 사항을 전담한다. 그리고 1999년에 제정된 「남녀차별금지 및 구제에 관한 법률」에 의해 「남녀차별개선위원회」가 설치됨으로써 성희롱 및 남녀차별에 대한 구제수단이 강화되었다. 이 법은 고용, 교육, 재화·시설·용역 등의 제공 및 이용, 법과 정책의 집행 등 사회 모든 영역에서의 남녀차별을 금지하고, 이로 인한 피해자의 권리구제방법을 제시하고 있다.

3. 여성주의에 입각한 판결

법원의 의식변화

여성주의에 입각한 판례가 나오기 시작한 것은 1980년대 후반부터라고 할 수 있다. 이 시기에 접어들면서부터 여성에 대한 차별적 대우가 법적 쟁점으로 등장했기 때문에, 법원은 판결을 하면서 사회에서 여성문제와 관련하여 논의된 쟁점들을 외면할 수 없게 되었다. 그리고 새로이 제정·개정된 여성관련법을 적용해야 하는 소송사건도 증가하게 되었다. 여성단체들이 사법적 구제를 통해 여성주의를 관철하고자 하는 쪽으로 운동방향을 잡았던 것이 이런 판결들이 나오게 된 배경을 이루었다. 정치민주화 이후 여성운동은 입법운동과 더불어 사법상의 남녀평등을 얻기 위한 운동을 나란히 전개함으로써 체제 안에서의 권익향상에 주력하였다. 여성단체들은 여성피해자의 소제기를 도와주고 무료변호를 알선해 주고 종래의 가부장적 의식의 전환을 위한 홍보를 하는 등 소송절차를 실질적으로 도와줌으로써 여성피해자의 승소판결을 이끌어 내었다. 이러한 소송사건은 일반인과 법조인이 함께 여성문제에 대한 의식을 높이는 계기를 마련하였다. 이러한 노력의 결과 점차 여성의 기대에 상응한 좋은 판결들이 나오게 됨으로써 과거 거의 기능하지 못했던 남녀평등규정들이 실제로 작동하게 되었다. 여성의 권익을 옹호하는 내용의 판결이 속출하면서 남녀평등의 법이념은 점차 우리 사회에 뿌리내리게 되었다.

헌법재판소의 적극적 역할

헌법재판소가 설치된 이후 여성문제와 관련된 헌법소원이 계속 제기되었고, 헌법재판소는 여러 사건에서 비교적 여성친화적인 결정을 하였다. 1997년에 동성동본간의 혼인을 금지하는 민법 제809조 1항에 대해 헌법불합치결정이 있었다. 이 결정에서는 동성동본이 남계혈족 위주로 판단되므로 남녀평등의 사상에 어긋난다는 취지를 밝혔다헌법재판소 1997. 7. 16. 선고 95헌가6 내지 13 결정(헌법불합치). 1997년의 또 하나의 여성주의에 입각한 헌법재판소결정으로서는 이혼 후 분할받은 재산에 대하여 증여세를 부과하는 규정에 대한 위헌결정이었다헌법재판소 1997. 10. 30. 선고 96헌바14 결정. 그 밖에 1999년 12월 23일 제대군인가산점제도에 대한 위헌결정이 있었으며, 2000년에는 출생에 의한 국적취득에 있어 부계혈통주의를 규정한 구국적법 제 2 조 1항 1호가 헌법상 평등의 원칙에 위배된다는 헌법불합치결정 및 잠정적용명령이 있었다헌법재판소 2000. 8. 31. 선고 97헌가12 결정.

성희롱 판례

여성주의에 입각한 판례로서 가장 영향력이 컸던 것은 1998년의 성희롱에 관한 대법원 판결이었다대법원 1998. 2. 10. 선고 95다39533 판결. 이 판결에서는 "성희롱의 위법성의 문제는 법적 문제로 노출되지 아니한 채 묵인되거나 당사자간에 해결되었던 것이나 앞으로는 빈번히 문제될 소지가 많다는 점에서는 새로운 유형의 불법행위이다"라고 하면서 피해자의 위자료청구를 인용하였다. 이 판결은 아직 성희롱에 관한 규정이 설치되기 전의 것으로서 민법의 손해배상일반이론을 적용한 판결이었다는 점, 이 판결은 언론을 통해 국민에게 널리 알려짐으로써 성희롱에 관한 국민의식을 바꾸는 계기가 되는 등 판례가 행위규범으로 작용하는 역할을 했다는 점, 이 판결의 덕분으로 남녀고용평등법 등에서 성희롱을 규제하는 입법이 수월하게 이루어졌다는 점, 그리고 무엇보다도 대법원이 국민들 대다수의 의식이 바뀌기 전에 여성주의를 선도하는 진보적 판결을 했다는 점 등에서 매우 특기할 만한 것이었다. 이후 성희롱·성폭력에 관한 판례가 계속 나와 여성의 성적 자기결정권이 실제로 보호받게 되었다. 2001년에는 성폭력범죄의 예방과 그 피해자의 보호를 목적으로 성폭력범죄의 처벌 및 그 절차에 관한 특례를 규정하기 위하여 제정된 「성폭력범죄의 처벌 및 피해자보호 등에 관한 법률」 제7조의 죄에 대하여는 친고죄에 관한 형법 제306조가 적용될 수 없다는 판결이 있다대법원 2001. 10. 12. 선고 2001도4249 판결. 과거 법원이 여성의 정절을 강조하는 입장을 취하여 남성의 폭력에 대해 관대한 태도였던 것과 비교할 때, 최근의 판례들이 성과 관련하여 여성의 인권을 적극적으로 보호하려는 태도를 취한 것은 여성문제에 대한 의식변화의 소산이라고 평가할 수 있다.

양성평등한 가족관계 판례

가족법에 관한 판례들은 법과 관습 사이의 격차를 좁히고 여성의 실질적 지위를 향상시키는 효과를 가져왔다. 대다수 국민들의 가족관이 전통적 가부장제를 추종하여 남녀평등의 법제도를 따라가지 못한 상황이었으나 판례는 구체적인 법률문제에 관해 남녀평등한 해결책을 제시하고 국민의 의식수준을 높여주는 작용을 하였다. 1990년의 가족법개정 이후에 나온 이혼과 관련된 판결, 상속과 관련된 판결 등을 통해 여성들은 새로운 가족법이 부여한 권리를 향수할 수 있었다. 특히 재산분할청구권에 관하여 판례는 여성의 가사노동을 높이 평가하는 진취적인 태도를 취하였다.

고용평등 판례

고용평등과 관련하여서도 많은 판례가 나왔다. 여성들은 여성단체의 도움을 받아 고용에서 여성의 조기정년제, 성차별적 저임금, 모집·채용에서의 여성배제, 기타 고용차별관행 등에 대해 소송을 제기하고 검찰에 고발하는 등의 적극적인 법적 대응을 하였다. 그 결과 여러 부문에서 획기적인 판례가 나와 일반인의 여성문제에 대한 인식을 높이는 작용을 하였다대표적인 사건으로는 「여대협 4개기업 고발사건」 「국민은행 여행원 남녀임금차별사건」 「연세대일용직 여자근로자 임금차별사건」 「전화교환원 김영

희씨 정년퇴직 무효확인청구사건」「진주아나운서·프로듀서 부당해고 구제신청사건」「지방대학교 기혼여직원 부당해고 구제신청사건」 등이 있었다. 특히 2000년에 나온 정리해고에 있어서 사내부부 우선해고조치가 부당한 해고라고 한 판결은 여성문제와 노동문제의 본질을 정확하게 파악한 좋은 판결로 평가되었다대법원 2002. 7. 26. 선고 2002다19292 판결.

생각해볼 문제

● 우리나라 여성운동에서 법률의 제정과 개정에 주력하는 이유는 무엇일까? 이러한 법개정운동으로 얻을 수 있는 효과는 무엇인가?

● 여성발전기본법이 제정된 후에 과연 여성정책은 획기적인 발전을 해 왔는가? 그렇지 못했다면 그 원인이 무엇인가?

● 남성의 군복무경력에 대해 채용시에 가산점을 주는 것은 어떤 차별에 해당되는가?

● 여성의 임신·출산을 가정의 개인적인 문제로만 취급하는 사고방식은 어떤 문제점을 안고 있는가? 출산을 국가가 담당해야 할 중요한 사안으로 보고 이에 대해 적극적으로 장려하고 재정보조를 하고 있는 국가가 많은데, 이에 대한 자신의 견해를 얘기해 보자.

● 공무원 채용에서 할당제를 법률로써 실시하는 데에는 문제가 적으나, 민간기업에 대하여 할당제를 강요하는 것은 공기업에 비해 어렵다. 이를 보완하기 위한 방안에는 어떤 것들이 있겠는가?

---

4. 여성차별철폐를 위한 국제운동

여성운동의 국제화

여성에 대한 차별철폐는 인권에 관한 근본적인 문제로서 세계평화와 안전에 바탕을 두었다. 차별철폐운동은 인류의 발전과 복지향상을 위한 국제사회의 진지한 노력의 한 부분이 되어 왔다. 여성이 모든 분야에 남성과 동등한 조건으로 참여하는 때에 비로소 국가의 진정한 발전이 달성된다고 믿었다. 차별철폐는 인류의 복지와 평화를 달성하기 위해 반드시 거쳐야 하는 과정이라는 믿음이 형성된 것이다.

여성에 대한 차별을 철폐하기 위한 국제적 활동은 19세기에 이르러 시작되었다. 초기 국제적 여성운동의 역할은 여성운동가들에게 연대를 통해 격려해 주는 것이었다. 각국의 여성운동가들은 자신의 나라 안에서 아무리 소수파일지라도 외롭지 않았다. 국제활동이 국내운동가에게 자신들이 거역할 수 없는 세계여론의 조류에 속해 있다는 느낌을 가질 수 있게 해 줌으로써 그들에게 자부심과 승리에 대한 신념을 심어 주었다. 진정한 의미의 국제협력은 1919년 국제노동기구의 설립과 더불어 시작되었다고 할 수 있는데, 그 후 오늘날까지 여성에 대한 차별을 철폐하기 위한 국제적인 노력은 유엔과 국제노동기구를 중심으로 이루어졌다.

20세기 초 여성이 참정권을 획득하게 된 이후 국제적 활동에 많은 여성들이 참여하게 되었다. 이에 도움을 얻어 국제기구에서 여성에 대한 차별철폐를 위한 노력은 가속화되었다. 그 결과 여성에 대한 모든 형태의 차별철폐협약 Convention on the Elimination of All Forms of Discrimination against Women: 여성차별철폐협약이 성립하게 되었다.

국제협력의 필요성

여성에 대한 차별을 철폐하는 데 있어 국제적 협력은 반드시 필요하다. 첫째, 각국에서 여성차별을 없애기 위해서 국내의 여성운동만으로는 부족하고 국제적 협력을 통해 국가에 압력을 가할 필요가 있다. 대부분의 국가들이 남성에 의해 주도되는 남성중심의 사회를 이루고 있기 때문에 국가에게 여성차별철폐를 위한 자발적인 노력을 기대하기는 어렵다.

둘째, 여성에 대한 차별은 국가차원의 문제가 아니라 인류로서의 문제이기 때문에, 국제협력을 통한 공동노력이 필요하다. 국가나 문화권을 떠나 인간이면 보장받아야 될 평등에 관한 문제이기 때문이다. 양성평등은 국가의 경제적 발전 정도나, 종교, 이데올로기와 관계없이 존중되어야 할 최소한의 기준이다. 두 번의 세계대전을 겪은 이후 국제사회는 세계평화와 안전을 위한 노력을 경주해 왔다. 그리고 이를 바탕으로 한 인류의 발전과 복지향상을 염원하게 되었다. 국제사회는 각국에서 인권이 보장되고 공정한 경쟁이 확보되는 등 사회정의가 실현되어야만 인류의 발전이라는 목표를 달성할 수 있다는 것을 깨닫게 되었다.

여성차별철폐협약의 채택

여성차별철폐협약은 1979년 유엔에서 채택된 국제협약이며 1981년 효력을 발생하였다. 여성차별철폐협약은 여성에 대한 인권선언인 '1967년 유엔 여성차별철폐선언'에 법적 구속력을 부여하여 양성평등을 실질적으로 구현하기 위한 목적으로 만들어졌다.

여성차별철폐협약은 협약의 시점에서의 모든 남녀평등의 법리를 집대성한 것으로 남녀평등법의 최고수준을 나타내는 지침이라고 할 수 있다. 종래에 여성을 '제2의 성', '나약한 성', '열등한 성'이라고 한 인습적 생각이 남녀평등실현의 장애로 되고 있다고 보고 그것을 없애는 것을 목표로 하고 있다.

이 협약은 정치 및 공적 활동, 국적의 상실, 가정생활, 형법상의 취급, 교육, 노동 등의 각 분야에서 성차별의 철폐를 선언하였다. 특히 자녀의 양육에 대해서는 양친의 평등한 의무를 강조하였다. 자녀의 양육은 어머니의 책임이라고 하는 성에 의한 분업구조는 차별적 편견이라고 보았다. 차별을 극복하고 남녀평등을 실현하기 위하여 육아책임의 공평한 분담을 선언한 것이다.

2000년 선택의정서가 효력을 발생함에 따라 체약국이 협약을 위반했을 때에는 개인이나 단체가 그 구제를 위한 청원을 제기할 수 있게 되었다. 이로써 여성차별철폐협약은 차별을 받는 여성을 실제로 구제해 줄 수 있는 실효성을 갖게 되었다.

차별철폐와 차별철폐위원회

여성에 대한 차별이란 무엇을 말하는가. 이 협약에서는 "여성에 대한 차별이라 함은 정치적·경제적·사회적·문화적·시민적 또는 기타 분야에 있어서 결혼 여부에 관계없이 남녀동등의 기초 위에서 인권과 기본적 자유를 인식, 향유 또는 행사하는 것을 저해하거나 무효화하는 효과 또는 목적을 가지는, 성에 근거한 모든 구별, 배제 또는 제한을 의미한다"고 하였다여성차별철폐협약 제1조.

여성을 위한 **법**

:: **차별철폐위원회** 여성에 대한 차별철폐위원회a Committee on the Elimination of Discrimination against Women: 이하 위원회는 협약의 규정에 의하여 설립된 기관으로 협약 이행의 진전상황에 대한 심의를 통해 협약의 이행을 모니터하는 역할을 담당하고 있다. 협약 당사국들은 정기적으로 위원회에 보고서를 제출하여야 하며 위원회는 이를 심의하여 협약의 효과적 이행을 위한 제안 및 일반적 권고를 하고 있다. 이러한 위원회의 제안·권고가 당사국에 대해 강제력을 갖는 것은 아니나, 당사국들은 자국의 인권상황에 대해 국제적으로 좋은 평판을 얻기 위하여 협약의 이행과 이에 따른 보고서 작성에 많은 노력을 기울이고 있는 실정이므로 간접적으로는 강제력을 갖는다고 할 수 있다.

여성의 권리와 적극적 조치

:: **여성의 권리보장** 여성차별철폐협약은 여성이 가지는 정치적·공적 생활에서의 권리제7조, 국제기구에의 참여권제8조, 국적에 관한 권리제9조, 교육분야에서의 권리제10조, 고용분야에서의 권리제11조, 보건분야에서의 권리제12조, 경제·사회적 권리제13조, 농촌여성의 권리제14조, 동등한 법적 능력을 가질 권리제15조, 혼인·가족관계에서의 권리제16조 등 각 분야에서 여성이 가지는 권리의 평등한 실현을 위한 국가의 조치의무를 구체적으로 규정하고 있다.

:: **잠정적 특별조치** 여성차별철폐협약은 남성과 여성 사이의 사실상의 평등de facto equality을 촉진하기 위한 잠정적 특별조치temporary special measures를 취할 수 있도록 규정하였다. 이로써 여성고용에 새로운 전기가 마련되었다. 협약에서는 잠정적 특별조치를 차별로 볼 수 없다는 점을 명백히 규정하여 역차별 논쟁을 차단하려 했다. 협약에 따르면 모성을 보호하기 위한 특별조치special measures는 차별에 해당하지 않는다. 각 국가는 협약의 정신에 따라 차별적인 법률을 폐지하고 현재의 여성에게 불평등한 상태와 구조가 여성의 지위향상을 위해 변화되도록 사실상의 차별철폐를 위한 적극적 조치를 강구하여야 한다.

여성차별철폐협약에 따른 국가의 의무

어느 국가가 여성차별철폐협약을 비준하게 되면 협약의 당사국이 된다. 협약당사국은 여성차별의 철폐를 위하여 다음과 같은 조치를 취할 의무를 진다.

:: **법적 조치** 헌법, 법률, 기타 적절한 수단을 통하여 남녀평등원칙의 실질적 실현을 법적으로 확보해야 한다. 첫째, 여성에 대한 모든 차별을 금지하는 입법 및 조치를 취해야 한다. 둘째, 여성의 권리에 대한 법적 보호를 확립하며 법원과 기타 공공기관을 통하여 여성의 차별행위에 대한 효과적인 보호를 확보해야 한다. 셋째, 여성차별을 구성하는 현행 법률, 규칙, 관습 및 관행을 수정 또는 폐지하기 위한 모든 적절한 조치를 취해야 한다. 넷째, 여성차별을 구성하는 모든 국내 형사법 규정을 폐지해야 한다. 다섯째, 양성이 동등하게 인권과 기본적 자유를 행사, 향유하는 것을 보장하기 위하여 여성의 완전발전과 진보를 확보할 수 있는 입법을 포함한 적절한 조치를 모든 분야에서 취해야 한다.

:: **차별적 관행의 시정** 여성에 대한 차별행위 또는 관행을 삼가며 공공기관이 양성평등에 부합되게 행동하도록 확보해야 한다. 국가는 개인, 조직 또는 기업에 의한 차별을 철폐하기 위한 모든 적절한 조치를 취해야 한다. 일방의 성이 열등 또는 우수하다는 관념 또는 남성과 여성의 역할에 관한 고정관념에 근거한 편견, 관습, 기타 모든 관행을 제거하기 위해 남성과 여성의 사회적·문화적 행동양식을 수정할 수 있는 조치를 취해야 한다.

:: **양육책임의 분담** 사회적 기능의 하나로서의 모성에 대한 적절한 이해와 자녀의 양육과 발전에 있어서 남녀의 공동책임에 대한 인식이 가정교육에 포함되도록 조치하며 모든 경우에 있어 자녀의 이익이 최우선적으로 고려되도록 조치해야 한다.

:: **성매매의 금지** 여성에 대한 모든 형태의 인신매매 및 매춘에 의한 착취를 금지하기 위하여 입법을 포함한 모든 적절한 조치를 취해야 한다.

국제협약의 국내법적 효력

조약 또는 국제협약은 국가 또는 국제기구가 당사자가 되어 일정한 사항에 관하여 서로 약속을 맺는 것으로, 이러한 국가 또는 국제기구간의 약속은 국제법의 일부가 되며, 국제법에 의해 규율을 받는다. 국제협약의 당사국은 그 협약을 성실하게 이행할 의무를 지게 된다. 국제협약이 국내에서 어떠한 효력을 발휘하는가에 관하여 헌법에 "헌법에 의하여 체결·공포된 조약과 일반적으로 승인된 국제법규는 국내법과 같은 효력을 가진다"는 규정이 있다헌법 제6조 1항. 이에 따라 국회의 승인을 받은 국제협약은 국내법의 일부가 되어 행정부와 사법부를 구속한다.

여성문제와 관련하여 우리나라에서 현재 국내법과 같은 효력을 갖는 국제협약에는 '유엔국제인권규약', '유엔 여성에 대한 모든 형태의 차별철폐에 관한 협약여성차별철폐협약', 국제노동기구의 '동일가치 노동에 대한 남녀근로자 동일보수협약' 등이 있다.

2000년 선택의정서가 효력을 발생한 이후에는 차별받은 여성에게 청원권이 발생하게 된다. 유엔의 여성지위위원회는 피해자인 개인에게 차별철폐위원회에 청원할 수 있는 권리the right to petition를 부여하였다. 협약에 대한 위반이 발생하여 피해자가 청원을 제기한 경우, 유엔의 차별철폐위원회는 잠정구제조치interim remedies, 시정명령, 직권조사 등의 조치를 취할 수 있다.

한국의 가입과 양성평등의 실현

한국은 여성차별철폐협약에의 가입을 한동안 주저하였으나 여성들의 강력한 요청에 따라 결국 협약에 가입하였다. 1984년 국회의 비준동의를 얻었고, 1985년부터 우리나라에서도 효력을 발생하게 되었다. 협약에 가입하던 당시에 우리나라는 국적에 관한 권리를 규정하고 있는 제9조와 '가족 성姓, 직업을 선택할 권리를 포함하여 남편과 아내로서의 동일한 개인적 권리'를 규정하고 있는 제16조 1항 ⑷의 적용을 유보하였다. 유보란 전체적으로는 협약의 목적·내용에 동의하여 그 협약의 당사국이 되고자 하면서도, 협약에 서명·비준·가입할 때에 특정한 규정의 적용을 배제하기 위하여 그러한 뜻을 일방적으로 선언하는 것을 말한다.

:: **가족의 성** 여성이 가족의 성姓의 선택에 남성과 동등하게 참여할 권리를

부여해야 한다는 조항은 가입당시에 우리의 가족법과 충돌하였기 때문에 유보할 수밖에 없었다. 구민법은 자녀의 성姓은 아버지의 성을 따르도록 하였고, 그 결과 가족 성姓 선택에 대한 남편과 아내의 동일한 권리를 보장하도록 규정하고 있는 협약 제16조 1항 (사)에 반하는 것이었기 때문이다. 2005년 민법개정 이후 가족의 성에 관한 규정은 양성평등한 방향으로 다소 변하였다. "자子는 부父의 성姓과 본을 따른다. 다만, 부모가 혼인신고시 모의 성과 본을 따르기로 협의한 경우에는 모의 성과 본을 따른다"고 하여 어머니의 성을 따를 수 있는 여지를 부여하였다민법 제781조.

:: **국적의 취득** 차별철폐협약 제 9 조는 여성의 국적취득은 남성과 같은 권리가 보장되며 자녀의 국적에 있어서도 부父 또는 모母의 국적을 취득할 수 있도록 보장하고 있다. 과거 우리나라의 국적법은 이와 달리 아버지의 국적을 따르도록 하는 규정을 두고 있었기 때문에 우리 정부는 협약 제 9 조에 대한 유보를 하였다. 1997년 국적취득에 관한 규정들을 정비한 국적법 개정법률안이 공포되었고, 이에 따라 우리 정부는 1998년 여성에 대한 차별철폐위원회에서 제 9조에 대한 유보를 철회하였다.

생각해볼 문제

● 1980년대에 들어 본격화된 여성단체의 국제적 활동은 국내의 여성차별철폐에 상당한 영향을 미쳤다. 이들의 활동에 따른 국제적 압력이 없었더라도 오늘과 같은 여성지위발전이 있었을까? 여성에 대한 차별철폐에 영향을 미치는 다른 요인들에는 어떠한 것이 있을까?

● 국제무대에서는 미국의 패권주의와 이를 저지하려는 제 3 세계간의 힘겨루기가 빈번히 일어나고 있다. 이러한 국제사회의 역학관계와 여성문제는 어떠한 관련을 갖는가?

● 여성차별철폐협약은 많은 회원국을 가진 인권관련조약으로 발전하였으나, 여성인권의 침해는 오늘날에도 여전히 모든 문화권에 있어 광범위하게 존재하고 있다. 그 원인은 무엇이며, 어떻게 하면 이 문제를 해결할 수 있을지 생각해 보자. 이를 극복하기 위해서 여성운동이 담당해야 할 역할은 무엇인가?

여성을 위한 **법**

CHAPTER 04

여성의 공직진출과 정치세력화

"여성은 이 모든 세기 동안 남성의 모습을 원래 크기보다 두 배로 부풀려주는 마술적이고도 입맛에 맞는 능력을 소유한 거울로 이바지해 왔지요. 이 능력이 없다면 아마 이 지구는 여전히 늪과 정글 상태였을 것입니다."

_ 버지니아 울프, 『자기만의 방』 중에서

1. 여성의 정치참여

여성의 정치참여

여성정치gender politics는 여성이 정치적으로 과소대표성을 가짐으로써 정책결정에서 소외되는 현실적 문제를 해결하기 위한 정치적 활동을 말한다. 이것은 성과 계급간의 차별이 은폐되고 평등한 참여가 없는 형식적 민주주의를 실질적 민주주의로 변화시키는 정치, 즉 민주주의 실현을 위한 정치이다. 정치 영역에서 여성의 지위는 사회 전체 여성의 지위를 나타내는 바로미터이다. 의사결정권한에 관한 남녀평등이야말로 최종적으로 남녀평등을 달성할 수 있는 영역이기 때문이다. 정치는 가장 최고의 권력영역이며 기득권과 배분의 요구가 치열하게 부딪히는 장이다. 그동안 정치는 남성중심의 권력배분 과정이었으므로, 의사결정권한의 남녀평등을 달성하기까지는 상당한 시간과 노력이 필요하다. 이러한 정치과정에서 소외되었던 여성들이 요구하는 것은 제도정치의 성별권력구조의 변화이며, 남녀간의 불평등한 권력의 분배구조를 바꾸는 것이다.

여성의 정치세력화를 위한 과제

그동안 우리나라에서도 여성의 정치진출을 위하여 다양한 노력이 있었으나, 이제는 더욱 체계적이고 합리적으로 여성의 정치진출의 방향과 목표를 정립해야 할 시점에 이르렀다. 여성에 대한 잠정적 조치로서의 여성할당제는 말 그대로 잠정적인 것에 그쳐야 한다. 장기적으로는 그러한 적극적 조치들이 없어지는 것이 진정한 양성평등을 이루어내려는 여성 정치의 궁극적 목적이다.

국회 내 여성 진출은 여성을 위한 정책과 예산으로 직접 연결된다. 국회에서 여성의원들은 호주제를 폐지하고, 가족제도를 양성평등하게 개선하고, 성폭력특별법을 제정하는 등 입법활동을 전개하였다. 또한 저출산을 해소하고 보육제도를 개선하며 교육을 향상시키기 위한 예산을 편성하는 일에도 적극적이었다.

몇몇 여성이 거물급 여성정치인으로 등장하면서 마치 정치권 전반이 양성평등하게 바뀌어 있는 듯 착각에 빠질 수도 있다. 그러나 여성의 정치세력화는 시

여성을 위한 **법**

작단계에 있으며, 그 먼 길의 첫 발을 뗀 것일 뿐이다. 여성정치인 몇 명을 배출하는 데에 그치는 것이 아니라 여성의 정치력을 향상하는 것이 장래 중요한 과제이다. 아직은 제도 정치에서 여성의 숫자도 부족하고 정치력도 미약한 것이 현실이다. 장래에는 국회와 지방 의회 등 정치의 각 분야에 많은 여성들이 진출하여야 하며, 이를 위하여 국가 및 정당의 정책적 지원이 보다 강화되어야 한다.

국회의 여성가족위원회

국회에 여성특별위원회가 설치된 것은 여성주의의 성과라고 볼 수 있다. 1994년 설치된 여성특별위원회는 상설 특별위원회로서 위원회에 회부된 여성 관련 법률안 및 청원 등의 안건을 심사한 후 그 의견을 소관 상임위원회에 제시함으로써 여성의 복지와 권익향상에 기여했다. 이후 국회법 개정에 따라 여성특별위원회는 여성위원회로 개편되었다가 현재는 여성가족위원회가 되었다.

여성가족위원회는 여성가족부 소관에 속하는 의안과 청원 등의 심사 및 기타 법률에서 정하는 직무를 수행한다. 여성가족위원회 위원은 타 위원회 위원과 겸임이 가능한 겸임위원회로 운영되고 있다. 여성가족위원회는 여성가족부와 관련된 모든 사안과 여성과 관련된 모든 법안에 대한 검토를 수행하는 국회의 상임위원회이다.

여성가족위원회의 주요업무는 입법활동, 예결산·결산 및 기금 심사, 국정감사 및 국정조사 등이다.

　:: 여성가족위원회의 소관부처인 여성가족부가 집행하고 있는 법률안 및 청원을 심사·의결하고, 여성가족위원회의 소관사항과 관련 있는 타 위원회의 소관 법률안이나 청원 등에 대하여도 관련위원회로서 심사한 후 여성가족위원회의 의견을 소관위원회에 제시하는 일을 수행한다.

　:: 여성가족부의 예산안·결산 및 여성발전기금에 대하여 예비심사를 진행한다. '성인지적 예산안' 편성을 위해 각 부처의 여성관련 예산을 살펴본다.

　:: 소관부처에 대한 국정감사를 매년 정기국회 기간 중에 실시하며, 필요한 경우 특정사안에 대하여 국정조사를 실시한다.

:: 그 외에도 여성가족위원회는 위원회 소관에 속하는 사항에 관하여 법률안, 결의안 및 건의안 등 기타 의안을 제출할 수 있다.

2. 여성정치할당제

정치부문의 여성할당제

한국은 전체적으로 교육이나 국민소득이 높은 수준에 도달했음에도 불구하고 유독 양성평등 지수가 국제적인 평가에서 낮은 수준으로 나타나고 있다. 실질적인 양성평등으로 가기 위해 반드시 필요한 과정은 정치분야에서 양성평등을 이루는 것이다. 한국여성의 정치의식은 향상되고 있으나 국회의원으로 출마하여 당선되는 숫자는 아직도 매우 낮은 편이다. 여성의 정치세력화를 향한 운동이 점차 활발해지고 있지만 선거를 거듭하면서도 그 성과가 충분히 향상되지는 못하고 있다.

국민의 대표성이 중요시되는 민주주의에서 여성의 정치참여를 독려하기 위한 방법으로는 여성할당제가 대표적이다. 여성할당제란 "여성에 대한 차별을 제거하기 위한 법적 정치적 수단으로서 여성참여의 몫이 일정한 비율에 도달할 때까지 여성이 일정한 요건 하에서 우선적으로 고려되는 조치"이다. 이러한 잠정적 우대조치는 사회체제와 관습에 남아있는 성차별을 개선하고 사실상의 평등을 실현하기 위한 장치이다. 여성할당제를 통하여 특히 여성에게 폐쇄되었던 정치분야에 여성이 참여할 수 있는 교두보를 만들자는 것이다.

여성정치할당제의 도입

우리나라에서는 역차별 논란이나 자질론 등의 우려의 목소리가 있었으나 2000년 16대 총선을 앞두고 정당법에 국회의원 비례대표제 후보의 30% 이상을 여성에게 할당하도록 명문화함으로써 여성할당제를 도입하였다. 이후 2002년 3월 지방선거를 앞두고 개정된 정당법에서는 광역의회 비례대표의 50% 이상을 여성으로 공천하도록 의무화하였고 지역구 대표에 30% 이상을 여성으로 하도록 권장하였다. 지역구 여성후보 30% 공천할당제는 노력사항으로 정하고 이를 지킨 정당에 대하여 인센티브를 정당에 주는 국고보조금을 지급하는 것으로 결정하였다.

나아가 2005년 8월 개정된 공직선거법 제47조에서는 정당이 국회의원·지방의회의원 비례대표의 50% 이상을 여성으로 공천하고 후보자명부 순위의 매 홀수에 여성을 올리도록 하였으며, 국회의원·지방의회의원 지역구 공천은 각각 총 전국지역구 수의 30% 이상을 여성으로 공천하도록 노력할 것을 규정하고 있다. 2010년 개정시에는 정당이 지방의회의원 지역구 공천에서 군지역을 제외한 지역구마다 1명 이상의 여성을 공천해야 한다는 점을 추가하였다.

이러한 노력으로 16대에서 5.86%에 불과하였던 여성 국회의원 비율은 2003년 5월 치러진 17대 총선에서는 13%[39]명를 기록했고 그 후 여성의원이 3명 증가하여 약 14%[41]명가 되었으며, 이후 여성 국회의원 비율은 18대 13.7%, 19대 15.7%, 20대 17%로 증가 추세이고, 제한적으로나마 지방선거에서도 여성의원의 비율이 높아지는 성과를 보이고 있다.

3. 여성정치의 실태

제17대 국회의 여성비율

2004년 출범한 17대 국회에서 여성의원은 모두 41명[17대 출발당시에는 39명이었음]이 되어 소수집단을 이루었다. 종전에 비해 획기적으로 많은 여성이 17대 국회에 진출했기 때문에 여성의 정치력이 어느 정도 향상된 것으로 평가되었으나, 아직까지 14%를 조금 밑도는 점유율에 불과하였으므로 여성이 남성과 동등한 정치력을 갖기는 어려웠다. 또한 17내 국회가 시작하면서 성인지적 교육을 위해서 국회의원을 대상으로 하는 성교육이 실시되었으나, 여러 남성 국회의원이 성추행과 성희롱 등으로 사회적인 물의를 빚기도 하였다. 이처럼 17대 국회는 그 이후 국회와 지방자치단체의 의회에서 여성이 더욱 많이 진출할 수 있는 교두보를 마련하려고자 하였으나, 전반적으로 양성 평등 면에서 긍정적으로 평가받기는 어려운 면이 있다.

제18대 국회의 여성비율

2008년의 제18대 국회의원 선거에서는 공직선거법의 강제조항에 따라 비례대표는 50%가 여성에게 할당되었으나, 지역구 여성후보 30% 할당은 권고에 불과하여 실제 각 당의 공천과정에서 지켜지지 않았다. 18대 총선2008년 4월에서 여성은 17대 국회에 비하여 2명이 증가한 총 41명으로 전체 299명의 13.7%에 불과했다. 지역구는 245명 중 14명, 비례대표는 54명 중 27명이 당선되었다. 후보자의 숫자만 높고 보면, 17대 총선시 11.5%였던 여성비율은 16.7%로 증가하였고, 지역구 출마자의 여성비율은 17대 총선시 5.6%1,175명 중 66명였던 것에 비해 11.5%1,104명 중 132명까지 증가하여 비약적인 발전을 이룬 것처럼 보이나, 당선가능성이 높은 지역에서 여성이 공천을 받는 것은 여전히 매우 어려운 일이었다.

제19대 국회의 여성비율

2012년 제19대 국회의 여성 의원 수는 47명으로 18대 국회에 비하여 그 수가 다소 증가하였고, 17대 여성 의원의 75%가 비례대표로 국회에 입성한 것에 비하여 19대의 비례대표 비중은 약 53%로 줄어들어 상대적으로 지역구 진출이 점차 늘어나는 양상을 보였다. 여전히 국회의 여성비율은 15.7%에 그쳤으나, 이들은 여성 관련 법안을 처리하는데 큰 기여를 하였다. 19대 국회에서 의결된 여성 관련 법안은 성평등 관련 법안이 60건, 청소년 관련 법안이 26건, 가족 관련 법안이 24건이었고, 이 가운데 정부가 단독 발의한 9개 법안을 제외하고 국회가 주도해서 제·개정한 법안은 101건이었다. 이 법안을 발의한 국회의원들은 누적 합계 299명이고, 이 중 남성 의원은 150명, 여성 의원은 149명이었다. 15.7%에 불과한 여성 의원들이 여성, 가족, 아동, 젠더 등에 관한 입법 활동에

여성을 위한 **법**

보다 헌신하였음을 보여준다.

4. 여성의 정치력 향상을 위한 제언

여성의 정치참여 확대에 관한 사회적 인식과 제도적 지원의 필요성

2016년 출범한 제20대 국회의 여성 의원 수는 51명으로, 전체 국회의원의 약 17%를 점하고 있다. 이는 국제연합이 권고하는 수치인 30%에 한참 미달하는 수준이고, 국제의원연맹 회원국 평균인 22.7%에도 이르지 못하는 것이다.

최근의 조사에 따르면 국회나 지방의회에서 여성의원 의석수가 100명 중 30-40명 정도가 되어야 한다는 응답이 상당히 높았고, 응답자의 대다수가 현재보다 여성의원이 더 늘어나야 한다는 생각을 가지고 있는 것으로 나타났다. 나아가 국민의 대표기관인 의회는 여성 의원과 남성 의원의 수가 비슷하여야 한다는 생각에도 찬성 의견이 반대 의견보다 훨씬 많게 나타났다. 그 이유로는 여성 차별의 철폐를 위하여, 남성 중심의 정치를 해소하기 위하여, 국민의 반이 여성이므로, 여성이나 약자를 위한 정책이 늘 것이라고 기대하므로, 남녀 동수 관련 법제정이 세계적 추세이므로 등의 응답이 있었다.

이처럼 더 많은 여성들이 정치에 진출을 하여야 한다는 사회적 인식이 일반화되고 있고, 여성의 정치 진출은 단순히 여성대표성에 그치는 것이 아니라 남성 중심의 가부장적인 사고가 기준이 되는 정치에 변화를 이끌어내는 역할을 할 것이라고 기대되는 것이다. 그러나 여성들의 정치 입문은 여전히 기존 제도나 성역할에 대한 편견 때문에 쉽지 않은 상황이다. 여성 정치할당제를 권고 수준이 아닌 법적인 강제사항으로 운영하는 등 여성의 정치 진출을 위한 제도적 지원이나 보완이 필요한 이유이다.

지방선거에서의 정당공천제

지방선거에서 정당공천제는 기초의원 비례대표제를 도입하여 여성과 장애인 등에게 정치참여의 길을 열어줄 수 있는 기회를 만들어 주었다. 그러나 실제 지방선거에서는 여성의 진출에 우호적인 환경이 되지 못했다. 각 정당의 여성비례할당제 도입과 지역구여성 30% 공천 약속으로 지역사회에서 봉사활동을 하던 많은 여성들이 지방의회에 뜻을 품었다. 이들은 생활정치를 실현해 보겠다는 의지로 정치권에 뛰어들었으나, 지방정치의 벽은 아직 높다는 것을 절감해야 했다. 여성의 목소리를 대변할 여성정치지망생이 지방자치선거를 통해 대거 정치영역에 진출할 것이라는 기대와 달리 그 결과는 기대에 훨씬 못 미쳤다. 정당공천제의 도입으로 중앙의 정치 이슈와 정당 대결 구도가 지방선거의 장을 완전히 압도해 버렸기 때문에 여성이 진출할 여지가 적었다.

공천 비리로 인해 지방선거에서의 정당공천제 자체에 대한 심각한 의문이 제기되었다. 공천과정에서의 비리뿐 아니라 종이당원, 당비대납 등의 비리가 드러났다. 정당공천제를 통해 일어나는 공천과정에서의 비리는 그 유형이 다양하며 지방자치단체장 선거의 기본 취지를 뒤흔들었다. 이러한 현상은 유권자들에게 정치혐오증을 불러일으켰으며, 지방선거의 투표참여율을 저하시키는 결과로 이어졌다. 공천 과정에서 발생하는 비리의 유형으로서 공천 계약금 수수, 식사 및 향응제공, 골프접대 및 금품제공, 선물제공, 명의도용 사기행각, 선거담합, 상대후보에 대한 허위사실 유포, 측근의 공천헌금 수수 등 다양하였다. 정당공천제의 폐해를 없애는 가장 현실적인 방안이 정당공천제 그 자체의 폐지라는 주장도 제기되었다.

지방선거에서 정당공천제의 폐지는 비례대표 후보의 50%를 여성으로 규정하는 정당법 혹은 정당규정까지 없애는 결과로 되어버리기 때문에 여성의 입장에서는 신중한 검토가 필요하다. 여성의 정치참여가 확대될 수 있는 제도적 장치를 가지고 있었던 정당공천제를 폐지하게 된다면, 여성의 정치참여를 확대할 수 있는 또 다른 효과적인 방안이 모색되어야 할 것이다.

여성광역선거구제

외국의 경우 여성광역선거구제가 많이 사용되고 있다. 여성광역선거구제란,

전국을 광역선거구로 나누어 여성만 후보로 낸 뒤 최다득표자 한 명씩을 선출하는 제도이다. 유엔여성차별철폐협약은 물론 세계 여러 나라의 차별 금지법에서는, 지금까지 차별을 받아 온 여성의 실질적인 평등을 실현하기 위한 적극적인 조치를 역차별로 보지 않는다는 명시 규정을 갖고 있다. 프랑스에서는 남녀동수男女同數 공천제도를 도입하여 여성의 정치진출을 확대하였다. 인도는 3분의 1 규칙을 정해 무조건 3명 중 1명은 여성을 선출하는 의무조항을 두었다.

북유럽의 여러 나라도 여성 참여 확대를 위한 적극적인 조치를 채택하여 실시하고 있다. 차별을 개선하고 제거하기 위한 한시적인 특별조치는 역차별이 아니라 평등을 위한 제도적 보완이다.

여성을 정계에 많이 진출시키기 위한 좋은 방안들이 제시되었다. 여성후보들이 홍보물과 포스터를 공동으로 제작하는 등 선거비용을 대폭 낮추고 미디어를 통한 정책토론회를 개최할 것, 깨끗하고 돈 안 드는 선거를 위한 여성후보 서약운동 등을 펼침으로써 여성이 만드는 깨끗한 선거의 모범상을 만들어 나갈 것 등이다. 특히 지난 지방선거에서 여성후보들에 내놓은 선거 공약은 생활정치를 표방하는 지방자치에서 여성이 담당해야 할 역할이 무엇인지를 함께 생각할 수 있는 기회를 제공했다고 평가된다.

생각해볼 문제

- 여성의 정치적 권리의 향상 및 여성의 정치참여비율을 높이기 위해 국회의원 중 여성의원의 비율을 높이는 방안으로는 어떠한 것이 강구되고 있나?
- 근래에는 교육·복지와 관련한 정책이 중요한 사회적 이슈로 떠오르고 있다. 여성이 이러한 국가정책에 자신의 목소리를 낼 수 있는 방법에는 어떤 것이 있는가?

CHAPTER 05

여성의 직장생활

"그녀의 노동은 그의(his) 것이다. 그녀의 노동은 '그'를 자유롭게 해 주고 그가 전쟁과 정치 등의 중대한 활동을 할 수 있게 해 준다. 그는 사회적으로 알려져야 하고, 그녀의 공적은 알려져서도 보여져서도 안 된다. 이렇게 그녀의 역사는 강탈당한다. 그녀는 '아무것도 한 것이 없다'고 기록된다. 우리가 책 속에서 읽고 있는 모든 것들이 '그'의 업적이며 법률도 권력도 전쟁도 다 '그'의 것이다. '그'는 그녀의 고통스런 노역을 등에 업은 성취자이다."

_ 로즈마리 류터, 『새여성 새세계』 중에서

I. 차별에서 평등으로

여성차별의 노동시장

고용상 남녀평등이 이념상 옳다는 점에 대해서는 누구도 반박하지 않는다. 그러나 고용현장에 존재하는 남녀차별적 고용관행이 과연 차별에 해당하는지의 문제에 대하여는 여성주의와 보수주의 사이에 시각차가 있다. 고용관행상 당연한 것으로 받아들여 왔던 남성중심의 직장풍토는 여성에 대한 진입장벽을 높이 쌓고 있고, 여성에게 승진의 한계를 부여한다. 남녀평등의 문제는 남성과 여성의 같음과 다름을 범주화하는 문제로 되고, 이는 결국 여성의 모성과 신체적 특성을 어느 범주까지 적용해야 하는가의 문제와 관련을 갖는다. 따라서 고용상 남녀차별이 무엇을 의미하는가를 정의하는 일은 쉽지 않으며 여성주의에 관한 의식이 강해질수록 그 차별의 범주는 넓어지게 된다.

실질적 차별

실질적 차별이란 법제도상의 차별에 대응되는 사실상의 차별을 의미하는 것으로서 직접적 차별, 간접적 차별, 비의도적 차별을 포괄하는 광의의 개념이다. 여성고용에 있어 실질적 차별이란 전통적 성별역할분업관이나 여성관에 기초한 편견이나 관행과 관습에 의하여 모든 고용기회 및 대우에 있어서 개인의 적성과 의사, 능력을 고려하지 아니하고 남녀를 집단적으로 달리 취급하여 여성의 인간으로서의 존엄성과 권리를 해치고 고용상의 불이익을 초래하거나 초래할 수 있는 행위 또는 표면적으로는 남녀동일한 기준을 적용하지만 사실상 여성에게 차별의 결과를 발생시키는 행위라고 할 수 있다. 예를 들어, 기업체가 사원모집시 직무수행상 필요하지 않은 기준을 여성또는 남성에게만 적용하거나 해당자가 적은 신체적 조건예: 키 180cm 이상을 그 기준으로 요구하는 것은 그 기준을 충족시키지 못하는 상당수 여성에게 고용기회를 봉쇄하기 때문에 실질적 차별이라고 볼 수 있다.

간접차별의 실태

여성에 대한 차별Discrimination은 직접차별과 간접차별의 두 유형으로 파악된다. 직접차별Direct Discrimination은 성별이나 혼인했는지의 여부에 따라 사람들을 다르게 취급하는 명백한 규정이나 법률로 나타난다. 예를 들어, 단체협약, 취업규칙, 근로계약에서 남성에게는 5주의 연차휴가를 주고 여성에게는 4주의 연차휴가를 준다거나, 경영교육은 8개월간 근무한 미혼의 남성직원에게 실시한다고 정하는 경우를 생각할 수 있다. 간접차별Indirect Discrimination이란 "남녀간에 직접적으로 차이를 둔다는 것을 표시하지 않지만 여성이 충족하기 어려운 조건을 내세워 결과적으로 여성을 차별하는 경우"를 말한다. 간접차별은 단체협약, 취업규칙 등의 미묘하고 모호한 규정으로 나타나기 때문에 그 차별성이 명료하지 않고, 따라서 차별이 발생하더라도 알아차리지 못하거나 알았더라도 관용적으로 넘어가게 된다.

현재 빈번히 행해지는 간접차별의 유형에는 다음의 것들이 있다. ▶ 남녀분리형 인사제도에 의한 임금, 승진 등의 간접차별 ▶ 임시직, 시간제 근로, 계약직 등 변칙적인 근로형태에 따른 임금 등의 간접차별 ▶ 군복무자 가산점제, 기타 남성근로자에 대한 가산점제에 의한 채용·임금·승진 등의 간접차별 ▶ 여성근로자 또는 여성지원자들간의 평가요소로 인한 부당한 불이익용모제한, 신장제한 등 ▶ 가족상황을 조건으로 채용하거나 근로조건에 차이를 두는 경우세대주, 기혼, 국적 등.

여성의 평등의식

여성들이 노동시장에 대거 진출하면서 저임금·직종차별 등 극심한 성차별을 경험하게 되자, 여성들은 우선 고용상의 평등을 획득해야겠다는 평등의식을 갖게 되었다.

:: **기회의 평등** 여성운동의 태동시기에 평등의 개념은 '기회의 평등'을 의미했다. 그러나 기회의 평등은 결과로서 나타나는 불평등에는 관심을 보이지 않는 한계를 지니고 있었다.

:: **조건의 평등** 기회의 평등만으로는 실제 아무것도 얻지 못한다는 자각을 통

하여 '조건의 평등'이라는 개념이 등장하였다. 그러나 조건의 평등은 자유시장적 경쟁 구도 아래에서 모든 구성원의 '평등한 경쟁'을 전제로 하는 것이므로 불평등을 현실적으로 야기하는 근원에는 도전하지 못하게 된다.

:: **결과의 평등** 기회의 평등과 조건의 평등이 갖는 한계를 극복하기 위해 등장한 개념이 '결과의 평등'이다. 사회적·경제적으로 부당한 현실을 타파하고 실질적인 평등을 이루기 위해서는 경쟁에서 불리한 위치에 처해 있는 소수집단을 결과적으로 평등하게 할 수 있는 적극적인 조치가 필요하다는 것이 결과의 평등의 핵심적 내용이다.

여성노동의 주변화

1990년대에 들어 대량해고에 따른 집단적 실업, 변칙적 고용형태의 확산, 저임금노동력을 제공하는 외국인노동자의 유입 등 노동시장의 변화가 일어났다. 이에 따라 새로운 고용형태가 등장하여 여성근로자의 지위를 약하게 하는 요인으로 작용하였다. 첫째, '노동자파견'이라는 특이한 고용구조에 의한 취업과 자기 회사 소속의 노동자를 줄이는 방법으로서 '하청'이 급속히 확산되었다. 둘째, '임시고용'이라는 고용형태를 통해 사용자는 노동자의 증감을 마음대로 조절하고 노동자의 행동을 통제하려 했다. 그 밖에 '계약사원'이라는 새로운 고용계약도 이용되었다. 계약사원은 보통 단기로 계약을 맺는 임시직이라는 특성 이외에, 근로계약에서 업무의 범위와 처리방법만을 정하고, 근무시간이나 근무장소에 관해서는 근로자의 자유에 맡겨진다. 셋째, '직급체제의 세분화'를 통해 노동자를 계층별로 나누었다. '선택직제형 인사체제' 또는 '남녀분리형 인사제도'라고 하는 직급체계의 세분화는 여성노동자의 업무를 낮은 직급으로 배치하려는 의도로 이용되었다. 넷째, '단축시간노동'^{파트타임근로, 시간제근로라고도 한다}이라는 새로운 조건의 고용형태를 이용하여 기혼여성의 노동력을 값싸게 이용하였다. 거의 전부의 단축노동자가 임시직으로 고용되었으며, 많은 경우에 정규직에 가까운 연장근로를 함으로써 실질적으로 하급의 노동자군을 이루었다.

이러한 변칙적 고용에는 다음과 같은 사용자의 의도가 공통적으로 깔려 있었다. 첫째, 변칙고용을 통해 임금을 절약하려고 했다. 둘째, 쉽게 해고할 수 있는 위치에 두어 노동자의 신분을 불안정하게 하려 했다. 셋째, 노동조합의 힘을 약화시키려 했다. 넷째, 월차휴가, 연차휴가, 생리휴가, 산전산후휴가 등을 주지 않으려고 했다. 다섯째, 퇴직금, 연금, 의료보험 등의 사회보장비용을 지출하지 않으려 했다. 여섯째, 산업재해에 대한 부담을 지지 않으려고 했다. 일곱째, 작업환경에 대한 법률이나 노동부의 간섭을 회피하려 했다. 여덟째, 보육시설을 운영할 의무를 회피하려 했다. 1990년대의 주요과제는 이러한 변칙적인 고용을 남녀차별의 편법으로 이용하지 않도록 법적으로 규제하는 것이었다.

2003년 시간제근로에 관한 규정이 근로기준법에 신설되었다. 근로기준법 제18조는 단시간근로자의 근로조건에 관하여 "단시간근로자의 근로조건은 그 사업장의 같은 종류의 업무에 종사하는 통상 근로자의 근로시간을 기준으로 산정한 비율에 따라 결정되어야 한다"고 규정한다. 그리고 이에 따라 근로조건을 결정할 때에 기준이 되는 사항이나 그 밖에 필요한 사항은 대통령령으로 정한다. 4주 동안4주 미만으로 근로하는 경우에는 그 기간을 평균하여 1주 동안의 소정근로시간이 15시간 미만인 근로자에 대하여는 휴일에 관한 일부 규정제55조와 제60조을 적용하지 아니한다. 변칙고용의 문제점은 근로기준법의 개정 등으로 다소 개선되기는 했으나 아직도 많은 문제점이 미해결인 채이다.

여성의 고용불안정과 고용형태의 변화

1990년대의 고용형태변화는 종전의 노동자를 여러 계층의 노동자로 분절하였다. 이러한 새로운 고용형태에는 다음과 같은 것들이 있다.

:: 노동자파견 자기 회사를 위하여 일하되, 자기 회사의 노동자라는 신분을 주지 않는 방법이다. 그 구체적인 고용형태가 '노동자파견'이라는 고용구조에 의한 취업이다. 최근 대기업들은 청소, 경비 등 단순작업에 관해서는 회사 내 노동자를 줄이고 파견회사에 의뢰하여 노동자를 공급받는 형식을 취하고 있다. 과거에는 통역, 번역, 타자, 파출부, 간병인 등 비정규적인 업무를 필요로 하는 경우에만 파견노동형태의 용역을 이용했으나, 근래에는 회사의 상시적 업무에 관해

서도 파견노동자로 대체하는 현상이 뚜렷하다.

:: **임시고용** 사용자는 '임시고용'이라는 고용형태를 통해 노동자의 증감을 마음대로 조절하고 노동자의 행동을 통제하려 한다. 사용자는 노동자 개개인과 단기계약을 체결함으로써 그 노동자를 정년퇴직에 이르기까지 고용해야 하는 의무로부터 벗어나려 한다. 임시고용을 활용함으로써 회사 내의 정규직노동자를 감소시키고 종래 정규직이 하던 업무를 임시직노동자에게 떠넘길 수 있게 된다. 임시고용의 방법으로는 '아르바이트사원', '촉탁사원'이 이용되고 있다. 근래에는 '계약사원'이라는 새로운 고용계약이 많이 이용되고 있다.

:: **단축시간고용** 파트타임 근로, 시간제근로라고도 하는 새로운 조건의 고용형태를 이용하여 기혼여성의 노동력을 싸게 이용하는 방법이 이용된다. 기혼의 여성노동자로 하여금 가사노동과 사회노동을 양립할 수 있게 한다는 명목 아래 단축노동이 확산되고 있다. 단축시간노동의 실태를 살펴보면 정규직보다 짧은 근로시간만을 일한다는 특성 이외에 매우 불안정한 노동자신분에 머물러 있다는 사실이 드러난다. 대부분의 단축노동자가 임시직으로 고용되고 있으며, 많은 경우에 정규직에 가까운 연장근로를 함으로써 실질적으로 하급의 노동자집단을 이루게 된다.

파견근로자, 비정규근로자의 상당수가 여성이다. 그러나 근래 여성노동의 주변화에 대한 여성계의 대응은 불충분했다고 할 수 있다. 이러한 문제점은 근래의 여성운동과 여성학의 주요 관심문제가 섹슈얼리티sexuality에 집중되면서, 비정규근로와 같은 여성노동에 관한 현실적 문제에 대해 심도 있게 접근하지 못한 데에서 기인한다. 파견근로를 허용하는 업종을 볼 때 전화교환원, 간병인, 단순사무직, 조리사, 도안사 등 여성이 주로 취업하는 직종이 대개 파견근로직종으로 되었음을 알 수 있다. 이렇게 광범위한 파견근로로 인해 장래 여성의 정규직취업은 매우 힘들게 될 것이고, 여성은 파견근로자 또는 시간제근로자로 밀려나는 현상이 두드러질 것으로 예상된다.

1. 노동법의 변천

노동법에서 여성지위의 향상

여성주의에 입각한 법률가들이 가족법의 다음으로 관심을 집중시킨 분야는 노동법이었다. 1960년대 이후 산업화로 인한 여성고용이 증가하게 되자 여성노동자의 열악한 상황에 관심이 모아졌고, 이들에게 최저임금과 인간다운 노동환경을 보장하는 등 제반근로조건을 개선하기 위한 법제의 정비가 필요했다. 아울러 여성들의 직장진출에 대한 욕구가 강해졌으나, 남녀차별의 선입관에 부딪쳐 좌절되자 남녀고용평등의 문제가 여성문제의 중요한 부분으로 자리잡게 되었다.

노동분야에서는 정치적·경제적 상황에 따라 노동시장의 여건이 계속 변화함에 따라 그에 상응하는 대안을 제시할 수 있는 연구가 지속적으로 요구되고, 그 결과 여성노동의 문제는 법여성학의 한 분야로서 자리를 굳히게 되었다. 그러나 여성이 생리구조상 부담할 수밖에 없는 임신, 출산, 육아의 문제를 노동자와 사용자간의 근로계약의 범주에 가두어 둔 채로 해결책을 찾는 데에 한계가 있다는 것을 의식하기 시작했다.

근래에는 일하는 여성의 출산, 육아에 대한 국가적 배려가 필요하다는 점에 생각이 미치면서 보육의 사회적 부담이라는 사회복지문제로 관심영역이 넓혀져 가고 있다. 또한 편모가정에 대한 보조, 여성노인의 연금 등 사회복지에 있어서의 여성의 권리를 증진시키기 위한 연구도 진행되고 있다.

경제성장기의 노동법

대한민국정부가 수립되고 몇 년 후인 1953년에 제정된 근로기준법에서는 "사용자는 근로자에 대하여 남녀의 차별적 대우를 하지 못하며"라는 "남녀균등처우의 원칙"을 선언하였으나, 그 조항은 정부수립과 더불어 외국의 선진제도를 본받아 설치해 놓은 장식적인 법률에 불과했다.

1960년대 경제성장기에 접어들자 여성고용은 수적으로 증대하였지만 여성에 대한 대우는 오히려 더욱 열악해졌다. 당시의 경제성장정책은 여성노동자의 저임금, 장시간 노동을 바탕으로 제품의 생산비를 절약하여 국제경쟁력을 높이는 데 중점이 놓여졌기 때문이다. 근로기준법에는 평등처우를 하지 않는 사용자를 처벌하는 규정이 있었지만제111조, 행정부의 근로감독관은 사용자의 차별행위를 감독하지 않았고 검찰도 차별행위를 한 사용자를 기소하지 않았으며 사법부도 차별행위를 한 사용자에게 형벌을 부과하지 않았다. 1970년대에 여성고용이 증가하면서 여성들의 근로조건은 더욱 악화되었고 근로조건의 개선을 요구하는 여성노동운동에 대한 탄압은 거세었다. 그리하여 고용에서 남녀차별의 금지는 법률 속에 박제되어 있을 뿐, 실제로는 아무 기능을 못하는 법조문이 되었다.

여성노동운동과 입법활동

1980년대에는 여성노동운동이 활발해지고 다원화되었다. 현장의 여성노동운동은 해당사업장의 당면문제와 당시의 절박했던 노동탄압문제에 관심을 가지고 있었다. 한편 일반 여성운동에서는 고용에서 남녀차별을 없애기 위한 정책적인 문제에 관심을 가졌다. 여성들은 아무 기능도 하지 못하고 있던 근로기준법의 평등조항을 살려내 활성화할 필요를 느꼈고, 이것을 위해 좀더 구체적이고 실효성 있는 법률이 제정되어야 한다는 요청이 있었다.

1987년에는 고용상의 남녀평등과 모성보호 등을 목적으로 하는 특별법으로 「남녀고용평등법」이 제정되었다. 그러나 이 법은 처음 만들어질 당시에는 남녀고용평등의 가장 중요한 동일노동 동일임금의 원칙이 빠져 있는 등 종전 법률의 상황보다 크게 나아지지 않았다는 비판을 받았다. 이 문제를 적극적으로 타개하려는 여성운동의 노력으로 1989년에는 동일노동 동일임금의 원칙을 삽입하고 벌칙을 강화하는 등 몇 가지 사항을 보완하는 법개정이 이루어졌다. 2001년에는 모성보호를 강화하고 그 비용 중 일부를 국가에서 부담하는 입법이 행해졌다.

근로기준법 여성관련규정의 변천

1953년 제정시 근로기준법은 노동조건의 최저기준을 정하기 위한 법률로서 제5조에서 "사용자는 근로자에 대하여 남녀의 차별적 대우를 하지 못하며…"

라고 규정함으로써 남녀균등 고용원칙을 규정하였다. 제5장에서는 다양한 여성보호규정을 두었다. 도덕상 또는 보건상 유해·위험한 사업에의 여성고용금지제51조, 여성의 갱내근로금지제58조, 야업하오 10시부터 상오 6시까지 및 휴일근로의 원칙적 금지제56조, 1일에 2시간, 일주일에 6시간, 1년에 150시간을 초과하는 시간외근로의 금지제57조, 월 1일의 유급 생리휴가제59조, 60일의 유급 출산휴가제60조 1항, 생후 만 1년의 유아를 가진 근로여성에 대하여 1일 2회, 각 30분 이상의 유급 수유기간제공제61조, 해고일로부터 14일 이내에 귀향하는 경우에의 귀향여비제공제62조을 규정하였다. 또한 산전·산후의 여자를 법에 의한 휴업기간과 그 후의 30일간에는 해고하지 못하도록 하였다제27조 2항.

1953년의 근로기준법에서는 이러한 여성보호규정의 적용범위가 제한적이었고 벌칙도 비교적 경미하였으나, 1989년의 개정으로 그 적용범위가 확대되고 벌칙도 대폭 강화되었다. 1989년의 중요한 개정사항으로는 근로기준법의 적용범위를 종전 "상시 5인 이상 10인 미만의 근로자를 사용하는 사업장에 대해 적용제외를 인정하던 것"에서 개정 후에는 "상시 5인 이상의 근로자를 사용하는 사업 또는 사업장"으로 확대하여 모든 여성관계규정이 이 범위의 사업장에 적용되도록 하였다제10조. 여자의 야업에 관하여 종전 "노동부장관의 인가를 얻은 경우 야업허용"에서 개정 후 "여성근로자의 동의와 노동부장관의 인가를 얻은 경우에 야업허용"으로 허용요건이 엄격히 되었다. 생리휴가에 관해서는 종전 "여자가 청구하는 경우"에 유급 생리휴가를 주던 것을 개정 후 "청구하지 않아도" 월 1일의 유급 생리휴가를 주어야 하도록 되었다.

2001년의 개정으로 산전산후휴가는 종전 60일에서 90일로 연장되었으나, 여성의 연장·야간·휴일근로에 대한 특별보호는 완화되었다. 임산부와 18세 미만자를 유해·위험한 사업에 사용하지 못하도록 하고, 여성의 야간오후 10시부터 오전 6시까지·휴일근로에 본인의 동의를 얻도록 하였다. 그리고 임산부와 18세 미만자는 야간·휴일근로를 못하게 하였다. 그 후 생리휴가는 1998년 이전보다 악화되어 현재는 '여성이 청구하는 경우'에 '무급'의 휴가를 주도록 되었다.

여성노동에 관한 국제협약

여성노동자들이 열악한 환경에서 고생을 하고 있는 상황은 많은 국가에 공통된 현상이었기 때문에 국제기구는 여성노동자에 대한 차별금지를 위해 노력해 왔다. 노동운동가들은 국제적 활동을 통해 국내의 여성노동에 대한 시각이 변화되도록 노력했다.

1919년 국제노동기구가 창설된 이후 여성노동 관련조약은 세 단계를 거쳐 발전해 왔다.

:: **여성노동의 보호기** 국제노동운동의 제 1 단계는 국제노동기구ILO가 창설된 때부터 제 2 차 세계대전 이전까지라고 말할 수 있다. 여성은 남자에 비해 신체적·정신적으로 약자라는 점, 여성은 임신·출산·수유 등의 고유한 모성기능을 가진다는 점, 여성은 자녀양육 기타 가사를 담당하는 고유한 역할을 가진다는 점 등을 이유로 하여 여성에 대한 특별한 보호가 강조되었다. 이 시기에 여성은 연소자와 같이 취급되었다. 이러한 보호정책은 평등대우보다는 은혜적·도덕적 보호의 성격에 가까웠다. 초기자본주의시대에 여성은 이윤극대화를 위해 값싼 노동력으로서 노동시장에 유입되어 가혹한 노동조건 속에 방치되었다. 이러한 여성노동 보호정책은 가혹한 노동조건으로 여성 자신과 근로자가족에 초래된 문제들을 해소하려는 목적이었다.

:: **양성평등으로의 과도기** 국제노동운동의 제 2 단계는 UN창설 이후부터 1975년 이전까지를 말한다. 여성보호에 주력하던 제 1 단계와는 달리 '남녀고용평등'을 함께 추진하였다. 그러나 이 시기의 남녀고용평등정책은 그 이념이 확립되지 못했고, 종전의 피보호자로서의 여성에 대한 고정관념이 강하게 유지되었다. 그 결과 성별역할에 따른 분업이 당연시되는 차별적 고정관념을 버리지 못했다.

:: **양성평등기** 국제노동운동은 1975년 세계여성의 해 이후 획기적인 변화를 겪게 되었으며, 그 이후를 제 3 단계, 여성노동에서 양성평등기라고 볼 수 있다. 이 시기에 남녀고용평등의 이념이 확산되어 전통적 성별역할분업을 해체하여 남녀 동등하게 일할 권리를 보장하는 방향으로 전환되었다. 이 시기에 노동부문에서 양성평등을 실현하기 위해 여성보호규정이 재검토되기 시작했다.

3. 남녀고용평등법의 차별금지규정

남녀고용평등법의 제정

남녀고용평등법은 근로기준법의 남녀균등대우원칙을 고용의 단계에 따라 구체적으로 규정하는 근로기준법의 특별법으로서의 성격을 갖는 한편, 남녀고용평등과 근로여성의 모성보호를 위한 국가의 책무를 규정하는 사회보장법의 성격도 갖는다. 이 법은 1987년 12월 4일 제정되었는데, 이 법의 제정에는 여성학자, 여성단체, 노동조합총연맹, 여성국회의원 등이 이 법의 제정을 촉구하고 구체적인 법안을 제안하는 등 적극적인 노력을 하였다.

이 법의 제정배경에는 당시의 민주화운동 및 군사독재의 퇴진에 따른 국민의 정치력향상과 집권여당의 국민무마입법이라는 대립적 요소가 공존했다. 입법당시 노동시장은 여성취업에 대하여 소극적인 분위기였음에도 불구하고, 이 법을 통과시키기 위해서 초안의 강제적 효력규정을 노력규정으로 바꾸는 원칙의 후퇴를 감수했다. 법안이 대폭적으로 수정되어 국회에서 처리된 결과, 이 법을 최초로 제안한 여성계로서는 미진하다는 유감을 표시했지만 "여성운동의 성과로서 순수하게 남녀평등만을 위해 제정된 대한민국 최초의 단행법률"이라는 점에서 역사적 의의가 크다고 평가되었다.

여성학자와 여성단체는 이 법이 제정된 후에 다시 적극적인 법개정운동을 벌여 1989년 대폭적인 개정을 보게 되었다. 그 개정의 핵심내용은 고용평등 및 차별의 정의규정에 여성채용우대조치의 가능성을 부여한 것, 동일가치노동에 대하여 동일임금을 지급하도록 한 것, 1년의 육아휴직을 근속기간에 포함하도록 한 것 등이다. 2001년의 개정으로 간접차별의 금지조항이 신설되었고 성희롱에 관한 규정이 강화되었으며, 육아휴직을 1년 미만의 영아를 가진 근로자라면 여자이든 남자이든 관계없이 허용하도록 개정되었다. 2007년에는 남녀고용평등과 일·가정 양립 지원에 관한 법률로 전면 개정되었다.

차별의 정의

남녀고용평등과 일·가정 양립 지원에 관한 법률^{이하 '남녀고용평등법'}은 헌법의 평등이념에 따라 고용에서 남녀의 평등한 기회와 대우를 보장하고 모성 보호와 여성 고용을 촉진하여 남녀고용평등을 실현함과 아울러 근로자의 일과 가정의 양립을 지원함으로써 모든 국민의 삶의 질 향상에 이바지하는 것을 목적으로 한다. 차별의 정의에 관하여 이 법은 "사업주가 근로자에게 성별, 혼인, 가족 안에서의 지위, 임신 또는 출산 등의 사유로 합리적인 이유 없이 채용 또는 근로의 조건을 다르게 하거나 그 밖의 불리한 조치를 하는 경우"로 규정한다. 다만, 직무의 성격에 비추어 특정 성이 불가피하게 요구되는 경우와 여성 근로자의 임신, 출산, 수유 등 모성보호를 위한 조치를 하는 경우에는 차별로 보지 않는다. 또한 현존하는 차별을 해소하기 위해 국가, 지방자치단체 또는 사업주가 잠정적으로 특정 성의 근로자를 대우하는 조치는 차별로 보지 아니한다고 명문으로 규정함으로써 여성고용에서의 실질적 평등을 도모하였다. 2001년의 법 개정 시 사업주가 채용 또는 근로의 조건은 동일하게 적용하더라도 그 조건을 충족시킬 수 있는 남성 또는 여성이 다른 한 성에 비하여 현저히 적고 그로 인하여 특정 성에게 불리한 결과를 초래하여 그 기준이 정당한 것임을 입증할 수 없는 경우도 이를 차별로 보도록 간접차별의 금지규정을 구체화하였다.

남녀고용평등법의 차별금지규정은 강행규정으로서 모집·채용·교육·배치·승진에 있어서의 성차별행위에 대하여는 벌금이 부과된다. 임금과 정년·퇴직·해고에 있어서의 성차별행위 등과 육아휴직신청거부 등에 대해서는 징역 또는 벌금이 부과된다. 남녀고용평등법은 성차별금지규정과 모성보호규정에 의한 사항에 관하여 분쟁이 발생하는 경우에 당사자인 사업주와 근로여성간의 자율적 분쟁해결을 원칙으로 하여 근로자가 고충을 신고하였을 때에는 해당 사업장에 설치된 노사협의회에 고충의 처리를 위임하는 등 자율적인 해결을 위하여 노력하여야 한다.

차별의 구체적인 모습

남녀고용평등법은 모집에서 퇴직에 이르기까지 모든 형태의 차별에 대해 제재를 가한다.

:: **모집과 채용에서의 평등** 사업주는 근로자를 모집하거나 채용할 때 남녀를 차별하여서는 아니 된다. 사업주는 여성 근로자를 모집·채용할 때 그 직무의 수행에 필요하지 아니한 용모·키·체중 등의 신체적 조건, 미혼 조건, 그 밖에 고용노동부령으로 정하는 조건을 제시하거나 요구하여서는 아니 된다.

:: **동일가치노동 동일임금의 원칙** 사업주는 동일한 사업 내의 동일가치노동에 대하여는 동일한 임금을 지급하여야 한다. 동일가치노동의 기준은 직무 수행에서 요구되는 기술, 노력, 책임 및 작업 조건 등으로 하고, 사업주가 그 기준을 정할 때에는 노사협의회의 근로자를 대표하는 위원의 의견을 들어야 한다. 사업주가 임금차별을 목적으로 설립한 별개의 사업은 동일한 사업으로 본다. 사업주는 임금 외에 근로자의 생활을 보조하기 위한 금품의 지급 또는 자금의 융자 등 복리후생에서 남녀를 차별하여서는 아니 된다.

:: **교육, 배치, 승진에서의 차별금지** 사업주는 근로자의 교육·배치 및 승진에서 남녀를 차별하여서는 아니 된다.

:: **정년, 퇴직 및 해고** 사업주는 근로자의 정년·퇴직 및 해고에서 남녀를 차별하여서는 아니 된다. 사업주는 여성 근로자의 혼인, 임신 또는 출산을 퇴직 사유로 예정하는 근로계약을 체결하여서는 아니 된다.

모집과 채용에서의 차별금지

합리적 이유 없이 어떤 직장이나 직무를 특정 성에게만 개방하는 것을 '직종차별'이라고 하는데, 우리 사회에 만연한 직종차별로 말미암아 여성들이 취업할 수 있는 업종은 매우 제한되어 있다. 사무직에서 여성은 주로 단순사무직이나 보조사무직에 채용되며 관리직에 취업할 수 있는 길은 매우 제한되어 있다.

사업주는 특정 성性을 배제하는 구인광고를 낼 수 없으며, 또한 특정 성에 한정해서 채용할 수 없다. 채용에서는 남녀에 관계없이 학력, 자격, 기능, 성품 등을 평가하는 공정한 평가기준이 마련되어 공개될 것이 전제되고 있다. 그리고 사업주는 여성근로자를 모집·채용함에 있어서 모집·채용하고자 하는 직무의 수행에 필요로 하지 아니하는 용모·키·체중 등의 신체적 조건, 미혼조건 기타 노동부령이 정하는 조건을 제시하거나 요구하여서는 안 된다. 여성이 차별적인 이유로 채용되지 않았다는 주장을 할 경우에, 사용자는 자기 회사의 채용기준이 남녀 차별적이지 않고 합리적이었음을 증명할 의무가 있다.

모집·채용에서의 여성차별은 다음과 같은 모습으로 나타난다. ▶ 모집, 채용에 있어서 여성에게는 전적으로 고용기회를 주지 아니하는 경우 ▶ 여성에게 고용기회를 주지만 사실상 성별로 채용예정인원을 배정함으로써 여성의 고용기회를 제한하는 경우 ▶ 남녀의 특성에 대한 고정관념 등에 기초하여 직종별로 남녀를 분리 모집하여 특정직종에서 여성의 고용기회를 봉쇄하거나 제한하는 경우 ▶ 여성에 대하여만 미혼 또는 기혼의 혼인상태의 제한적인 조건을 부과하는 경우 ▶ 여성에 대하여만 연령의 제한을 두거나 남녀간의 연령제한의 차이가 합리적 이유 없이 큰 경우 ▶ 여성에 대하여만 직무수행상 반드시 필요하지 않은 키와 몸무게 등의 용모제한을 하는 경우 ▶ 학력·경력 등 자격이 같음에도 불구하고 여성을 남성보다 낮은 직급 또는 직위에 모집·채용하는 경우 ▶ 남녀가 동일자격임에도 여성을 남성보다 불리한 고용형태촉탁, 시간제 등의 비정규직로 채용하는 경우 ▶ 남녀별로 학력, 자격, 경력 등에서 다른 조건을 달아 모집하는 경우 ▶ 면접·구술시험의 경우 객관적인 기준에 의하지 아니하고 여성에 대하여만 특별한 질문을 하여 결과적으로 여성의 채용에 불리한 영향을 미치는 경우 ▶ 인턴제도의 실시대상자를 남성에 편중하는 경우 ▶ 남녀간의 채용방법과 채용경로를 달리하는 경우 ▶ 채용시 여성에 대하여만 남자인 배우자나 보호자의 취업동의서나 보증을 요구하는 행위 등이다.

동일가치노동 동일임금의 원칙

동일가치노동 동일임금의 원칙이란 동일한 가치의 노동을 제공하는 노동자는 성, 연령, 인종, 고용형태 등의 차별 없이 동일한 임금기준에 따른 금액을 지불

받아야 한다는 임금원칙을 말한다. 이 원칙은 남녀노동자의 임금격차를 줄이는 것을 목표로 하며, 학력·인종·종교 등 모든 영역에서의 임금차별을 없애기 위해 적용된다. 임시직, 시간제근로, 파견근로 등 변칙적인 고용형태를 취하는 방법으로 차별임금을 주는 것도 원칙적으로 금지된다.

사업주는 동일한 사업 내에 동일가치노동에 대하여 동일한 임금을 지급해야 한다. 남녀가 같은 일을 하는 경우는 물론이고, 다른 종류의 일을 하는 경우에도 그것이 동일한 가치를 갖는 노동일 때에는 동일임금을 지급해야 한다. 초임책정, 업무배치와 승진, 승급 등은 합리적인 직무평가제도에 기초해야 한다. 우리나라 법에서는 동일가치노동의 기준을 노동수행에 필요한 기술, 노력, 책임, 작업조건 등으로 규정한다. 이 네 가지 직무평가기준은 남녀차별적인 고정관념에서 벗어나 합리적으로 결정되어야 한다. 여성의 기술을 낮게 평가하는 고정관념을 바탕으로 직무평가제를 만들 경우 오히려 남녀임금 차별을 정당화하는 수단으로 이용될 수 있기 때문이다.

우리나라 법은 동일가치노동의 비교범위를 동일사업에 한정한다. 단, 임금차별을 목적으로 사업주에 의해 설립된 별개의 사업은 동일한 사업으로 봄으로써 사업주의 위장행위에 대처하고 있다. 그러나 비교대상을 한 사업장에 한정시키면, 남녀직무분리가 뚜렷한 우리의 노동현실에서는 비교대상이 될 노동이 없거나 아주 희귀하여 동일노동 동일임금의 원칙을 관철시키기 어렵다. 또한 동일노동의 비교평가과정에서 한 사업장 내의 남녀노동자간의 대립을 초래하여 노동조합활동에 장애가 될 가능성도 있다. 따라서 산업별로 작업의 숙련도를 등급화하여 그 기준을 모든 노동자에게 적용하는 직능별 직무평가제가 단위 사업장별 직무평가제보다 효과가 크다.

고용관행상 임금에서의 여성차별은 다음과 같은 모습으로 나타난다. ▶ 여성의 임금은 보편적으로 가계보조적이라는 고정관념 등에 기초하여 일률적으로 동일직군의 남성보다 적은 임금을 지급하는 경우 ▶ 기본급·호봉산정·수당, 승급 등에 있어서 성에 따라 그 기준을 달리 적용함으로써 임금을 차별하는 경우성별분리보수체계 ▶ 근로의 질·양 등에 관계없이 근로자에게 생활보조적·후생적 금품가족수당·교육수당·통근수당·김장수당 등의 지급이나 주택자금대출 등의 사원복지제도의 실시에 있어서 성을 이유로 차별하는 경우 ▶ 성별직종분리조치에 의한 남성전용직종예컨대, 정비사·재단사 등과 여성전용직종예컨대, 단순생산직·미싱사 등간의 임금격차가 기술, 노력, 책임, 작업조건, 학력, 경력 등에 비추어 지나치게 차이가 나서 결과적으로 남녀간의 불합리한 임금차별을 초래하는 경우 ▶ 군복무자에 대하여 가산호봉을 인정하는 경우 그 가산의 정도가 군복무기간을 훨씬 상회하여 결과적으로 남녀간의 불합리한 임금차별을 초래하는 경우 또는 군복무자에 대한 가산호봉제도를 군복무면제자나 미필자인 남성에게도 적용하는 경우 등이다.

■ 임금의 간접차별에 관한 외국판례(Jenkins v. Kingsgate Ltd, 1981) ■

비상근근로자들이 당하는 차별의 문제는 영국고용상소법원이 유럽사법법원에 판결을 의뢰한 Jenkins사건에서 처음 나타났다. 이 사건에서 Jenkins 양은 EEC조약 제119조와 지침 75/117은 노동시간에 상관 없이 동일가치의 노동에 대해서 동일임금을 지급할 것을 요구하고 있다고 주장했다. 이러한 주장에 대해 법원은 다음과 같이 판결하였다. "성별에 근거한 구별이 없다면 비상근직과 상근직 사이의 임금차별이 성별에 근거한 차별과 관련이 없고 객관적으로 정당화되는 사유 때문인 한, 주당 근무시간에 따라 다른 시간급으로 보수를 지급한다는 사실은 조약 제119조에 규정되어 있는 동일임금의 원칙에 위반되지 않는다. 특히, 비상근직에게 낮은 시간급으로 보수를 지급할 때, 고용주가 객관적으로 정당화될 수 있는 경제적 근거에서 근로자의 성별에 상관 없이 상근직을 장려하기 위해 노력하고 있다면 그러한 경우에는 조약 제119조에 규정되어 있는 동일임금의 원칙에 위반되지 않을 수 있다. 반대로, 남성보다 상당히 적은 비율의 여성만이 상근직 시간급을 받기 위해 요구되는 주당 최소근무시간을 채우고 있다는 사실이 입증될 경우, 주당 최소근무시간 동안 근무하기로 정하는 데에 여성이 겪게 될 어려움을 고려할 때, 당해 회사의 임금정책이 성별에 근거한 차별 이외의 다른 사유에 의해 정당화되지 못한다면, 임금에 있어서의 불평등은 조약 제119조에 반할 것이다. 비상근직인가 상근직인가에 따라 시간급이 달라지는 경우, 주당 근무시간에 근거한 차별로서 나타나더라도, 개별사건에서 사건의 진상, 그것의 유래와 고용주의 의도를 고려하여, 본안 절차에서 계쟁중인 것과 같은 임금정책이 사실상 근로자의 성별에 근거한 차별인지 아닌지를 판단하는 것은 국내법원의 역할이다."

교육 · 배치 · 승진 등에서의 차별금지

사업주는 근로자의 교육·배치·승진 등에서 여성이라는 이유로 여성을 남성과 차별해서는 안 된다. 입사 후에 받는 사내교육이나 업무의 순환배치는 근로자의 능력, 기술, 경험을 높이는 데 중요한 역할을 한다. 그러나 우리의 고용관행을 보면 여성근로자는 대개 업무보조적인 일이나 단순기능을 필요로 하는 일에 배치되고, 전문능력, 영업능력, 관리능력, 고급기술이 필요한 부서에는 남성이 주로 배치되며, 사내교육에서도 여성근로자에게는 옷차림, 손님접대예절 등 업무의 본질과 관계 없는 것을 요구하는 경우가 많다. 이러한 것들은 남녀차별에 해당되기 때문에, 해외연수, 직업훈련 등 각종 교육의 대상자 선정에 있어 객관적 기준이나 본인의 의사에 관계 없이 여성을 제외하거나 대부분 남성으로 하는 차별적 관행은 시정되어야 한다.

배치와 관련하여서는 ▶ 직무수행상 필요불가피한 요건이나 기업의 특수성에 기초함이 없이 남녀의 능력이나 역할에 대한 고정관념 등에 기초하여 일정한 직무의 배치대상에 여성을 전적으로 배제하거나 남성에 편중하는 경우 ▶ 동일 학력·자격으로 채용한 후 남성은 주로 주요한 기간업무基幹業務에 배치하고 여성은 본인의 의사에 반하여 정형적 단순보조업무에 배치하는 경우 ▶ 혼인이나 일정한 연령에 달한 것을 이유로 하는 등 합리적인 이유 없이 본인의 의사에 반하여 여성에 대해서만 연고지가 없는 지역에 발령하거나 직무수행경험이나 이에 관한 훈련을 받지 못한 부서에 배치하여 여성에게 불이익을 초래하는 경우 ▶ 신인사제도를 운영하면서 여성의 동의 없이 여성을 특정직군에 배치하거나 여성이 지원하도록 종용하는 경우 또는 직무수행상 또는 기업운영상 반드시 필요하지 아니한 전근가능성 등을 직군구분의 중요 요소로 설정함으로써 여성이 특정직군에 지원하기 어렵게 만들어 사실상 성별직군분리체계로 운영되는 경우가 차별에 해당한다.

승진에 관하여는 ▶ 여성에게는 승진기회를 진혀 부여하지 아니하거나 객관적 기준 없이 승진대상자를 남성에 편중하는 경우 ▶ 여성에게도 승진기회는 부여하고 있으나, 남성보다 장기간 근속을 요건으로 하거나 여성에게만 전직고시를 통과해야 하는 요건을 부과하여 상대적으로 불리한 승진조건·절차를 적용하는 경우 ▶ 여성에게 일정직급직위 이상으로는 승진할 수 없도록 하는 경우 ▶ 여성의 직급직위을 남성에 비하여 더 많은 단계로 세분화하여 일정직급에의 승진시까지 남성보다 장기간 소요되게 하는 제도를 둠으로써 결과적으로 여성을 불리하게 대우하는 경우 ▶ 승진의 객관적 기준이 되는 인사고과에 있어서 여성이라는 이유로 남성보다 불리하게 하는 경우 등이 차별에 해당한다.

정년·퇴직·해고 등에서의 차별금지

사업주는 근로자의 정년 및 해고에 관하여 여성인 것을 이유로 남성과 차별대우를 하여서는 안 된다. 또한 사업주는 근로여성의 혼인·임신 또는 출산을 퇴직사유로 예정하는 근로계약을 체결하여서는 안 된다. 우리의 고용관행을 살펴보면 동일직종에서 직무수행상 합리적인 이유 없이 남녀간 정년을 달리하는 경우 또는 대다수가 여성인 직종의 정년을 합리적인 이유 없이 다른 직종보다 낮게 정하는 경우를 종종 볼 수 있는데, 이는 정년차별에 해당한다.

퇴직과 관련된 차별관행으로는 ▶ 여성이 혼인·임신·출산을 할 경우 즉시 퇴직하거나 일정한 기간 내에 퇴직하도록 규정을 두거나 종용하는 경우 ▶ 여성이 혼인·임신·출산한 경우, 본인의 의사에 반하거나 합리적 이유 없이 지방발령, 비정규직으로의 근로조건변경 등 고용상의 불이익을 주는 경우 ▶ 사내결혼인 경우 본인의 의사에 반하여 여성을 퇴직시키는 경우 ▶ 퇴직금 및 퇴직에 따른 조건에 남녀차이를 두는 경우가 있다.

해고와 관련된 차별관행으로는 ▶ 혼인·임신·출산 등을 이유로 여성을 해고하는 경우 ▶ 경영합리화 등의 이유로 정리해고를 하는 경우 합리적인 이유 없이 여성을 우선적으로 해고하는 경우 ▶ 남녀사원간에 불륜 등의 성문제가 발생한 경우 여성에 대해서만 해고시키는 등 기타 징계사유·절차 등에 있어 여성에 대해서 남성에 비해 불리하게 대우하여 해고하는 경우 ▶ 기업의 재정형편이나 근무성적불량 등의 이유로 기혼여성을 해고시킨 후 미혼여성만을 채용하는 경우 등이 있다.

간접차별에 해당하는 경우

간접차별로 인정되기 위한 요건에는 다음의 사항들이 포함되어야 한다. 첫째, 사용자가 취업규칙, 단체협약, 정부의 지침 등에 기해 근로자에 대한 어떤 조치를 하였으며, 이 조치가 여성근로자에 대하여 집행될 단계에 있어야 한다. 둘째, 여성근로자가 그 조치로 인하여 불이익, 기타 고통을 당했어야 한다. 셋째, 그 조치로 인하여 불이익이나 고통을 당하는 여성근로자 수가 남성근로자의 수에 비해 현저히 많아야 한다. 넷째, 사용자가 그 조치의 정당성 및 불가피성을 주장, 입증하여야 한다. 그 조치가 관행에 따른 것이라거나 여성근로자가 그 조치의 적용에 동의를 표시하였다는 사정은 정당성의 근거가 되지 않는다.

직장 내 성희롱의 금지

"직장 내 성희롱"이란 사업주·상급자 또는 근로자가 직장 내의 지위를 이용하거나 업무와 관련하여 다른 근로자에게 성적 언동 등으로 성적 굴욕감 또는 혐오감을 느끼게 하거나 성적 언동 또는 그 밖의 요구 등에 따르지 아니하였다는 이유로 고용에서 불이익을 주는 것을 말한다.

:: **직장 내 성희롱의 금지** 사업주, 상급자 또는 근로자는 직장 내 성희롱을 하여서는 아니 된다.

:: **직장 내 성희롱 예방 교육** 사업주는 직장 내 성희롱을 예방하고 근로자가 안전한 근로환경에서 일할 수 있는 여건을 조성하기 위하여 직장 내 성희롱의 예방을 위한 교육을 매년 실시하여야 한다. 사업주 및 근로자는 성희롱 예방 교육을 받아야 한다. 성희롱 예방 교육의 내용·방법 및 횟수 등에 관하여 필요한 사항은 대통령령으로 정한다. 사업주는 성희롱 예방 교육을 고용노동부장관이 지정하는 기관에 위탁하여 실시할 수 있다.

:: **직장 내 성희롱 발생시 조치** 사업주는 직장 내 성희롱 발생이 확인된 경우 지체 없이 행위자에 대하여 징계나 그 밖에 이에 준하는 조치를 하여야 한다. 사업주는 직장 내 성희롱과 관련하여 피해를 입은 근로자 또는 성희롱 피해 발생을 주장하는 근로자에게 해고나 그 밖의 불리한 조치를 하여서는 아니 된다.

:: **고객 등에 의한 성희롱 방지** 사업주는 고객 등 업무와 밀접한 관련이 있는 자가 업무수행 과정에서 성적인 언동 등을 통하여 근로자에게 성적 굴욕감 또는 혐오감 등을 느끼게 하여 해당 근로자가 그로 인한 고충 해소를 요청할 경우 근무 장소 변경, 배치전환, 유급휴가의 명령 등 적절한 조치를 하여야 한다. 사업주는 근로자가 고객에 의한 성희롱 피해를 주장하거나 고객 등으로부터의 성적 요구 등에 불응한 것을 이유로 해고나 그 밖의 불이익한 조치를 하여서는 아니 된다.

4. 직장과 자녀양육의 조화

모성보호의 필요성

여성근로자는 출산, 육아, 모성으로서의 건강유지를 위한 범위에서 업무배치, 휴가, 휴직 등에서 특별배려를 받을 권리가 있다. 종래 여성에 대한 노동법상의 보호는 남성과의 차이에 대한 비대칭적 처우라기보다는 '약자' 또는 '무능력자'에 대한 다분히 가부장적인 '시혜施惠'의 의미를 담고 있었다. 여성들은 출산과 양육이라는 모성기능을 책임지는 사람이고, 일생 동안 변경할 수 없는 신체적인 '결함'을 지닌 사람으로 간주되어 특별한 배려를 한다는 것이었다.

이렇게 모성을 열등한 것으로 간주하면 결함을 가진 근로자가 결함이 없는 남성근로자와 동등한 처우를 요구하는 것은 상호 모순되는 주장이 되고 만다. 만약 여성근로자가 남성과 동등한 처우를 원한다면 그러한 신체적 결함을 스스로 극복해서 남성과 같은 조건에서 근무할 수 있어야 한다고 보았다. 모성을 위한 휴가를 사용하지 않고 반납한다든가, 임신기간 중에도 힘들고 유해한 업무를 기피하지 말아야 한다는 등 남성과 같은 조건을 만들어야 한다는 것이다.

그러나 여성이 어머니의 역할을 수행하기 위하여 요구하는 권리들은 여성 자신의 이익을 위한 것이라고 볼 수는 없다. 여성근로자에게 직장생활을 유지하기 위하여 결혼을 포기한다든가 출산을 포기해야 하도록 간접적으로 요구하는 고용풍토는 인간성을 말살하는 것이다. 나아가 자녀의 출산은 국가의 미래를 형성하는 일로서 국가의 정책적인 배려가 필요하다.

모성권으로 인정

헌법과 노동관련법에 제시되고 있는 '모성보호'를 '모성권리'로 이해하여야 한다는 주장이 대두되고 있다. 근로여성에 대한 보호의 논리에서 벗어나, 여성의 특수성에 기인한 천부적인 권리로서 인정받기를 원하는 것이다. 여성이 신체적인 이유로 보호를 받는다는 것은 가부장적 시혜를 받는다는 의식에서 출발하므로 그 논리에 충실하면 가부장적 통제하의 약자로서의 위치를 벗어나기 어렵게 될 것이다. 여성이 모성의 역할에 충실할 수 있는 환경을 부여받는 것은 각 가정의 행복을 위한 일이기도 하지만, 동시에 사회를 위하여 기여하고 국가의 미래를 만들어가는 일이기도 하므로, 모성권母性權은 노동관계에 존재하는 이해관계에 의하여 희생되어서는 안 되는 보다 높은 차원의 권리이다. 모성권을 여성만의 권리로 보는 것도 잘못이며, 모성권은 여성과 남성의 대립적 존재를 초월하는 인간사회의 유지를 위한 권리로서 존중되어야 한다.

모성보호에 관한 헌법과 법률

헌법에서는 모성에 관한 여성근로자의 권리를 어떻게 파악하고 있는가. 헌법은 모든 국민이 성별에 관계없이 교육·취업·재산·정치적 권리 등에 있어서 인간으로서의 권리를 실현할 기회의 평등을 법적으로 보장되는 국민 개개인의 권리로 규정하고 있다. 헌법의 일부조항은 성의 차이를 인정하여 여성들에게 특수한 처우를 하고, 국가가 의무적으로 이를 보장하는 비대칭 모형을 채택하고 있다. 여성의 근로와 모성을 보호하는 내용이 그러한 예이다. 이러한 헌법정신은 근로기준법에서 일차적으로 수용되었고 남녀고용평등법에 의해 보완되었다. 이 두 법은 여성의 신체적 특수성과 기능을 인정하고 기존의 평등원칙에 특별한 단서를 붙인다. 남녀고용평등법은 근로여성이 받는 모성보호는 "차별로 보지 아니한다"고 명시함으로써 이들 특별처우가 평등원칙에 어긋나지 않는 것으로 명시하고 있다.

각국에서는 여성근로자가 가진 재생산이라는 고유의 기능을 노동과 관련하여 어떻게 보호할 것인가에 골몰하고 있다. 서구의 국가들은 장기간의 출산휴가와 육아휴가를 부여함으로써 출산을 장려하고 여성근로자의 건강을 보호하려 한다. 우리나라에서는 근래 모성보호에 관한 규정이 강화되어 산전산후휴가제, 육아휴직제 등 여성들의 출산기능을 정책적으로 보호하는 법률규정이 설치되었다. 우리나라에서 모성보호에 관한 규정을 포함하는 법률로는 양성평등기본법, 근로기준법, 남녀고용평등과 일·가정 양립 지원에 관한 법률, 모자보건법, 교육공무원법 등이 있다. 고용과 관련한 모성보호규정은 주로 근로기준법과 남녀고용평등법에 규정되어 있다. 대표적인 모성보호규정으로서는 산전산후휴가와 육아휴식시간, 육아휴직제도를 들 수 있다.

근로기준법의 모성보호

근로기준법에서는 산전산후휴가와 육아휴식시간을 부여하고, 남녀고용평등법은 육아휴직제도를 설치하고 있다.

:: **생리휴가** 사용자는 여성 근로자가 청구하면 월 1일의 생리휴가를 주어야 한다.

:: **산전후휴가** 사용자는 임신중의 여성에게 산전과 산후를 통하여 90일의 보호휴가를 주어야 한다. 이 경우 휴가기간의 배정은 산후에 45일 이상이 되어야 한다. 여성근로자는 90일의 출산휴가를 사용할 수 있으며, 그 중 최초 60일은 유급으로 해야 한다.

:: **유산휴가** 사용자는 임신 중인 근로자가 유산 또는 사산한 경우 그 근로자가 청구하면 보호휴가를 주어야 한다. 다만, 인공 임신중절수술「모자보건법」제14조 1항에 따른 경우는 제외한다에 따른 유산의 경우는 그러하지 아니하다.

:: **유급휴가** 산전후휴가와 유산휴가 중 최초 60일은 유급으로 한다. 남녀고용평등과 일·가정 양립 지원에 관한 법률에 따라 국가가 산전후휴가급여를 지급한 경우에는 그 금액의 한도에서 급여지급의 책임을 면한다.

:: **시간외근로의 금지 등** 사용자는 임신중의 여성 근로자에게 시간외근로를 하게 하여서는 아니 되며, 그 근로자의 요구가 있는 경우에는 쉬운 종류의 근로로 전환하여야 한다. 또한 사용자는 임신 후 12주 이내 36주 이후에 있는 여성 근로자가 1일 2시간의 근로시간 단축을 신청하는 경우 이를 허용하여야 한다.

:: **직장의 복귀 보장** 사업주는 산전후의 휴가 종료 후에는 휴가 전과 동일한 업무 또는 동등한 수준의 임금을 지급하는 직무에 복귀시켜야 한다.

:: **태아 검진시간의 허용 등** 사용자는 임신한 여성근로자가 임산부 정기건강진단을 받는 데 필요한 시간을 청구하는 경우 이를 허용하여 주어야 한다. 사용자는 건강진단 시간을 이유로 그 근로자의 임금을 삭감하여서는 아니 된다.

:: **육아시간** 생후 1년 미만의 유아를 가진 여성 근로자가 청구하면 1일 2회 각각 30분 이상의 유급 수유 시간을 주어야 한다.

남녀고용평등법의 모성보호 및 육아보호

:: **출산전후휴가에 대한 지원** 국가는 출산전후휴가 또는 유산휴가를 사용한 근로자 중 일정한 요건에 해당하는 자에게 그 휴가기간에 대하여 통상임금에 상당하는 금액을 지급할 수 있다. 이 때 필요한 비용은 국개재정이나 사회보험에서 분담할 수 있다.

:: **배우자 출산휴가** 사업주는 근로자가 배우자의 출산을 이유로 휴가를 청구하는 경우에 5일의 범위에서 3일 이상의 휴가를 주어야 한다. 이 경우 사용한 휴가기간 중 최초 3일은 유급으로 한다. 이 때 휴가는 근로자의 배우자가 출산한 날부터 30일이 지나면 청구할 수 없다.

이처럼 배우자 출산시 남성 근로자도 휴가를 사용할 수 있게 함으로써 출산과 양육의 문제가 여성의 문제가 아닌 부부 및 가족 모두의 문제라는 점을 분명하게 하고, 사회적으로도 이를 지원하는 제도적 장치를 마련하고자 하였다.

:: **난임치료휴가** 사업주는 근로자가 인공수정 또는 체외수정 등 난임치료를 받기 위하여 휴가를 청구하는 경우에 연간 3일 이내의 휴가를 주어야 하며, 이 경우 최초 1일은 유급으로 한다. 다만, 근로자가 청구한 시기에 휴가를 주는 것

이 정상적인 사업 운영에 중대한 지장을 초래하는 경우에는 근로자와 협의하여 그 시기를 변경할 수 있다.

:: **육아휴직** 사업주는 근로자가 만 8세 이하 또는 초등학교 2학년 이하의 자녀(입양한 자녀를 포함한다)를 양육하기 위하여 휴직을 신청하는 경우에 이를 허용하여야 한다. 육아휴직의 기간은 1년 이내로 한다. 사업주는 육아휴직을 이유로 해고나 그 밖의 불리한 처우를 하여서는 아니 되며, 육아휴직 기간에는 그 근로자를 해고하지 못한다. 사업주는 육아휴직을 마친 후에는 휴직 전과 같은 업무 또는 같은 수준의 임금을 지급하는 직무에 복귀시켜야 한다. 육아휴직 기간은 근속기간에 포함한다.

육아휴직기간은 임금은 지급되지 않으나 고용보험에서 육아보조금이 지급된다. 육아휴직기간 동안의 임금지급 여부에 대한 명문규정이 없으므로 무급으로 해도 무방하다고 해석되나, 단체협약에 의해 부분적으로 유급으로 실시하는 기업이 점차 늘고 있다. 이전에는 여성 근로자가 육아휴직을 하는 것이 금기시되는 분위기가 있었으나, 점차 육아휴직을 하는 여성들이 늘어나고 있으며, 여성은 물론 남성들도 자신의 아이를 키우기 위하여 육아휴직을 하는 경우도 생기고 있다.

:: **육아기 근로시간 단축** 사업주는 육아휴직을 신청할 수 있는 근로자가 육아휴직 대신 근로시간의 단축을 신청하는 경우에 이를 허용할 수 있다. 사업주가 육아기 근로시간 단축을 허용하지 아니하는 경우에는 해당 근로자에게 그 사유를 서면으로 통보하고 육아휴직을 사용하게 하거나 그 밖의 조치를 통하여 지원할 수 있는지를 해당 근로자와 협의하여야 한다. 사업주가 해당 근로자에게 육아기 근로시간 단축을 허용하는 경우 단축 후 근로시간은 주당 15시간 이상이어야 하고 30시간을 넘어서는 아니 된다. 육아기 근로시간 단축의 기간은 1년 이내로 한다. 사업주는 육아기 근로시간 단축을 이유로 해당 근로자에게 해고나 그 밖의 불리한 처우를 하여서는 아니 된다. 사업주는 근로자의 육아기 근로시간 단축기간이 끝난 후에 그 근로자를 육아기 근로시간 단축 전과 같은 업무 또는 같은 수준의 임금을 지급하는 직무에 복귀시켜야 한다.

:: **육아기 근로시간 단축 중 근로조건 등** 사업주는 육아기 근로시간 단축을 하고 있는 근로자에 대하여 근로시간에 비례하여 적용하는 경우 외에는 육아기 근로시간 단축을 이유로 그 근로조건을 불리하게 하여서는 아니 된다. 육아기 근로시간 단축을 한 근로자의 근로조건육아기 근로시간 단축 후 근로조건을 포함한다은 사업주와 그 근로자간에 서면으로 정한다. 사업주는 육아기 근로시간 단축을 하고 있는 근로자에게 단축된 근로시간 외에 연장근로를 요구할 수 없다. 다만, 그 근로자가 명시적으로 청구하는 경우에는 사업주는 주 12시간 이내에서 연장근로를 시킬 수 있다.

:: **육아휴직과 육아기 근로시간 단축의 사용형태** 근로자는 육아휴직이나 육아기 근로시간 단축을 하려는 경우에는 다음 각 호의 방법 중 하나를 선택하여 사용할 수 있다. 이 경우 어느 방법을 사용하든지 그 총 기간은 1년을 넘을 수 없다. ① 육아휴직의 1회 사용 ② 육아기 근로시간 단축의 1회 사용 ③ 육아휴직의 분할 사용1회만 할 수 있다 ④ 육아기 근로시간 단축의 분할 사용1회만 할 수 있다 ⑤ 육아휴직의 1회 사용과 육아기 근로시간 단축의 1회 사용.

:: **육아지원을 위한 그 밖의 조치** 사업주는 초등학교 취학 전까지의 자녀를 양육하는 근로자의 육아를 지원하기 위하여 다음 어느 하나에 해당하는 조치를 하도록 노력하여야 한다. ▶ 업무를 시작하고 마치는 시간 조정 ▶ 연장근로의 제한 ▶ 근로시간의 단축, 탄력적 운영 등 근로시간 조정 ▶ 그 밖에 소속 근로자의 육아를 지원하기 위하여 필요한 조치.

:: **직장복귀를 위한 사업주의 지원** 사업주는 육아휴직중인 근로자에 대한 직업능력 개발 및 향상을 위하여 노력하여야 하고 산전후휴가, 육아휴직 또는 육아기 근로시간 단축을 마치고 복귀하는 근로자가 쉽게 직장생활에 적응할 수 있도록 지원하여야 한다.

:: **일·가정의 양립을 위한 지원** 국가는 사업주가 근로자에게 육아휴직이나 육아기 근로시간 단축을 허용한 경우 그 근로자의 생계비용과 사업주의 고용유지 비용의 일부를 지원할 수 있다. 국가는 소속 근로자의 일·가정의 양립을 지원하기 위한 조치를 도입하는 사업주에게 세제 및 재정을 통한 지원을 할 수 있다.

:: **직장보육시설 설치 및 지원 등** 사업주는 근로자의 취업을 지원하기 위하여 수유·탁아 등 육아에 필요한 보육시설을 설치하여야 한다.

:: **근로자의 가족 돌봄 등을 위한 지원** 근로자가 가족의 질병, 사고, 노령 등을 이유로 그 가족을 돌볼 필요가 있는 경우에 사업주는 다음 어느 하나에 해당하는 조치를 하도록 노력하여야 한다. ▶ 가족 간호를 위한 휴직 ▶ 업무를 시작하고 마치는 시간 조정 ▶ 연장근로의 제한 ▶ 근로시간의 단축, 탄력적 운영 등 근로시간 조정 ▶ 그 밖에 사업장 사정에 맞는 지원조치. 사업주는 소속 근로자가 건전하게 직장과 가정을 유지하는 데에 도움이 될 수 있도록 필요한 심리상담 서비스를 제공하도록 노력하여야 한다.

5. 여성고용할당제

여성고용할당제의 도입

여성고용할당제는 여성에 대한 차별을 제거하기 위한 법적·정치적 수단으로서 여성참여의 몫이 일정한 비율에 도달할 때까지 여성이 일정한 요건하에서 우선적으로 고려되는 조치이다. 남녀차별을 철폐하고 평등을 촉진할 목적으로 정치·사회·경제구조를 개선하는 잠정적 조치를 여성고용을 위한 '적극적 조치' 또는 '잠정적 우대조치'라고 하는데, 이 적극적 조치 중에서 대표적인 것이 여성고용할당제이다.

여성고용할당제는 능력과 관계없이 일정비율의 여성을 무조건 채용하는 경우_{자격무관 할당제}와 능력과 자격을 갖추고 있음에도 여성이라는 이유로 차별받는 여성을 구제하기 위하여 취하는 할당제_{자격요건 할당제}를 포함한다. 업무수행의 장애를 인정하지만, 복지수준에서 시혜를 베푸는 의무고용할당제인 장애인 의무할당제와 여성고용할당제는 그 기능상 구별된다. 우리나라의 고용할당제에 관한 법률규정은 여성발전기본법과 남녀고용평등법 등에 명문으로 되어 있다.

국가와 지방자치단체는 차별로 인하여 특정 성별의 참여가 현저히 부진한 분야에 대하여 합리적인 범위에서 해당 성별의 참여를 촉진하기 위하여 관계 법령에서 정하는 바에 따라 적극적 조치를 취하도록 노력하여야 한다_{양성평등기본법} 제 20 조. 현존하는 차별을 해소하기 위하여 국가, 지방자치단체 또는 사업주가 잠정적으로 특정 성을 우대하는 조치를 취하는 경우는 차별로 보지 아니한다_{남녀고} 용평등법 제 2 조.

할당제의 필요성

여성고용할당제는 물론 여성의 고용확대와 승진 등 기타 고용평등을 위해서 필요한 것이었지만, 그 밖에 국가경쟁력의 차원에서 여성고용할당제가 필요하다는 도입논의도 있었다. 그것은 여성의 능력을 활용하여 국가의 발전을 촉진시키기 위해서 할당제가 필요하다는 주장이었는데 그 내용은 다음과 같다. 정보화사회는 근력이 주요한 노동력이 되던 산업사회와는 달리 3F^{Female, Feeling, Fiction}시대로서 여성적 특성이 최대로 활용되어야 이에 따른 변화를 주도할 수 있다고 하였다. 이러한 변화에 대응하는 인력으로서 여성인력을 미래사회의 노동력으로 키워 놓아야 한다는 것이었다. 그러나 소수여성의 개인적 노력과 투쟁만으로는 제거될 수 없는 구조적 장애가 놓여 있다는 점이 문제라고 지적되었다. 그동안 여성인력이 활용되지 못해서 개발되지 못했고 개발되지 않아 활용되지 못했던 악순환의 고리를 끊어야 여성인력을 활용할 수 있을 것이라고 제안하였다. 그동안 여성차별의 철폐를 위한 노력이 있긴 했지만, 그 성과가 미흡한 것은 남녀차별이 오래 누적된 구조적 차별이기 때문에 미온적인 조치로는 해소되지 않는다는 점에 있었다고 하며, 차별철폐를 위해서는 한시적으로 여성고용할당제 등 적극적 조치를 실시해야 한다고 결론지었다.

할당제의 종류

할당제는 경직된 할당제, 자격과 관련된 할당제, 목표할당제 등으로 분류될 수 있다.

:: **경직된 할당제** 일정직위나 자리의 일정비율을 무조건적으로 여성에게 할

애하는 할당제의 형태이다.

:: **자격과 관련된 할당제** 동일자격 또는 동일가치의 자격을 갖춘 경우 여성을 우선적으로 고려하는 '동일가치의 자격시의 할당제'와 '최소 자격요건 할당제'로 나뉜다. '동일가치의 자격시의 할당제'는 그 직의 임명이나 승진에 있어 여성이 남성과 동일가치의 자격을 가진 경우에는 법령에 규정된 비율이 달성될 때까지 여성을 우선적으로 임용하는 방법이다. 임용권자는 매 경우마다 개별적으로 이것을 판단하여 결정하여야 한다. 최소 자격요건 할당제는 규정된 비율이 달성될 때까지 여성이 그 직에 필요한 최소한의 자격만 구비하면 다른 후보자들의 자격과는 관계없이 여성을 임용하는 방법이다.

:: **목표할당제** 일정기간 내에 법령이 규정한 비율로 특정지위나 지위에 여성을 임용하는 방법이다. 그 기간 내에 그 목표율을 어떻게 달성할 것인가는 임용권자가 결정한다. 목표할당제는 '자격과 관련된 할당제'와 달리 매 인사결정시마다 인용권자에게 여성을 임용해야 할 의무를 부과하지 않고, 일정기간 내에 목표율만 달성할 의무를 부과한다.

이외에도 할당제는 그 실현절차에 따라 '결과할당제'와 '결정할당제'로 분류될 수도 있다. 결과할당제는 목표할당제나 경직할당제와 같이 결과에 있어서 달성되어야 할 여성의 비율을 정해놓은 할당제를 일컫는다. '결정할당제'는 '자격과 유관한 할당제'와 같이 임용권자가 매번 인사결정을 할 때마다 여성이 일정비율이 되도록 여성을 우선적으로 채용하는 할당제를 의미한다.

스웨덴과 미국의 할당제

여성고용할당제가 가장 잘 정비되어 있는 나라는 스웨덴이다. 스웨덴은 평등기회법이 제정되기 전인 1970년대 초부터 노동시장정책의 일환으로 남녀평등을 촉진하는 잠정적 특별조치를 실시하였다. 스웨덴정부는 1974년에 인구가 적은 지역에 새로 공장을 설치할 경우나 시설을 확장할 경우 정부가 지역개발 원조자금을 지원해주는 조건으로 남녀 양쪽의 노동자수를 적어도 한쪽이 40% 이상 차지하도록 고용하여야 한다는 인원비례를 실행하였다. 그리고 전통적인 남성의 직업에 여성을, 반대로 여성의 직업에 남성을 고용할 경우 또는 이러한 고용을 추진하기 위한 기업 내 훈련을 시행할 경우 이러한 사용자에게 평등보조금을 지급하였다. 여성채용 목표설정과 관련해서, 스웨덴의 1980년 제정·시행된 평등기회법제6조 및 제7조에 의하면, 사용자는 자기 직장에서 일하는 남녀종업원이 평등해지도록 계획적으로 그 목적을 향해 행동할 의무를 지며, 직장의 환경도 남자나 여자가 평등하게 일할 수 있도록 정비하여야 한다. 사용자는 구인시 남녀쌍방으로부터 응모자를 모집해야 하며, 직업훈련이나 그 밖의 수단을 써서 여러 분야에서 일하는 남녀종업원이 각종 업무에서 가능한 수적으로 균등해지도록 노력하여야 하는데 어느 한쪽 성이 적어도 40%를 차지하면 균등하다고 본다. 이에 따라 남녀의 비율이 평등화가 되어 있지 않은 직종에 대하여는 신규채용을 할 경우 소수의 성으로 우선 채용하여야 하며 결원을 보충할 경우도 마찬가지의 조치를 취해야 한다.

미국에서는 시민권법1964년 제7편에서 여성 및 소수인종의 고용촉진을 위한 '잠정적 특별조치'를 취하고 있는데 다음과 같은 다양한 방법을 사용한다. ▶ 법원이 할당제를 실시하라는 명령을 하는 방법 ▶ 지방정부가 대통령령에 의거하여 그 대상업체에 대하여 실시토록 지도하는 방법 ▶ 사용자가 자발적으로 할당제 또는 우대조치를 실시하도록 경제적 유인을 하는 방법이다.

여성고용할당제의 강제성

여성고용할당제를 도입하는 경우에 그에 따르는 강제조치를 취할 것인가, 그리고 강제조치를 취한다면 어떤 강제조치를 취할 것인가가 문제된다. 공무원의 채용이나 공기업의 경우에는 법률에 할당제의 실시를 명문으로 규정하는 방법법적 구속력 있는 할당제을 취하는 것이 바람직하다. 그 밖에 채용 때마다 중앙정부, 지방자치단체, 공기업의 내부적 지침으로 여성고용할당비율을 정하여 여성채용을 실현하는 방법법적 구속력 없는 할당제도 있으나 항구적이지 못한 단점이 있다. 그리고 공공부문에서 법률의 근거 없이 여성우대를 한다면 남성에 대한 법적 근거 없는 차별이라는 반발을 야기할 우려가 크다.

고용할당제는 그 강제성에 따라 다음과 같이 분류될 수 있다.

:: **민사법적 직접강제** 할당비율을 채용하기를 기피하는 경우에, 그로 인한 탈락자에게 채용된 것과 같은 자격을 부여하거나 탈락에 따른 손해배상을 청구할 수 있도록 하는 등의 방법으로 채용을 강제하는 경우가 있다. 이 경우 탈락한 응시자는 자기의 채용사실을 확인하는 소송을 제기하여 채용을 인정받을 수 있고, 탈락자가 할당제실시 기피자에게 탈락으로 인한 정신적 고통에 대한 위자료를 청구할 수 있을 것이다. 이 방법은 일반적으로 인정되기 어려우며 승진차별의 경우 등 한정적으로 이용될 수 있다.

:: **형사법적 직접강제** 할당제 실시를 기피하는 자에게 벌금, 징역 등의 형사벌을 부과하는 방법이 있다. 이 방법은 효과는 강력하지만, 강제의 정도가 매우 강하기 때문에 저항이 생길 우려가 크다.

:: **경제적 간접강제** 할당제를 실시하는 자에게 금융지원, 조세감면, 장려금지급 등의 경제적 혜택을 주거나 또는 기피자에게 기존의 경제적 혜택을 박탈하는 방법으로 할당제를 간접적으로 강제하는 방법이 있다. 민간기업에 대하여 국가나 지방자치단체가 간섭하는 데에는 한계가 있을 수밖에 없으므로 이러한 간접적인 방법이 무난하다고 평가된다.

:: **자발적 실시의 유인** 그 밖에 기업의 자발적인 실시를 유도하는 사회적 분위기를 조성함으로써 할당제를 보급시키는 방법이 있음은 물론인데, 이 경우는 강제성이 없다.

민간기업의 여성고용할당제

민간기업의 여성고용도 할당제에 의하여 일정비율을 확보할 필요가 있다는 점이 설득력을 갖기 시작하였다. 여성인력의 활용은 기업이윤에 긍정적인 효과를 가져올 것이라고 분석되었다. 현재 일부 대기업들이 대졸여성의 채용에 있어서 할당제를 실시하고 있는데, 그 배경은 여성전문인력의 채용과 개발이 기업의 시장확대와 이윤추구에 긍정적이라는 판단 아래에서 도출된 것이라고 추측된다. 만약 여성인력활용에서 할당제 등 선도적인 입장을 취했으나 시행착오였다고 주장하는 기업이 있더라도, 그 착오는 여성의 무능력 때문이 아니라 여성인력활용의 경험부족과 조직의 경직성에 기인할 것이라고 설명된다. 한때 민간부문에서는 고용할당제를 실시해서는 안 된다는 견해도 주장되었다.

할당제의 방법에 관해서는, 민간기업에 대한 강제적인 여성고용할당제는 기업의 자유를 제한하므로 바람직하지 못하다는 의견이 있다. 민간기업의 경우 여성할당제는 강제규정의 방법보다는 '혜택을 주는 권고규정'에 의해 시행하는 것이 바람직하다. 그 권고규정을 남녀고용평등법 등의 법률에 설치하여 법적 근거를 두고 민간기업의 고용할당제를 실시하자는 것이다. 단순히 기업의 자발적인 실시에 의존하는 것은 그 효과면에서 지속성이 의심스럽기 때문이다. 할당제실시를 유도하기 위해 실시기업에 대해서 금융혜택, 조세감면, 특별자금지원 등을 하는 경제적 기속력 있는 할당제를 실시할 것이 촉구된다. 공공부문에서의 할당제 방식에 준하도록 유도하는 지침을 마련하고, 우선 재벌그룹 산하 계열기업 및 정부에 일정액 이상의 계약물품 또는 노무공급계약을 체결하고 있는 업체에서 매년 대졸여성채용 현황을 공개하도록 요구하는 방식이 있다. 정부나 지방자치단체의 발주공사를 담당할 기업의 선정에 있어서는 여성근로자를 일정비율 이상 채용한 업체를 우대하는 방법, 국가 및 공공기관이 물품을 구매하려고 할 때 여성근로자가 일정비율 이상인 기업의 것을 우선구매토록 하는 방법 등이 있다.

여성고용할당제는 부문별, 그룹별, 기업별의 할당비율을 정해서 실시하는 경우도 있지만, 할당제의 실질적인 효과를 높이기 위해서는 직종별 할당제를 실시해야 한다. 여성이 단순노동직종, 저임금직종 등 여성전담직종에만 편중되는 경우에 할당제를 실시함으로써 소위 남성직종에 진입토록 도와주려는 목적을 달성할 수 없기 때문이다.

남녀고용평등법의 적극적 고용개선조치

남녀고용평등법에서는 여성할당제의 일종으로서 적극적 고용개선조치를 도입하였다. 적극적 고용개선조치란 현존하는 남녀간의 고용차별을 없애거나 고용평등을 촉진하기 위하여 잠정적으로 특정 성을 우대하는 조치를 말한다.

:: **적극적 고용개선조치 시행계획의 수립·제출 등** 고용노동부장관은 고용하고 있는 직종별 여성근로자의 비율이 산업별·규모별로 고용노동부령으로 정하는 고용 기준에 미달하는 사업주에 대하여는 차별적 고용관행 및 제도 개선을 위한 적극적 고용개선조치 시행계획을 수립하여 제출할 것을 요구할 수 있다. 공공기관·단체의 장 또는 사업주는 시행계획, 직종별·직급별 남녀 근로자 현황 등을 고용노동부장관에게 제출하여야 한다. 고용노동부장관은 제출된 시행계획을 심사하여 그 내용이 명확하지 아니하거나 차별적 고용관행을 개선하려는 노력이 부족하여 시행계획으로서 적절하지 아니하다고 인정되면 해당 사업주에게 시행계획의 보완을 요구할 수 있다.

:: **이행실적의 평가 및 지원 등** 시행계획을 제출한 자는 그 이행실적을 고용노동부장관에게 제출하여야 한다. 고용노동부장관은 제출된 이행실적을 평가하고, 그 결과를 사업주에게 통보하여야 한다. 고용노동부장관은 '적극적 고용개선조치 우수기업'에 표창을 할 수 있다. 국가와 지방자치단체는 적극적 고용개선조치 우수기업에 행정적·재정적 지원을 할 수 있다. 고용노동부장관은 평가 결과 이행실적이 부진한 사업주에게 시행계획의 이행을 촉구할 수 있다.

:: **적극적 고용개선조치에 관한 협조** 고용노동부장관은 적극적 고용개선조치의 효율적 시행을 위하여 필요하다고 인정하면 관계 행정기관의 장에게 차별의 시정 또는 예방을 위하여 필요한 조치를 하여 줄 것을 요청할 수 있다. 이 경우 관계 행정기관의 장은 특별한 사유가 없으면 요청에 따라야 한다.

● 기업에서 여성 채용을 꺼리는 주된 이유는 무엇일까? 이를 극복하기 위한 방안으로는 어떤 것이 있을지 생각해 보자.

● 여성이 직장 내에서 리더십을 갖지 못하기 때문에 부하직원들로부터 존경을 받지 못한다는 인식에 대해 어떻게 비판할 수 있는가?

● 가사노동과 취업노동을 양립하기 위해서는 시간제 노동이 적합하다는 시각이 있다. 이에 대한 자신의 견해를 이야기해 보자.

● 외국에서는 상장회사의 이사회 등 회사의 경영진의 일정 비율 이상을 여성으로 하여야 한다는 것을 법률로 강제하는 경우가 있다. 경영진 레벨에서의 성별 균형성은 필요한가? 만일 그렇다면 그 이유는 무엇인지 생각해 보자.

CHAPTER 06

여성의 가족관계

"성의 근대적 억압에 관한 담론은 대단한 설득력을 갖고 있다. 그것은
장중한 역사적 정치적 담보에 의하여 보호되고 있다."

　　　　　　　　　　　　　　　_ 푸코, 『성의 역사』 중에서

I. 가족의 변화

가족이란 무엇인가

로크Locke는 "가족은 혼인, 혈연 또는 입양에 의해 결합된 집단으로 하나의 가구家口를 형성하고 남편과 아내, 아버지와 어머니, 아들과 딸, 형제와 자매라는 각각의 사회적 역할 속에서 상호작용하며 의사를 소통하고 공통의 문화를 창조, 유지하는 집단"이라고 하였다. 문화인류학자 머독Murdock은 "가족은 공동의 거주, 경제적 협동, 생식의 특징을 갖는 집단으로써, 사회적으로 인정받고 성관계를 유지하고 있는 최소한의 성인남녀와 한 명 이상의 자녀로 이루어진 집단"으로 정의하였고, 인류학자 레비스트로스Levi-strauss는 "가족구성원은 법적 유대, 종교적, 경제적, 그 이외의 다른 권리와 의무, 성적 권리와 애정, 존경, 경외 등 다양한 심리적 정감으로 결합된 집단"이라고 하였다. 사회 변화에 따라 가족의 일반적인 형태도 변화하고 다양한 모습의 가족이 나타나고 있는바, 우리 사회에서 가족의 개념을 어떻게 이해할 것인지의 문제는 간단하지만은 않다.

가족은 경제적 협동, 공동거주, 사회적으로 인정된 성관계, 재생산 및 자녀양육이라는 특성을 가지고 있는 집단이다. 가족은 '혼인', '혈연관계' 및 '공동거주'라는 특징을 가지고 있어 다른 사회집단과 뚜렷이 구별된다. 종래에는 부부관계와 그 부모와 자를 포함하는 가족제도는 사회적으로 승인된 성행위를 통하여 사회 구성원을 재생산하고, 자녀를 양육하고 사회화하며, 구성원을 부양하고 정서적으로 지원하는 기능 등을 수행하는 것으로 이해되었다.

그런데 사회구조가 빠르게 변화하면서 가족의 모습도 급격하게 바뀌고 있다. 편부가족, 편모가족, 재혼가족, 비혼가구 등이 늘어나고 있고, 동성同性 간의 혼인을 인정할 것인지도 논의가 활발하다. 이처럼 종래 가족의 개념을 벗어나는 가족의 비율이 점차 높아지고 있는바, 이들을 비정상적이라고 무시하기 어려울 정도에 이르렀다.

가족주의 이데올로기

우리나라에서는 가문과 친족집단을 중심으로 한 가족주의 이데올로기가 전통가족의 혈통적 위계질서를 유지하는 기반으로서 굳게 자리잡아 왔다. 가정과 사회는 가족주의 이데올로기를 중심으로 이루어져 있는 매우 통합적인 양상을 띠고 있었다. 가족주의 이데올로기는 남성혈통중심의 가부장적 사고와 결합하여 한국사회를 혈연·지연 중심으로 움직이게 만들었고, 혈연·지연중심의 사회구조는 가족주의 이데올로기를 유지하고 강화시킴으로써 양자가 상호작용을 거듭하였다.

과거 우리의 전통적 가족은 혈연과 전통을 중심으로 한 가부장적 확대가족으로 부계중심, 장자長子중심의 가족제도를 형성하고 있었다. 과거에는 맏아들이 상속의 최우선권을 갖고 조상에 대한 제사를 책임지며 부모를 부양하는 것이 당연하게 받아들여졌다. 반면에 딸은 출가외인이라는 생각이 지배적이어서 아들과 달리 곱게 길러서 시집을 보내면 부모의 책임을 다하는 것으로 믿었다. 이러한 한국의 전통 가족제도에서 여성의 중요한 역할은 가문의 대를 잇는 것이었고, 이것을 위해 순결을 지키고 수절을 하는 것이 고귀한 일로 여겨졌다. 여성의 순결은 혈통의 순수성을 대변하고, 여성의 수절은 가문의 명예를 지키는 형식적 기반이 되었기 때문이다.

가족의 변화

우리 사회에서도 산업화와 경제 발전을 통해 서구적인 핵가족이 일반화되었지만, 전통가족의 혈통중심주의를 크게 벗어나지는 못하였다. 즉, 확대가족에서 핵가족으로의 변화는 한국의 대표적 가족형태를 직계혈연 중심의 확대가족에서 부부와 직계자녀로 구성된 핵가족으로 바꾸어 놓았을 뿐, 가족구성원의 성격을 바꾸거나 위계질서를 뒤집어 놓지는 않았다. 남성 가계 중심의 가부장적인 가족의 모습이나, 여성의 희생으로 이루어진 전통적 가족구조는 여전히 지배적이다.

근래에는 부부가 공동으로 경제활동을 하기도 하고, 부부가 부득이 별거를 하는 경우도 늘어났다. 이혼율의 증가로 독신가족, 편모가족, 편부가족이나 재혼가족을 이루는 경우도 많다. 혼인을 하지 않은 독신남녀도 늘었고, 남녀의 동거도 빈번하며, 혈연관계가 없이 공동목표를 가진 공동체가족도 생겨났다. 공동체의 형태는 매우 다양해서 핵가족 단위를 유지하는 가구들이 모여서 서로 기능적·심리적 감정교류를 이루는 것에서부터 서너 쌍의 남녀가 서로 일차적으로 친밀한 관계를 맺으면서 아이들도 공동 양육하는 경우까지 매우 다양하다.

이처럼 다양한 생활 방식이 확산되고 있음에도 불구하고 아직도 정상가족, 비정상가족, 결손가족, 문제가족 등의 분류방식에 의한 고정관념이 없어지지 않고 있다. 과거의 가족개념에 매여서 새로운 형태의 가족을 문제시하는 것에서 벗어나야 한다. 부모와 미성년자녀로 구성된 핵가족은 산업화 이후 등장한 가족형태로서 우리 가족의 전통적 형태도 아니며 현재의 유일한 가족모델도 아니다. 다양한 구성원으로 이루어진 가족들을 사회적으로 인정하여야 한다는 목소리가 높아지고 있고, 외국의 경우처럼 동반자등록법과 같은 입법을 통하여 이들을 사회적으로 포용하고 정책적 배려와 혜택에서 소외되지 않도록 하는 방안이 논의되고 있다.

재혼가족의 증가

한국에서 재혼가족이 급격히 증가하고 있다. 과거 재혼한 여자는 자신의 자녀와 함께 재혼남편과의 가정을 이루지 못하는 반면에, 재혼한 남편은 자신의 전처소생의 자녀와 재혼부인 사이에 계모자관계를 이루는 남녀차별적인 관습이 있었지만, 현재에는 재혼 여성이 전혼 자녀를 데리고 재혼남편과 동거하는 경우도 많다. 재혼가족은 그 구성원의 혈연관계와 관련하여 복잡한 법률문제를 야기할 수 있다.

민법은 1차적으로 가족을 배우자, 직계혈족 및 형제자매로 구성된 혈연집단으로 파악하며, 2차적으로 직계혈족의 배우자계모, 계부, 며느리, 사위, 배우자의 직계혈족장인, 장모, 시부모, 배우자의 자녀 및 배우자의 형제자매의 경우에는 생계를 같이 하는 경우에 한하여 가족으로 인정한다민법 제779조, 2005년 개정. 재혼한 어머니 또는 아버지와 떨어져서 학교에 다니며 생활비를 부모에게 의존하며 방학 동안에는 부모 집에서 거주하는 경우처럼, 항상 같이 살지는 않지만 경제적인 공동체 및 사회적 공동체를 이루는 경우에, 이들은 여기의 생계를 같이 하는 가족에 포함될 수 있다.

재혼에서 전혼의 해소사유는 배우자를 사별한 경우와 전혼에서 이혼을 한 경우로 나뉜다. 재혼부부의 쌍방 또는 일방이 전혼에서 얻은 자녀들을 재혼가족의 실질적 구성원으로 삼을 것인지 하는 문제는 재혼할 때에 중요한 결정사항이다. 각 배우자의 전혼의 자녀들과 같이 살 것인지, 그들 자녀에 대한 양육책임을 질 것인지 등의 문제는 구성원들이 함께 협의하여 결정하는 것이 좋다. 각 배우자의 부모의 부양문제도 재혼할 때에 결정해 두는 것이 좋다.

재혼가족 사이에 가족관계가 존재하는 것과 그들 사이에 친족관계가 존재하는가 하는 문제는 별개의 문제로 다루어진다. 재혼부부와 그들이 전혼에서 얻은 자녀들 사이에는 친족관계가 존재하지 않는 것이 원칙이다. 그러나 입양을 통하여 모자관계 또는 부자관계를 맺는 길이 열려 있다. 재혼가족에서 아내가 전혼에서 얻은 자녀의 성姓과 본本을 재혼남편과 같이 변경하여 단순한 가족으로 보이는 외형주민등록 등을 가질 수는 있다. 자녀가 성과 본을 변경하여 재혼남편과 자녀의 성과 본이 모두 같아졌다고 하더라도 그것만으로 친족관계가 생기지는 않으며 계부와 계자녀의 관계는 인척관계에 지나지 않는다.

재혼가족이 밀접한 가족공동체를 이룰 수 있기 위해서는 가족구성원의 지속적인 노력이 필요하다. 계부와 계자녀의 성과 본을 동일하게 하여 남들에게 친아버지처럼 보이게 하는 것은 사회적 편견을 피하는 데에는 도움이 될 수 있지만, 보다 근본적으로는 가족구성원의 노력을 통하여 실질적인 공동체를 구성하는 것이 필요하다.

의학의 발전에 따른 가족의 변화

과학기술의 발전으로 인간의 재생산을 지배하던 자연의 법칙을 어느 정도 극복할 수 있게 되었다. 남녀의 성행위에 기하여 정자와 난자가 결합하여 여성의 자궁에 착상하는 임신과정이 아니라, 인공수정이나 체외수정과 같은 보조생식의 방법에 의하여 수태가 이루어지는 경우도 점차 많아지고 있다. 이 경우에 과연 누구를 부모로 보아야 할 것인가 하는 문제가 제기된다. 부부가 아닌 다른 여성을 통하여 임신 및 출산을 하고 출생한 자녀를 인도받기로 하는 이른바 대리모 계약은 공서양속에 반하여 무효라고 보는 것이 일반적이지만, 이러한 대리모를 통한 출산도 기술적으로 가능하다. 그 외에도 부夫가 사망한 후에 생전에 추출하여 보관하였던 정자를 이용하여 자녀를 출산하는 것도 기술적으로 가능한데, 출산한 자녀와 이미 사망한 부父 간에 친생자관계를 인정할 것인지도 문제가 될 수 있다서울가정법원 2015. 7. 3. 선고 2015드단21748 판결은 이러한 사안에서 부의 사망 후에 포태된 자녀의 생물학적 부에 대한 인지청구를 받아들였다.

이처럼 과학기술의 발전은 개인의 삶뿐만 아니라 가족개념까지 변화시키고 있다. 이처럼 과거와 다른 출산 방식은 부모자식간의 친자관계, 부양관계, 부모의 이혼 후 양육의무 등 종래의 혈연가족을 염두에 둔 가족제도 아래에서 새로운 문제를 제기하고 있다.

2. 양성평등과 가족법

여성주의와 가족법

가족은 사회의 기초단위이고 가족제도는 국가·사회의 가치관 확립에 큰 영향을 미친다. 가족에 관한 사회 관념은 사회의 변화에 따라 함께 변화한다. 가족법이 변화하는 다양한 가족관계 중에 어떤 시점, 어떤 집단에 기준을 두어야 하는가? 가족법은 사회 구성원들의 의식과 관행 및 가족질서를 반영하는 산물이어야 한다는 시각도 있으나, 이에 그치지 않고 바람직한 가치를 유도하고 부정적 법률문화를 변화시키는 역할을 수행할 수 있어야 한다. 어느 나라에서나 봉건적 잔재인 가부장적 가족제도와 여성주의에 입각한 평등한 가족제도 사이에 갈등이 존재하였으나, 현재 선진국의 가족법은 진취적 여성주의에 입각한 가족제도를 구현하고 있다.

가족법 개정을 위한 여성운동

가부장적 가족제도를 담고 있던 기존의 가족법은 필연적으로 여성주의의 비판을 거세게 받았다. 기존의 가부장적 가족제도에서 벗어나기 위해서는 가족법의 개정이 필수적이었으므로 적극적이고 지속적인 관련 연구와 법개정 운동이 있었다.

가족법 개정에 관한 연구는 다른 여성관련 법률의 개정과 달리 법률가가 그 추진 과정과 내용을 주도하였고, 남성법학자도 적극적으로 참여했다는 특징이 있다. 선진 제도를 비교법적으로 고찰하는 과정에서 가족법학자들의 평등의식이 고취된 측면도 있다.

여성의 법적 지위가 가족법에 밀접하게 관련되어 있는 까닭에 법여성학의 연구는 가족법에 집중되었으며 최근에는 개정된 가족법의 해석론으로서도 여성학적 연구가 진행되고 있다.

헌법으로 보장된 평등한 가족생활

헌법에서는 "혼인과 가족생활은 개인의 존엄과 양성의 평등을 기초로 성립되고 유지되어야 하며, 국가는 이를 보장한다"고 한다^{헌법 제36조 1항}. 우리나라 헌법은 1948. 7. 17. 제정 당시 모든 국민은 법률 앞에 평등이며 성별에 의하여 정치적, 경제적, 사회적 생활의 모든 영역에 있어서 차별을 받지 아니한다고 선언하였으나, 가족생활관계를 규율하는 가족법 분야에서는 헌법에서 선언한 남녀평등의 원칙이 바로 반영되지 못하고 일제하의 민법규정이 상당부분 존속하였다.

1980. 10. 27. 개정된 헌법에서는 혼인과 가족생활은 개인의 존엄과 양성의 평등을 기초로 성립되고 유지되어야 한다는 규정이 신설되었다. 이는 유교사상에 의하여 지배되던 우리의 전통적 가족제도가 인간의 존엄과 남녀평등에 기초한 것이라고 보기 어렵기 때문에 헌법이 추구하는 이념에 맞는 가족관계로 성립되고 유지되어야 한다는 헌법적 의지의 표현이었다. 가족의 범위를 설정하고, 가족 구성원간의 관계를 규율하는 가족법은 양성의 평등을 기초로 하는 헌법의 원리를 충실하게 반영하여야 한다.

민법상 가족의 범위

호주제도가 철폐된 후 2005년에 민법에 가족의 범위를 정하는 규정이 새로 규정되었다. 민법에 의해 가족으로 포함되는 사람은 다음과 같다. ① 배우자, 직계혈족 및 형제자매, ② 생계를 같이 하는 직계혈족의 배우자, 배우자의 직계혈족 및 배우자의 형제자매민법 제779조. 입법 당시 가족의 범위를 대가족으로 파악할 것인지 핵가족으로 파악할 것인지가 논의되었는데, 대가족으로 구성될 가능성을 열어 두었다. 과거의 대가족은 남편의 부모만을 포함시키고 아내의 부모는 포함시키지 않았지만 현행법에서는 양자를 모두 가족으로 포함시켰다. 혈연관계 없이도 같이 모여 살며 식사를 같이 하는 사람들도 가족으로 볼 것인지에 관하여는 민법은 일단 혈연관계를 중심으로 그의 배우자와 형제자매를 포함하는 선에서 그쳤다. 민법상 배우자는 법률혼 배우자에 한정되는 것으로 해석되므로 사실혼 배우자는 가족에 포함되지 않는다. 또한 동성 간에는 혼인을 할 수 없는 것으로 해석되므로 민법상 배우자 및 가족의 개념에는 동성간의 결합관계는 포함되지 않고 있다. 가족의 개념과 그 범위는 사회의 변화에 따라 변화한다. 사회에서 함께 공동체를 이루는 가족개념과 법률상의 가족개념 사이에 괴리가 생기는 현상은 앞으로 점점 더 심각해질 것이다.

개인별 가족관계등록

민법의 호주제가 폐지되고 나서 새로운 가족관계등록의 편제가 마련되었다. 호주제도가 폐지되자 과거 호적편제의 기준으로 삼았던 가적家籍이 없어졌기 때문에 새로운 편제기준을 마련해야 했다. 가족관계등록은 부계혈통의 요소를 배제하고, 공적 문서로서의 역할만을 수행하도록 그 기능을 단순화시켰다. 새로운 가족관계등록은 남녀의 차별을 없애고 개인중심의 사회적 활동을 반영하여 각 개인별로 편제하는 독일, 프랑스 등의 방식을 취하였다.

사람은 출생으로부터 하나의 인격체로 존중받고 다른 누구와도 종속관계에 있지 않으므로 각 개인별로 적을 갖는 것이 합리적이다. 개개인이 자신을 중심으로 배우자, 자녀 등을 기록하는 개인단위 등록제도는 자기 자신이 삶의 책임 자임을 명확히 하는 것이며, 여성에 대한 차별이나 기타 가족관계로 인한 차별을 최소화하는 방식이다.

부계혈통주의의 폐지

과거의 가족법은 헌법정신에 반하는 부계혈통중심의 가부장적인 제도를 유지하고 있었다. 그 대표적인 예가 동성동본 사이의 결혼을 금지하는 민법규정이었다. 성姓과 본本은 부계혈족父系血族을 나타내는 표식이며 모계 혈연관계는 반영되지 않았다. 동성동본금혼규정은 위헌결정을 통해 민법에서 삭제되었다.

■ 동성동본금혼의 폐지에 관한 위헌판결 ■

중국의 동성금혼 사상에서 유래하여 조선시대를 거치면서 법제화되고 확립된 동성동본금혼제는 그 제도 생성 당시의 국가정책, 국민의식이나 윤리관 및 경제구조와 가족제도 등이 혼인제도에 반영된 것으로서, 충효정신을 기반으로 한 농경중심의 가부장적·신분적 계급사회에서 사회질서를 유지하기 위한 수단의 하나로서의 기능을 하였다. 그러나 자유와 평등을 근본이념으로 하고 남녀평등의 관념이 정착되었으며 경제적으로 고도로 발달한 산업사회인 현대의 자유민주주의 사회에서 동성동본금혼을 규정한 민법 제809조 1항은 이제 사회적 타당성 내지 합리성을 상실하고 있음과 아울러 "인간으로서의 존엄과 가치 및 행복추구권"을 규정한 헌법이념 및 "개인의 존엄과 양성의 평등"에 기초한 혼인과 가족생활의 성립·유지라는 헌법규정에 정면으로 배치될 뿐 아니라 남계혈족에만 한정하여 성별에 의한 차별을 함으로써 헌법상의 평등의 원칙에도 위반되며, 또한 그 입법 목적이 이제는 혼인에 관한 국민의 자유와 권리를 제한할 "사회질서"나 "공공복리"에 해당될 수 없다는 점에서 헌법 제37조 2항에도 위반된다 할 것이다헌법재판소 1997. 7. 16. 선고 95헌가6 내지 13 결정, 민법 제809조 1항 위헌제청. 이 헌법재판에서는 다음과 같은 반대의 소수의견이 있었다. "동성동본금혼제는 중국에서 유래한 것이 아니라 단군건국초부터 전래되면서 관습화된 우리 민족의 미풍양속으로서 전통문화의 하나이며, 비록 1970년대 이래 급속한 경제성장에 따라 우리의 사회환경이나 의식이 여러 면에서 변화하고 있지만 우리의 혼인관습이 본질적으로 변하였다고 볼 만한 자료는 없다. 가족법은 그 특성상 전통적인 관습을 반영할 수

밖에 없는 것이며 그 중 어느 범위에서 이를 입법화하여 강제할 것인가는 입법정
책의 영역에 속하는 것으로 입법자의 판단이 명백히 비합리적이라고 판단되지
않는 이상 이를 위헌이라고 할 수는 없다."

호주제도의 폐지

구법상의 호주상속제도는 남계혈통의 승계를 위한 장남자중심주의, 호주의
가족대표기능 및 가족질서유지기능을 위한 일정한 권리의무, 조상제사기능과
이에 근거한 5할의 재산상속분 가산제도 및 호주상속인의 특정재산에 대한 특
권적 승계권, 여자의 2차적 호주상속권과 이에 근거한 입부혼제도 등의 내용으
로 되어 있었다. 이러한 호주제도는 헌법이 보장하는 평등권 이념에 반하는 성
차별에 해당하였다. 평등권의 관점에서 볼 때 남계혈통승계를 위한 장남자승계
사상과 여자는 남자가 전혀 없을 때 2차적으로만 호주상속권을 인정하는 제도
는 남녀를 차별대우하는 것이기 때문이다. 호주제도는 우리나라의 전통적인 가
족제도라는 핑계로 가부장적 가족제도를 유지하려는 의도도 중요한 문제점으로
지적되었다. 여성주의자들의 오랜 입법운동의 결과 2005년 호주와 관련된 민법
규정민법 제778조 등이 모두 삭제됨으로써 호주제는 폐지되었다.

호적편별제도의 폐지

과거의 호적법은 호주중심의 호적편별제도를 취하고 있었다. 어떤 사람이든
가家에 소속되어 있고, 가는 호주를 중심으로 그 가족이 호주와의 관계를 가지
고 기록되어 있다. 호주가 아닌 사람은 가족으로서 호주가 편제한 호적에 입적
한다. 여성은 혼인으로 남편의 호적에 입적했고, 자녀는 아버지 호적에 입적했
다. 호주인 남편이 없는 여성은 자녀나 친족이 호주인 호적에 입적했다. 이렇게
여성은 다른 사람의 호적에 입적함으로써 호적부에 기재될 수 있었다. 이러한
입적제도는 여러 가지 차별의 문제를 낳았다. 첫째, 아이가 어머니의 호적에 입
적되어 있으면 아버지가 불분명하다는 신분노출이 되어 사회적 차별을 유발하
였다. 민법에서 자녀는 출생으로 아버지의 호적에 입적하고, 아버지를 알 수 없

을 때는 어머니의 호적에 입적하도록 규정했었다. 둘째, 이혼한 여성은 그 자녀와 호적을 함께 할 수 있는 방법이 없으므로, 여성의 부모로서 지위가 반영되지 않는 차별이 존재하였다. 이혼한 여성은 친가에 복적하거나 일가一家를 창립하도록 규정하여, 자녀는 당연히 아버지와 함께 호적에 남게 했었다. 자녀는 아버지의 호적에 입적하고, 그 자녀가 혼인하거나 입양되지 않는 한 그 호적을 떠나 다른 호적에 입적할 수 없었다. 셋째, 아내와 남편 사이에 혼인외 자녀에 관해 호적상 차별이 존재했다. 여성이 자신의 혼인외 자와 호적을 함께 하고자 할 때에는 남편의 동의를 얻어야 했지만, 남편의 혼인외 자녀는 아내의 동의가 필요 없이 입적할 수 있었다.

■ 호주제에 관한 위헌결정 ■

호주제는 성역할에 관한 고정관념에 기초한 차별로서, 호주승계 순위, 혼인시 신분관계 형성, 자녀의 신분관계 형성에 있어서 정당한 이유없이 남녀를 차별하는 제도이고, 이로 인하여 많은 가족들이 현실적 가족생활과 가족의 복리에 맞는 법률적 가족관계를 형성하지 못하여 여러모로 불편과 고통을 겪고 있다. 숭조崇祖 사상, 경로효친, 가족화합과 같은 전통사상이나 미풍양속은 문화와 윤리의 측면에서 얼마든지 계승, 발전시킬 수 있으므로 이를 근거로 호주제의 명백한 남녀차별성을 정당화하기 어렵다.

호주제는 당사자의 의사나 복리와 무관하게 남계혈통 중심의 가의 유지와 계승이라는 관념에 뿌리박은 특정한 가족관계의 형태를 일방적으로 규정·강요함으로써 개인을 가족 내에서 존엄한 인격체로 존중하는 것이 아니라 가의 유지와 계승을 위한 도구적 존재로 취급하고 있는데, 이는 혼인·가족생활을 어떻게 꾸려나갈 것인지에 관한 개인과 가족의 자율적 결정권을 존중하라는 헌법 제36조 1항에 부합하지 않는다.

오늘날 가족관계는 한 사람의 가장호주과 그에 복속하는 가속家屬으로 분리되는 권위주의적인 관계가 아니라, 가족원 모두가 인격을 가진 개인으로서 성별을 떠나 평등하게 존중되는 민주적인 관계로 변화하고 있고, 사회의 분화에 따라 가족의 형태도 모와 자녀로 구성되는 가족, 재혼부부와 그들의 전혼소생자녀로 구성되는 가족 등으로 매우 다변화되었으며, 여성의 경제력 향상, 이혼율 증가 등으로 여성이 가구주로서 가장의 역할을 맡는 비율이 점증하고 있다. 호주제가 설사 부계혈통주의에 입각한 전래의 가족제도와 일정한 연관성을 지닌다고 가정하더라도, 이와 같이 그 존립의 기반이 붕괴되어 더 이상 변화된 사회환경 및 가족관계와 조화되기 어렵고 오히려 현실적 가족공동체를 질곡하기도 하는 호주제를 존치할 이유를 찾아보기 어렵다.

호주제의 골격을 이루는 심판대상조항들이 위헌으로 되면 호주제는 존속하기 어렵고, 그 결과 호주를 기준으로 가별로 편제토록 되어 있는 현행 호적법이 그대로 시행되기 어려워 신분관계를 공시·증명하는 공적 기록에 중대한 공백이 발생하게 되므로, 호주제를 전제하지 않는 새로운 호적체계로 호적법을 개정할 때까지 심판대상조항들을 잠정적으로 계속 적용케 하기 위하여 헌법불합치결정을 선고한다헌법재판소 2005. 2. 3. 선고 2001헌가9·10·11·12·13·14·15, 2004헌가5(병합) 결정.

한편 소수의견은 다음과 같은 논지로 호주제의 존속을 주장했다. 호주제는 고대 이래 조선 중기까지 이어져온 우리 고유의 합리적 부계혈통주의의 전통을 이어받아 부계혈통주의의 존립을 위한 극히 기본적인 요소만을 담고 있는 것으로서, 일제 잔재로서의 색채를 불식하고 우리 고유의 관습으로 복귀한 것으로 평가할 수 있으며, 혼인과 가족관계를 규율하는 가족법은 전통성·보수성·윤리성을 강하게 가질 수밖에 없어서 혼인과 가족관계에 관한 헌법규정을 해석함에 있어서는 가족법의 전통적 성격을 고려하지 않을 수 없고, 특히 가족법의 영역에서 도식적인 평등의 잣대로 우리의 전통문화를 함부로 재단함으로써 전통가족문화가 송두리째 부정되고 해체되는 결과를 초래하여서는 아니되는바, 현행법상의 호주제는 전통 가족제도의 핵심인 부계혈통주의에 입각한 가의 구성 및 가통의 계승을 위한 제도로서 이를 위하여 마련된 처의 부가입적 원칙, 자의 부가입적 원칙 및 호주승계제도는 우리 사회의 오랜 전통과 현실에 기초한 것일 뿐만 아니라 여성에 대한 실질적 차별을 내용으로 하고 있는 것으로 보기 어렵다는 점에서 평등원칙에 위반되지 아니하며, 호주제가 신분관계를 일방적으로 형성되는 측면이 있다고 하더라도 이는 가족제도를 법제화하는 과정에서 부득이한 것일 뿐만 아니라 임의분가, 호주승계권의 포기 등 이를 완화하는 제도를 두고 있으므로 개인의 존엄을 존중하지 않는 것이라 보기도 어려우므로 헌법 제36조 1항에 위반되지 아니한다.

여성을 위한 **법**

3. 친족관계

친족범위

현행민법은 부계혈족과 모계혈족을 모두 포함하는 부모양계혈족주의를 취하고 있다1990년 이후. 인척관계의 소멸에 있어서도 부부가 평등하게 취급된다. 개정 전 민법은 부계혈족과 모계혈족 간의 친족범위에 차등을 두었으나, 현행민법은 친족의 범위를 8촌 이내의 혈족, 4촌 이내의 인척, 배우자로 규정하여 남계와 여계의 차별을 없애는 방식으로 남녀의 차별을 없애고자 하였다. 다만, 모계혈족을 부계혈족에 맞추어 8촌까지로 늘이고, 처족인척을 부모에서 4촌 이내의 인척으로 늘이는 획일적인 친족의 입법형태를 취함으로써 친족의 범위가 종전보다 확대되었는데, 남녀평등을 실현하였다는 점에서는 긍정적이지만 부부와 친자중심으로 친족범위를 축소하는 것이 바람직하다는 견해가 있다.

친족의 의미

친족은 부모와 친생자부모와 혈연관계가 있는 자식와 같이 혈연관계에 있는 자, 양친자양부모와 양자의 친자관계와 같이 혈연관계에 있는 것과 동일시되는 자 및 혼인을 통해서 발생하는 본인 및 친족의 배우자와 그 배우자와 혈연관계에 있는 자 사이에 생기는 신분관계이다. 법에서는 이러한 친족이라는 가족관계를 기초로 하여 후견, 부양, 상속 등과 관련한 법률효과를 부여한다. 이러한 인적관계는 생물학적으로나 관념적으로 무한히 확대될 수 있으나 사회제도 특히 법률적으로 인정되는 친족관계의 범위는 친족관계를 기초로 부양, 혼인 등의 신분상의 법률문제가 발생하기 때문에 일정한 한계를 가진다. 친족관계의 범위는 가족법, 형사법, 사회보장법, 국적법, 세법, 병역법 등 많은 법률상의 권리의무의 발생근거가 되므로 매우 중요한 문제이다. 이러한 친족관계의 법적 한계를 인정하는 기준은 당시 사회의 경제구조에 따르는 공동생활관계의 모습과 그 사회제도에 의한 사상적 기초에 의하여 결정된다. 그러므로 친족의 범위에 대한 각국의 입법태도는 국가마다 다르고 시대와 사회구조의 변화에 따라 달라진다.

구법의 친족관계

과거 우리 법은 부계혈통주의적인 중국의 종법제宗法制를 근간으로 친족의 범위를 구성하였다. 남계, 부계父系, 부계의 친조親朝만을 중시하고 모계, 여계, 처계는 경시되었다. 1990년 이전의 친족의 범위는 조선시대 이래 친족의 범위를 정하는 기준이 되었던 상복을 입는 범위, 즉 유복친有服親을 답습한 것으로서 부족친족관계 중심으로 되어 있었다. 즉 부계혈족과 모계혈족 사이에 현저한 차별을 두고, 혼인으로 생기는 인척관계에서도 부계인척夫系姻戚과 처계인척 사이에 차별을 두었으며, 혈족의 범위에서도 여계의 친족을 제외시키고 있었다. 또한 계모와 전처소생의 자녀 그리고 본처와 남편의 혼인 외의 자녀 사이를 법정혈족관계로 하는 반면, 계부자 관계는 인정하지 않았으며, 인척관계의 소멸에 있어서 부부간에 차등을 두었다.

계모자관계와 적모서자관계의 폐지

현행민법에서는 계모자繼母子관계와 적모서자嫡母庶子관계가 법정혈족에서 제외 1990년 민법 개정으로 법 제773조, 제774조 삭제되어 이들 간에는 인척으로서의 친족관계가 인정된다. 계모자관계와 적모서자관계를 폐지한 이유는 본인들의 의사에 의하지 않는다는 점, 미성년자에 대한 인권침해가 우려된다는 점, 계부자관계는 인정하지 않으면서 계모자관계만 인정하는 것은 가부장제 가족제도의 잔재라는 점, 적모서자관계는 첩제도의 잔존물로 축첩관계가 묵인되는 결과를 초래한다는 점 등이다.

계모자관계 등이 인척관계가 됨에 따라 미성년의 자녀에 대한 부양의무는 생부모가 부담하고 계모나 적모는 부양의무를 지지 않으므로 미성년의 자의 보호에는 미약한 점이 있다. 계모자관계를 법정친자관계로 전환하려면 입양의 절차를 밟아야 한다. 부자간에는 이미 친자관계가 존재하기 때문에 계모와 자만이 입양당사자가 되고 이들 간에만 양친자관계가 발생한다고 해석하여야 할 것이다. 다른 한편 부부 일방의 혼외자를 입양하는 경우에는 일종의 준정準正: 혼인외의 출생자에 대하여 혼인중의 출생자로서 신분을 취득시키는 제도의 효과가 발생하므로, 부부공동

여성을 위한 **법**

으로 입양해야 한다.

계모자관계 및 적모서자관계의 폐지에 관하여 헌법재판소는 "계모자관계는 당사자의 의사를 고려하지 않고 법률로서 모자관계를 의제하여 계자繼子가 불이익을 받는 경우가 많았고, 이는 가부장적 제도의 산물로서 양성평등의 원칙에 반한다는 등의 근거에 의하여 사회적 공익을 유지하기 위한 결단에 따른 것으로 입법목적의 정당성 및 수단의 적합성이 인정된다"고 합헌결정을 하였다헌법재판소 2011. 2. 24. 선고 2009헌바89 결정. 이 사건은 민법개정으로 종전의 계모자관계가 소멸함에 따라 친족관계가 인척관계로 변경되었고 그 후에 계모가 사망하자 계자가 상속을 받지 못하게 된 것에 반발하여 낸 소송사건이었다.

친족에 해당하는 사람

현행민법은 배우자, 혈족 및 인척을 친족으로 한다민법 제767조고 규정하여 부계와 모계혈족간의 차이와 부부간의 차이를 두지 않았다. 친족관계로 인한 법률상 효력은 민법이나 다른 법률에 특별한 규정이 없는 한 다음의 세 경우에 해당하는 자에게 미친다. ① 8촌 이내의 혈족, ② 4촌 이내의 인척, ③ 배우자민법 제777조. 1990년 민법 개정 이전에는 친족의 범위에 대하여 부계혈족 8촌 이내, 모계혈족 4촌 이내, 혼인한 여자의 경우 남편의 8촌 이내의 부계혈족과 남편의 4촌 이내의 모계혈족으로 하고, 혼인한 남자의 경우는 처의 부모만을 친족으로 규정함으로써 부계혈족과 모계혈족 사이의 현저한 차이를 두었으나, 이는 남녀평등에 반하는 것으로서 현행민법과 같이 개정되었다.

민법은 일정한 범위의 배우자, 혈족 및 인척을 친족으로 정하고민법 제767조, 친족이라는 관계에 기하여 가족관계의 변동, 후견, 부양, 상속 등과 관련한 법률효과를 부여한다. 친족의 범위를 정하는 방법으로는 '총괄적 한정주의'와 '개별적 한정주의'의 두 가지 입법주의가 있는데, 우리 민법은 총괄적 한정주의와 개별적 한정주의를 병용하고 있다. 총괄적 한정주의는 최대한도의 친족범위를 정하고 친족관계로 인한 법률상 효력을 일률적으로 부여하는 입법방식을 취한다민법 제777조. 총괄적 한정주의를 따르는 것은 종래 우리 사회에서 친족적 공동생활 또는 협조관계가 돈독하게 견지되어 온 것을 고려한 것이다. 한편, 개별적 한정주의를 함께 채택하고 있는 이유는 총괄적 한정주의에 따라 여러 종류의 법률관계에 있어 친족 전부에게 친족으로서의 법률효과를 인정할 필요는 없기 때문이다. 친족이 가까이 모여 공동체생활을 영위하지 않는 현대 사회에서는 부양, 상속 등 개별적인 법률관계마다 법적 효과를 받는 친족범위를 규정하는 편이 구체적 타당성을 갖게 된다. 따라서 민법과 개별 법률에서 각 법률관계에 관하여 친족범위를 한정하는 특별규정을 두고 있는 경우가 많다.

혈   족

혈족血族은 다음과 같이 분류된다.

:: **직계혈족과 방계혈족** 혈족은 다시 직계혈족과 방계혈족으로 나뉜다민법 제768조. 직계혈족에는 자기의 직계존속부모, 친조부모, 외조부모 등과 직계비속아들, 딸, 손자, 손녀 등만이 포함된다. 방계혈족에는 ① 자기의 형제자매, ② 형제자매의 직계비속조카, ③ 직계존속의 형제자매숙부, 고모, 이모, 외삼촌, ④ 그 형제자매의 직계비속사촌 형제자매, 그의 자녀 등이 포함된다.

:: **자연혈족과 법정혈족** 자연혈족이란 출생으로 인한 혈연관계가 맺어진 관계를 말한다. 혼인외의 자녀는 아버지의 인지가 있어야 혈연관계가 인정된다. 법정혈족이란 입양에 의해 법률상 혈연이 의제된 관계를 말한다계모자관계와 적모서자 관계는 1990년 폐지되었음. 입양에 의해 양부모와 양자 사이에 법정친자관계가 발생하고, 양자는 양부모의 친생자와 같은 지위에서 양부모의 친족과 친족관계를 맺는다민법 제772조. 양자의 입양 전의 친족관계는 존속하므로, 양쪽의 친족관계가 병존하게 된다불완전양자제도. 2005년 개정민법에서는 친양자親養子라는 이름으로 완전양자제도를 채택하였는데, 친양자는 친생부모 및 그 혈족과의 친족관계가 소멸되고 양친의 친생자와 똑같이 취급된다는 점에서 차이가 있다.

:: **혈족의 촌수계산** 친족관계의 긴밀도를 측정하는 척도를 촌수라고 하는데, 이에는 계급등친제階級等親制와 세수등친제世數等親制가 있다. 계급등친제란 혈연의 원근만에 의하지 않고 신분의 존비, 남계·여계 등을 기준으로 특칙을 정하는

것이다. 민법은 우리의 전통적인 촌수계산제에 세수등친제에 입각한 로마법의 요소를 가미하고 있다. 직계혈족은 자기로부터 직계존속에 이르고 자기로부터 직계비속에 이르러 그 세수를 정한다민법 제770조 1항: 자기와 아버지간, 자기와 아들간은 각각 1촌이며, 자기의 아버지와 자기의 아들간은 2촌이다. 방계혈족은 동원의 직계존속에 이르는 세수와 그 동원의 직계존속으로부터 직계비속에 이르는 세수를 통산한다민법 제 770조 2항: 형제자매간은 2촌이다. 양자와 양부모 및 양부모의 혈족, 인척 사이의 촌수는 입양한 때부터 혼인중의 출생자와 동일한 것으로 본다민법 제772조.

인   척

인척姻戚이란 혼인을 매개로 하여 일정한 신분관계에 놓이게 되는 사람을 말한다. 인척에는 ① 혈족의 배우자, ② 배우자의 혈족, ③ 배우자의 혈족의 배우자가 포함된다민법 제769조. 혈족은 8촌 이내가 친족범위로 되는 데에 반하여, 인척은 4촌 이내만이 친족범위에 포함된다. 인척의 촌수계산은 다음과 같이 한다. 배우자의 혈족에 대하여는 배우자의 그 혈족에 대한 촌수에 따르고아내의 3촌혈족 은 남편의 3촌인척, 혈족의 배우자에 대하여는 그 혈족에 대한 촌수에 따른다민법 제 771조: 4촌동생의 아내는 4촌인척. 양자와 배우자, 직계비속과 그 배우자는 양자의 친계를 기준으로 하여 촌수를 정한다민법 제772조 2항.

배 우 자

혼인에 의하여 부부로 결합한 상대방을 배우자라고 하며, 이는 친족에 포함된다. 부부 사이에는 촌수가 없다. 민법에는 배우자도 친족의 일종으로 규정되어 있다민법 제777조 3호. 과거 배우자도 호주의 통제를 받는다는 이유로 배우자를 친족의 일종으로 규정했던 것으로 보인다. 외국의 법제 중에는 배우자를 친족과 별개로 규정하고 혈족관계보다 훨씬 밀접한 신분관계를 인정하는 예가 많다. 혼인신고를 하지 않은 사실혼 배우자는 원칙적으로 친족의 범위에 포함되지 않지만, 사실혼 배우자와의 관계에 대하여도 법률상 보호가 필요한 경우가 있다.

친족의 법률효과

친족관계로 인한 법률효과는 민사법관계뿐 아니라 형사법관계^{형의 감면 또는 가중, 소송법관계}법관의 제척, 증언거부, 감정인결격 등에도 미친다. 민사법관계에 관하여도 민법의 규정 이외에 특별법에 많은 규정이 있다^{혼인신고특례법, 입양특례법, 남북 주민 사이의 가족관계와 상속에 관한 특례법, 공무원연금법, 아동복지법 등}. 민법이 친족관계에 부여하는 중요한 법률효과는 다음과 같다.

:: **가족관계의 형성에 관여할 권한** 친족은 다음과 같은 가족관계의 형성에 관여할 수 있다. ① 친족 및 기타 혈족 사이의 혼인금지^{민법 제815조, 제816조}, ② 혈족혼, 중혼을 이유로 하는 혼인의 취소청구^{민법 제817조, 제818조}, ③ 인지이의^{認知異議}의 소^訴의 제기^{민법 제862조}, ④ 입양에 관한 동의^{민법 제870조}와 취소청구^{민법 제885조}.

:: **친권 및 후견에 관여할 권한** 친족은 미성년자, 성년피후견인 등의 친권자나 후견인이 될 자격이 있을 뿐 아니라 그 친권 및 후견에 관여할 권한을 가진다. ① 친권에 대한 상실청구^{민법 제924조}, ② 친권자의 대리권 및 재산관리권에 대한 상실선고청구^{민법 제925조}, ③ 친권의 회복선고청구^{민법 제926조}, ④ 후견인이 될 자격^{민법 제923조~제934조} 및 결격^{민법 제937조 7호}, ⑤ 후견인의 선임청구^{민법 제936조}, 해임청구^{민법 제940조}, ⑥ 피후견인의 재산상태조사청구^{민법 제954조}, ⑦ 성년후견 등의 선고 및 취소에 관한 청구^{민법 제 9 조 이하} 등의 권한이 주어진다.

:: **부양과 상속에 관한 권한과 의무** 친족은 부양의무를 지며 상속에 관한 권한 등을 갖는다. ① 부양의무 및 부양청구권^{민법 제974조}, ② 상속권^{민법 제1000조, 제1003조}, ③ 상속인이 없는 재산에 대한 관리인선임청구^{민법 제1053조}, ④ 유언에서의 증인자격^{민법 제1072조} 등이 그러하다.

:: **기타 재산적 권리** 그 밖에도 친족은 ① 생명침해에 대한 위자료청구권^{민법 제752조}, ② 증여계약의 해제권^{민법 제556조 1항 1호} 등을 가진다.

친족관계의 소멸

친족관계는 다음의 사유에 의하여 소멸한다.

:: **혈연관계** 혈연관계는 당사자의 사망으로 인하여 소멸한다. 그러나 그 사망

여성을 위한 **법**

자를 매개로 하여 연결된 친족관계에는 영향을 미치지 않는다. 아버지가 사망하더라도 할아버지와 손자 사이의 혈연관계는 그대로 존속하고, 그것은 양친자관계에서도 같다. 혼인외 출생자는 아버지의 인지가 무효 또는 취소되면 부계혈족관계가 소멸한다민법 제861조, 제862조. 입양으로 인한 친족관계는 입양의 취소 또는 파양으로 인하여 종료한다민법 제776조.

:: **인척관계** 인척관계는 혼인의 취소 또는 이혼으로 인하여 종료한다민법 제775조 1항. 부부의 일방이 사망한 경우 생존배우자가 재혼한 때에도 인척관계가 종료한다민법 제775조 2항.

:: **배우자관계** 배우자의 관계는 부부 일방의 사망, 혼인의 취소, 이혼으로 인한 혼인관계의 해소로 인하여 종료한다.

■ 종원자격을 남녀평등하게 인정하는 판례 ■

여성에게도 종원宗員의 자격을 인정하여 종중宗中의 재산을 분배해야 한다는 대법원판결이 있었다. 종원의 자격을 성년 남자로만 제한하고 여성에게는 종원의 자격을 부여하지 않는 종래 관습에 대하여 우리 사회 구성원들이 가지고 있던 법적 확신은 상당 부분 흔들리거나 약화되어 있고, 무엇보다도 헌법을 최상위 규범으로 하는 우리의 전체 법질서는 개인의 존엄과 양성의 평등을 기초로 한 가족생활을 보장하고, 가족 내의 실질적인 권리와 의무에 있어서 남녀의 차별을 두지 아니하며, 정치·경제·사회·문화 등 모든 영역에서 여성에 대한 차별을 철폐하고 남녀평등을 실현하는 방향으로 변화되어 왔으며, 앞으로도 이러한 남녀평등의 원칙은 더욱 강화될 것이다. 종중은 공동선조의 분묘수호와 봉제사 및 종원 상호 간의 친목을 목적으로 형성되는 종족단체로서 공동선조의 사망과 동시에 그 후손에 의하여 자연발생적으로 성립하는 것임에도, 공동선조의 후손 중 성년 남자만을 종중의 구성원으로 하고 여성은 종중의 구성원이 될 수 없다는 종래의 관습은, 공동선조의 분묘수호와 봉제사 등 종중의 활동에 참여할 기회를 출생에서 비롯되는 성별 만에 의하여 생래적으로 부여하거나 원천적으로 박탈하는 것으로서, 위와 같이 변화된 우리의 전체 법질서에 부합하지 아니하여 정당성과 합리성이 있다고 할 수 없으므로, 종중 구성원의 자격을 성년 남자만으로 제한하는 종래의 관습법은 이제 더 이상 법적 효력을 가질 수 없게 되었다대법원 2005. 7. 21. 선고 2002다13850 전원합의체판결.

다른 한편 종중재산을 분배함에 있어 단순히 성별의 구분에 따라 그 분배 비율 등에 차이를 두는 것을 무효로 한 대법원판결도 있었다대법원 2010. 9. 30. 선고 2007 다74775 판결. 이에 의하면 종중총회결의에서 구체적인 종중재산의 분배기준을 정하도록 위임받은 이사회가 세대주인 종원과 비세대주인 종원 사이에 분배금에 2배 이상의 차이를 두면서도 세대주에 1인 세대주까지 포함시키는 것으로 결의한 것은 단지 주민등록표상 세대주로 등재되었다는 사정만으로 종원을 차별하는 것으로서 합리적인 근거가 있다고 볼 수 없고, 또한 남자 종원의 경우는 혼인 여부에 관계없이 주민등록표상 세대주이면 1인 세대주라도 비세대주 종원에 비하여 많은 금액을 분배받을 수 있도록 하면서도 여자 종원의 경우에는 세대주 종원이 아닌 비세대주 종원으로서만 분배받을 수 있도록 한 것은 남녀 종원 사이의 성별에 따라 차별을 둔 것에 불과하여 위 이사회결의는 그 내용이 현저하게 불공정하여 무효이다.

생각해볼 문제

● 어떤 사회제도의 영향도 받지 않고 자율적으로 가족을 구성할 수 있게 된다면 어떤 형태의 가족을 구성하고 싶은가? 그 가족의 구성원간의 관계는 어떻게 이루어지는가?

● 법률상의 친족의 범위와 현대인들이 실제 왕래하는 친척의 범위와 어떤 차이가 있는가? 법과 현실 사이의 차이(gap)는 어떻게 줄여야 할까?

● 태아의 성감별은 어떤 사회적 문제를 야기하는가?

CHAPTER 07

여성의 결혼

"탈 없는 가정의 영광 뒤에는 부서지고 으깨어진 주부의 값진 희생이 숨
겨져 있다. 한 가정이 무사한 까닭은 부엌데기의 고된 마음이 저리도록
녹아 있기 때문이다."

_ 조양희, 이 책을 읽은 이에게 중에서

1. 여성의 연애와 결혼

여성은 성장하여 남성을 만나서 교제하고 결혼을 약속하고 드디어 결혼을 통하여 자신의 가정을 이룬다. 그런데 최근 사회의 변화에 따라 가족의 형태가 매우 다양해진 것처럼 이성교제 또는 연애의 모습도 다양한 모습으로 나타난다. 연애는 결혼이 전제되기도 하지만 그렇지 않은 경우도 있고, 나아가 당사자들이 애초에 법률혼을 하지 않기로 하거나 이를 염두에 두지 않는 경우도 있다. 최근에는 불안정한 경제상황이나 책임감 등의 이유로 연애에 관심을 가지지 않거나 이성교제를 하지 않는 독신남녀들도 늘어나고 있는 상황이다.

여성에게 결혼과 이를 전제로 하는 연애는 어떠한 의미를 가지는가? 연애는 여성이 사회적으로 성숙해 가면서 자신을 인식하고 상대를 이해하는 계기가 될 수 있다. 이를 통하여 자신과 잘 조화되고 사랑할 수 있는 결혼 배우자를 선택할 수도 있다. 반면 서로의 감정 표현에 성숙하지 못하여 갈등이 유발되는 경우도 적지 않은데, 많은 여성들이 데이트 폭력의 희생자가 되는 점은 사회적인 문제로 인식되고 있다.

이하에서는 이러한 여성의 연애와 결혼과 관련하여 법이 규정하는 제도인 약혼과 혼인에 관하여 살펴본다. 우리 법은 우리 사회에 존재하는 여러 형태의 연애와 결혼을 모두 포섭하고 있지는 않으며, 기본적으로는 법적으로 승인되는 혼인을 개념화하고 당사자간에 이러한 혼인할 것을 약속한 경우를 약혼이라고 하여 일정한 법적인 효과를 인정한다.

2. 약 혼

약혼의 의미

우리 전통사회에서는 혼인을 위한 절차로서 혼약婚約 또는 정혼定婚제도가 있었다. 예서禮書에는 중매가 양가를 왕래하여 혼담을 통하여 여자 쪽의 허락이 나면 납채納采를 보낸다고 하였는데, 허락과 납채를 보내는 것이 정혼에 해당하였다. 민간에서는 중매를 통하여 의혼議婚이 시작되고 양가에 혼인할 의사가 있으면 혼주끼리 만나 면약面約을 하거나 사주四柱를 보냄으로써 혼인을 약속하였다. 이처럼 전통적으로 혼인의 약속은 당사자가 아닌 부모 등 혼주의 의사에 의하여 성립되는 것이었다. 그러나 우리 민법은 성년에 달한 자는 자유로 약혼할 수 있다고 하여민법 제800조 혼인적령에 이른 당사자들이 누구의 간섭도 받지 않고 장차 혼인할 것을 약정할 수 있다는 점을 선언하고 있다. 이러한 약혼의 징표로 예물을 교환하는 경우도 드물지 않은데, 혼인이 성립되지 못하는 경우 예물의 반환을 구할 수 있는지를 둘러싸고 분쟁이 발생하기도 한다.

약혼의 법적 의미

약혼은 장차 혼인하기로 약속하는 당사자간의 계약이다. 약혼식을 거행하기도 하지만, 법적으로 약혼은 당사자 사이의 의사 합의만 있으면 성립하고 특별한 형식을 요하는 것은 아니다. 약혼한 당사자는 성실하게 교제하고 빠른 시일 안에 혼인할 의무를 진다. 그러나 일방당사자가 혼인할 의무를 이행하지 않더라도 혼인 자체를 강제할 수는 없으며민법 제80조, 손해배상을 청구할 수 있을 뿐이다민법 제806조.

약혼의 성립요건

약혼이 성립하기 위하여는 장래 혼인할 당사자는 장래 혼인할 것을 합의해야 한다. 약혼은 사실혼과는 구별된다. 약혼은 특별한 형식을 거칠 필요 없이 장차 혼인을 체결하려는 당사자 사이에 합의가 있으면 성립하는 데 비하여, 사실혼은 주관적으로 혼인의 의사가 있고 또 객관적으로 사회통념상 가족질서의 면에서 부부공동생활을 인정할 만한 실체가 있는 경우에 성립한다대법원 1998. 12. 8. 선고 98므961 판결.

① 약혼의 합의는 법정대리인이나 임의대리인에 의하여 대리할 수 없다. 관습상 부모들이 자녀들 사이의 결혼을 약속하는 정혼定婚은 무효이다. ② 만 18세의

약혼연령에 달하여야 유효한 약혼을 할 수 있다민법 제801조. ③ 약혼에 조건이나 시기始期를 붙이는 것은 사회질서에 반하지 않는 한 무방하다. 예를 들어 일방이 법률상 혼인상태에 있지만 사실상 이혼상태에 있는 경우에 이혼절차를 마친 후에 혼인하기로 하는 약혼은 유효하다. ④ 선량한 풍속이나 사회질서에 위반하는 약혼은 무효이다. 배우자 있는 자의 약혼, 이중약혼, 금혼 범위자 사이의 약혼 등은 무효로 된다. ⑤ 혼인신고와 유사한 형식적 요건은 없다. 당사자의 약정만 있으면 되고, 묵시적인 합의만으로도 약혼이 성립할 수 있다. ⑥ 약혼할 때 당사자는 자신의 학력, 경력 및 직업과 같은 혼인의사를 결정하는 데 있어 중대한 영향을 미치는 사항에 관하여 상대방에게 사실대로 고지할 신의성실의 원칙상의 의무가 있고, 이를 위반하면 약혼해제사유가 된다대법원 1995. 12. 8. 선고 94므1676 판결.

약혼의 효과

약혼은 다음과 같은 효과를 발생시킨다. ① 혼인할 의무 : 양 당사자는 가까운 장래에 혼인을 성립시킬 의무를 진다. 그러나 그 의무의 강제이행을 청구하지는 못한다민법 제803조. 다만 정당한 이유 없이 약혼상의 의무를 이행하지 않는 자에 대하여는 손해배상을 청구할 수 있다민법 제806조. ② 제3자의 불법행위 : 제3자가 약혼관계를 부당하게 침해한 경우에는 불법행위가 성립한다. 장래 부부로서 혼인할 것을 약속하고 사실상 부부로서 같이 살림을 하고 있는 내연관계에 있어서 남자는 적어도 약혼상의 권리는 보유하고 있으므로, 제3자가 약혼 중의 여자를 간음하여 남자로 하여금 혼인을 할 수 없게 한 경우에 이는 그 약혼남에 대한 불법행위를 구성한다대법원 1961. 10. 19. 선고 4293민상531 판결. ③ 약혼자 사이에서는 친족관계는 발생하지 않으며, 친족법상 어떠한 지위도 인정되지 않는다. 따라서 약혼자 사이에서 출생한 자녀는 혼인외의 자녀에 불과하다.

약혼의 해제

약혼의 해제란 약혼중의 일방당사자가 상대방에게 결혼의사가 없음을 확정적으로 표시하는 것이다. 당사자 일방의 사망, 당사자의 합의, 혼인의 성립 등으로 인한 약혼의 자동적 해소와 약혼의 해제는 다른 개념이다. 혼인을 강제할 수는 없으므로, 당사자들은 언제라도 일방적으로 약혼을 해제할 수 있다. 민법은 약혼해제사유를 열거하고 있으나 이러한 사유가 있어야만 약혼을 해제할 수 있는 것은 아니고, 다만 그러한 이유로 약혼을 해제하는 당사자는 손해배상책임을 부담하지 않는다는 데에 의미가 있다.

:: **약혼해제사유** 민법이 정하는 약혼해제사유는 다음의 여덟 가지이다민법 제804조. ① 약혼 후 자격정지 이상의 형의 선고를 받은 경우, ② 약혼 후 성년후견개시나 한정후견개시의 심판을 받은 경우, ③ 성병, 불치의 정신병 기타 불치의 병질이 있는 경우, ④ 약혼 후 다른 사람과 약혼 또는 혼인을 한 경우, ⑤ 약혼 후 다른 사람과 간음을 한 경우, ⑥ 약혼 후 1년 이상 그 생사가 불명한 경우, ⑦ 정당한 이유 없이 혼인을 거절하거나 그 시기를 늦추는 경우, ⑧ 기타 중대한 사유가 있는 경우. 예를 들면 중대한 모욕, 재산 상태에 관한 착오, 연령사기, 심한 불구자로 된 경우, 애정상실, 간음 외의 부정행위, 약혼 전에 자격정지 이상의 형을 선고받은 사실이 있는 경우, 학력이나 직업 등을 속인 것 등이 이에 해당한다. 임신 불능 또는 빈곤한 환경은 약혼의 해제사유가 될 수 없다대법원 1960. 8. 18. 선고 4292민상995 판결. 남자와 여자가 중매를 통하여 불과 10일간의 교제를 거쳐 약혼을 하게 되는 경우에는 서로 상대방의 인품이나 능력에 대하여 충분히 알 수 없기 때문에 학력이나 경력, 직업 등이 상대방에 대한 평가의 중요한 자료가 되므로, 남자가 학력과 직장에서의 직종·직급 등을 속인 것이 약혼 후에 밝혀진 경우에는 남자의 말을 신뢰하고 이에 기초하여 혼인의 의사를 결정하였던 여자의 입장에서 보면 남자의 이러한 신의성실의 원칙에 위반한 행위로 인하여 남자에 대한 믿음이 깨어져 약혼을 유지하여 혼인을 하는 것이 사회생활 관계상 합리적이라고 할 수 없으므로 민법 제804조 8호 소정의 '기타 중대한 사유가 있는 때'에 해당하여 남자에 대한 약혼의 해제는 적법하다대법원 1995. 12. 8. 선고 94므1676 판결.

:: **약혼해제의 방법** 약혼의 해제는 상대방에 대한 의사표시로 한다민법 제805조 본문. 상대방에 대하여 의사표시를 할 수 없는 때에는 그 해제의 원인이 있음을

안 때에 해제된 것으로 본다제805조 단서.

약혼해제의 효과

약혼이 유효하게 해제되면 다음과 같은 법률효과가 생긴다.

:: **손해배상의 청구** 약혼을 해제한 때에는 당사자 일방은 과실 있는 상대방에 대하여 이로 인한 손해배상을 청구할 수 있다민법 제806조. 약혼해제로 인한 손해 배상의 범위는 재산상의 손해와 정신적 고통으로 인한 손해를 포함한다. 정신상 고통에 대한 배상청구권은 양도 또는 승계하지 못한다. 그러나 당사자 간에 이미 그 배상에 관한 계약이 성립되거나 소를 제기한 후에는 그러하지 아니하다.

:: **예물의 반환** 약혼으로 인하여 수수한 예물이나 금품은 '약혼의 성립을 입 증하는 증거물'임과 동시에 '혼인의 불성립을 해제조건으로 하는 증여'의 성격 을 갖는다. 약혼이 해제되면 당사자는 이를 반환하여야 한다. 판례는 약혼예물 의 수수는 약혼의 성립을 증명하고 혼인이 성립한 경우 당사자 내지 양가의 정 리를 두텁게 할 목적으로 수수되는 것으로, 혼인불성립을 해제조건으로 하는 증 여와 유사한 성질을 가진다고 한다. 또한 약혼의 해제에 관하여 과실이 있는 당 사자는 그가 제공한 약혼예물의 반환을 청구할 권리가 없다고 하였다대법원 1976. 12. 28. 선고 76므41·42 판결. 일단 혼인이 성립된 후에 혼인이 해소된 경우에는 특별 한 사정이 없는 한 일단 부부관계가 성립하고 그 혼인이 상당 기간 지속된 이상 후일 혼인이 해소되어도 약혼예물의 반환을 구할 수는 없다대법원 1996. 5. 14. 선고 96다5506 판결.

3. 혼인의 성립

법률혼주의

:: **혼인신고** 민법은 혼인신고를 필수적 요건으로 하는 법률혼주의를 취하고 있다. 혼인성립의 방식에 관한 입법주의를 살펴보면 크게 사실혼주의와 형식혼

주의가 있고, 형식혼주의에는 법률혼주의와 종교혼주의가 있다. 혼인 외에도 합의상 이혼, 입양, 파양과 같은 중요한 가족행위에는 신고를 요하는 경우가 있다.

:: **본인의 의사존중** 혼인의 성립에는 당사자간의 진정한 혼인의사의 합치가 필요하다. 미성년자가 혼인하려는 경우에는 부모의 동의가 필요하지만민법 제808조, 성년자의 경우에는 혼인에 부모의 동의를 요하지 않는다. 당사자의 혼인합의가 혼인신고와 합해짐으로써 법률상의 혼인이 성립한다. 혼인신고제도는 다음과 같은 의문점을 제기한다. ① 혼인의 중요요소는 혼인합의와 신고 중 어느 것인가, ② 혼인합의는 실질적인 혼인공동체에 관한 합의를 가리키는가 또는 신고에 관한 합의를 의미하는가, ③ 신고는 어떤 성격과 효력을 갖는가, ④ 혼인합의가 결여된 신고는 어떤 효력을 갖는가, ⑤ 신고 없는 혼인합의 및 공동생활은 어떤 효력을 발생시키는가 하는 등의 의문이다.

혼인의 합의

혼인합의란 특정한 남자와 특정한 여자 사이에 부부로서의 신분관계를 성립시키는 의사의 합치이다. 혼인을 유효하게 하는 당사자의 혼인에 관한 합의는 무엇을 의미하는가에 관하여는 논쟁이 있다.

:: **신고의사설** 혼인합의란 혼인신고에 의하여 법률상 부부관계를 형성하려는 양 당사자의 의사의 합치를 의미한다고 주장하는 견해이다. 신분행위의 효과의사로서 일정한 신분의 형성을 위해 신고하려는 의사만 있으면 된다는 이론이다. 그 근거로서는 첫째, 신분행위는 신고에 의해 성립하므로 논리적으로 신고에 관한 합의가 그 요건이 된다는 점, 둘째, 실질의사는 신고의사에 융합되어 있으므로 실질의사를 별도로 고찰할 필요가 없다는 점, 셋째, 신고의사만을 효과의사로 보는 편이 공시내용에 관한 제3자의 신뢰를 지킬 수 있다는 점이 주장된다. 이 견해는 혼인의 실질적인 합의보다 신고에 혼인의 본질이 있다고 본다.

:: **실질의사설** 남녀가 부부의 공동생활혼인공동체을 영위하겠다는 상호 약속을 하는 경우에 혼인의사의 합치혼인합의가 있다고 본다. 혼인합의란 당사자간에 그 시대의 사회통념에 비추어 혼인이라고 볼 수 있는 생활공동체를 형성하려는 의

사의 합치를 의미한다는 것이다. 신분행위의 효과의사는 혼인, 이혼, 입양, 파양 등의 실질을 초래하려는 의사라고 보는 이론에 바탕을 둔다. 다만 실질의사설에서도 혼인신고를 하지 않고 사실상의 부부공동체만을 이루겠다는 합의는 혼인 합의로 인정하지 않는다. 법률상의 혼인을 향한 합의만이 법률상 혼인합의로 인정될 수 있으며, 법적 약속이 없는 남녀의 결합을 원하는 경우는 진정한 혼인합의가 아니기 때문이라고 한다.

:: **판   례** 판례는 혼인의 요건으로 신고의사만으로는 부족하고 실질의사가 존재해야 한다는 입장으로, 외국인이 한국에 입국할 목적으로 한 혼인 등은 가장혼인으로 무효라고 한다대법원 1996. 11. 22. 선고 96도2049 판결 등. 한편, 비록 양성간 정신적, 육체적 관계를 맺는 의사가 있다는 것만으로는 혼인의 합의가 있다고 할 수 없다고 하면서 법률혼주의를 택하고 있는 우리 법에서 혼인의 합의란 법률상 유효한 혼인을 성립하게 하는 합의를 말하는 것이라는 점을 분명하게 밝힌 바 있다대법원 1983. 9. 27. 선고 83므22 판결.

■ **혼인합의 부존재에 관한 판례** ■

민법 제815조 1호가 혼인무효의 사유로 규정하는 '당사자간에 혼인의 합의가 없는 때'란 당사자 사이에 사회관념상 부부라고 인정되는 정신적·육체적 결합을 생기게 할 의사의 합치가 없는 경우를 의미하므로, 당사자 일방에게만 그와 같은 참다운 부부관계의 설정을 바라는 효과의사가 있고 상대방에게는 그러한 의사가 결여되었다면 비록 당사자 사이에 혼인신고 자체에 관하여 의사의 합치가 있어 일응 법률상의 부부라는 신분관계를 설정할 의사는 있었다고 하더라도 그 혼인은 당사자간에 혼인의 합의가 없는 것이어서 무효라고 보아야 한다.

외국인 을이 갑과의 사이에 참다운 부부관계를 설정하려는 의사 없이 단지 한국에 입국하여 취업하기 위한 방편으로 혼인신고에 이르렀다고 봄이 상당한 사안에서, 설령 을이 한국에 입국한 후 한 달 동안 갑과 계속 혼인생활을 해 왔다고하더라도 이는 을이 진정한 혼인의사 없이 위와 같은 다른 목적의 달성을 위해 일시적으로 혼인생활의 외관을 만들어 낸 것이라고 보일 뿐이므로, 갑과 을 사이에는 혼인의사의 합치가 없어 그 혼인은 민법 제815조 1호에 따라 무효라고 판단하였다대법원 2010. 6. 10. 선고 2010므574 판결.

여성을 위한 **법**

중국 국적의 조선족 여성과 혼인한 것으로 신고한 자가, 혼인할 의사가 전혀 없음에도 그 여성을 한국에 입국시킬 목적으로 혼인신고를 하여 공전자기록에 불실의 사실을 기재하게 하였다는 등의 범죄사실로 유죄판결을 받아 확정된 사안에서, 위 혼인은 혼인의사의 합치가 결여되어 무효임이 명백하므로 혼인무효판결을 받지 않았더라도 가족관계의 등록 등에 관한 법률 제105조에 따라 가정법원의 허가를 받아 가족관계등록부를 정정할 수 있다대법원 2009. 10. 8.자 2009스64 결정.

혼인합의의 요건

당사자의 혼인의사는 다음을 요건으로 한다.

:: **합   의** 혼인합의는 당사자가 법적으로 승인된 부부공동생활을 영위할 것을 상호 약속하는 것을 내용으로 한다. 부부의 공동생활이란 남녀간의 성적 결합을 포함하는 사회적·경제적 공동체의 구성을 말한다. 성적 결합을 배제하는 약정, 동거하지 않겠다는 약정 등 혼인공동체를 구성하지 않겠다는 의사가 분명한 경우에는 혼인의사가 없다고 본다.

:: **의사능력** 혼인의사에는 의사능력이 필요하다. 심신상실자가 심신상실중에 한 합의는 후견인의 동의를 얻더라도 무효이다.

:: **확 정 성** 혼인의사는 당사자의 신분관계를 좌우하는 중요한 의사표시이므로 확정적으로 표시되어야 하며, 조건부나 기한부의 혼인합의는 허용되지 않는다.

:: **시   점** 혼인의사는 혼인신고의 서면을 작성할 때와 신고가 수리될 때에 모두 존재해야 한다. 신고서를 쓸 당시에는 혼인의사가 있었더라도 그것을 접수시키기 전에 접수를 의뢰받은 사람 또는 호적공무원에 대하여 혼인의사의 철회를 밝히고 신고서를 접수하지 말 것을 요망하였다면, 그 신고서가 수리되었더라도 혼인은 무효이다대법원 1983. 12. 27. 선고 83므28 판결. 조정이나 재판에서 혼인신고서를 작성한 경우에는 이를 철회할 수 없다.

혼인신고

당사자는 가족관계의 등록 등에 관한 법률에 정한 바에 의하여 혼인신고함으로써 법률상 혼인을 성립시킨다. 혼인신고는 당사자쌍방과 성년자인 증인 2인이 연서한 서면으로 하여야 한다민법 제812조 2항. 외국에 있는 본국인 사이의 혼인은 그 외국에 주재하는 대사, 공사 또는 영사에게 신고할 수 있다민법 제814조 1항. 종래에는 혼인신고의 법률상 의의에 관하여는 혼인의사의 합치로서 혼인이 성립하고 혼인신고는 그 효력을 발생시키는 것이라고 하는 효력요건설이 있었으나, 현재에는 대체로 혼인신고를 혼인의 효력발생요건이라기보다는 혼인의 형식적인 성립요건으로 이해하고 있다.

:: **대리신고의 금지** 대리인심부름꾼과 다름에 의한 혼인신고는 허용되지 않는다. 혼인신고는 신분행위이고 일반적으로 신분행위는 대리와 친하지 않기 때문이다. 그러나 본인의 의뢰에 의해 타인이 대서한 신고라도 일단 수리된 후에는 유효라고 해석한다. 본인의 혼인의사가 존재하고 그에 기해 신고가 이루어졌으므로 약간의 절차상 하자가 있더라도 혼인을 성립시키는 것이 타당하기 때문이다. 신고서를 공무원에게 제출하는 일은 우송하거나 사자使者를 통해서도 가능하다.

:: **신고의 수리** 혼인신고를 담당공무원이 수리하면 그 접수일에 소급하여 혼인이 성립한다. 즉, 혼인신고가 수리되면 어떤 사정으로 가족관계등록부에 혼인신고 사실이 기재되지 않더라도 혼인은 성립한다대법원 1981. 10. 15.자 81스21 결정. 혼인신고는 그 혼인이 법령에 위반함이 없는 때에는 이를 수리하여야 한다민법 제813조. 공무원은 형식적 심사권을 가질 뿐 실질적 심사권은 갖지 않는다. 다만, 일방당사자가 미리 혼인의사의 철회를 공무원에게 알린 경우에는 수리를 거부해야 한다. 혼인합의는 신고서제출시에 존속해야 하기 때문이다.

:: **신고의 하자** 신고의 형식적 요건을 결여한 경우에는 혼인의 효력에 영향을 미치지 않는다. 혼인신고서의 서식 등의 요건을 갖추지 않은 신고라도 일단 수리되면 혼인이 유효하게 성립한다. 일방당사자의 서명날인이 빠진 경우, 또는 증인의 기재가 없는 경우 등이 그러하다.

혼인합의 없는 신고의 효력
혼인합의가 없는 신고는 혼인의 효력을 발생시키지 않는다. 본인의 혼인의사

　　　　　　　　　　　　　　　　　　　　　　　　　　　여성을 위한 **법**

가 전혀 없음에도 다른 사람부모, 배우자 등이 무단으로 혼인신고를 할 경우에 혼인은 무효이다.

:: **가장혼인** 실질적인 혼인의 의사가 없이 부부의 외양을 다른 목적을 위하여 이용하려는 가장혼인은 통정의 허위표시에 의한 의사표시로서 진정한 혼인합의가 없으므로 무효이다. 당사자 사이에 비록 혼인의 계출 자체에 관하여 의사의 합치가 있어 법률상의 부부라는 신분관계를 설정할 의사는 있었더라도 그것이 단지 다른 목적을 달성하기 위한 방편에 불과한 것으로서 그들간에 참다운 부부관계의 설정을 바라는 효과의사가 없을 때에는 그 혼인은 민법 제815조 1호의 규정에 따라 그 효력이 없다대법원 1996. 11. 22. 선고 96도2049 판결.

:: **사실혼 중의 일방적 신고** 혼인의 합의란 법률상 유효한 혼인을 성립하게 하는 합의를 말하므로 사실혼관계에 있는 당사자 일방이 혼인신고를 한 경우에도 상대방에게 혼인의사가 없었다면 그 혼인은 무효가 된다. 다만 상대방이 혼인신고를 할 당시에 의사무능력 상태에 있는 등 그 혼인의사가 불분명한 경우에는 혼인의 관행과 신의성실의 원칙에 따라 사실혼관계를 형성시킨 상대방의 행위에 기초하여 그 혼인의사의 존재를 추정할 수 있으므로, 혼인의사를 명백히 철회하였다거나 사실혼관계를 해소하기로 합의하였다는 등의 사정이 인정되지 않는다면 그 혼인을 무효로 할 수 없다고 한다대법원 2012. 11. 29. 선고 2012므2451 판결.

:: **무효인 신분행위의 추인** 신고가 수리되면 혼인의 합의가 없는 경우나 법령에 위반한 혼인일지라도 일단 혼인이 유효하게 성립한 것처럼 외양을 갖추게 된다. 당사자나 이해관계인은 그 혼인의 무효나 취소의 소정절차를 거쳐 그 외관을 제거할 수 있다. 이러한 혼인의 외관은 무효인 혼인을 치유하거나 추인할 수 있도록 한다. 타인이나 일방당사자에 의해 무단으로 행해진 혼인신고라도 그후에 당사자가 부부로서 동거하고 그 혼인신고를 추인하였다면 혼인은 유효하다대법원 1956. 8. 4. 선고 4289민상235 판결. 한쪽 당사자가 모르는 사이에 혼인신고가 이루어짐으로써 무효라 할지라도 그 후 양쪽 당사자가 그 혼인에 만족하고 그대로 부부생활을 계속하고 있다면 그 혼인은 처음부터 유효하다대법원 1965. 12. 28. 선고 65므61 판결. 같은 취지에서 신고 당시에는 혼인의 실질적인 합의 없이 다른 목

적을 위하여 가장결혼을 한 것이지만, 이후 실질적 혼인합의를 하고 부부공동생활을 한 경우라면 그 혼인은 유효하다고 할 것이다.

그 외의 혼인의 요건

위에서 살펴본 바와 같이 민법상 혼인은 당사자간의 혼인의 합의와 혼인신고를 요건으로 하는데, 그 외에도 당사자들이 혼인연령에 달하여야 하고, 혼인이 금지되는 근친관계가 아니어야 하며, 중혼에 해당하지 않아야 한다. 이들 요건을 흠결하면 혼인의 무효 및 취소 사유가 되는바, 이에 관하여는 다시 살펴보기로 한다.

3. 혼인의 효과

가족관계의 변동

혼인에 의해 부여되는 법적 효과는 가족관계의 변동, 부부로서의 의무발생, 재산상의 효과 등으로 분류된다재산문제에 대하여는 별도로 설명함. 혼인한 당사자 사이에는 배우자관계가 생기며 그 밖에 혼인으로 인척관계가 발생한다민법 제769조. 외국에서는 혼인으로 인하여 가족의 성을 갖게 되는 경우가 많지만, 우리나라는 부부의 성에 관하여 성불변姓不變의 원칙을 취하므로 혼인으로 인한 성의 변동은 없다.

부부의 동거의무

부부간에는 동거의무가 있다민법 제826조. 동거란 '부부로서의 동거'를 의미하고, 주거를 같이하는 단순한 장소적 관계만을 나타내는 것이 아니다. 다만, 직업상의 이유 또는 입원 등 정당한 이유로 일시적으로 동거할 수 없을 때에는 서로 인용하여야 한다. 동거의 장소는 부부의 협의로 정하고, 협의가 이루어지지 않는 경우에는 당사자의 청구에 의하여 가정법원이 정한다. 부부의 일방은 상대방에 대하여 동거에 관한 심판을 청구할 수 있으나, 동거를 명하는 재판에 따르지 아니한다고 하더라도 그에 대하여 강제집행을 할 수는 없다. 심판절차에서 동거의무의 이행을 위한 구체적인 조치에 관하여 조정이 성립한 경우에 그 조치의 실현을 위하여 서로 협력할 법적 의무를 지는데, 그 협력의무를 위반한 상대방에 대하여는 손해배상위자료을 청구할 수 있다. 이혼청구를 하지 않더라도 동거의무 위반으로 인한 위자료청구를 할 수 있다대법원 2009. 7. 23. 선고 2009다32454 판결.

부부의 부양의무

부부는 서로 부양할 의무를 진다민법 제826조. 부부 상호간의 부양의무는 부부의 일방에게 부양을 받을 필요가 생겼을 때 당연히 발생한다. 부양이란 미성숙 자녀를 포함한 일체적 공동생활을 영위하기 위하여 상대방의 생활이 자기의 생활과 동일하게 유지하도록 하는 경제적 원조를 말한다. 부부 사이의 부양의무는 일방에게 경제적 여유가 있는 경우에만 인정되는 친족간의 부양과 달리 경제적 여유와 관계없는 무조건적 부양이다. 일방이 부양의무를 위반한 경우에 타방은 부양의무이행의 심판을 청구할 수 있으며, 부양이행명령이 있음에도 불구하고 이를 이행하지 않는 경우에 가사채무의 이행확보절차에 따른 강제이행이 가능하다. 부양의무의 위반은 이혼사유 중 '악의의 유기'에 해당하므로 이를 이유로 재판상 이혼을 청구할 수 있다.

과거의 부양료에 대한 청구가 가능한가에 관해서는 부양을 받을 자가 부양의무자에게 부양의무의 이행을 청구하였음에도 불구하고 부양의무자가 부양의무를 이행하지 아니함으로써 이행지체에 빠진 이후의 것에 대하여만 부양료의 지급을 청구할 수 있을 뿐, 부양의무자가 부양의무의 이행을 청구받기 이전의 부양료의 지급은 청구할 수 없다고 보는 것이 부양의무의 성질이나 형평의 관념에 합치된다대법원 2008. 6. 12.자 2005스50 결정.

부부의 협력의무

부부는 상호 협력할 의무를 진다민법 제826조. 협력이란 부부가 혼인공동체의 존속을 위하여 필요한 일을 분담하는 것을 말한다. 부부는 경제적인 면에서뿐만 아니라 정신적·육체적인 면에서도 항구적인 결합체로서, 서로 협조하고 애정과 인내로써 상대방을 이해하고 보호하여 혼인생활의 유지를 위한 최선의 노력을 기울여야 할 포괄적인 협력의무를 진다.

상호정조의무

민법에 명문의 규정이 없지만, 일부일처제와 혼인의 본질상 부부간의 정조의무가 인정된다. 부부 일방이 정조의무를 위반한 경우에 이는 '부정행위'로서 이혼사유에 해당하고, 그 일방은 상대방에 대하여 손해배상책임을 진다. 제3자가 배우자와 간통, 추행을 하거나 이를 방조하는 등의 행위는 타방배우자에 대하여 불법행위를 구성한다. 그러나 여성이 처자 있는 남성과 동거생활을 함으로써 남성의 자녀들이 일상생활에 있어 부친으로부터 애정어린 감호교육을 받을 수 없게 되었다 하여도, 원칙적으로 그 여자가 남성의 자녀에 대하여 불법행위책임을 지는 것은 아니다대법원 1981. 7. 28. 선고 80다1295 판결.

성년의제

미성년자는 혼인에 의하여 성년자로 간주된다민법 제826조의2. 성년의제는 혼인생활의 독립성이 부모의 친권행사로 인하여 침해될 위험성을 방지하고, 성년인 혼인당사자의 일방이 타방당사자에 대한 후견권을 행사할 경우 부부평등의 원칙의 해함을 막기 위한 것이다. 혼인에 의한 성년의제는 법률혼에 한하고, 사실혼에는 적용되지 않는다.

:: **행위능력** 혼인으로 미성년자는 성년과 같은 행위능력을 갖게 된다. 법정대리인의 동의 없이 단독으로 법률행위를 할 수 있다. 또한 혼인 전에 자기가 한 법률행위를 추인하거나, 취소할 수 있다.

:: **친권소멸** 혼인에 의하여 성년이 되면 부모의 친권은 소멸하고, 후견도 종료한다. 또한 혼인한 미성년자는 단독으로 법률행위를 할 수 있고, 자기의 자에 대하여 친권을 행사할 수 있게 된다.

:: **자격의 취득** 후견인의 자격, 유언증인의 능력, 유언집행자가 될 수 있는 자

격, 소송능력 등에서 성년으로 의제된다.

:: **예   외** 양자를 할 수 있는 능력은 없다. 왜냐하면 양자제도에 비추어 보아 양친이 되기 위해서는 성년연령 만 19세에 달할 것이 요구되기 때문이다. 반면에 스스로 타인의 양자가 될 수는 있다.

:: **혼인해소의 경우** 성년의제를 받은 자의 혼인이 협의이혼, 재판상 이혼 등의 사유로 해소된 경우에, 그 성년의제의 효과는 소멸하지 않는다. 혼인이 취소된 경우에도 혼인의 해소와 동일하게 해석한다.

:: **적용범위** 성년의제는 민법 이외의 법률에는 적용되지 않는다. 따라서 공직선거법, 근로기준법 등에는 성년의제규정이 적용되지 않는다.

4. 사 실 혼

사실상 혼인관계

남녀가 혼인합의에 기해 부부공동생활을 영위하지만 혼인신고를 하지 않았다면 '사실상 혼인관계'로 된다. 판례는 사실혼이란 당사자 사이에 혼인의 의사가 있고, 사회관념에 비추어 부부라고 인정될 만한 공동생활을 영위하여 혼인생활의 실체가 있는 경우를 말한다고 한다대법원 1979. 5. 8. 선고 79므3 판결 등. 사실혼의 원인은 매우 다양한데, 당사자들이 법률혼을 할 것을 합의하고도 여러 이유로 미처 혼인신고를 마치지 못한 경우도 있으나, 최근에는 당사자들이 부부공동생활을 영위하면서도 법적으로 혼인제도에 구속되는 것을 거부하는 경우도 늘어나고 있다.

법률혼주의를 택하고 있는 우리 법제 하에서 사실혼에 법률혼과 같은 법적인 효력을 인정할 수는 없지만, 점차 사실혼에 대한 보호필요성이 커지고 있는 실정이다. 예컨대 부부재산의 청산의 의미를 갖는 이혼시 재산분할은 부부의 생활공동체라는 실질에 비추어 인정되는 것이므로 사실혼관계에도 준용 또는 유추적용될 수 있다대법원 1995. 2. 28. 선고 93므1584 판결. 그러나 민법상 상속 등 혼인신고를 전제로 하는 규정들은 사실혼에 적용할 수 없다.

사실혼은 약혼과 구별된다. 일반적으로 약혼은 특별한 형식을 거칠 필요 없이 장차 혼인을 체결하려는 당사자 사이에 합의가 있으면 성립하는 데 비하여, 사실혼은 주관적으로는 혼인의 의사가 있고, 또 객관적으로는 사회통념상 가족질서의 면에서 부부공동생활을 인정할 만한 실체가 있는 경우에 성립한다.

사실혼의 성격

사실혼이 어떤 법적 성격을 갖는가에 관해 다음의 이론이 전개되었다.

:: **혼인예약설** 신고 전의 사실상 부부관계를 혼인의 예약으로 보고, 예약의 쌍방당사자는 예약에 기초해 본계약인 '신고에 의한 혼인'을 맺을 의무를 진다는 견해이다. 혼인예약설은 사실혼에 단순히 장래 혼인신고의 의무만을 부여할 뿐 사실혼 자체로부터 부부의 법률관계를 인정하지 않게 되어, 실제 부부관계를 맺고 있는 것과 이론이 괴리된다는 단점을 갖는다.

:: **준혼인관계설** 사실혼을 법률혼과 유사한 효과를 발생시키는 준準혼인관계로 보는 견해가 있다. 사실혼을 혼인예약으로 보는 것은 실체관계에 어긋날 뿐 아니라, 사실혼의 부부와 제3자 사이에 문제가 생긴 경우에 그 어느 쪽의 보호를 결여하는 결과를 가져온다고 비판한다.

:: **동거계약설** 준혼인관계설이 모든 형태의 사실혼에 대하여 일률적 설명을 하는 것에 반대하고 동거계약이라는 점에서 공통점을 찾는 견해이다. 혼인의사가 분명치 않은 사실혼이라도 구체적 결합방식에 따라 조합 등의 계약에 관한 일반 이론을 적용시켜야 한다는 입장이다.

:: **판 례** 판례는 준혼인관계설을 취하고 있다대법원 1995. 2. 28 선고 93므1584 판결. 과거의 판례는 사실혼관계를 혼인예약으로 보았으며, 이를 부당하게 파기한 자는 예약의무의 불이행으로 인한 손해배상의무를 지도록 하였었다대법원 1960. 8. 18. 선고 4292민상995 판결. 그 후 판례는 혼인예약이란 용어 대신에 사실상 혼인관계라는 표현을 사용하고 있는데 "사실상의 혼인관계에 있는 부부관계가 정당한 이유 없이 파기되었을 경우에, 당사자 일방은 과실 있는 상대방에 대하여 채무

불이행으로 인한 손해배상을 청구할 수 있는 동시에 불법행위로 인한 손해배상을 청구할 수 있다"고 하였다.

사실혼의 성립요건

사실혼으로서 인정되기 위해서는 주관적 요건과 객관적 요건을 모두 갖추어야 한다같은 취지: 대법원 2001. 4. 13 선고 2000다52943 판결. 혼인의 결격사유중혼, 적령미달, 근친혼 등가 없는 사실혼관계는 일정한 법률상 효과를 가지므로 그 객관적 요건에 의해 외부에 알려질 필요가 있다.

:: **혼인의사** 사실혼이 인정되기 위한 주관적 요건으로서 당사자의 혼인의사가 필요하다. 여기의 혼인의사는 혼인의 실질적 생활관계를 유지하려는 실질의사를 말한다.

:: **사실상 부부생활** 사실혼이 인정되기 위한 객관적 요건으로서 사실상 부부생활이 계속되고 있을 것이 요구된다. 당사자 사이에 사회관념상 부부공동생활이라고 인정할 만한 사회적 실체가 존재하여야 한다. 단기간의 동거 또는 간헐적인 정교관계가 있는 사실만으로는 사실혼이 인정되지 않는다대법원 2001. 1. 30. 선고 2000도4942 판결.

:: **중혼적 사실혼의 불허** 사실혼은 남녀가 모두 비혼非婚의 상태에 있을 때만 정당한 부부관계로 인정될 수 있다. 법률상의 혼인을 한 부부의 어느 한쪽이 집을 나가 장기간 돌아오지 아니하거나 장기간 별거중인 상태에 있다 하더라도, 부부의 다른 한쪽이 제3자와 혼인의 의사로 실질적인 혼인생활을 하고 있다고 하여, 이를 사실혼으로 인정하여 법률혼에 준하는 보호를 할 수 없다중혼적 사실혼 금지의 원칙. 이 경우 사실혼관계해소에 따른 손해배상청구나 재산분할청구는 허용될 수 없다. 법률상 혼인을 한 부부가 별거하고 있는 상태에서 그 다른 한쪽이 제3자와 혼인의 의사로 실질적인 부부생활을 하고 있다고 하더라도, 특별한 사정이 없는 한, 이를 사실혼으로 인정하여 법률혼에 준하는 보호를 할 수는 없다대법원 2001. 4. 13. 선고 2000다52943 판결.

사실혼의 법적 효과

일단 사실혼관계가 인정되면 최소한 다음의 효과가 인정된다.

:: **부부공동생활의 인정** 사실혼부부 사이에는 부부공동생활이 영위되므로 법률혼의 규정 중 이를 전제로 한 것은 유추적용된다. ① 사실혼부부 사이에 동거·부양·정조의 의무가 인정된다. ② 혼인의 재산적 효과에 관한 민법규정이 준용된다. 사실혼 부부는 일상가사에 대하여 서로 대리권이 있고대법원 1980. 12. 23. 선고 80다2077 판결, 일상가사대리권 행사로 인한 채무에 대해서는 연대책임을 진다. 부부 각자의 특유재산을 인정하여야 하는 점은 법률상의 부부와 다를 바 없다. 부부의 누구에 속한 것인지 분명하지 않은 재산은 공유로 추정된다대법원 1994. 12. 22. 선고 93다52068 판결. ③ 제3자의 불법행위로 인한 손해배상청구권에서는 배우자로서의 권리가 인정된다.

:: **친족관계의 부인** 혼인의 효과 중에서 신고를 전제로 하는 것은 사실혼에 적용되지 않는다. 사실혼에 의하여 그 배우자의 친족 및 인척과의 사이에 가족관계가 생기지 않는다. 사실혼의 배우자가 타인과 혼인하는 경우에 중혼이 되지 않는다. 혼인에 따른 성년의제는 인정되지 않으며 사실혼부부 사이에 서로 후견인이 될 권리의무가 발생하지도 않는다.

:: **자녀에 대한 관계** 사실혼부부의 자는 혼인중의 출생자가 아니다. 아버지의 인지가 없는 때에는 어머니의 성과 본을 따르고 모가에 입적한다.

:: **상 속 권** 사실혼배우자는 상속권이 인정되지 않는다. 다만 특별연고자의 재산분여청구권은 인정된다민법 제1057조의2. 사실혼배우자의 사망시 주택임차권은 사실혼배우자에게 승계된다.

:: **사실혼 부당파기** 당사자 일방이 사실혼관계를 정당한 사유 없이 파기하면, 상대방은 이에 대하여 위자료청구권을 가지게 된다. 정당한 이유 없이 사실혼관계를 파기한 것인지 하는 사실은 민법 제840조가 이혼원인으로 열거하고 있는 사유, 즉 부정, 악의의 유기, 부당한 대우, 3년 이상의 생사불명 기타 혼인을 계속하기 어려운 중대한 사유 등을 기준으로 판단될 수 있다. 남편이 사실혼 아내를 학대, 폭행, 강제축출행위 등을 했고 이들 부부생활을 원만히 지도해야 할

시어머니도 고부간 불화로 헤어질 것을 종용하는 등 이에 가담하여 사실혼관계가 파탄된 경우에, 남편과 시어머니는 아내에게 사실혼 파탄으로 인한 정신적 고통에 대한 위자료를 지급할 의무가 있다대법원 1983. 9. 27. 선고 83므26 판결.

:: **연금수급청구권** 재해보상청구권, 공무원연금청구권, 군인연금청구권 등에 관해서는 사실혼배우자에게 법률상의 배우자와 같은 보상금청구권, 수급청구권 등이 부여된다. 민법이 정하는 혼인법질서에 본질적으로 반하는 사실혼관계에 있는 사람은 유족연금 수급권자인 배우자에 해당한다고 할 수 없다. 중혼적 사실혼과 같이 혼인법질서에 본질적으로 반하는 사실혼관계에 대하여는 연금수급청구권이 인정할 수 없다. 그런데 판례는 비록 민법에 의하여 혼인이 무효로 되는 근친자 사이의 사실혼관계라고 하더라도, 그 근친자 사이의 혼인이 금지된 역사적·사회적 배경, 그 사실혼관계가 형성된 경위, 당사자의 가족과 친인척을 포함한 주변 사회의 수용 여부, 공동생활의 기간, 자녀의 유무, 부부생활의 안정성과 신뢰성 등을 종합하여 그 반윤리성·반공익성이 혼인법질서 유지 등의 관점에서 현저하게 낮다고 인정되는 경우에는 근친자 사이의 혼인을 금지하는 공익적 요청보다는 유족의 생활안정과 복리향상이라는 유족연금제도의 목적을 우선할 특별한 사정이 있고, 이와 같은 특별한 사정이 인정되는 경우에는 그 사실혼관계가 혼인무효인 근친자 사이의 관계라는 사정만으로 유족연금의 지급을 거부할 수 없다고 하였다대법원 2010. 11. 25. 선고 2010두14091 판결.

■ 사실혼의 부당파기에 관한 판례 ■

일반적으로 결혼식또는 혼례식이라 함은 특별한 사정이 없는 한 혼인할 것을 전제로 한 남녀의 결합이 결혼으로서 사회적으로 공인되기 위하여 거치는 관습적인 의식이라고 할 것이므로, 당사자가 결혼식을 올린 후 신혼여행까지 다녀온 경우라면 단순히 장래에 결혼할 것을 약속한 정도인 약혼의 단계는 이미 지났다고 할 수 있으나, 이어 부부공동생활을 하기에까지 이르지 못하였다면 사실혼으로서도 아직 완성되지 않았다고 할 것이나, 이와 같이 사실혼으로 완성되지 못한 경우라고 하더라도 통상의 경우라면 부부공동생활로 이어지는 것이 보통이고, 또 그 단계에서의 남녀간의 결합의 정도는 약혼 단계와는 확연히 구별되는 것으로서 사실혼에 이른 남녀간의 결합과 크게 다를 바가 없다고 할 것이므로, 이러한 단계에서 일방 당사자에게 책임 있는 사유로 파탄에 이른 경우라면 다른 당사자는 사실혼의 부당 파기에 있어서와 마찬가지로 책임 있는 일방 당사자에 대하여 그로 인한 정신적인 손해의 배상을 구할 수 있다대법원 1998. 12. 8. 선고 98므961 판결.

사실혼 존부확인

사실혼의 관계에 있는 일방당사자는 사실혼관계 존부확인청구를 통하여 혼인신고를 할 수 있다. 이 경우 혼인의사는 사실혼의 성립 시에 있은 것으로 충분하며, 그 후 신고를 하여 법률혼으로 만들 의사가 없어지더라도 상관없다. 사실혼의 확인절차에 있어서는 조정이 선행되어야 하며, 조정이 성립하지 않은 경우에는 판결에 의해 신고를 할 수 있다.

:: **조정에 의한 혼인신고** 사실상 혼인관계존재확인청구에 의하여 혼인신고를 하기 위해서는 먼저 조정을 신청하여야 한다. 조정이 성립하면 신청자는 혼인성립의 날로부터 1월 이내에 조정조서를 첨부하여 혼인신고를 하여야 한다.

:: **재판에 의한 혼인신고** 조정이 이루어지지 않으면 '사실상 혼인관계 존재확인의 소'를 제기할 수 있다. 재판이 확정되면 재판을 청구한 자는 재판확정일로부터 1월 이내에 재판서의 등본과 확정증명서를 첨부하여 신고하여야 한다. 재판에 의한 혼인신고에 대하여 판례는 창설적 효과를 갖는 신고라고 보고 있으나, 학설은 보고적 신고라고 해석한다.

그런데 실제로 당사자가 모두 살아있는 경우에는 일방이 사실혼을 언제든지 일방적으로 해소할 수 있으므로 사실혼이 확인되어 혼인신고를 하기는 어렵다. 또한 사망자간이나 생존한 자와 사망한 자 사이의 혼인은 인정되지 아니하므로 사망자와의 사실혼관계존재확인의 심판이 있다 하더라도, 이미 당사자의 일방이 사망한 경우에는, 법률상 혼인이 불가능하므로 이러한 혼인신고는 받아들여질 수 없다대법원 1991. 8. 13.자 91스6 결정. 사실혼관계존재확인의 소가 실익이 있는 것은 사실혼 당사자 일방이 사망한 경우 다른 일방이 산업재해보상법 등 각종 사회보장관련 법률에서 정하는 유족급여를 청구하기 위한 경우이다. 이 때에는

여성을 위한 **법**

검사를 상대로 소를 제기할 수 있다.

일방적 혼인신고의 효력

당사자가 사실상 혼인관계에 있음에도 불구하고 혼인신고를 게을리하고 있는 경우에, 제3자가 혼인신고를 한 경우에도 그 혼인신고는 유효하게 될 수 있다. 당사자간에 혼인신고를 하지 않기로 하는 명백한 합의가 없는 이상 사실혼관계를 맺음으로써 혼인의사는 존재하기 때문에 그 후에 혼인의사를 명백히 철회하거나 사실혼관계를 해소하지 않은 이상 혼인신고는 유효하다는 것이 판례의 태도이다.

사실혼관계에 있는 당사자 일방이 혼인신고를 한 경우에 상대방의 혼인의사가 불분명한 경우에는 혼인의 관행과 신의성실의 원칙에 따라 사실혼관계를 형성시킨 상대방의 행위에 기초하여 그 혼인의사의 존재를 추정할 수 있으므로, 이와 반대되는 사정, 즉 혼인의사를 명백히 철회하였다거나 당사자 사이에 사실혼관계를 해소하기로 합의하였다는 등의 사정이 인정되지 아니하는 경우에는 그 혼인을 무효라고 할 수 없다는 것이다대법원 2000. 4. 11. 선고 99므1329 판결.

5. 혼인의 무효와 취소

혼인이 무효로 되는 경우

혼인의 무효란 혼인신고는 있었으나 그것에 기해 혼인관계가 인정될 수 없는 사유가 있는 경우에, 그 혼인을 처음부터 무효인 것으로 하는 제도이다. 법률이 정하는 무효사유는 다음과 같다.

:: **혼인합의의 부존재 · 무효** 당사자간에 혼인의 합의가 없는 때에는 혼인이 무효이다민법 제815조 1호. 따라서 당사자의 일방 또는 쌍방의 인적 착오, 가장혼인, 강제혼인 등의 경우 그 혼인은 무효이다. 당사자의 일방 또는 쌍방이 혼인신고의 수리 이전에 혼인의사를 철회하였다면 혼인신고가 수리되었더라도 그 혼인은

무효이다.

:: **근 친 혼** 민법에서 금지하는 근친혼의 범위는 8촌 이내의 혈족 사이의 혼인, 6촌 이내의 혈족의 배우자, 배우자의 6촌 이내의 혈족, 배우자의 4촌 이내의 혈족의 배우자인 인척이나 이러한 인척이었던 자와의 혼인, 6촌 이내의 양부모계의 혈족이었던 자와 4촌 이내의 양부모계의 인척이었던 자 사이의 혼인이다민법 제809조. 이 가운데 8촌 이내의 혈족 사이의 혼인, 당사자간의 직계인척 관계가 있거나 있었던 때, 당사자간에 양부모계의 직계혈족관계가 있었던 때에는 그 혼인은 무효이다민법 제815조 2, 3, 4호. 그러나 방계인척관계와 같이 그 외의 경우에는 혼인취소사유에 해당한다민법 제816조 1호, 제820조. 예를 들어 형부와 처제였던 자간은 혼인이 금지되는 방계인척에 해당하나, 이들의 혼인신고가 수리되었다면 이는 무효가 아니라 취소할 수 있는 혼인이 된다.

혼인의 무효에 따른 효과

혼인이 무효로 되면 다음과 같은 효과가 생긴다.

:: **혼인관계의 부정** 무효인 혼인은 처음부터 무효이므로, 무효판결을 받지 않더라도 무효라는 점을 주장할 수 있다. 당사자들이 법적인 부부임을 전제로 이루어진 상속 기타의 권리변동도 무효가 된다. 당사자는 혼인무효심판청구를 통해 그 혼인신고를 말소할 수 있다. 다만 혼인무효심판청구가 사회적으로 타당치 않은 상속권을 회복하려는 등 신의에 좇은 권리행사라고 볼 수 없는 경우에는 그 무효확인을 구하는 것이 신의칙에 위반되는 것으로서 권리남용에 해당하여 허용되지 않을 수 있다대법원 1987. 4. 28. 선고 86므130 판결.

:: **자녀에 대한 효과** 무효혼으로 인한 출생자는 혼인 외의 자이다민법 제855조 1항. 다만 이미 혼생자로서 출생신고가 있었을 때에는 인지의 효력이 있다대법원 1971. 11. 15. 선고 71다1983 판결. 무효혼으로 인한 출생자에 대한 친권자결정과 양육책임에 대해서는 이혼의 경우와 동일하게 해결한다가사소송법 제25조.

:: **손해배상청구** 과실 있는 당사자에 대하여는 재산상, 정신상의 손해배상청구가 가능하다민법 제825조, 제806조.

:: **무효사유의 치유** 혼인의 의사가 없어 혼인이 무효인 경우에는 추인에 의하여 그 혼인이 유효하게 될 수 있다. 혼인신고가 한쪽 당사자가 모르는 사이에 이루어져 무효인 경우에도 그 후 양쪽 당사자가 그 혼인에 만족하고 그대로 부부생활을 계속한 경우에는 그 혼인을 무효로 할 것이 아니다대법원 1965. 12. 28. 선고 65다61 판결. 그리고 신고 당시에는 가장결혼을 목적하였지만 신고 후 실질적 혼인합의를 하고 부부공동생활을 한 경우에도 그 혼인은 유효하다. 그러나 일방적인 혼인신고 후 혼인의 실체 없이 몇 차례의 육체관계로 자녀를 출산하였다 하더라도 무효인 혼인을 추인하였다고 보기 어렵다대법원 1993. 4. 19. 선고 93므430 판결.

혼인의 취소

혼인적령에 미달한 경우, 미성년자가 부모의 동의를 얻지 못한 경우, 금지되는 근친혼 중 무효 사유 이외의 경우, 중혼의 경우 등에는 혼인이 취소될 수 있다. 이러한 취소사유가 있는 혼인은 혼인신고가 수리된 이상 취소되기 전까지 유효하다. 혼인의 취소는 취소의 청구 자격을 갖춘 자가 가정법원에 청구하여 조정이나 판결을 통해 확정된다. 혼인취소의 효과는 소급하지 않는다. 혼인의 취소 사유를 하나씩 살펴보기로 한다.

혼인적령에 미달한 경우

혼인을 하기 위해서는 만 18세가 되어야 하고민법 제807조, 만 18세에 달하지 않는 사람의 혼인은 취소할 수 있다. 2007년 민법 개정 전에는 혼인을 할 수 있는 혼인적령이 남자는 18세, 여자는 16세로 차이가 있었으나, 현행 민법은 남녀의 구별 없이 혼인적령을 18세로 규정하고 있다. 혼인을 합의할 때에는 혼인적령에 미달해도 상관없지만 혼인신고할 때에는 반드시 만 18세에 이르러야 하며, 이에 미달하면 혼인신고가 처리되지 않으므로 실제 취소할 경우는 거의 생기지 않는다. 혼인적령제는 조혼을 방지하기 위하여 있으며, 혼인당사자가 신체적 정신적으로 성숙하여 혼인상대방의 선택이나 기타 혼인에 관한 사항을 스스로 판단할 수 있는 때에 혼인하도록 하는 역할을 한다. 여기의 연령은 사실상의 연령이 아니고 가족관계등록부의 연령을 말한다. 연령은 출생일을 산입하여 계산한다.

적령미달의 자에 관해 혼인신고가 잘못 수리된 경우에 그 혼인은 취소할 수 있다민법 제816조 1호. 취소권자는 혼인당사자와 그의 법정대리인이며, 취소절차는 법원에 취소를 청구하여야 하며, 통상 가정법원의 조정을 거치게 된다. 적령에 달한 혼인당사자가 과거 적령미달시에 한 혼인에 대해 취소를 청구할 수 있는가는 의문이다. 동의 없는 혼인이라도 성년에 달한 후 3월을 경과하거나 또는 혼인중 포태한 경우에는 취소를 청구할 수 없다는 규정민법 제819조은 혼인적령미달의 혼인에 유추적용되는 것으로 이해된다.

부모의 동의 없는 미성년자의 혼인

미성년자가 혼인할 때에는 부모의 동의를 얻어야 한다민법 제808조 1항 전단. 피성년후견인의 경우에는 이와 유사하게 부모나 성년후견인의 동의를 받아 혼인할 수 있다민법 제808조 2항. 이하에서는 미성년자의 경우를 설명한다.

:: **부모의 동의권** 부모는 미성년인 자녀의 혼인을 동의할 권한이 있다. 부모가 친권자임을 요하지 않는다는 견해에 따르면, 이혼한 부모도 동의권을 갖는다. 이 규정은 미성년자의 복리를 위한 것이므로, 양부모가 있는 경우에는 양부모만이 동의권을 가지며 생활관계를 달리하는 친생부모에게는 동의권이 없다고 할 것이다. 계모나 적모는 법률상 모가 아니므로 동의권이 없다.

:: **부모의 일방만의 동의** 부모 중 일방이 동의권을 행사할 수 없는 때행방불명 등에는 다른 일방의 동의를 얻어야 하고, 부모가 모두 동의권을 행사할 수 없는 때에는 후견인의 동의를 얻어야 한다민법 제808조 1항 후단. 부와 모가 모두 동의권을 행사할 수 있으나, 일방만이 혼인에 반대하는 경우에는 완전한 동의를 얻지 못한 것으로 된다. 부모의 동의란 부모 쌍방의 일치된 동의를 의미하기 때문이다. 미성년자의 혼인을 용이하게 하기 위하여 부모의 일방이 동의하지 않을 때에는 다른 일방의 동의만으로 충분하도록 해야 한다는 견해가 있다.

:: **동의의 방식** 동의는 원칙적으로 요식행위는 아니지만, 혼인신고시에 동의

서를 첨부하든가 신고서에 동의를 부기하도록 요구된다. 이러한 서식은 동의의 증명을 쉽게 하는 절차일 뿐 그 서식 자체가 유효요건은 아니다. 그러므로 결혼식에서 부모의 동의가 있었으나 혼인신고서의 기재는 타인이 권한 없이 작성한 경우에, 신고 당시에 부모의 동의가 존속하였다고 인정되는 한 혼인은 유효하게 성립한다대법원 1957. 6. 29. 선고 4290민상233 판결.

:: **취 소 권** 동의 없는 혼인신고가 잘못 수리된 경우에 혼인은 취소될 수 있다. 이러한 혼인은 당사자가 성년에 달한 후 3개월을 경과하거나 혼인중 임신한 때에는 그 취소를 청구하지 못한다민법 제819조.

중　　혼

중혼重婚은 가족법의 기본이념인 일부일처제에 어긋나므로 금지된다. 여기에서 말하는 중혼은 가족관계등록부의 혼인신고를 기준으로 한 것이다. 실질적인 부부공동체를 영위하지 않고 단지 혼인신고만을 하거나 또는 혼인 후 실질적인 부부공동체가 파국을 맞은 경우에도, 혼인은 계속중인 것으로 취급된다. 이미 다른 배우자와 혼인신고가 수리되어 있는 사람은 혼인중인 자로서 다른 자와 혼인신고를 할 수 없다. 이중의 혼인신고가 있는 경우에 앞의 신고만이 수리되고 후의 신고는 배척된다.

다음의 경우에는 부득이하게 중혼이 성립한다. ▶ 공무원이 잘못하여 이중으로 혼인신고를 수리한 경우 ▶ 이혼 후 재혼했는데 전혼의 이혼이 무효이든가 취소된 경우 ▶ 실종선고 후 재혼했는데 실종신고가 취소되어 전혼이 부활한 경우로서 후혼의 일방당사자나 쌍방당사자가 악의인 경우 ▶ 남편의 전사통고를 받은 아내가 재혼한 후 전남편이 생환한 경우 ▶ 국내와 국외에서 이중으로 혼인한 경우 등이다.

혼인의 취소가 권리남용에 해당하는 때에는 허용되지 않는다. 중혼에 기한 취소청구를 하기 위해서는 그 권리행사가 사회통념상 허용범위를 초과하는 등의 사유로 권리남용에 해당하지 않아야 한다. 중혼 성립 후 10여 년 동안 혼인 취소청구권을 행사하지 않은 것만으로 그 권리가 소멸했다고 할 수 없지만, 그 행사는 권리남용에 해당할 수 있다대법원 1993. 8. 24. 선고 92므907 판결. 반면에 A남편가 B아내를 상대로 이혼심판을 청구하여 승소가 확정되자 C여와 재혼하여 혼인신고를 하였으나 그 후 이혼심판은 B의 허위주소 신고에 기한 부적법공시송달을 이유로 재심청구에 의하여 취소심판이 확정되었다. 이 경우 A와 C 사이의 혼인은 중혼에 해당하고, B가 실제로는 혼인생활을 계속할 의사가 없다든가 위 이혼심판을 믿고 혼인한 선의의 제3자인 C나 그 자녀들의 이익이 크게 침해된다는 등의 사유만으로는 중혼의 취소를 구하는 심판청구가 권리남용이라고 할 수 없다대법원 1991. 5. 28. 선고 89므211 판결.

　:: **취소권자** 중혼이 성립한 경우에 당사자, 그 배우자, 당사자의 직계존속, 8촌 이내의 방계혈족 또는 검사가 후혼을 취소할 수 있다민법 제818조. 후혼의 취소전에 전혼이 이혼으로 인하여 해소된 경우에는 취소할 수 없게 된다. 전혼의 배우자는 악의의 중혼을 한 자에 대하여 부정행위를 이유로 이혼을 청구할 수 있다.

　:: **이혼청구** 취소사유가 있는 혼인의 경우에 취소권을 행사하지 않고 이혼청구를 하는 것도 가능하다. 혼인이 일단 성립되면 그것이 위법한 중혼이라 하더라도 당연히 무효가 되는 것은 아니고, 법원의 판결에 의해 취소될 때에 비로소 그 효력이 소멸될 뿐이므로 아직 그 혼인취소의 확정판결이 없는 한 법률상의 부부라 할 것이어서 재판상 이혼의 청구도 가능하다대법원 1991. 12. 10. 선고 91므344 판결.

사기 · 강박에 의한 혼인

　사기 또는 강박으로 인하여 혼인의 의사표시를 한 때에는 법원에 그 취소를 청구할 수 있다민법 제816조 3호. 당사자로 하여금 혼인합의에 이르게 하기 위해 허위의 사실로써 기망하거나 해악을 예고함으로써 공포에 빠지게 하는 방법을 동원하여 합의를 얻어 낸 경우가 이에 해당한다. 이 경우 사기나 강박의 정도가 사회통념에 비추어 혼인을 취소시키는 것이 타당할 정도로 중요하고 심각해야 한다. 제3자에 의해 쌍방당사자가 모두 사기나 강박을 당한 경우도 생길 수 있다. 사기, 강박으로 인한 혼인은 사기를 안 날 또는 강박을 면한 날로부터 3월을 경과한 때에는 그 취소를 청구하지 못한다.

부부생활이 곤란한 사정

혼인당사자의 일방에 부부생활을 계속할 수 없는 악질惡疾 기타 중대한 사유가 있음을 알지 못한 때, 상대방은 법원에 그 취소를 청구할 수 있다민법 제816조 2호. 그러나 상대방이 그 사유 있음을 안 날로부터 6월을 경과한 때에는 그 취소를 청구하지 못한다민법 제822조.

과거에 구민법은 "여자는 혼인관계가 종료한 날부터 6개월을 경과하지 않으면 혼인하지 못한다. 그러나 혼인관계의 종료 후 해산한 때에는 그러하지 아니하다"고 규정하였으나 이 규정은 폐지되었다제811조, 2005년 삭제. 이 규정은 여자의 재혼으로 임신중 아이의 아버지가 누구인지 알기 어렵게 되는 것을 피하기 위함이라고 하지만, 친자관계 감정기술의 발달로 아버지의 식별이 가능해져 재혼금지기간의 필요성이 없어졌고 여성에게만 재혼금지기간을 둠으로써 남녀차별을 하는 결과를 초래하여 부당하다고 비판받아 왔다.

혼인취소의 판결

혼인의 취소는 반드시 별도의 소송형성의 소으로 하여야 하며, 재판 외의 방법으로 임의로 취소하지 못한다. 다른 소송상 청구의 전제로서 혼인의 취소를 주장할 수는 없다. 취소권자가 가정법원에 심판을 청구하여 판결승소판결을 받으면 혼인이 취소된다민법 제816조. 혼인의 취소에는 조정전치주의가 채용되어 있으므로, 취소권자는 우선 가정법원에 조정을 신청하여야 한다.

혼인의 취소에 따른 효과

혼인이 취소되면 혼인관계가 해소되는데, 구체적으로는 다음의 효과가 발생한다.

:: **가족관계의 변동** 혼인으로 생긴 인척관계는 취소로 인해 종료한다. 혼인의 취소로 인한 신분의 변동은 이혼의 경우에 준한다.

:: **소급효의 제한** 혼인취소의 판결이 확정되면 그때부터 상래에 향하여 혼인이 해소된다. 혼인취소의 효력은 기왕에 소급하지 않는다제824조. 취소 이전의 사실상의 부부관계를 존재하지 않았던 것으로 간주할 수 없기 때문이다. 그 혼인

에 의해 출생한 아이는 혼인의 취소에도 불구하고 혼인중의 출생자로 된다. 혼인계속중에 이루어진 재산관계나 가족관계는 혼인중의 것으로 인정된다.

:: **상속의 효력유지** 혼인의 취소는 이미 이루어진 재산상속에 관해서는 영향을 미치지 않는다. 혼인중에 부부일방이 사망하여 상대방이 배우자로서 망인의 재산을 상속받은 후에 그 혼인이 취소되었다는 사정만으로 그 전에 이루어진 상속관계가 소급하여 무효라거나 또는 그 상속재산이 법률상 원인 없이 취득한 것이라고는 볼 수 없다대법원 1996. 12. 23. 선고 95나48308 판결.

:: **손해배상청구권** '약혼해제와 손해배상청구권'의 규정은 혼인의 무효 또는 취소의 경우에 준용된다민법 제825조. 당사자 일방은 과실 있는 상대방에 대하여 혼인취소로 인한 재산상 손해와 정신상 고통의 배상을 청구할 수 있다.

:: **재산분할과 부당이득반환** 이혼시의 재산분할청구권민법 제839조의2의 규정을 준용한다는 명문의 규정은 없으나 혼인이 취소된 경우에도 이 규정이 유추적용되어야 한다. 그 밖에 혼인으로 얻은 재산상의 이득을 상대방에게 반환할 부당이득반환의무도 인정된다.

:: **자녀의 양육** 가정법원이 혼인취소청구를 인용할 때에는 부모에게 미성년 자녀의 친권을 누가 행사할 것인지에 관하여 미리 협의하도록 권고한다. 당사자의 청구에 의하여 법원은 혼인취소 후에 자녀를 양육할 자와 양육에 관한 사항을 정할 수 있다.

CHAPTER 08

여성의 재산보유

"… 남편이 아무리 많이 돕는다 해도 그 책임은 주부에게 있는 것이다.
결혼생활에서 남성과 여성의 영역간의 분업은 조화로운 것으로부터는
거리가 멀다. 참다운 평등이 온다는 것은 아직도 먼 훗날의 일일 것이
다."

_ Michael Young & Peter Willmott, 『The Symmetrical Family』

중에서

I. 가사노동의 재평가

무임금노동으로서의 가사노동

가사노동은 많은 시간이 소요되고 육체를 사용하는 노동임에도 불구하고 무임의 노동이라는 이유로 그 가치를 적절히 평가받지 못하고 있다. 가족 구성원들이 가사노동을 분담하는 경우가 늘어나고 있지만, 아직까지도 가사노동은 주부가 주로 담당해야 할 일로 간주되고 남편이나 자녀들은 보조자로서 도와준다는 정도의 책임감을 가질 뿐이다. 가사노동은 어떤 기능적 노동과 비교하더라도 노동의 내용이 매우 다양하고, 각자의 가사노동을 단순히 양적으로 또는 평면적으로 비교평가하기도 어렵다. 가사노동은 임금이 주어지지 않는 활동으로 국민경제활동의 범위에서 제외되고, 독자적 가치를 갖는 가장의 노동력을 재생산하는 보조적 노동력으로서 독립적인 가치를 인정받지 못하고 있다.

가사노동의 생산성 논쟁

가사노동을 '독립적인 가치가 있는 노동'으로 재평가하기 위해서는 인간의 노동 자체에 대해 새로운 경제적 관점을 가질 필요가 있다. 전통적 경제이론에서는 생산적 노동이란 상품성을 지녀야 하며, 교환가치·잉여가치·사용가치를 지니는 노동만이 생산성을 가진다고 보았다. 가사노동이 제대로 평가받기 위해서는 과거의 관점에서 벗어나 노동의 교환가치나 상품성과 관계없이 노동 그 자체가 갖는 가치를 평가하는 새로운 이론이 필요하다. 여성주의자들은 가사노동이 명백히 '노동'에 해당하며 그 결과로 '생산'을 해낸다는 새로운 관점을 제시하였다.

종래 경제학자들 사이에서 가사노동의 가치를 놓고 행해진 논쟁을 소개하면 다음과 같다.

:: **비생산적 노동설** 가사노동을 필수적이지만 '비생산적 노동'으로 파악하는 입장이다. 멘델E. Mendel은 가사노동은 오직 가족의 사적인 소비를 위해 만들어지기 때문에, 오직 사용가치만 창출할 뿐 교환가치는 없다고 주장했다. 멘델은 노동이 상품화되려면 사용가치와 교환가치를 지녀야 하며, 양자를 모두 갖춘 때에

만 생산적 노동이라는 입장을 전제로 하였다. 자본주의의 상품생산 사회에서 아직도 사용가치로만 남아 있는 것은 자급자족을 위한 농산물 생산과 가사노동뿐이라고 지적했다.

:: **생산적 노동설** 가사노동이 가족 구성원의 필요를 충족시켜 줄 뿐 아니라 사회적 필요를 동시에 충족시키는 '생산적 노동'이라고 파악하는 이론이 있다. 벤스톤M. Benston의 이론에 의하면 가사노동은 자본주의의 경제적 변혁에서 제외되어 전前자본주의적 단계에 머물러 있는 유일한 형태의 노동이다. 이는 상품생산에 기초를 둔 사회에서는 매매되지 않으며, 시장형성도 불가능하므로 '실질노동'으로는 파악되지 않았다. 그러나 그것은 가족원이 필요로 하는 '사용가치'의 생산을 담당하는 노동이고, 자녀양육을 포함한 가사노동은 사회적으로 필요한 거대한 분량의 '생산'을 구성한다. 코스타M. D. Costa도 상품생산만이 아니라 노동력을 재생산하는 작업도 하나의 '생산적'인 일이며, 그것은 결국 사용가치뿐 아니라 잉여가치까지를 불러오는 근원이라고 주장한다. 세콤W. Secombe도 역시 가사노동은 잘못하면 비생산적인 노동으로 보일 수 있으나, 소모된 노동력을 재생된 노동력으로 전환시키는 데 필요한 노동이고, 이는 가족구성원의 "노동력이라는 상품의 생산에 기여한다"는 점에서 사회적 가치를 생산한다고 하였다.

:: **보완적 노동설** 가사노동을 임금노동과 상이하지만 보완적 노동으로서 파악하는 견해가 주장되었다. 오스트너I. Ostner가 대표적 주창자였다. 그는 임금노동과 가사노동은 서로가 다른 차원의 노동일지라도 서로 보완 보충되어야 하는 노동이며, 이 두 개의 노동은 하나가 없으면 다른 하나는 성립될 수 없는 '상호 보충적 노동'이라고 주장하였다. 임금노동은 여러 보충적 노동에 의한 보완의 관계가 있어야 그 기능이 유지되는데, 가사노동은 그런 보완적 노동 중의 하나에 속한다고 보았다. 상호 보충적 노동 중에는 가정 밖의 공공장소에서 일반인을 대상으로 하는 경우도 많다. 상호 보충적 노동이란 소모된 노동력을 재생시키고 피로를 회복시키는 이른바 원기를 원상복귀시키는 직종이며, 이런 노동은 직접 상품 생산은 하지 않으나 소모된 노동력을 재생시켜 주는 일을 한다고 보았다.

직접적 경제가치와 간접적 경제가치

가사노동은 가계의 실질적 소득을 향상시키는 경제적 효과를 갖는다. 주부가 가사노동에 종사함으로써 획득하게 되는 소득은 사회적 노동에 의해 얻는 소득에 결코 뒤지지 않는다. 가사노동의 경제적 가치를 계산해 내기 위해서는 그 직접적 가치와 간접적 가치를 이해하는 것이 필요하다. 가정은 가족 구성원들의 욕구를 충족시키기 위해 재화와 용역을 생산하는 곳으로 가정에서 생산된 재화와 용역은 시장의 재화와 용역과 마찬가지로 직접적인 경제적 가치를 가진다. 그뿐 아니라 가족 구성원들의 노동력을 재생산하여 소득을 획득한다는 점에서 간접적인 경제적 가치도 갖는다. 그러나 이러한 가사노동의 경제가치는 제대로 계산되지 못하고 있는 실정이다.

국민총생산량의 허점

가사노동의 경제적 가치를 계산해 내는 일은 미시적으로는 가정소득을 실질적으로 증가시켜 줄 수 있으며, 거시적으로는 국민총생산량에 포함시켜 국가간의 생산량 비교를 좀 더 정확히 해 줄 수 있다는 이점을 갖는다. 같은 노동이라도 두 사람의 주부가 각각 자기 가족의 세탁을 하게 되면 경제통계 측면에서 국민소득으로 기재되지 않지만, 이 두 주부가 서로 상대방의 세탁을 하고 보수를 받게 되면 국민소득의 임금항목에 산정된다. 어떤 여성이 임금을 받는 취업노동을 그만두고 그와 같은 양의 노동을 가정에서 행하는 경우에는 국민총생산량이 감소한다. 반면에 그 여성이 가족을 위해 하던 세탁과 식사준비의 기술을 살려 세탁소나 음식점을 개업하면 사업소득이 생기게 되고 그 금전거래의 결과 국민총생산량이 증가하게 된다.

가사노동의 재평가

여성의 주된 영역이 가정이라는 종래의 고정관념, 그리고 가사노동은 '무급'이며 '무가치'라는 통념 때문에 여성은 취업에 있어서 차별을 당해 왔다. 가사전담자라는 이유로 여성은 고용, 승진, 임금, 직종선택에서 불리하게 취급되었

여성을 위한 **법**

다. 여성의 역할은 가사, 육아 등의 서비스 범주에 한정되어야 한다는 생각이 지배하였고, 그 영향으로 여성이 하는 노동을 가사노동의 연장으로 보아 그 가치를 평가절하하는 경향이 있어 왔다. 가사노동의 무보수와 차별적 저임금은 서로 상관관계를 갖는다. 다른 한편 가사노동과 취업노동의 두 가지 노동을 함께 수행하는 여성은 가사노동의 부담이 없이 취업노동에만 전념하는 남성에 비해 직장에서의 경쟁력이 뒤떨어지는 결과를 초래했다. 취업주부는 가사와 직장일의 이중역할부담을 짐으로써 직장에서의 경쟁력이 약화되는 것을 감수할 수밖에 없었다. 결국 여성노동의 평가절하 및 경쟁력약화가 결합된 결과 여성은 노동시장에서 이등노동자로 취급된다. 그 결과 여성의 노동력은 기간노동으로 평가받지 못하고 '여성노동의 주변화' 현상이 초래된다. 가사노동에 대한 저평가는 여성의 취업노동에 대한 저평가를 가져오며 나아가 여성이 하는 일 전반에 대한 사회적 평가에 악영향을 미친다.

가사노동은 개개의 인간생활의 질의 향상을 가져오며, 이것은 곧 전체사회의 복지실현에 이바지하는 부분이 크다. 가사노동의 가치를 사회적 측면에서 정당하게 평가해 주어야 하며, 이와 더불어 가사노동의 효과를 계량화하여 그 경제적 가치도 평가해 주어야 한다. 가사노동의 경제적 가치를 계산해 내어 '보이지 않는' 노동을 가시화하고 '보이는 노동'으로서 정당한 사회적 평가를 이끌어 낼 필요가 있다.

ㄴ. 가사노동가치의 산정

가사노동의 정당한 평가

가사노동의 정당한 가치평가를 위해서는 다음과 같은 문제들을 검토해야 한다.

첫째, 국민들의 노동이나 경제활동의 근거를 화폐단위에서 벗어나 생활의 질이나 복지 증진에 두는 광의의 노동개념을 채택해야 한다. 우리나라의 노동력조사와 이를 기초로 작성되는 국민계정체계는 가사노동을 경제활동으로서 가시화시키지 않고 있다. 생활의 질을 향상하기 위한 노동, 생명을 위한 노동으로서의 가사노동을 경시하고 외면하는 국민총생산이나 경제활동수준의 지표는 수정되어야 한다.

둘째, 가사노동의 가치를 적절히 평가할 수 있는 측정단위를 세분화하여 조사해야 한다. 가사노동에 소비한 시간조사를 통해 가치를 추정하는 작업을 할 때에는 가사노동의 개념이나 내용을 확정해야 한다. 그리고 가사노동 각 단위당 소요되는 시간을 조사하는 것이 필요한데, 예를 들어 의복손질이나 수선은 의복 1점당 소요시간을 계산하고, 음식준비와 설거지는 1인분 식사량의 단위를 기준으로 시간을 분석하는 등 개개의 가사노동에 관한 표준화된 측정단위가 마련되어야 한다.

셋째, '주부직' 또는 '가정관리직'을 하나의 직업으로 인정하지 않는 직업분류 체계의 모순을 시정해야 한다. 가사노동의 내용이나 시간이 정확히 조사되었다 하더라도 가사작업에 대응되는 시장노동자의 직업을 선정하는 문제가 생긴다. 가사노동의 가치추정을 위하여 주부직을 대체할 수 있는 직종을 선정하거나 가사 작업의 하위영역을 각각 대체할 수 있는 직업군을 선정해야만 한다.

가사노동의 산정방식

가사노동을 평가하기에 앞서 다음의 사항들을 숙고해야 한다. 첫째, 가사노동을 평가할 때 '노동 그 자체를 평가할 것인지', 또는 '노동력에 관한 평가를 할 것인지' 하는 평가 대상을 결정해야 한다. 둘째, 가사노동의 평가에 있어서 가사노동의 주체인 주부가 '자신을 위하여 하는 노동도 포함시켜야 할 것인가' 하는 문제도 짚어 봐야 한다. 셋째, 가사노동을 평가할 때에는 가사노동을 통해 이루어진 '부가가치의 전부를 포함시킬 것'을 유념해야 한다.

:: 종합적 대체비용 산정 종합적 대체비용을 산정하는 방법은 주부가 행하는 가사노동을 하나의 가정 관리직으로 간주하여 이에 상응할 만한 직업에 해당하는 보수를 기준으로 측정하는 방법이다. 가사노동에 필적되는 것으로 생각되는 직업종사자의 급료나 임금을 기초로 하여 계산하는 것이다. 이 방법을 취할 경

우에 주부의 대체 직업으로서 어떤 직업을 선택할 것인가가 문제시된다.

:: **전문가 대체비용 산정**　전문가 대체비용을 산정하는 방법은 가사영역에 속하는 각각의 직업을 분류한 후 각 직업에 해당하는 시장 임금률을 적용시키는 것이다. 우선 가사노동을 여러 개의 작업으로 나누어 각 개별 작업에 소요되는 시간을 측정한다. 그리고 이 시간에 노동 시장에서 지급되고 있는 서비스 임금을 적용시켜서 가사노동 전체의 임금을 정하는 방법이다. 예를 들어 요리에 관한 가사노동의 가치는 요리사의 임금으로 계산하고 세탁에 관해서는 세탁노동자의 임금, 육아에 관해서는 보모의 임금 등등으로 각 노동을 나누어 해당 직종 전문가의 임금에 비례하여 주부의 노동시간에 상응하는 금액을 계산하여 이것을 모두 합산하는 것이다. 예를 들어 가정주부의 하루노동을 식생활에 3시간, 의생활에 1시간, 주생활에 1시간, 가족돌보기 2시간, 기타관리 1시간, 총 8시간으로 파악하는 경우에, 각 노동의 시간당 가치를 계산하여 합산하는 방법을 취한다.

전문가 대체비용을 산정하는 방법은 종합적 대체비용 산정방법과 달리 주부가 가사노동의 각 작업에 해당하는 전문가만큼 효율적이지 못할 수 있다는 것을 고려하지 않기 때문에 각 노동의 가치를 과대평가할 수 있다는 약점을 갖는다. 임금률 적용시에도 전체 근로자의 임금, 여성 근로자만의 임금 사이에 차이가 있으므로 작업영역을 분류하거나 대체 직업과 적용 임금을 선택할 때 어떤 임금률을 적용할지 숙고해야 한다.

:: **기회비용 산정**　기회비용의 산정방법은 주부가 취업할 경우에 벌어들일 수 있을 것이라고 생각되는 잠재적 소득을 가사노동의 가치로서 파악하여 산출하는 것이다. 가사노동에 시간을 배분할 때 시간당 가사노동의 한계가치가 시장에서 얻을 수 있는 임금률과 같은 점에서 결정되므로, 가정에서의 하루노동 가치는 시장에서의 하루노동 가치와 같다는 전제에서 출발한다. 기회비용 산정방법은 같은 노동에 대해서 가사노동자의 특성에 따라 다른 산정결과를 만들어낸다는 점, 모든 주부가 가사노동과 시장노동 중에서 자유롭게 선택할 수 있다고 가정하고 출발한 점 등이 문제점으로 지적될 수 있다.

:: **요구임금 산정** 주부의 가사노동을 요구비용을 통해 계산해 내는 방법이 있다. 요구임금reservation wage이란 비취업주부로 하여금 노동시장에 진입하게 만드는 최소한의 임금, 그리고 취업 주부에게는 계속 노동시장에 남아 있도록 하는 최소한의 임금을 의미한다. 주부들의 가사노동에서의 시간당 한계가치를 반영한 기회비용의 개념이지만 기회비용 산정의 문제점들을 해결한 더 합리적인 방법이라고 볼 수 있다.

:: **주관적 평가 방법** 가사노동의 가치를 주부 스스로가 자신의 노동에 부여하는 가치를 통해 계산해 내는 방법이 있다. 주부 스스로 평가한 가사노동의 가치를 화폐로 환산해 보는 방법이다. 주관적 평가방법은 투입된 가사노동시간의 양이나 시장임금을 근거로 한 평가방법과는 달리 주부들 자신이 가사노동에 어느 정도의 가치를 부여하는지 알아보기 위한 방법이다. 이 평가방법을 취할 경우 자신이 현재 수행하고 있는 가사노동의 양이나 가치에 대한 인식 등 주관적 사정에 따라 큰 차이가 생기게 된다는 문제점이 있다.

손해배상청구소송에서 가사노동평가

소송사건에서 주부의 가사노동이 어떻게 평가되는지는 각 소송의 유형에 따라 다르게 나타난다. 가사노동의 가치가 주로 문제되는 사건은 '이혼시 재산분할청구권의 행사'뒤에 따로 설명함, '주부의 사망으로 인한 손해배상청구권의 행사', '세법이나 국민연금법의 적용' 등의 경우이다. 법원은 이러한 사건에서 주부의 가사노동이 가정경제에 얼마나 기여했는지를 객관적으로 평가하게 된다.

손해배상청구소송에서 가사노동이 실제 어떻게 평가되어지고 있는가를 알기 위해서는 판결에 나타난 산정방법과 손해보험약관에 의한 손해산정을 살펴볼 필요가 있다. 가사노동의 평가는 주로 사고로 인해 가사노동을 수행하지 못하게 될 때 손해배상 및 손실보상의 문제와 관련되어 판결의 근거로 이용되며 또한 보험회사에 의한 보험금의 지급기준으로 이용된다. 손해배상액의 산정은 원칙적으로 사고로 인하여 상실한 이익일실이익을 계산해 내는 방식으로 행해지며 이에 추가하여 정신적 고통에 대한 대가로서 위자료가 인정된다. 우리나라에서는 전업주부가 교통사고를 당했을 때 보통은 일용직근로자의 임금에 준하는 금액만 받게 된다. 가사노동의 가치의 상실을 도시여성 일용직근로자의 임금으로 환산해서 계산하기 때문이다. 그 임금액도 파출부가 하루 노동에 대한 대가로 받는 금액보다 적은 도시여성 일용직임금의 평균치를 나타내는 통계자료에 근거하여 계산하므로 매우 적은 금액에 그치게 된다. 소송에서 가사노동의 가치가 정당하게 평가받는 것은 곧 여성의 권리를 보장받는 일이기도 하다. 법원은 주부의 가사노동을 정당하게 평가하기 위하여 가정학이나 경제학 등 관련전문자의 감정의견을 듣는 것이 바람직하다.

대체노동비용과 대체시설이용비용 산정방식

독일에서는 가사노동의 대체노동비용이나 가정의 대체시설이용비용을 산정하여 손해배상액을 정하였다. 독일연방재판소는 주부가 심한 골절을 입어서 당분간 3인의 가족을 돌볼 수 없게 된 경우에제 3 자의 과실로 인해 주부가 상해를 입었을 경우 매달 일정액의 정기금매일 3-4시간의 주부의 가사노동에 대한 적합한 보상의 지급을 명하였다. 사고로 주부가 사망한 경우에는 주부가 생존하는 경우와 아주 다르게 계산했다. 독일판례는 이때 대체노동력이 투입되는 경우와 그렇지 않은 경우로 나누어 계산하였다. 대체노동력이 투입될 경우 손해배상액은 피해자 과실이 존재하지 않는 한 대체노동력에 드는 비용을 근거로 결정하였다. 대체노동력이 투입되지 않는 경우에는 대체노동력에 드는 비용에 근거를 두거나 또는 가사노동과 동일한 효과를 주는 사회시설기숙사, 요양소 등에 의해 대행될 때 드는 비용에 근거를 두고 손해배상액을 산정하였다. 미국판례에서는 주부의 사망으로 인한 손해가 남편의 손해로 간주되어 주부의 가사노동을 잃는 것을 남편의 청구권의 기초로 삼은 판결이 있었다. 이때 가사노동의 평가는 가정부의 대체노동에 지불하는 임금을 기준으로 하였다.

소득상실 산정방식의 부당성

우리나라 법원은 손해배상사건에서 사망이나 불구로 인한 가정주부의 일실이익의 산정방법으로서 '소득상실 산정방식'을 취하였다. 소득상실 산정방식에 따라 계산하는 경우에, 가정주부의 일실이익은 학력, 경력, 가정주부로서의 위치 등을 기초로 구체적인 사례에 맞게 산정해야 하며, 가정부의 수입만으로 산정한 것은 위법하다는 판결이 있었다대법원 1968. 12. 24. 선고 68다536 판결. 그리고 가정주부의 수입은 최소한 농촌의 일용노동임금을 초과해야 한다고 하였으며대법원 1971. 4. 30. 선고 71다467 판결, 보통 도시에 사는 전업주부에 대해서는 '도시노동자의 일용노임'을 기준으로 일실수입을 산정해 왔다대법원 1987. 10. 26. 선고 87다카346 판결.

그러나 판례가 대체노동의 가치로서 평가하지 않고 소득상실 산정방식을 취하는 것은 주부의 가사노동가치를 매우 낮은 가격으로 평가하는 결과를 가져오므로 부당하다. 현재와 같이 소득상실 산정방식에 기초하여 일용노동임금으로 계산하는 경우에 주부의 노동 중 단순노동부분만이 계산되어 그 평가액이 낮아질 뿐 아니라 주부의 가사노동을 일용노동자의 노동과 같은 정도로 평가하는 사회적 가치평가절하를 초래한다. 주부의 가사노동은 단순노동으로 구성되는 일용임금노동과 비교할 수 없을 정도로 복잡하고, 전문적이며, 가치창출의 효과가 높다. 주부의 가사노동은 단순노동청소·빨래, 기능노동요리, 자녀교육 및 가정관리 등이 복합된 노동이므로 그것들이 종합적으로 평가되어야 한다. 법원은 '대체노동가치 산정방식'을 도입하여 가사노동에 대한 정당한 평가를 해야 할 것이다.

■ 일용노임을 기준으로 한 손해배상액 ■

대법원은 도시에 살고 있는 가정주부의 일실이익을 산정함에 있어 성인여자 농촌일용노임을 기준으로 삼은 것은 위법이라고 하면서 도시일용노동자의 임금에 의하여 손해액을 산정하는 것이 옳다는 취지를 밝혔다.

남편이 있는 아내가 사고로 인하여 사망하였을 때에도 그로 인한 재산상의 손해배상청구를 할 수 있음은 당연한 일이고 그 손해의 범위는 당해 주부가 오로지 가사에 종사해 온 사람인가, 가사 외에 다른 직업에도 종사해 오고 있었는가에 따라 다르다 하겠으나 오로지 가사에 종사해 온 주부라도 평균적인 가동불능연령까지는 여자고용노동자의 평균임금에 의하여 그 손해액을 인정함이 옳다 할 것이다. 원심은 가정주부임이 명백한 피해자 이ㅇㅇ의 손해액을 산정함에 있어 당해 피해자가 오로지 가사에 종사해 온 주부인가, 다른 직업도 가지고 있었는가에 대해서는 아무런 고려를 함이 없이 사고일에 가까운 1985. 2. 현재의 성인여자 농촌일용노임에 의하여 일실이익을 산정하고 있으나 사실심의 변론과정에서 피고 소송대리인은 같은 피해자가 삼천포시내에 살고 있는 점을 들어 도시일용노동자의 임금에 의하여 손해액을 산정함이 옳다고 주장하고 있고 이것은 갑 제 2 호증에 의하여 뒷받침되고 있는데도 불구하고 아무런 이유설시도 없이 위와 같은 손해를 산정하고 있는 것은 손해액산정의 법리를 오해한 것이라 하지 않을 수 없고 이는 소송촉진등에관한특례법 제12조 2항 소정의 파기사유에 해당한다 할 것이므로 이 점에 관한 피고의 상고논지는 이유 있어 나머지 상고이유에 대한 판단을 할 필요도 없이 원판결 중 피고의 패소부분은 파기를 면치 못할 것이다대 법원 1987. 10. 26. 선고 87다카346 판결.

생각해볼 문제

● 가사노동 중 부부간의 애정 또는 자녀에 대한 모성애 등 심리적인 요인들이 작용하는 부분은 어떻게 평가해야 정당한가?

● 가사노동에 대한 경제적 평가의 긍정적인 측면 외에 부정적인 측면에 대해서도 생각해 보자. 예를 들면, 취업주부의 경우 가사노동을 대체하는 비용이 자신이 경제활동을 하여 벌어들이는 경우보다 높을 때 직업을 유지하는 것에 대한 부정적 생각에 부딪히게 된다. 이러한 생각이 여성의 취업이나 기타 사회활동을 더욱 위축시킬 우려가 있다는 점에 대해 어떻게 생각하는가?

---

3. 부부의 재산소유

부부재산제와 여성의 지위

부부의 재산소유에 관하여는 민법에 제도화되어 있다. 부부재산제는 여성의 지위에 큰 영향을 미친다. 과거 가부장적 가족제도에서는 아내가 남편의 지배를 받았으며, 아내가 부부 사이의 재산관계를 법적으로 문제삼을 수 없었다. 아내의 재산은 모두 남편의 재산으로 흡수되어 남편이 소유하는 경우가 많았다. 설혹 아내의 고유한 재산이 인정되는 경우라도 남편이 아내의 재산을 관리하고 실제로 지배하는 경우가 많았다. 근대 이후 여성의 사회적·경제적 지위의 향상으로 결혼 이후에도 자신의 이름으로 재산을 소유하고 관리하는 경우가 증가했다. 여성이 자신의 노동으로 인한 소득을 갖게 되고 남자와 동등한 상속을 받게 되면서 부부재산관계에 관해서도 과거와 다른 새로운 법원칙이 발전하기 시작했다. 아내의 가사노동에 대한 경제적 평가가 이루어짐으로써 전업주부에게도 가족의 재산증가에 관한 자기의 기여분에 상응하는 재산적 권리가 인정되고 있다. 그리고 이러한 지분을 기초로 이혼시의 재산분할청구권이 인정되고 있다.

계약재산제와 법정재산제

부부재산제란 혼인으로 인해 발생한 부부공동생활 비용의 부담이나 재산의 귀속, 관리 등 부부간의 재산관계를 정하는 제도를 말한다. 부부는 결혼으로 가정생활과 자녀양육을 위한 경제공동체를 이루게 되는데, 민법은 혼인공동체에서 생기는 재산의 귀속, 관리, 비용부담 등에 관한 재산적 법률문제를 해결하기 위한 규정을 마련하고 있다. 우선 부부가 모든 재산을 공동소유하는가 또는 각자가 자기의 재산을 단독소유하고 공동생활에 필요한 부분만을 공동부담하는가 하는 기본원칙을 정할 필요가 있다. 우리나라 민법은 부부의 재산귀속에 관해 계약재산제와 법정재산제를 병행하고 있다.

:: **계약재산제**부부계약이 있는 경우 부부는 혼인 전에 계약에 의해 자유롭게 자신들의 재산적 법률관계를 정할 수 있으며, 계약이 없는 부분에 대해서만 민법에 따른 법정재산제가 적용된다. 부부재산계약의 내용은 대체로 재산의 소유관계, 관리처분관계 및 청산관계 등을 반영하게 될 것이다. 그러나 사회질서에 반하는 내용이나 물권법 등의 강행규정에 반하는 내용은 허용되지 않는다. 예를 들면 부부 한 사람 명의로 등기되더라도 대외적인 관계에서도 공동소유로 인정되어

여성을 위한 **법**

야 한다는 계약 등은 효력이 없으며 다만 부부의 내부관계에서만 공동소유의 효력을 가져올 뿐이다.

:: **법정재산제** 민법은 법률의 규정에 의해 부부간의 재산귀속이 정해지는 법정재산제를 병행하고 있다. 법정재산제에 의할 경우에 부부는 각자가 자기 재산을 단독으로 소유하는 것을 원칙으로 하는 부부별산제에 따르게 된다. 아직까지 우리 사회에서 혼인 전에 부부재산계약이 활용되는 예가 많지 않은데, 부부간의 재산귀속에 관하여 부부재산계약이 체결되지 않은 경우에는 민법 제829조 이하에 따라 재산의 귀속이 결정되는 것이다.

부부별산제

부부별산제는 부부가 특유재산을 각자 관리, 사용, 수익하는 제도이다. 부부는 각자 단독으로 자기의 이름으로 재산을 소유한다. 민법은 부부가 혼인으로 서로의 재산을 합쳐 공동재산을 이룩하지 않고 혼인에 관계없이 각자 자기의 것을 특유재산으로서 소유하고 관리·처분함을 원칙으로 한다.

민법은 부부공유제를 취하지 않고 부부별산제를 취하므로, 혼인으로 부부의 전 재산으로 구성되는 경제공동체는 형성되지 않는다. 민법은 혼인중 자기 명의로 취득한 재산은 그 특유재산으로 하므로 부부의 공동자금으로 부동산을 취득하더라도 제3자에 대한 대외적 법률관계에서는 등기명의인만이 단독으로 소유권을 취득하게 된다. 부부가 협력하여 부동산을 취득하는 경우에 부부의 공동명의로 등기해야만 대외관계에서 공동소유로서 인정된다. 부동산 이외에 권리나 의무의 주체가 명시되는 재산은 그 명의자의 재산으로 취급된다. 예금채권, 대부채무, 주식, 자동차 등이 그러하다.

부부 일방의 특유재산

부부의 공동생활과 직접 관련이 없는 재산으로서 부부의 일방에게 단독으로 귀속하는 재산을 특유재산이라고 한다. 부부는 그 특유재산을 각자 관리·사용한다. 특유재산에는 고유재산과 혼인중 자기 명의로 취득한 재산의 두 종류가 있다.

고유재산에는 ① 부부의 일방이 혼인 전부터 가진 재산, ② 부부의 일방이 혼인 후 무상으로 상속·증여받은 재산, ③ 부부의 일방이 혼인중 단독의 노력과 출재로 마련한 재산, ④ 이상의 고유재산으로부터 생긴 과실 등이 있다. 고유재산은 그 소유자의 혼인이나 이혼 등의 신분의 변화에 관계없이 소유자 개인의 것으로 귀속한다.

혼인중 자기 명의로 취득한 재산에는 그 명의자의 고유재산에 속하는 것도 있지만 부부 사이에는 공동재산이지만 명의는 일방에게 신탁해 놓은 재산도 포함된다. 과거에는 각자 명의의 재산은 각자의 고유재산이라고 보는 견해도 있었지만, 이러한 견해는 가정의 재산을 모두 남편의 명의로 해 두는 관행에 비추어 볼 때 부당한 해석이다. 부부 사이의 내부관계에서는 명의가 누구에게 맡겨져 있는가에 상관없이 혼인중 취득한 재산은 공동재산으로 보는 것이 타당하다. 판례 중에 부부의 일방이 혼인중 단독명의로 취득한 재산을 다른 일방의 명의신탁재산으로 인정한 경우가 있다. 남편이 유일한 재산인 부동산을 아내에게 증여한 행위는, 아내가 취득 대가를 부담하여 남편에게 명의신탁한 재산의 반환으로 인정된다. 이 경우 채권자의 강제집행을 면하기 위한 사해행위에 해당하지 않는다고 하였다대법원 2007. 4. 26. 선고 2006다79704 판결.

남편 명의로 등기해 두었던 주택을 아내 명의로 바꾸는 것은 허용되며, 이때 명의신탁의 금지원칙에 대한 예외가 인정된다. 「부동산 실권리자 명의등기에 관한 법률」 제8조에서는 종중 및 배우자에 대한 특례를 인정한다. 배우자 명의로 부동산에 관한 물권을 등기한 경우로서 조세 포탈, 강제집행의 면탈 또는 법령상 제한의 회피를 목적으로 하지 아니하는 경우에는 그 명의신탁은 유효하고 처벌이나 불이익을 받지 않는다.

부부의 공동재산

부부의 공동생활을 위한 재산은 그것이 혼인 당시에 일방이 가져온 것이든 혼인 후에 일방이 상속·증여받은 것이든 또는 혼인중 소득으로 마련한 것이든 부부에게 공동으로 귀속한다. 공동생활을 위한 재산에는 가재도구, 가정경제용 예금, 보험 기타 자산이 포함된다.

:: 부부가 기거하는 주택이나 자녀교육을 위해 다른 곳에 마련한 주택이 공동생활을 위한 재산에 포함되는가에 대하여는 논의가 있다. 혼인중에 부부가 협력하여 취득한 경우에만 공동재산이 된다고 보는 견해가 있다. 반면에 주택은 당연히 공동생활을 위한 공동재산에 포함된다는 견해도 있다. 이러한 공동생활을 위한 재산은 그 명의가 남편 명의로 되어 있는 경우도 있고 아내 명의로 되어 있는 경우도 있으며, 기타 제3자의 명의로 맡겨 놓은 경우도 있다. 재산의 명의는 제3자에 대한 관계에 한해서 그 명의자의 것으로 효력을 발생할 뿐이고, 부부간의 내부관계에서는 공동소유로 된다.

:: 혼인 후 부부가 공동으로 장만한 재산은 당연히 부부의 공동재산을 구성한다. 부부공동생활에 이용되는 재산이 아닌 부부의 재산으로서 부부가 공동의 협력·출재로 장만한 재산은 부부의 공동소유에 속한다. 부부가 공동으로 이룩한 사업체, 공동으로 구입한 부동산 기타 자산이 이에 해당한다. 재산을 마련하기 위한 공동의 노력·출재에는 주부의 가사노동도 포함된다. 가사노동에는 가정생활을 위한 단순노동, 가정관리, 육아, 자녀교육이 모두 포함된다.

법정재산제의 법률효과

민법은 부부의 일방이 혼인 전부터 가진 고유재산과 혼인중 자기 명의로 취득한 재산은 그 특유재산으로 하며, 그 특유재산은 각자 관리·사용·수익하도록 한다. 부부의 누구에게 속한 것인지 분명하지 아니한 재산은 부부의 공유로 추정한다.

:: 부부 일방이 혼인 전부터 가진 고유재산이 그의 단독소유라는 점에 대하여는 의문의 여지가 없다. 그 밖에 일방이 혼인중 단독의 출재로 취득한 재산으로서 부부공동생활에 제공되지 않은 재산이 그 출재자의 단독소유라는 점도 확실하다.

:: 부부 일방의 명의로 취득한 재산에 관해서 민법이 그를 일방의 특유재산

으로 하는 것은 부부의 내부관계에서는 추정적 효과밖에 생기지 않는다고 해석한다. 일방의 명의로 된 재산이라도 실질적으로 그것이 자기의 노력만으로 취득한 재산이라는 사실을 증명하여야만 일방의 고유재산이 되며, 타방이 공동재산이라는 반증을 하면 그 추정은 깨진다.

대법원은 부부의 일방이 혼인중에 자기 명의로 취득한 재산은 그 명의자의 특유재산으로 추정되나, 실질적으로 다른 일방 또는 쌍방이 그 재산의 대가를 부담하여 취득한 것이 증명된 때에는 특유재산의 추정은 번복되어, 그 다른 일방의 소유이거나 쌍방의 공유라고 본다대법원 1992. 8. 14. 선고 92다16171 판결. 그 부동산을 취득함에 있어서 상대방의 협력이 있었다거나 혼인생활에 내조의 공이 있었다는 것만으로는 위 추정을 번복할 사유가 되지 못하고, 부부 각자가 대금의 일부씩을 분담하여 매수하였다거나 부부가 연대책임을 부담하여 매수하였다는 등의 실질적 사유가 주장·입증되는 경우에 한하여 위 추정을 번복하고 부부의 공유로 인정할 수 있다는 것이다. 다만 남편의 수입으로 부동산을 매입하였다고 하더라도 처가 수차례 부동산을 매입하였다가 이익을 남기고 처분하는 등의 방법으로 재산을 증식하였다면, 해당 부동산의 취득은 쌍방의 자금과 증식노력으로 이루어진 것으로 볼 여지도 있다고 한 경우도 있다대법원 1990. 10. 23. 선고 90다카5624 판결.

:: 부부 중 누구에게 속하는지 분명하지 않은 재산은 대외적·대내적으로 부부의 공동재산에 속한다.

부부와 제 3 자의 외부관계

부부 일방의 명의로 되어 있지만 실질적으로는 부부의 공동재산에 속하는 재산의 경우에, 그러한 공동귀속은 물권적 효과를 갖는가 또는 부부 사이에서 채권적 효력을 갖는 데 불과한가에 관하여는 법학자들 사이에 견해가 대립한다.

:: **채권적 효력설** 부부 일방 명의의 부동산 등의 재산은 제 3 자와의 거래에서는 그 명의자의 단독소유로서 다루어지며, 부부 상호간에 있어서는 명의자의 단독소유로 추정되는 데에 불과하다고 보는 견해이다. 그 재산이 내부적으로 공동

재산이라고 하기 위하여 그 재산의 명의자가 아닌 부부 일방이 그러한 단독소유의 추정을 뒤집을 증명책임을 부담한다. 반증이 있는 경우에도 반증을 한 부부 일방에게 곧 당해 부동산의 소유권이 인정되는 것은 아니며, 상대방에 대하여 공동소유의 등기나 분할등기 등을 청구할 권리를 갖는 데에 불과하다. 판례는 이러한 채권적 효력설을 바탕으로 부부재산과 제3자 사이의 관계를 파악하였다대법원 1992. 8. 14. 선고 92다16171 판결.

　:: **물권적 효력설** 혼인중 당사자의 협력으로 취득한 재산에 대해 공유추정을 확장하고, 그러한 확장해석을 기초로 법률의 규정에 의한 물권변동민법 제187조을 인정하는 견해이다. 만약 부부의 협력으로 마련한 자금으로 부동산을 구입하여 남편의 명의로 등기하였다면, 단독명의 등기에도 불구하고 남편과 아내에게 각각 1/2씩 지분이 부여되는 합유의 권리가 발생한다고 주장한다. 이 지분의 처분에는 부부의 합의를 필요로 하고, 혼인의 해소 전에는 일방적으로 처분할 수 없다고 본다.

　:: 사견으로는 현행 물권법의 해석으로서 부득이하게 채권적 효력설에 따른다. 부부가 협력하여 제3자로부터 부동산을 구입하는 경우, 그것은 명백히 매매로 인한 민법 제186조에 의한 소유권취득이 되어 등기의 명의자인 부부 일방이 소유권을 취득하게 되고 타방은 자기의 공유지분을 명의자에게 신탁한 것이라고 해석되기 때문이다. 채권적 효력설을 따르는 결과 부부 중 일방과 거래하는 제3자와의 관계에 있어서 재산은 명의자의 단독소유로 취급된다. 명의자는 그의 처분에 관해 배우자의 동의를 얻을 필요 없이 단독으로 유효한 처분행위를 할 수 있다. 배우자가 제3자와 거래를 할 때에는 명의자로부터 처분권 및 대리권을 수여받아야 유효한 법률행위를 할 수 있다. 다만 일상가사의 범위 내에서는 부부간의 대리권이 법률에 의해 부여된다.

부부간의 내부관계

　부부 일방의 명의로 된 재산의 취득에 있어서 배우자의 기여분이 포함된 경우에, 그 기여분에 해당하는 공유지분에 관하여 배우자의 재산이 명의신탁된 것으로 보아야 한다. 만약 이러한 명의신탁을 인정하지 않는다면 명의자는 배우자의 재산을 부당이득하는 결과로 되어 부당하다. 부부간의 명의신탁계약은 혼인관계의 존속을 조건으로 하여 계속되는 것이 보통이므로 다른 특약이 없는 한 혼인의 해소시에는 명의신탁계약이 해지된 것으로 보아야 한다. 이러한 재산은 내부적으로 공동 귀속하므로 부부는 관리·사용·처분에 있어서 그의 지분에 상응하는 권한을 갖는다. 남편이 아내와 협의 없이 무단으로 자기 명의의 부동산을 제 3 자에게 처분한 경우에, 제 3 자에 대한 관계에서 그 처분은 유효하지만 내부적으로는 책임을 면하기 어렵다. 현행법으로서는 이러한 무단처분에 대항하여 부부재산을 지키는 데에는 한계가 있지만 장래에는 부부 일방의 무단처분을 막기 위한 제도적 장치가 마련되어야 할 것이다.

우리와 다른 외국제도

:: **프랑스의 소득공동제** 프랑스는 1965년, 1985년의 민법개정으로 부부재산제로서 소득공동제를 취하고 있다. 각 배우자가 혼인할 당시에 소유하고 있었던 재산 혹은 혼인중에 무상으로 취득한 재산 등은 각자의 특유재산이 된다. 그러나 혼인중에 부부의 노동에 의한 소득이나 고유재산으로부터의 수익은 공동재산이 된다. 공동재산에 대해서는 각자가 단독으로 경합하여 관리·처분할 수 있으며, 이혼시에는 공동재산과 채무를 1/2로 나눈다.

:: **독일의 부가이익공동제** 독일은 부가이익공동제를 채택하고 있다. 혼인중에는 부부의 공동재산이 존재하지 않으며, 각 배우자는 각각 단독으로 자기의 재산을 관리·처분할 수 있다. 혼인종료시에는 혼인기간 동안 부부의 활동을 동일한 가치로 보고 혼인중 부부재산의 증가이익을 분할함으로써 마치 공유재산의 분할과 같이 취급된다. 부가이익공동제에서는 배우자의 증가이익에 대해 지분을 갖기 때문에, 배우자가 자기의 고유재산을 처분할 때에 제한을 받는다. 일방배우자가 자기의 재산을 전체로서 처분하는 계약, 일방배우자가 그에 속하는 혼인가사용구를 처분하는 계약 등의 경우에는 타방배우자의 명시적 또는 묵시적인 동의가 있어야 그 계약이 유효하게 성립한다. 혼인의 취소·무효 또는 이혼

여성을 위한 **법**

으로 혼인이 해소되는 경우에, 각 배우자가 혼인 당시에 소유하던 당초재산과 혼인종료시에 소유하는 종국재산을 화폐가치로 환산한 다음, 그 차액인 부가이익을 서로 비교하여 상대적으로 적은 이익을 얻은 배우자가 채권자가 되어 많은 이익을 얻은 배우자에게 차액의 1/2을 청구할 권리를 갖는다독일민법 제1378조. 배우자의 사망에 의한 혼인해소의 경우에는 생존배우자에게는 법정상속분의 1/4의 부가이익을 더해준다독일민법 제1371조.

:: **영국의 부부별산제** 영국에서는 부부의 재산을 각각 독립하여 인정하는 부부별산제를 취하지만 우리나라의 부부별산제와 달리 여성의 권익을 강하게 보호하는 규정을 두고 있다. 기혼여성재산법1964년은 처가 남편으로부터 받은 가계비를 절약하여 저축한 것은 그 1/2에 대하여 권리가 있다고 규정한다. 혼인사건법1973년은 가사노동에의 기여도를 경제적으로 평가하여야 함을 명시하고 있다. 이에 따라 이혼시에는 처의 경제적 기여, 가사노동의 기여 및 물질적 기여가 재산의 분배 및 부양료지급에 있어 고려된다.

4. 부부의 공동생활비용

공동생활비용의 공동부담

부부는 공동의 가족생활에 필요한 최소한의 범위에서 각자 출재함으로써 일상적인 경제공동체를 구성한다. 부부는 생활비용을 분담한다. 부부는 가사로 인한 채무에 대하여만 연대채무를 지며, 일상의 가사에 관하여만 서로 대리권을 갖는다. 가사의 범위를 넘어서는 재산관계에 있어서는 각자 개인으로서 독립적으로 행위하고 채무를 지며, 책임을 부담하게 된다.

민법은 부부의 공동생활에 필요한 비용의 부담은 당사자간에 특별한 약정이 없으면 부부가 공동으로 부담한다고 규정하고 있다민법 제833조. 이는 종전에 "부처가 부담한다"고 하였던 것을 부부공동부담으로 개정한 것이다. 이는 부부평등의 원칙과 부부별산제에 따라서 부부의 공동생활비용을 부부가 분담하게 한 것인데,

아내가 수입이 없는 경우에는 가사노동이 생활비용부담의 한 방법이 될 수 있다. 부부가 모두 수입이 있는 경우에는 아내의 가사노동과 아울러서 부부 각자의 수입의 액수를 고려하여 그 분담액이 정해진다고 하겠다. 공동생활에 필요한 비용으로는 부부와 자녀의 생활비, 의료비, 교육비 등 혼인생활을 하는 데 필요한 모든 비용을 들 수 있다. 그러나 부부 중 일방이 부담능력이 없고 다른 한 사람이 부담능력이 있을 때에는 부담능력이 있는 당사자가 부담해야 한다. 별거중인 부부의 경우에도 어느 한 쪽이 자녀를 양육하고 있을 때에는 다른 배우자는 자녀에게 들어가는 비용을 공동부담하여야 한다.

일상가사대리권

일상가사대리란 부부의 공동생활을 유지하기 위해 필요한 범위 내에서 부부 중 일방이 타방당사자를 대리하여 제3자와 법률행위를 하는 것을 말한다. 일상가사의 범위 및 내용은 부부공동체의 생활 정도와 지역적 사회의 관습 및 사회통념에 의하여 정하여진다. 일상가사에 관하여 부 또는 처는 자기의 이름으로 법률행위를 할 수 있고, 부부의 일방이 다른 일방을 대리하여 행할 수 있다민법 제827조. 전자의 경우에 그 법률행위로 인한 책임은 원칙적으로 그 행위를 한 부나 처가 부담하나, 상대방 보호를 위하여 일상가사에 관한 연대책임이 인정된다. 후자의 경우에는 행위자에게 일상가사대리권을 인정함으로써 다른 일방에게 대리에 의한 책임을 인정한다.

:: **현명주의의 완화** 법률행위가 일상가사에 관한 것임을 행위의 상대방이 알 수 있으면 되고 명시적으로 현명할 필요는 없다.

:: **표현대리** 범위를 넘는 법률행위에 대하여 상대방에게 대리권을 주었다고 믿을 만한 정당한 사유가 있는 경우에는 표현대리가 인정된다.

:: **대리권인정** 거래를 하는 배우자 일방에게 일상가사대리권을 인정한다. 이에 따라 거래행위를 하지 않은 사람도 배우자의 거래행위의 결과로 채권과 채무를 갖게 된다. 실제 사례에서는 종종 배우자가 진 채무에 대하여 타방이 연대책임을 져야 하는가의 문제로 나타난다.

일상의 가사에 관한 법률행위라 함은 부부의 공동생활에서 필요로 하는 통상의 사무에 관한 법률행위를 말하는 것으로, 그 구체적인 범위는 부부공동체의 사회적 지위, 직업, 재산, 수입능력 등 현실적 생활 상태뿐만 아니라 그 부부의 생활 장소인 지역사회의 관습 등에 의하여 정하여진다. 어떤 법률행위가 일상의 가사에 관한 법률행위인지 여부를 판단할 때에는 그 행위의 개별적인 목적만을 중시할 것이 아니라, 그 행위의 객관적인 종류나 성질 등도 고려하여 판단한다 대법원 1999. 4. 27. 선고 98다59750 판결.

가사비용의 연대책임

부부의 연대책임은 부부의 일방이 일상가사에 관하여 제3자와 법률행위를 함으로써 발생하는 채무에 대하여 다른 일방은 연대책임을 부담한다는 것이다 민법 제832조. 이 연대책임은 통상적인 연대채무보다 더욱 밀접한 상호보증성을 갖는다. 법률행위로 인한 책임은 원칙적으로 그 행위를 한 남편이나 아내가 부담하나, 상대방 보호를 위하여 일상가사에 관해서는 부부간에 연대책임이 인정된다. 일상가사로 인한 연대책임은 부부공동생활의 원만한 유지와 운영을 위하여 요청되는 대외적 책임에 관한 것이다.

:: 부부의 일방이 일상가사에 관하여 제3자와 법률행위를 함으로써 발생하는 채무에 대하여 다른 일방은 연대책임을 부담한다.

:: 일상가사로 인한 연대책임은 통상의 연대채무보다 더욱 밀접한 상호 보증성과 절대성을 갖는다. 부부는 동일한 내용의 채무를 병존적으로 부담하고, 부담부분에 관한 연대채무의 규정은 적용이 없다. 부부의 일방은 타방의 채권으로 무제한적으로 상계할 수 있다고 해석된다. 면제의 효과는 절대적으로 발생하며, 일방의 채무의 시효소멸은 타방의 채무도 소멸시킨다.

:: 미리 제3자에 대하여 다른 일방의 책임이 없음을 명시한 때에는 타방당사자는 책임을 지지 않는다.

:: 혼인중 일단 발생한 연대책임은 혼인해소 후에도 소멸하지 않으나, 보통의 연대채무로 변경되어 존속한다.

- 부부가 공동생활을 하기 위해 소유하는 집, 가구, 예금 등을 부부의 공유로 보는 것이 우리나라 가정의 보편적 생각인가? 아니면 남편이 그것들을 단독으로 소유하고 아내는 단지 공동으로 사용할 권리만 갖는다고 보는 것이 보편적인가? 맞벌이 시대에 부부의 공동재산에 대한 관념은 어떻게 달라지고 있는가?
- 우리나라의 중산층 가정에서 부동산, 예금 등 재산을 남편의 명의로 하는 경우와 아내의 명의로 하는 경우를 비교할 때 어느 쪽이 어느 정도 많을까?

5. 부부 사이의 재산계약

부부재산계약의 자유

장래 혼인을 할 남녀는 혼인 후의 재산적 법률관계를 미리 합의함으로써 정할 수 있는데, 이러한 계약을 부부재산계약이라고 한다. 우리 민법은 프랑스민법과 같이 '자유로운 부부재산계약'을 원칙으로 삼고 있다. 반면에 독일민법이나 스위스민법은 부부재산계약의 유형을 한정적으로 열거한다. 한정선택주의는 당사자의 편의와 거래안전의 요청에 따라 법정재산제 이외에 부부재산계약에 의하여 임의로 선택할 수 있는 몇 가지의 전형적 재산제를 열거하고, 당사자가 이 가운데 하나를 선택해야 하는 제도이다.

자유로운 계약은 부부가 스스로 가장 적합한 내용을 정할 수 있다는 장점을 갖는다. 또한 법정재산제가 가지고 있는 약점을 보완하여 부부가 합의에 의해 평등한 재산관계를 맺을 수 있는 이점도 갖는다. 반면에 단점으로서 상대방의 열등한 지위를 이용하여 재산을 빼앗을 우려도 있다. 실제로는 재혼할 때에 재혼배우자에게 재산을 나누어 주지 않으려는 목적으로 이용되는 경우가 많다. 그 밖에 민법에 부부재산계약을 보충하는 규정이 없기 때문에 법률지식이 부족한 부부가 무효인 계약을 체결한 경우, 법적 효과를 갖도록 유도할 수 없다는 약점이 있다.

우리나라에서는 아직 부부재산계약이 많이 활용되지 않고 있다. 그 이유는 첫째, 부부재산계약이 우리의 관습과 다르기 때문에 일반 사람들이 이에 익숙하지 않고, 둘째, 부부재산계약의 체결시기를 혼인 전으로 한정하고 혼인 후에 변경하는 것을 금지하고 있어 이 제도를 이용할 수 있는 여지가 매우 좁으며, 셋째, 민법이 선택할 수 있는 계약 유형을 규정하지 않으므로 법률지식이 부족한 일반 사람이 어떻게 계약을 체결할 것인지 막연하기 때문이다.

민법에서는 부부재산계약에 대해 부부의 사적 자치를 최대한 허용하고 있으나 단지 계약의 체결 시기에 관해서는 혼인 전으로 제한하고 있다. 부부재산계약이 없는 경우에 한해서 가족법의 규정에 따른 법정재산제를 적용한다. 부부재산계약으로 가장 빈번히 다루어지는 것은 배우자, 자녀 기타 친족에 대한 재산의 증여에 관한 것이다. 그 밖에 재산의 처분제한, 관리권, 사용수익권, 채무에 대한 책임, 결혼비용이나 혼인생활비용의 부담, 혼인해소시의 청산 등을 계약의 내용으로 할 수 있다.

여성주의에 입각한 비판

여성주의의 관점에서는 부부재산계약의 자유에 대하여 여러 의문을 제기한다. 많은 여성이 전업주부인 현실, 그리고 여성이 사회적 약자층을 이루고 있는 현실에 비추어 자유로운 계약은 여성에게 불리한 합의를 강요받는 결과로 된다는 것이다. 특히 여성이 결혼 전 임신한 경우에는 자유로운 결정권을 갖지 못하고 어떻게 해서든 결혼을 성사시켜야 한다는 심리적 압박 때문에 상대방의 부당한 요구를 수락할 수밖에 없는 경우가 많다. 부부재산계약에 아이의 양육이나 재산분배에 관한 조항이 들어 있는 경우에는 특히 그 계약의 공정성을 의심해 보아야 한다. 혼인하는 배우자 사이에 재산상태의 격차가 있을 때 결혼에도 불구하고 재산공동체를 이루지 않기 위한 목적에서 부부재산계약을 악용하는 경우가 많다. 부유한 남자가 재혼을 하면서 아내를 단지 자신의 가정부나 간병인 정도로 취급하려는 의도를 부부재산계약을 통해 현실화시킬 수 있다. 그리고 이혼을 하더라도 재산분할을 하지 않거나 아주 적게 하겠다는 뜻의 계약을 해 둠으로써 아내의 이혼시 재산분할청구권을 박탈·제한하거나 또는 사실상 이혼을 못하게 묶어 두는 등 부당한 구속을 가하려는 의도로도 악용될 수도 있다. 악의적인 부부재산계약 때문에 부유한 남편이 부정을 저지르더라도 가난한 아내는 결혼에 구속되어야 하는 현실이 생긴다. 이러한 악의적인 부부재산계약은 인간의 존엄성과 행복추구권을 존중하는 법이념에 어긋나므로 무효로 하여야 할 뿐 아니라, 부부재산계약제도 자체도 양성평등이 실제로 구현될 수 있는 방향으로 개선되어야 한다.

부부재산계약의 체결

부부재산계약은 부부가 계약당사자가 되어야 하며, 계약이 혼인 전_{혼인신고 이전}을 의미함에 체결되어야 한다.

:: **계약당사자가 부부로 될 것** 부부 일방과 타방의 부모 사이에 맺은 계약 등의 경우에는 부부재산계약이 성립하지 않는다. 계약당사자가 행위능력을 가질 것이 필요한가 아니면 미성년자나 성년피후견인도 이 계약을 체결할 수 있는가에 관해서는 의견이 대립한다. ① 행위능력불요설 : 혼인과 같은 성질의 신분행위로 취급하여, 미성년자도 혼인적령에 달하면 혼인할 수 있으므로 민법총칙의 법률행위를 위한 행위능력을 갖추지 않았더라도 혼인적령에 달한 자의 부부재산계약은 유효하다고 해석한다. ② 행위능력요건설 : 혼인에 부수하는 계약이지만 다른 한편 부부간의 재산관계를 정하는 재산계약의 성질도 가지므로 혼인능력 이상으로 재산행위능력을 필요로 한다는 견해이다. 부부재산계약의 결과 부부간이나 자녀 및 친족에 대하여뿐 아니라 제 3 자에 대한 관계에서도 재산적 효과가 발생하므로, 행위능력을 요건으로 하는 것이 타당하다고 생각한다.

:: **계약이 혼인 전에 체결되었을 것** 부부가 될 당사자가 혼인성립 전에 그 재산에 관하여 약정을 한 경우에 부부재산계약이 성립한다. 혼인중에는 부부 일방의 강압이나 애정에 의해 비합리적인 계약이 맺어질 소지가 많다는 점, 부부와 거래하는 제 3 자의 이익을 보호하기 위해 혼인중의 부부재산계약을 금지한다. 혼

인 전에 체결해야 한다는 입법주의와 혼인 전후를 불문하고 계약체결을 허용하는 입법주의가 대립하는데, 민법은 혼인성립 전으로 체결시기를 제한하고 원칙적으로 혼인중의 변경·해소를 금지하고 있다.

:: **체결방식의 자유** 외국법은 재판이나 공증을 요구하는 등 엄격한 방식을 요구하는 데에 반하여, 민법은 부부재산계약에 방식의 자유를 부여한다. 그러므로 구두계약도 가능하다. 단 구두계약의 경우에는 증명이 곤란하다는 점 외에 그 약정이 일정한 법률효과를 향한 효과의사를 담고 있는가라는 약정의 진지성이 문제될 소지가 있다.

:: **조건부계약** 부부재산계약은 신분행위이므로 조건부나 기한부로 체결할 수 없다는 견해가 있으나, 부부재산계약은 재산적 성격을 가지므로 선량한 풍속에 반하지 않는 한 조건부나 기한부로 체결되어도 무방하다고 생각한다. 혼인을 정지조건으로 하거나, 이혼을 해제조건으로 하는 계약은 부부재산계약의 성질상 유효하다. 혼인 후에도 계속 동업할 것을 해제조건으로 재산분배를 약정하는 부부재산계약도 있다.

:: **대항요건** 부부가 그 재산에 관하여 따로 약정을 한 때에는 혼인이 성립할 때까지 그 등기를 하지 아니하면 이로써 부부의 승계인 또는 제3자에게 대항하지 못한다. 계약의 변경이 있는 경우에도 같은 대항요건을 갖추어야 한다. 이 등기는 비송사건절차법에 정하는 바에 따라 등기소에 비치된 부부재산약정등기부에 해야 한다. 등기신청은 부부가 될 당사자 쌍방이 부부재산약정서를 첨부하여 해야 한다.

부부재산계약의 무효

선량한 풍속에 위반하는 계약 또는 부부별산제를 완전히 배제하는 계약은 무효이다.

:: **선량한 풍속에 위반하는 계약** 부부재산계약의 내용이 가족질서나 재산실서 기타 선량한 풍속에 위반하는 경우에 그 계약은 무효이다. 아내의 고유재산을 무조건 남편의 소유로 한다든가, 아내의 재산적 법률행위를 무조건 금지한다든

가 하는 등 부부 중 일방의 이익에 지나치게 기울거나 상대방을 지나치게 구속하는 계약은 정당한 사유가 없는 한 선량한 풍속에 위반한다. 부부재산계약이 상대방의 궁박, 경솔 또는 무경험으로 인하여 현저하게 공정을 잃은 때에도 무효이다. 예를 들면 병든 사람을 간호하는 중에 혼인하기로 약속하고 혼인하면 처갓집에서 일생 동안 무보수로 노동을 제공하기로 약정하는 경우 그러한 약정은 무효로 된다.

:: **부부별산제를 배제하는 계약** 부부재산계약에 의해 부부별산제를 배제하고 부부간에 모든 재산을 공동소유하는 것으로 합의할 수 있는가. 그러한 전 재산에 대한 공동소유의 합의는 선량한 풍속에 반하는 것이 아니므로 허용된다. 다만 그러한 합의가 제3자에 대한 관계에서도 무조건 효력을 갖는가는 의문이다. 물권법은 공유의 부동산을 두 사람 공동명의로 등기할 것을 요구하고 있다. 부부의 합의 아래 한 사람의 명의로 등기한 부동산은 물권법정주의로 인하여 공유의 물권적 효과를 가져오지 않는다. 다만 부부 상호간에 채권적 효력을 갖는 합의는 무방하다. 물권변동의 법원칙과 결부된 부부별산제는 사인간의 중요한 재산적 질서이므로 당사자의 합의에 의해 그를 전적으로 배제할 수 없다. 재산에 관한 물권적 효과는 물권법정주의에 따라 법률의 구속을 받으며 당사자의 합의에 의해 배제하거나 변경할 수 없다. 계약자유가 인정되는 것은 당사자 사이의 채권적인 법률관계에 한정된다. 그 결과 부부재산계약은 당사자의 내부관계에서만 효력을 발휘한다.

부부재산계약의 내부적 효력

부부재산계약은 부부 사이에 어떤 효력을 갖는가.

:: 재산의 귀속에 관하여 법률의 규정과 다른 약정이 있는 때에는 그 약정에 의하고 특유재산과 귀속불명재산에 관한 민법 제830조의 적용을 받지 않는다.

:: 재산의 관리·사용·처분에 관해 민법 제831조와 다른 약정이 있는 경우에는 그 약정에 의하고 특유재산의 관리에 관한 민법 제831조의 적용을 받지 않는다.

:: 가사에 관한 채무에 관해 연대채무를 배제하는 약정이 있는 경우에는 그에 관해 연대채무가 성립하지 않는 것은 아니다. 민법 제832조의 가사로 인한 채무의 연대책임은 부부공동생활의 원만한 유지를 위하여 상호간에 공동으로 가사의 책임을 지도록 하는 내부적 효과를 발생시킬 뿐 아니라 부부와 거래하는 제3자를 보호하기 위하여 부부가 연대하여 변제하도록 하는 대외적 효력을 발생시키므로 부부재산계약으로 완전히 배제할 수 없다고 해석된다.

:: 생활비용은 당사자 사이의 약정에 따라 분담토록 하고 부부공동부담을 원칙으로 하는 민법 제833조는 적용되지 않는다.

:: 일상가사대리권을 배제하거나 제한하는 계약의 효력에 관해서는 논의의 여지가 있다. 그러한 내용의 계약도 원칙적으로 유효하지만, 일상가사대리권에 관한 제한은 선의의 제3자에게 대항하지 못한다고 생각한다.

부부재산계약의 대외적 효력

부부재산계약은 제3자에 대하여 어떤 효력을 갖는가. 부부재산계약은 혼인 성립시까지 그 등기를 하지 않으면 이로써 부부의 승계인 또는 제3자에게 대항하지 못한다. 등기한 부부재산계약은 부부의 승계인 또는 제3자에게 대항할 수 있다. 부부의 승계인이라 함은 상속인 또는 포괄적 수증인은 물론이고 부부와 거래한 특정승계인 및 포괄승계인을 포함한다. 단 물권법정주의에 어긋나거나 기타 강행규정에 위반하는 계약은 민법 제103조에 의해 무효로 되므로 승계인이나 제3자에 대하여 대항할 여지가 없다. 등기나 등록 등 공시방법이 별도로 요구되는 재산에 관해서는 그 공시절차를 밟지 않으면 부부재산약정등기만으로 제3자에게 대항할 수 없다고 해석된다. 예를 들어 남편이 아내에게 결혼 후 별장을 증여하기로 부부재산계약을 체결한 경우에 혼인으로 아내에게 그 별장의 소유권이전청구권채권이 발생할 뿐이며 그 별장의 소유권이 아내에게 등기 없이 이전하지는 않는다. 그러므로 남편이 제3자에게 그 별장을 매도한 경우에 아내는 소유권을 취득하지 못하게 된다. 반면에 남편이 그 별장을 친구에게 유증한 경우에는 아내가 등기된 부부재산계약에 기초하여 그 친구에게 별장에 대한 자신의 권리를 주장할 수 있다.

부부재산계약의 변경

혼인중 변경금지의 원칙에 따라, 부부재산계약은 당사자의 합의가 있더라도 혼인중 변경하지 못한다. 그러나 정당한 사유가 있는 때에는 법원의 허가를 얻어 변경할 수 있다. 다만 관리인을 변경하는 것은 허용된다. 계약에 의해 부부의 일방이 타방의 재산을 관리하는 경우에 부적당한 관리로 인하여 그 재산을 위태하게 한 때에는, 타방은 자기가 관리할 것을 법원에 청구할 수 있고 그 재산이 부부의 공유인 때에는 그 분할을 청구할 수 있다. 관리자를 변경하거나 공유재산을 분할하였을 때에는 그 등기를 하지 아니하면 이로써 부부의 승계인 또는 제3자에게 대항하지 못한다. 그 밖에 약정에 기초한 관리인의 변경이 허용된다.

혼인중 계약취소권

종래 민법 제828조는 "부부간의 계약은 혼인중 언제든지 부부일방이 이를 취소할 수 있다. 그러나 제3자의 권리를 해하지 못한다"고 규정하고 있었다. 이에 대하여는 부부간의 신의 있는 재산적 계약관계를 유지시키지 못하므로 평등한 부부관계에 방해가 되는 제도라는 비판이 많았다. 2012년 개정 민법에서 관련 조문이 삭제되었다.

생각해볼 문제

● 우리 사회 전체로 볼 때 결혼 전에 부부재산계약을 맺어 두는 것이 여성의 지위향상에 도움이 된다고 생각하는가?

● 연로한 남성이 재혼할 경우에 본인 사망시 그의 아내가 유산을 많이 상속받을 것을 기피하여, 재혼 직전에 남편, 아내 이외에 전처의 자식들이 함께 모여 재산분배에 관한 계약을 맺는 경우가 있다. 이런 계약은 선량한 풍속에 어긋나는 것이 아닐까? 당신은 이러한 계약을 어떻게 평가하는가?

CHAPTER 09

이혼제도와 여성

"이혼은 공동사업의 분할과 같이 생각해야 한다. 동반자로서의 형평과 기여도가 개별사안에 따라 다르지만 어쨌든 혼인은 동반자 관계이다. 혼인이 장기간인 경우 배우자가 취득한 재산을 반분하는 것은 기업의 공동재산을 반분하는 것과 같다. 혼인중 가사노동을 한 전업주부의 기여는 취업을 한 주부보다 위대하기 때문이다."
(부부의 역할분담으로 인한 가사노동을 인정하는 판결 중에서, Lacey v. Lacey(1970))

_ 미국의 한샌(Robert W. Hansen) 대법관

I. 이혼제도의 문제점과 개선방향

이혼의 허용

이혼이란 부부쌍방의 생존중에 혼인을 인위적으로 해소하는 것을 말한다. 혼인의 해소원인으로서는 이혼과 배우자의 사망·실종선고 등이 있다. 배우자의 사망으로 생존배우자와의 혼인은 해소된다. 혼인이 해소되면 부부 사이의 동거·부양·협조·정조의무가 소멸하며, 생존배우자는 재혼을 할 수 있다. 부부의 일방이 실종선고를 받으면 그 실종기간이 만료된 때 사망한 것으로 간주된다. 이혼은 부부의 생존에도 불구하고 당사자의 의사에 의하여 혼인관계를 종료시키는 제도로서 그 효과에서 사망의 경우와 차이가 있다. 혼인의 해소원인은 혼인계속중에 발생하므로, 혼인의 성립과정에서 발생하는 혼인의 취소원인과 구별하여야 한다.

본래 혼인은 영속적인 공동생활을 목적으로 하는 남녀 사이의 결합이므로 혼인의 본질과 관련하여 보면 부부의 생존 중에 그 결합관계를 인위적으로 소멸시키는 것은 비정상적인 것임에 틀림없다. 하지만 부부관계가 도저히 더 이상 유지될 수 없을 정도에 이르렀음에도 불구하고 이를 도외시한 채, 법이 억지로 그 혼인관계의 계속을 강제하여 당사자를 구속한다면, 이혼을 허용하는 경우보다도 더 큰 불행을 초래할 수 있다. 과거의 이혼금지주의는 근래에 부당한 것으로 인식되고 있다. 오늘날 대부분의 국가는 법률로서 이혼을 인정하고 있다.

이혼으로 인한 여성의 빈곤화

이혼에 의해 여성의 지위가 악화되는 경우가 흔히 생긴다. 그동안 여성단체와 가족법학자들은 힘을 합쳐 이혼에 관한 법률을 개정함으로써 이혼으로 여성이 열악한 지위에 빠지는 것을 어느 정도 방지하였다. 그러나 아직도 서구의 이혼제도와 비교해 볼 때 미흡한 부분이 남아 있다.

이혼에 대한 입법례로는 상대방의 유책사유가 있는 경우에만 재판상 이혼을 인정하는 유책주의와 혼인파탄을 요건으로 재판상 이혼을 허용하는 파탄주의가 있는데, 파탄주의의 입장에서 유책배우자의 이혼청구를 허용하는 것은 가족 내에서 약자인 여성에게 불리하게 작용한다는 것이 일반적인 견해이다. 우리나라에서는 이혼에 대한 사회적 편견이 강하고, 이혼에 이른 책임이 남성에 있는 경우가 많으며, 이혼한 부인이 재취업을 하는 데 제약이 많고, 이혼 자녀를 비롯한 아동복지에 대한 국가의 지원을 기대할 수 없는 실정이다. 만약 이런 사회적 조건하에서 파탄주의를 적극적으로 취하여, 여성에게 원하지 않는 이혼을 강요한다면 여성의 빈곤화는 더욱 심해질 것이다. 이혼 후 자녀의 복리에 대한 국가지원의 강화가 이루어지고, 이혼 후 상대배우자에 대한 경제적인 지원이 보장되고, 나아가서 이혼녀에 대한 사회적인 편견이 없어진 상황에 이르면, 파탄주의를 도입하여 이혼의 실질적 자유를 허용하여도 무방할 것이다.

이혼부양료제 신설필요성

우리 민법에는 이혼 후 스스로 생계를 유지할 수 없는 이혼배우자와 공동의 자에 대한 부양료지급에 관하여 명문규정이 없기 때문에, 이혼배우자를 보호하여 이혼할 때에 경제적 형평과 생활의 안정을 도모케 하여 건전한 사회생활을 영위할 법적 제도가 필요하다.

이혼 후 일방배우자가 자기의 생활비를 스스로 조달할 수 없는 곤궁한 상태에 있고, 타방배우자가 부양료를 지급할 능력이 있으면, 부양청구요건이 구비되고 부양청구가 형평衡平의 이념에 부합될 때에는 타방배우자에게 부양청구를 할 수 있게 규정하여야 한다. 외국의 입법례를 참고예를 들면, 독일민법 제1570조-제1576조하여 이혼부양료청구의 요건을 구체적으로 명시하는 것이 좋을 것이다. 이혼부양료 지급은 일정기간3년 내지 5년 정도으로 한정하도록 하며, 예외적인 경우에는 법원의 허가로 연장할 수 있도록 하는 것이 좋을 것이다. 부양료의 지급방법은 매월 정기금으로 지급하는 것을 원칙으로 하며, 특별한 사유가 있고 의무자에게 부담이 되지 않는 한 일시불로 지급할 수 있도록 한다. 부양의무자가 부양료를 지급하는 것이 심히 부당할 때에는 독일민법과 같이 부양료지급을 거부할 수 있게 규정하여야 한다이혼부양료 거부사유: 가혹조항. 이혼시 배우자의 부양에 관한 규정이 앞으로 신설된다면 그동안 이혼 후 경제적으로 불안한 지위에 있었던 처의 지위가 조금 더 향상되리라 본다.

주거사용권 인정

이혼 후 가장 심각한 문제 중의 하나는 주거의 문제이다. 특히 자녀를 어머니가 양육하지만 주택소유자가 아버지인 경우는 더욱 그렇다. 외국에서는 주택의 소유권의 여부와 관계없이 자녀를 양육하는 어버이주로 어머니의 주거사용권을 인정한다. 이것은 프랑스에서도 마찬가지인데, 주택소유권이 없는 배우자에게 자녀에 대한 양육이 맡겨졌을 때 그 양육자의 주거사용권을 인정한다. 주택이 이혼배우자 일방의 고유재산에 속하는 경우에 이혼 후 자녀를 양육하는 자에게 주거사용권이 인정되는 이외에, 주택소유자가 결혼이 파탄되었다는 이유로 이혼을 청구한 때에도 법원은 배우자를 위하여 그 주택에 대한 사용권을 인정할 수 있다. 주거사용권의 인정은 이혼 후 자녀양육을 안정적으로 만들어 주어 자녀의 복지를 도모할 뿐 아니라 양육자에게도 양육기간 동안 안정된 주택을 제공하는 사회정책적으로 중요한 의미를 갖는 규정이다. 우리나라에도 이러한 주거사용권 인정의 제도를 도입할 필요가 있다.

공적 부조 제공

여성의 빈곤화를 막기 위하여 이혼가정에 대한 사회복지제도를 새롭게 도입할 필요가 있다. 이혼한 당사자와 그 자녀를 위한 공적 부조체계를 확대함으로써, 이혼배우자가 부양할 수 없거나 부양의무를 이행하지 않는 경우에 대비해야 한다. 우리나라에서는 한부모가족이 안정적인 가족 기능을 유지하고 자립할 수 있도록 지원하기 위한 법제가 마련되어 있는바, 1989년 모자가정의 생활안정과 복지증진을 위하여 모자복지법이 제정되었고, 현재에는 한부모가족지원법으로 법명이 변경되어 시행되고 있다. 이 법에 따른 한부모가족지원사업에는 편부모에 대한 생계비 지원, 자녀양육비 및 교육비 보조, 의료비 보조, 복지급여지급, 직업훈련 기회의 제공, 복지시설의 이용, 임대주택 입주의 우선순위배정 등의 내용이 포함되어 있다. 편부모를 위한 사회보장제도를 설치하기는 했지만 복지의 내용이 아직 수혜자의 요구를 충족시키기가 어려운 실정이다. 장래에는 복지의 내용을 보강하고 수혜자도 확대되어야 할 것이다.

2. 협의상 이혼

협의이혼의 자유

부부는 그 원인을 불문하고 협의에 의해서 이혼할 수 있다민법 제834조. 이것을 협의이혼이라고 한다. 종래 단순히 호적공무원의 면전에서 이혼의사의 형식적 심사를 행하였던 시대에서는 남편에 의한 처의 축출이혼이 속수무책으로 방임되었다. 그러나 현행민법은 이혼에 관한 실질적 심사제를 도입하여 법관이 당사자의 이혼의사를 직접 확인하고 있다. 이로써 일방의 강요에 의한 이혼수락 등 과거와 같은 폐단은 적은 편이지만, 아직도 협의이혼으로 인해 여성이 진정으로 원치 않는 이혼을 하거나 정당한 재산분할과 위자료를 받지 못하고 이혼하는 경우도 많다.

이혼의사의 합치

협의이혼의 실질적 요건으로서 필수적인 것은 당사자 사이에 이혼에 관한 합의가 있어야 한다는 사실이다. 그 이혼의 합의는 무조건·무기한이어야 한다. 이혼의사는 신고서의 작성시뿐만 아니라 신고서의 수리시에도 있어야 한다.

당사자의 이혼의사는 영구적으로 번복하지 않을 확고한 의사라고 단정될 필요는 없으나, 적어도 신고당시 그 혼인관계를 해소하려는 확고하고 진지한 의사가 존재해야 한다. 판례는 일단 이혼의 실질적 의사가 확인되어 이혼신고가 접수된 후에 그 의사를 번복하는 것을 허용하지 않는다. 협의이혼에 있어서 이혼의사는 법률상 부부관계를 해소하려는 의사를 말하므로 일시적으로나마 법률상 부부관계를 해소하려는 당사자간의 합의하에 협의이혼신고가 된 이상 협의이혼에 다른 목적이 있더라도 양자간에 이혼 의사가 없다고는 말할 수 없고, 따라서 이와 같은 협의이혼은 무효로 되지 아니한다대법원 1993. 6. 11. 선고 93므171 판결.

이혼의사의 합치에는 행위능력은 필수가 아니지만 최소한 의사능력은 갖추어야 한다. 미성년자는 혼인으로 인하여 성년으로 의제되므로 부모 등의 동의 없이 이혼할 수 있다. 성년후견선고를 받은 피후견인도 의사능력을 회복하고 있는 때에는 협의이혼의 의사를 표시할 수 있다.

협의이혼의 절차

이혼의사의 합치가 있는 경우에 이에 더하여 법률이 정한 절차를 완료해야 이혼의 효과가 생긴다. 필수적 절차로서는 가정법원의 확인과 이혼신고가 필요하며, 그 밖에 전문가의 상담, 이혼숙려기간의 경과, 미성년 자녀의 양육에 관한 결정 등이 요구된다.

:: **가정법원의 확인** 협의상 이혼은 가정법원의 확인을 받아 '가족관계의 등록 등에 관한 법률'의 정한 바에 의하여 신고함으로써 그 효력이 생긴다민법 제836조 1항, 2007년 개정. 가정법원은 당사자 쌍방을 출석시켜 이혼의사의 진실 여부를 확인한다. 협의상 이혼을 하려는 자는 가정법원이 제공하는 이혼에 관한 안내를 받아야 한다. 이것은 강자의 약자에 대한 강박으로 이루어지는 축출이혼뿐 아니라 이혼당사자 및 자녀의 장래 생활대책을 고려함이 없는 감정적 경솔한 이혼을 방지하기 위한 조치이다.

협의이혼 의사확인은 그 당시 당사자들이 이혼을 할 의사를 가지고 있는가를 밝히는 데 그치며, 그들이 의사결정이 적확한지 어떠한 과정을 거쳐 협의이혼의사를 결정하였는지 하는 점 등에 관해서는 심리하지 않는다. 이 확인은 어디까지나 당사자들의 합의를 근간으로 법원이 그들의 의사를 확인하여 증명하여 주는 데 그치는 것이며 법원의 확인에 소송법상의 특별한 효력이 주어지는 것은 아니다대법원 1987. 1. 20. 선고 86므86 판결. 이혼의사의 확인이 있었더라도 신고가 없으면 이혼의 효력이 발생하지 않는다. 협의이혼확인이 있었다는 것만으로는 재판상 이혼사유가 되지 않는다대법원 1983. 7. 12. 선고 83므11 판결.

:: **상　　담** 가정법원은 필요한 경우 당사자에게 상담에 관하여 전문적인 지식과 경험을 갖춘 전문상담인의 상담을 받을 것을 권고할 수 있다민법 제836조의2, 2007년 신설.

:: **숙려기간** 가정법원에 이혼의사의 확인을 신청한 당사자는 가정법원의 안내를 받은 날부터 ① 양육하여야 할 자녀가임신중의 자녀 포함 있는 경우에는 3개월 ② 자녀가 있는 경우에는 1개월의 기간이 지난 후에야 이혼의사의 확인을 받을 수 있다. 이 기간은 당사자가 이혼의 진정성 여부, 이혼 후의 생활대책, 이혼 후 자녀의 양육방침 등을 충분히 숙고해 본 후에 이혼합의를 하도록 숙려기간을 부여하기 위함이다. 다만 폭력으로 인하여 당사자 일방에게 참을 수 없는 고통이 예상되는 등 이혼을 하여야 할 급박한 사정이 있는 경우에, 가정법원은 이 숙려기간을 단축 또는 면제할 수 있다.

:: **친권자결정** 양육하여야 할 자녀가 있는 경우에 당사자는 자녀의 친권자결정에 관한 협의서 또는 가정법원 심판정본을 제출하여야 한다. 가정법원은 당사자가 협의한 양육비부담에 관한 내용을 확인하는 양육비부담조서를 작성하여야 한다. 이 경우 양육비부담조서의 효력에 대하여는 「가사소송법」 제41조가 준용되어, 금전의 지급, 물건의 인도, 등기, 그 밖에 의무의 이행을 명하는 집행권원으로서 집행력을 갖는다민법 제836조의2 5항, 2009년 신설.

:: **이혼신고** 협의이혼의 신고는 당사자 쌍방과 성년자인 증인 2명이 연서한 서면으로 하여야 한다. 이혼신고의 경우에는 다른 신고의 경우와는 달리 가정법원의 확인을 받은 후에 이루어진다. 가정법원의 확인이 없는 신고는 수리되더라도 무효로 보아야 할 것이다.

협의이혼의 무효와 취소

이혼신고가 수리되었으나 당사자 사이에 이혼의 합의가 없는 경우, 제3자의 이혼신고, 의사능력이 없는 심신상실의 상태에서 이혼신고를 한 경우에 그 이혼신고는 무효이다. 가장이혼은 실제로 부부공동생활을 해소할 의사 없이 어떤 다른 목적을 달성하기 위하여 협의이혼의사의 확인을 받아 신고를 하는 경우를 말한다. 비록 가장이혼이 무효라고 하더라도, 당연히 혼인관계가 부활하지는 않으며 법원의 무효확인 절차를 거쳐야 한다.

사기·강박으로 인하여 이혼의 의사표시를 한 자는 그 취소를 가정법원에 청구할 수 있다민법 제838조. 사기·강박을 받은 배우자는 사기임을 안 날로부터 또는 강박을 면한 날로부터 3개월 이내에 취소하여야 한다. 이혼을 취소하기 위하여는 가정법원의 조정을 거쳐야 하며 조정이 성립되지 않으면 제소신청을 할 수 있다. 이혼이 취소되면 혼인의 취소에서와 달리 소급효가 인정된다통설. 따라서 당사자가 이혼신고 후 재혼한 경우에 취소로 인하여 중혼이 성립한다.

3. 재판상 이혼

재판상 이혼원인

재판상 이혼이란 당사자 사이에 협의가 성립하지 않은 경우에 일방당사자가 법원에 이혼을 청구하여 그 판결에 따라 행해지는 이혼을 말한다. 가정법원은 배우자 중 일방에게 법에 정한 이혼사유민법 제840조 1호-6호가 있는 경우에 한하여 이혼청구를 받아들인다민법 840조. 이혼사유는 다음과 같다. 배우자의 부정한 행위가 있었을 때1호, 배우자가 악의로 다른 일방을 유기한 때2호, 배우자 또는 그 직계존속으로부터 심히 부당한 대우를 받았을 때3호, 자기의 직계존속이 배우자로부터 심히 부당한 대우를 받았을 때4호, 배우자의 생사가 3년 이상 분명하지 아니한 때5호, 기타 혼인을 계속하기 어려운 중대한 사유가 있을 때6호. "기타 혼인을 계속할 수 없는 중대한 사유가 있을 때"는 시대에 따라 지역에 따라 다르게 해석된다. 근래에는 이것이 유책주의의 경직성에서 벗어나 파탄주의를 수용하는 창구로 이용된다. 재판상 이혼사유에 관한 민법 제840조는 동조가 규정하고 있는 각 호 사유마다 각 별개의 독립된 이혼사유를 구성하는 것이고, 이혼청구를 구하면서 위 각 호 소정의 수개의 사유를 주장하는 경우 법원은 그 중 어느 하나를 받아들여 청구를 인용할 수 있다대법원 2000. 9. 5. 선고 99므1886 판결.

가부장적 이혼사유의 잔재

재판상 이혼원인 중에는 가부장적인 잔재가 남아 있어 여성을 억압하는 것이 있다. 민법 제840조 3항의 "…배우자의 직계존속으로부터의 심히 부당한 대우"와 4항의 "자기의 직계존속에 대한 배우자의 심히 부당한 대우"라는 사유는 혼인 당사자간이 아닌 제3자_{남편의 부모, 아내의 부모}와의 관계를 이혼원인으로 하고 있다. 대개 시부모를 잘 봉양하지 못했다거나 시부모로부터 학대를 당한 경우가 문제되었다. 시부모의 부양의무는 봉건적 가부장적 가족제도의 유물로서 현대적인 가족제도하에서는 이혼원인으로 합당치 않다는 비판이 있다.

유책주의와 파탄주의

어떤 경우에 이혼청구를 허용할 것인가. 스스로 이혼원인을 야기한 당사자가 혼인관계에서 벗어나기 위해 이혼소송을 제기한 경우에, 그 청구를 받아들여 이혼을 허락할 것인가에 관하여 논쟁이 전개되어 왔다. 각국의 이혼법을 살펴보면 두 가지 다른 입장이 있다는 것을 알 수 있다. 이혼원인과 관련하여 유책주의와 파탄주의가 있는데, 그리스와 폴란드는 유책주의를 취하고 있는 반면에 영국, 프랑스, 독일은 파탄주의를 취하고 있다. 우리나라는 원칙적으로 유책주의를 취하면서 조금씩 파탄주의의 요소를 가미하고 있다. 이혼에 관한 입법주의는 이혼금지주의로부터 유책주의를 거쳐 파탄주의로 변천하고 있다. 유책배우자의 이혼청구의 문제는 혼인관계의 파탄에 관하여 전적으로 내지는 주로 책임 있는 배우자가 상대방 배우자에 대하여 그 파탄을 이유로 하는 이혼청구를 재판상 허용할 것인가 하는 문제이며, 이는 사실상 파탄에 이른 혼인관계를 일방배우자의 유책성을 이유로 이혼청구를 금지시키는 것이 과연 혼인관계유지 및 자녀양육에 도움이 되는가 하는 문제와 연결된다.

:: **유책주의**^{有責主義}　유책주의는 상대방 배우자에게 혼인의무의 위반이 있을 경우에 한하여_{책임 없는 자만이} 이혼을 청구할 수 있도록 허용하고, 이혼사유도 상대방 배우자의 부정행위 등 법률로 열거하여 이혼을 제한하는 입법주의를 말한다. 유책주의에서는 부부관계의 파국에 원인을 제공한 유책자는 배우자로부터

재판상 이혼청구를 당하면 이혼이 가능하지만, 그렇지 않은 경우에 스스로 이혼을 청구할 수는 없게 된다.

:: **파탄주의**破綻主義 파탄주의는 혼인관계가 회복될 수 없을 정도로 파괴되었을 때에는 그 원인에 대한 책임이 있든 없든 간에 혼인관계가 깨진 것으로 보고 이혼을 허용하는 입장이다. 파탄주의에서는 이혼사유로서 혼인의 파탄이 장기간 계속될 것이라는 상황만을 이혼사유로 규정한다. 다만 이혼이 미성년자 자녀나 상대방 배우자에게 너무 가혹한 결과를 가져올 때에는 이혼을 허용하지 않는다는 규정가혹조항을 둔다.

민법의 입장

민법은 이혼청구를 법률로 정한 이혼사유가 있는 경우로 한정하고 그 이혼사유 중 다섯 가지는 상대방측의 유책원인이 있는 사례를 열거하고 있어 유책주의를 취한 것처럼 보이나, 다른 한편 '기타 혼인을 계속하기 어려운 중대한 사유'를 이혼사유로 포함시키고 있어제840조 이 사유가 상대방의 유책성을 의미하는 것인가 또는 파탄의 사유가 존재함을 의미하는 것인가에 관해 의문의 여지를 남기고 있다. 이에 관해서는 가족법학자들 사이에 학설이 대립해 왔다.

:: **적 극 설** 유책배우자의 이혼청구를 받아들여 혼인을 해소시켜야 한다는 견해이다. 첫째, 근대법에서 혼인은 자유의사의 존중을 기초로 하는 이상 그 계속을 강제하는 것은 오히려 반도덕적이라고 한다. 둘째, 실질을 잃어버리고 형식화된 혼인을 법의 강제에 의해 유지시키는 것은 개인의 인격을 기틀로 하는 혼인의 윤리성에 어긋난다고 한다. 셋째, 민법은 기타 중대한 사유를 이혼원인으로 규정함으로써 파탄주의에 접근하고 있다고 한다. 그 결과 기타 중대한 사유가 있는 경우에 양 당사자가 이혼청구권을 갖게 된다고 한다. 단 이혼청구권의 행사가 윤리에 어긋나는 때에는 권리남용의 법리에 의해 그 행사가 제한될 수 있다고 한다. 그 밖에 협의이혼은 자유로 할 수 있도록 하면서 재판상 이혼만 억제하는 것은 균형이 안 맞는다는 점, 억지로 혼인을 유지시킴으로써 사실혼이 증가하고 자녀의 행복을 빼앗게 된다는 점, 유책배우자는 상대방에게 손해

배상 및 부양을 충분히 하면 된다는 점들이 근거로 제시된다.

:: **소극설** 유책배우자가 낸 이혼청구를 배척하여 혼인을 계속시켜야 한다는 견해이다. 그 근거로서는, 첫째, 일시 부부의 화합이 깨진 일이 있더라도 서로 최선을 다해 그 장애를 극복하도록 법이 도와주어야 한다. 둘째, 부정을 저지른 부부 일방이 이를 이유로 이혼을 청구하는 것은 도덕이 허용하지 않으므로 법이 자신의 비행의 결과를 주장하는 자에게 원조해서는 안 된다고 한다. 셋째, 그 이혼청구는 신의성실, 권리남용의 원칙에 어긋나며, 대부분 남성인 유책배우자의 이혼청구로부터 약자인 여성이 보호되어야 한다. 만약 이를 허용한다면 축출이혼을 시인하는 결과로 되어 약자인 여성에게 매우 불리하게 된다고 한다. 넷째, 상대방 배우자로서는 이혼하여 손해배상을 받는 것보다 혼인을 계속하여 생활비를 부양받고 부부공동재산을 사용하는 편이 유리하다고 한다.

:: **제한적 소극설** 유책배우자의 이혼청구는 원칙적으로 배척되어야 하지만, 예외적으로 허용할 필요가 있다는 견해이다. 그 근거로서는 이혼의 윤리성, 약자보호 등이 거론된다. 특히 우리 법이 이혼 후 전배우자의 부양청구권을 인정하지 않으므로 축출이혼에 대비한 여성의 보호가 필요하다고 한다. 우리 민법은 유책주의를 원칙으로 삼으면서도 유책주의의 단점을 파탄주의로써 보완하려는 취지라고 해석되므로 제한적 소극설이 타당하다고 생각한다. 제한적 소극설은 다음의 경우에 예외적으로 이혼을 허용한다. ① 모든 사정으로 보아 피청구인에게도 이혼의사가 있다고 판단되는 경우_{이혼불응이 단지 보복의 목적으로 행해지는 경우도 포함}, ② 청구인의 유책적 행위가 혼인파탄의 주요한 원인이 아닌 경우, ③ 혼인파탄의 원인이 청구인과 피청구인에게 같은 정도로 있거나 또는 피청구인 쪽이 더 큰 경우 등이다.

■ 이혼의 유책주의에 관한 판례의 입장 ■

대법원에서는 1965년 이래 1985년까지 유책배우자의 이혼청구를 완전히 불허하는 소극설을 취하였다. 그러나 1986년 이래로는 예외적으로 유책배우자의 이혼청구를 인용함으로써 제한적 소극설을 취하고 있다. 판례의 기본적인 입장은 유책배우자의 이혼청구는 허용되지 않는다는 것이나, 상대방 배우자에게도 혼인을 계속할 의사가 없음이 분명한 경우에까지 파탄된 혼인의 계속을 강제하려는 취지는 아니다. 유책자의 이혼청구에 대하여 상대방이 이혼의 반소를 제기하거나, 오기나 보복적 감정에 기인한 표면적 이혼불응과 달리 혼인 계속과 양립할 수 없는 행위를 하는 등 이혼의 의사가 객관적으로 명백한 경우에는 유책배우자의 이혼청구라도 인정해야 한다는 것이다대법원 1987. 4. 14. 선고 86므28 판결. 이 사건은 아내가 남편을 간통죄로 고소하여 복역하고 의사 자격을 박탈당하게 한 후 냉대한 경우이다. 최근의 판례는 유책배우자의 이혼청구는 원칙적으로 허용되지 않는다고 하면서도, 유책배우자의 이혼청구가 허용될 수 있는 예외를 좀더 자세히 밝힌 바 있다대법원 2015. 9. 15. 선고 2013므568 전합의체 판결. 즉, 상대방 배우자도 혼인을 계속할 의사가 없어 일방의 의사에 따른 이혼 내지 축출이혼의 염려가 없는 경우는 물론, 나아가 이혼을 청구하는 배우자의 유책성을 상쇄할 정도로 상대방 배우자 및 자녀에 대한 보호와 배려가 이루어진 경우, 세월의 경과에 따라 혼인파탄 당시 현저하였던 유책배우자의 유책성과 상대방 배우자가 받은 정신적 고통이 점차 약화되어 쌍방의 책임의 경중을 엄밀히 따지는 것이 더 이상 무의미할 정도가 된 경우 등과 같이 혼인생활의 파탄에 대한 유책성이 이혼청구를 배척해야 할 정도로 남아 있지 아니한 특별한 사정이 있는 경우에는 예외적으로 유책배우자의 이혼청구를 허용할 수 있다고 하였다.

:: 유책주의에 입각한 판례는 다음의 것이 있다. 아내의 불임원인난관폐색증으로 별거에 합의하고 남편이 다른 여자와 동거함으로써 부부간에 불화가 생긴 경우에, 축첩을 한 남편은 애정의 냉각을 이유로 재판상 이혼을 청구할 수 없다대법원 1965. 9. 21. 선고 65므37 판결. 남편이 아내를 떠남으로써 부부 사이에 이미 20년간의 별거상태가 계속되고 그동안 아내가 다른 남자와 사실상 혼인했다가 사별하고 남편은 다른 여자와 사실혼관계를 계속하고 있더라도, 남편이 혼인생활파탄의 원인을 전적으로 제공하였으므로 유책자의 이혼청구는 허용될 수 없다대법원 1974. 6. 11. 선고 73므29 판결.

:: 유책성을 비교한 판례가 있다. 유책배우자의 유책성은 혼인파탄의 원인이 된 사실에 기초하여 평가하여야 할 것이고, 이미 혼인관계가 파탄이 된 이후에 일어난 일을 가지고 따질 것은 아니다. 일방 배우자의 책임 있는 사유로 인하여 혼인생활이 파탄에 빠지게 된 이후에 상대방이 재판상 이혼사유에 해당할 수도 있는 잘못을 저질렀다고 하더라도 그 정도가 상대방의 유책사유로 인한 혼인의 파탄과는 관계없이 저질러졌다거나 그 정도가 상대방의 유책사유에 비하여 현저하게 책임이

무거운 것이라는 등의 특별한 사정이 없는 한 당초 책임 있는 배우자는 이혼을 청구할 수 없다대법원 1998. 7. 14. 선고 98므282 판결. 남편의 시험낙방으로 생긴 부부불화는 혼인생활의 장애에 불과할 뿐 파탄은 아니다대법원 2000. 4. 29. 선고 99므2261 판결. :: 근래에는 파탄주의에 접근한 판례가 많이 나왔다. 파탄의 책임이 양쪽에 있는 경우에 이혼을 허용했다. 남녀가 다시 부부로 돌아가는 것이 불가능하고 부부관계의 파탄에 남편과 아내 모두에게 책임이 있으므로 유책배우자의 이혼청구라도 인용해야 한다대법원 1986. 3. 25. 선고 85므85 판결. 이 사건은 남편이 결혼식 직후 일본에 강제징용되자 그 후 각각 다른 자와 사실혼관계를 맺어 자녀를 출생한 경우이다. '혼인을 계속하기 어려운 중대한 사유가 있을 때'란 혼인의 본질에 상응하는 부부공동 생활관계가 회복할 수 없을 정도로 파탄되고, 그 혼인생활의 계속을 강제하는 것이 일방 배우자에게 참을 수 없는 고통이 되는 경우를 말하며, 이를 판단함에 있어서는 혼인계속 의사의 유무, 파탄의 원인에 관한 당사자의 책임 유무, 혼인생활의 기간, 자녀의 유무, 당사자의 연령, 이혼 후의 생활보장 기타 혼인관계의 제반사정을 두루 고려하여야 한다. 부부의 혼인관계가 돌이킬 수 없을 정도로 파탄된 경우, 그 파탄의 원인이 이혼청구인에게 전적으로 또는 주된 책임을 물어야 할 사유로 조성되었거나 청구인의 책임이 피청구인의 책임보다 더 무겁다고 인정되지 않는 한 청구인의 이혼청구는 인용되어야 한다대법원 1991. 7. 9. 선고 90므1067 판결. 혼인관계가 파탄에 이르렀음이 인정되는 경우에는 원고의 책임이 피고의 책임보다 더 무겁다고 인정되지 아니하는 한 원고의 이혼청구는 인용되어야 하는 것이므로, 원심은 원고와 피고의 각 책임의 유무 및 경중을 가려보아야 한다대법원 1994. 5. 27. 선고 94므130 판결.

판례는 상대방에게도 혼인계속의 의사가 없는 경우에 이혼을 허용하였다. 상대배우자의 허영, 냉대, 혼인생활거부 등의 귀책사유로 인하여 파경에 이른 뒤 유책배우자가 다른 여자와 부정한 관계를 맺는 등 쌍방의 책임으로 파경이 심화되어 부부관계를 정상으로 되돌릴 수 없을 만큼 중대한 상태가 야기되었을 뿐만 아니라 상대방 배우자가 내심으로 유책배우자와의 혼인을 계속할 의사가 없으면서도 표면상으로만 이혼에 불응하고 있다면 비록 유책배우자에게 다른 여자와 부정한 관계를 맺은 잘못이 있다 하더라도 이미 파탄된 혼인의 해소를 바라는 유책배우자의 이혼청구를 인용함이 상당하다대법원 1987. 9. 22. 선고 86므87 판결. 혼인생활의 파탄에 대하여 주된 책임이 있는 배우자는 그 파탄을 사유로 하여 이혼을 청구할 수 없는 것이 원칙이고, 다만 상대방도 그 파탄 이후 혼인을 계속할 의사가 없음이 객관적으로 명백하고 다만 오기나 보복적 감정에서 이혼에 응하지 않고 있을 뿐이라는 등 특별한 사정이 있는 경우에만 예외적으로 유책배우자의 이혼청구권이 인정된다대법원 1993. 11. 26. 선고 91므177 판결. 자녀 교육문제 등으로 부부싸움이 잦아지고 그 과정에서 피고가 원고에게 폭력을 행사하는 일도 발생함으로써 불화가 심화되고 서로에 대한 애정과 신뢰가 상실되었으며 별거 전 10년 가까이 성관계가 없었던 부부의 경우에, 혼인관계가 그 바탕이 되어야 할 애정과 신뢰가 상실되어 회복할 수 없을 정도로 파탄되었고, 그 혼인생활의 계속을 강제하는 것이 원고에게 참을 수 없는 고통이 된다고 보기에 충분하며, 나아가 그 파탄의 원인에 대한 원고의 책임이 피고의 책임보다 더 무겁다고 인정되지도 않으므로, 원고의 이혼청구는 인용되어야 한다고 하였다대법원 2007. 12. 14. 선고 2007므1690 판결. 甲과 乙 사이의 11년이 넘는 장기간의 별거, 甲과 丙 사이의 사실혼관계 형성 및 자의 출산 등 제반사정을 고려하여 甲과 乙의 혼인은 혼인의 본질에 상응하는 부부공동생활 관계가 회복할 수 없을 정도로 파탄되었고, 그 혼인생활의 계속을 강제하는 것이 일방 배우자에게 참을 수 없는 고통이 된다고 하여, 비록 '유책배우자'의 이혼청구라 하더라도 甲과 乙의 혼인에는 민법 제840조 6호의 '혼인을 계속하기 어려운 중대한 사유가 있을 때'라는 이혼원인이 존재한다고 하였다대법원 2009. 12. 24. 선고 2009므2130 판결.

구체적 이혼원인

법률이 열거하는 다섯 개의 구체적 이혼원인이 있는 경우에는 재판상 이혼의 청구가 비교적 쉽게 받아들여진다.

:: **부정행위** 부정행위란 정조의무에 위반하는 모든 행위를 말하며 간통보다는 넓은 개념이다대법원 1963. 3. 13. 선고 63다54 판결. 부정한 행위란 간통보다 넓은 개념으로 간통에 이르지 않았더라도 부부의 정조의무에 반하는 일체의 행위를 말한다대법원 1993. 4. 9. 선고 92므938 판결. 혼인 후의 부정한 행위만이 이혼사유가 된다. 약혼단계에서 부정한 행위를 한 때에는 여기의 부정행위에 해당하지 않는다대법원 1991. 9. 13. 선고 91므85 판결. 남편의 동의 없는 제 3 자의 정액에 의한 인공수정과 같은 기계적인 것은 여기의 부정행위에 포함되지 않는다. 심신상실상태하에서 행한 행위 또는 강간을 당한 경우 등은 부정한 행위라고 할 수 없다. 부정한 행위가 있었더라도 다른 일방이 사전에 동의하였거나 사후에 용서를 한 경우에

이혼청구를 할 수 없다. 그리고 부정한 행위를 안 날부터 6월이 경과하거나 그 사유가 있는 날부터 2년을 경과하면 이혼을 청구하지 못한다민법 제841조. 다른 일 방이 사전의 동의나 사후의 용서를 한 때에는 이혼청구를 할 수 없지만, 남편의 부정 사실을 알면서 아내가 부부생활을 계속한 경우라 하더라도 남편의 부정한 행위를 용서한 것으로 볼 수 없다대법원 1955. 7. 28. 선고 4288민상214 판결. 첩계약妾契約 은 본처本妻의 동의 유무를 불문하고 선량한 풍속에 반하는 사항을 내용으로 하 는 법률행위로서 무효일 뿐만 아니라 위법한 행위이므로, 부첩관계에 있는 부夫 및 첩은 특별한 사정이 없는 한 그로 인하여 본처가 입은 정신상의 고통에 대하 여 배상할 의무가 있고, 이러한 손해배상책임이 성립하기 위하여 반드시 부첩관 계로 인하여 혼인관계가 파탄에 이를 필요까지는 없고, 한편 본처가 장래의 부 첩관계에 대하여 동의하는 것은 그 자체가 선량한 풍속에 반하는 것으로서 무 효라고 할 것이나, 기왕의 부첩관계에 대하여 용서한 때에는 그것이 손해배상청 구권의 포기라고 해석되는 한 그대로의 법적 효력이 인정될 수 있다대법원 1998. 4. 10. 선고 96므1434 판결. 고령이고 중풍으로 정교능력이 없어 실제로 정교를 갖지 는 못하였다 하더라도 배우자 아닌 자와 동거한 행위는 배우자로서의 정조의무 에 충실치 못한 것으로서 '부정한 행위'에 해당한다대법원 1992. 11. 10. 선고 92므68 판결.

:: **악의의 유기** 악의의 유기란 정당한 이유 없이 동거·부양·협조의 의무를 이행하지 않고 다른 일방을 버린 경우를 말한다. 일방이 악의로 상대방의 의사 에 반하여 부부공동생활을 폐지하는 것을 말한다. 청구인이 이혼을 요구하였으 나 피청구인이 불응하자 청구인이 집을 나와 입산하여 비구승이 됨으로써 부부 가 10년 넘게 별거하게 되고 현재에 이르러서는 서로의 배타적 신앙생활로 인 한 애정의 결핍과 장기간의 별거로 혼인관계가 돌이킬 수 없는 파탄에 빠져있 는 것이라면, 이러한 파탄은 청구인이 정신적으로 완전하지 아니한 피청구인을 악의로 유기함에서 비롯되었다대법원 1990. 11. 9. 선고 90므583 판결.

정당한 이유 없이 배우자를 버리고 부부공동생활을 폐지하는 경우에 악의의 유기에 해당하며, 단순히 배우자의 일방이 상대방의 의사에 반하여 소지품을 가 지고 친정에 간 사실만으로서는 악의로서 배우자를 유기한 것이라 할 수 없다.

이 사건에서는 아내피고가 친가로 간 것은 그 부모의 권고에 의하여 산후 요양을 하기 위함이었으므로 악의의 유기를 인정할 수 없다대법원 1959. 5. 28. 선고 4291민상 190 판결.

악의의 유기라 함은 정당한 이유없이 배우자를 버리고 부부공동생활을 폐지하는 것을 말하는바, 가정불화가 심화되어 처 및 자녀들의 냉대가 극심하여지자 가장으로서 이를 피하여 자제케 하고 그 뜻을 꺾기 위하여 일시 집을 나와 별거하고 가정불화가 심히 악화된 기간 이래 생활비를 지급하지 아니한 것뿐이고 달리 부부생활을 폐지하기 위하여 가출한 것이 아니라면 악의의 유기에 해당할 수 없다대법원 1986. 6. 24. 선고 85므6 판결.

:: **배우자 또는 그 직계존속에 의한 심히 부당한 대우** 부당한 대우란 정신적·신체적 학대 또는 명예의 훼손을 말한다. '심히'라고 함은 동거를 계속하는 것이 고통스러울 정도를 의미한다. 이혼은 혼인관계의 지속을 강요하는 것이 가혹할 정도의 폭행·학대·모욕이 가해졌을 때에 인정된다대법원 1999. 11. 26. 선고 99므180 판결.

배우자로부터 심히 부당한 대우를 받았을 때라 함은 혼인관계의 지속을 강요하는 것이 참으로 가혹하다고 여겨질 정도의 폭행이나 학대 또는 모욕을 받았을 경우를 말하고 가정불화의 와중에서 서로 격한 감정에서 오고간 몇 차례의 폭행 및 모욕적인 언사는 그것이 비교적 경미한 것이라면 이는 민법 제840조 3호 소정의 심히 부당한 대우를 받았을 때에 해당하지 않는다대법원 1986. 6. 24. 선고 85므6 판결.

과거에는 부부가 같이 살 수 없는 중대한 모욕과 학대에 관하여 대법원이 봉건적인 해석을 하였다. 남편원고의 와병 중 아내피고가 간호하지 아니하고 아무 말 없이 외출하고 외박하는 일, 남편에게 정신적 고통을 주는 욕설을 하는 것 등은 구 민법에서 재판상 이혼사유에 해당하는 부부가 같이 살 수 없는 중대한 모욕과 학대에 해당하며, 아내의 행동이 남편의 탈선행위에 원인이 있다면 어떠한 탈선행위에 연유되었는가를 밝히지 아니하고서는 아내의 행위를 정당화시킬 수 없다고 하였다대법원 1962. 1. 18. 선고 4293민상694 판결.

:: **자기의 직계존속에 대한 심히 부당한 대우** 제840조 3호의 사유 중 직계존속

에 의한 것과 4호의 사유에 대해서는 봉건적 가족제도의 유물로 현대의 가족관계의 변화부부와 미성년의 자로 구성되는 핵가족화에 따라 이를 삭제하여야 한다는 주장이 있다.

:: **3년 이상의 생사불명** 생사불명의 원인은 묻지 않으며, 실종선고와 직접 관계가 없다. 3년의 기산점은 최후의 소식이 있었던 때이다.

기타의 혼인을 계속하기 어려운 중대한 사유

재판상 이혼사유로서 기타 사유가 무엇인가는 사회의 변화에 맞게 해석해 내야 한다. 여기의 기타 사유는 부부 공동생활이 회복할 수 없을 정도로 파탄되고 혼인계속의 강제가 일방배우자에게 참을 수 없는 고통이 되는 경우를 의미하는 것으로 해석된다. 이를 판단함에 있어서는 혼인계속 의사의 유무, 파탄의 원인에 관한 당사자의 책임 유무, 혼인생활의 기간, 자녀의 유무, 당사자의 연령, 이혼 후의 생활보장, 기타 혼인관계의 제반 사정을 두루 고려하여야 한다대법원 1991. 7. 9. 선고 90므1067 판결. 이와 같은 여러 사정을 고려하여 보아 부부의 혼인관계가 돌이킬 수 없을 정도로 파탄되었다고 인정된다면 그 파탄의 원인에 대한 원고의 책임이 피고의 책임보다 더 무겁다고 인정되지 않는 한 이혼청구는 인용되어야 한다대법원 2010. 7. 15. 선고 2010므1140 판결.

:: **성관계거부 등** 부당한 피임, 성병의 감염, 이유 없는 성관계의 거부, 성적 불능 등이 이에 해당한다. 부부간의 성관계는 혼인의 본질적 요소이므로 성적 불능 기타 부부 상호간의 성적 요구의 정상적인 충족을 저해하는 사실이 존재하는 경우, 이는 '혼인을 계속하기 어려운 중대한 사유'가 될 수 있으므로, 정당한 이유 없이 성교를 거부하거나 성적 기능의 불완전으로 정상적인 성생활이 불가능한 경우에는 혼인을 계속하기 어려운 중대한 사유가 있다고 할 것이나, 전문적인 치료와 조력을 받으면 정상적인 성생활로 돌아갈 가능성이 있는 경우에는 일시적인 성기능의 장애가 있거나 부부간의 성적인 접촉이 단기간 부존재하더라도 그 정도의 성적 결함만으로는 '혼인을 계속하기 어려운 중대한 사유'가 될 수 없다대법원 2009. 12. 24. 선고 2009므2413 판결. 혼인 후 약 2년간 성관계를 맺지

않은 사실만으로는 '혼인을 계속하기 어려운 중대한 사유'가 있다고 하기 어렵다고 판단하였다.

:: **성기능 장애** 부부 중에 성기능의 장애가 있거나 부부간의 성적인 접촉이 부존재하더라도 부부가 합심하여 전문적인 치료와 조력을 받으면 정상적인 성생활로 돌아갈 가능성이 있는 경우에는 그러한 사정은 일시적이거나 단기간에 그치는 것이므로 그 정도의 성적 결함만으로는 '혼인을 계속하기 어려운 중대한 사유'가 될 수 없으나, 그러한 정도를 넘어서서 정당한 이유 없이 성교를 거부하거나 성적 기능의 불완전으로 정상적인 성생활이 불가능하거나 그 밖의 사정으로 부부 상호간의 성적 욕구의 정상적인 충족을 저해하는 사실이 존재하고 있다면, 부부간의 성관계는 혼인의 본질적인 요소임을 감안할 때 이는 '혼인을 계속하기 어려운 중대한 사유'가 될 수 있다대법원 2010. 7. 15. 선고 2010므1140 판결. 갑과 을이 혼인한 이후 7년 이상의 기간 동안 한 차례도 성관계를 갖지 못하고 이러한 이유 등으로 불화를 겪다가 별거생활을 하게 된 사안에서, 정신과 전문의에 대한 감정 등 증거조사를 통하여 갑과 을에게 어떠한 성적 결함이 있는지 여부, 그러한 결함이 아니더라도 갑과 을 상호간에 정상적인 성생활을 갖지 못하게 된 다른 원인이 있는지 여부, 또한 그러한 결함이나 그 밖에 정상적인 성생활을 저해하는 다른 원인 등이 당사자들의 노력에 의하여 용이하게 극복될 수 있는 것인지 등에 관하여 더 심리한 연후에, 갑과 을의 혼인관계가 과연 회복할 수 없을 정도로 파탄에 이르렀는지, 파탄에 이르렀다면 그 귀책사유가 누구에게 어느 정도 있는지 여부를 가렸어야 한다고 하여, 갑과 을의 혼인관계가 더 이상 회복할 수 없을 정도로 파탄되었다고 인정하기 어렵다고 본 원심판결을 파기하였다.

:: **정신질환** 판례는 정신질환의 경우에 사안에 따라 이혼을 인정한다. 부부의 일방이 정신병적인 증세를 보여 혼인관계를 유지하는 데 어려움이 있다고 하더라도 그 증상이 가벼운 정도에 그치는 경우라든가 회복이 가능한 경우인 때에는 그 상대방 배우자는 사랑과 희생으로 그 병의 치료를 위하여 진력을 다하여야 할 의무가 있는 것이고, 이러한 노력도 하여 보지 않고 정신병 증세로 인하

여 혼인관계를 계속하기 어렵다고 주장하여 곧 이혼청구를 할 수는 없다대법원 1995. 5. 26. 선고 95므90 판결. 처에게 발생한 조울증이 장기간 지속되어 회복이 거의 불가능한 정신질환으로 바뀐 경우에, 남편에게 계속하여 배우자로서의 의무에 따라 한정 없는 정신적·경제적 희생을 감내한 채 처와의 혼인관계를 지속하고 살아가라고 하기에는 지나치게 가혹하여 이혼사유에 해당한다대법원 1997. 3. 28. 선고 96므608 판결.

:: **정신적 갈등** 회복가능성이 없는 애정상실, 성격불일치, 불화에 의한 장기간의 별거, 혼전부정으로 인한 갈등, 자에 대한 정신적·육체적 가해, 신앙의 차이 또는 광신, 알콜중독·마약중독 등이 이에 해당한다. 신앙생활과 가정생활이 양립할 수 없는 객관적 상황이 아님에도 상대방 배우자가 부당하게 양자택일을 강요하기 때문에 부득이 신앙생활을 택하여 혼인관계가 파탄에 이르렀다면 그 파탄의 주된 책임은 양자택일을 강요한 상대방에게 있다고 할 것이므로 이 배우자의 이혼청구는 허용할 수 없다대법원 1981. 7. 14. 선고 81므26 판결.

:: **경제적 파탄원인** 부의 방탕, 가계를 돌보지 않는 처의 난맥행위·낭비벽·불성실 또는 지나친 사치 등이 이에 해당한다. 아내원고가 혼인 초기부터 남편피고의 경제적 무능과 책임감 결여로 사실상 홀로 생계유지를 떠맡아 오느라 적지 않은 고통을 받아왔음에도, 남편이 이를 덜어주기는커녕 도박과 투기적 경제활동으로 다액의 채무까지 지고 그 과정에서 아내를 신용불량자로 만들어 버리는 등 오히려 그 고통을 가중시켜 온 점 등을 고려하여 사실상 파탄된 혼인에 대한 아내의 이혼청구를 받아들였다대법원 2007. 12. 14. 선고 2007므1690 판결.

:: **황혼이혼** 가부장적 권위주의, 극도의 궁핍생활의 강요를 통한 상당한 재산의 축적, 의처증 증세, 지나친 학대 등의 경우에 오랜 동안의 혼인관계에 있었더라도 이혼청구가 인용된다대법원 2000. 9. 5. 선고 99므1886 판결.

:: **제척기간** 기타 원인으로 인한 이혼사유는 다른 일방이 이를 안 날로부터 6월, 그 사유가 있은 날로부터 2년을 경과하면 이혼을 청구하지 못한다민법 제842조.

재판상 이혼의 절차

넓은 의미의 재판상 이혼은 조정에 의한 경우와 판결에 의한 경우로 나뉜다.

:: **조정에 의한 이혼** 재판상 이혼의 경우에 가사소송법은 조정전치주의를 채용하고 있기 때문에, 재판상 이혼을 하고자 하는 사람은 우선 가정법원에 조정을 신청해야 한다. 당사자 사이의 조정에서 이혼에 관한 합의가 성립되어 그것을 조서에 기재하는 경우에는 그 기재는 재판상 화해와 동일한 효력이 있기 때문에, 이혼은 성립되며 이 경우를 '조정에 의한 이혼'이라고 한다.

:: **판결에 의한 이혼** 조정에서 이혼에 대한 합의가 이루어지지 않거나 법원의 결정에 의해서 조정이 성립되지 않은 때에는, 조서등본이 송달된 날로부터 2주일 이내 또는 조서송달 전에 당사자는 서면으로 제소신청을 할 수 있다.

이혼판결은 선고로 그 효력이 생긴다. 가정법원의 이 판결에 대하여 불복이 있으면 항소법원에 항소할 수 있으며, 항소법원의 판결에 대하여도 불복이 있으면 대법원에 상고할 수 있다.

:: **자녀양육에 관한 사항** 재판상 이혼의 경우 양육에 관한 사항의 협의가 이루어지지 아니하거나 협의할 수 없는 때에는 가정법원은 직권으로 양육자, 양육비용의 부담, 면접교섭권의 행사 여부 및 그 방법에 관하여 정할 수 있고, 재판상 이혼의 경우 가정법원은 직권으로 친권자를 정할 수 있다. 법원은 직권으로 자녀의 양육에 관한 사항들을 정할 수 있으므로 이혼당사자가 자녀에 관해 아무런 청구를 하지 않았더라도 이혼에 관한 판결이 가능하다대법원 2009. 12. 24. 선고 2009므2130 판결.

4. 이혼 후의 가족관계

이혼으로 인한 가족관계의 변동

이혼의 효과로서 부부의 법률관계는 소멸한다. 혼인법률혼이 해소되는 것이다. 이혼 후에는 양 당사자 사이에 배우자로서의 법률관계가 없어진다. 이혼한 각 당사자는 독신으로 되어 다시 혼인하는 것이 가능하게 된다. 부부관계의 존속을 전제한 동거, 부양, 정조를 둘러싼 각 당사자의 상대방에 대한 권리와 의무는 소멸한다. 혼인에 의하여 배우자의 혈족과의 사이에 생긴 인척관계는 이혼으로 종료한다민법 제775조 1항. 부모가 이혼하더라도 자녀와의 가족관계에 영향을 미치지 않는다. 부자父子관계와 모자母子관계는 이혼 후에도 그대로 존속한다. 혼인중에 남편의 아이를 임신한 아내가 이혼 후에 출생한 경우에 그 아이는 혼인중의 출생자이다. 아이에게는 혼인중에 출생한 경우와 다름이 없다. 혼인관계종료의 날로부터 300일 내에 출생한 자는 혼인중에 포태한 것으로 추정한다민법 제884조 2항.

이혼 후 자녀의 친권자
이혼한 후에도 부자관계, 모자관계는 유지되지만 부모가 부부로서 동거하지 않으므로, 아버지 또는 어머니 중 누가 아이를 양육할 것인지, 누가 친권을 행사할 것인지 등에 관하여 양자의 의견이 충돌하는 경우가 많다.

:: **친권자의 결정** 친권자는 협의상 이혼이든 재판상 이혼이든 이혼 당시에 정해짐이 원칙이다. 친권자를 변경할 필요가 있는 때에는 협의나 가정법원의 조정 및 심판을 통해서 변경할 수 있다. 부모가 이혼하는 경우에는 부모의 협의로 친권자를 정하여야 하고, 협의할 수 없거나 협의가 이루어지지 아니하는 경우에는 가정법원은 직권으로 또는 당사자의 청구에 따라 친권자를 지정하여야 한다. 다만, 부모의 협의가 자子의 복리에 반하는 경우에는 가정법원은 보정을 명하거나 직권으로 친권자를 정한다민법 제909조 4항. 혼인의 취소, 재판상 이혼의 경우에도 가정법원은 직권으로 친권자를 정한다민법 제909조 제5항. 가정법원은 자의 복리를 위하여 필요하다고 인정되는 경우에는 자의 4촌 이내의 친족의 청구에 의하여 정하여진 친권자를 다른 일방으로 변경할 수 있다민법 제909조 6항.

:: **이혼 후 단독친권자가 사망한 경우** 종래에는 부부가 이혼한 후에 어느 한쪽이 자의 단독친권자로 있다가 사망한 경우 다른 한쪽의 부모가 당연히 친권자가 되는가, 아니면 친권자가 없는 경우에 해당되어 후견이 개시될 것인가가 문

제되었고, 판례는 친권행사자로 지정되지 않았던 부나 모가 친권을 행사하는 것으로 해석하였다대법원 1994. 4. 29. 선고 94다1302 판결. 그러나 친권부활설은 부모중심사상의 가부장적 이데올로기를 바탕으로 한다는 비판을 받았고, 2011. 5. 19. 민법 제909조의2가 신설되어 이 문제는 입법적으로 해결되었다. 단독친권자인 부모의 일방이 사망하면 생존하는 부 또는 모, 미성년자, 친족은 그 사실을 안 날로부터 1개월, 사망한 날부터 6개월 내에 가정법원에 생존하는 부 또는 모를 친권자로 지정할 것을 청구할 수 있고, 그 기간 내에 청구가 없으면 법원이 직권 또는 신청에 의하여 미성년후견인을 선임할 수 있다.

자녀의 양육자

현행법은 자녀의 복지를 위하여 부모가 이혼을 하기 전에 자녀의 양육자 및 친권자를 반드시 결정하도록 요구한다민법 제837조. 과거에는 협의 또는 재판을 거쳐 이혼함에 있어 자녀의 양육에 관한 사항을 정하지 않아도 무방하였다. 협의상 이혼에 관한 가정법원의 확인절차에 있어서 양육자 및 양육비부담자를 확인함으로써 부모의 무책임한 이혼으로 자녀가 피해를 입지 않도록 배려하도록 변경되었다. 이혼에 관하여 조정이나 심판이 행해질 때에도 자녀의 양육에 관한 협의가 있는지를 확인하고 협의가 없었던 경우에는 직권으로 양육에 관한 사항을 정하도록 개선되었다. 당사자는 그 자의 양육에 관한 사항을 협의에 의하여 정한다. 이 협의는 다음의 사항을 포함하여야 한다. ① 양육자의 결정, ② 양육비용의 부담, ③ 면접교섭권의 행사 여부 및 그 방법. 양육자는 부모 중 일방이 되는 것이 보통이지만 쌍방이 공동양육하는 것도 가능하며, 그 밖에 제 3 자에게 양육을 맡기는 것도 가능하다. 아이가 여럿인 경우에 부모가 나누어 양육하는 경우도 많다.

양육에 관한 사항의 협의가 이루어지지 아니하거나 협의할 수 없는 때에는 가정법원은 직권으로 또는 당사자의 청구에 따라 이에 관하여 결정한다. 이 경우 가정법원은 자구의 의사意思·연령과 부모의 재산상황, 그 밖의 사정을 참작하여야 한다. 가정법원은 자의 복리를 위하여 필요하다고 인정하는 경우에는 부·

모·자子 및 검사의 청구 또는 직권으로 자의 양육에 관한 사항을 변경하거나 다른 적당한 처분을 할 수 있다. 이혼당사자의 양육에 관한 합의가 있었더라도, 상황의 변경 때문에 그 양육방법을 변경할 필요가 생겼고, 그럼에도 불구하고 새로운 협정이나 재판이 있을 때까지 종전에 정해진 양육방법을 고수한다면 피양육자의 원만한 보호가 심히 어려워지는 급박한 사유가 있다면 임시로 종전의 협정을 변경할 수 있다대법원 1992. 1. 21. 선고 91므689 판결.

이러한 원칙은 양육에 관한 사항 외에는 부모의 권리의무에 변경을 가져오지 아니한다. 그러므로 상속권, 부양의무 등은 친권자에게 그대로 존속하며, 미성년자가 혼인할 때에는 부모 쌍방의 동의가 있어야 한다. 자녀에 대한 법정대리권이나 자의 법률행위에 대한 동의권도 친권자에게 있다.

양육비의 지급

자녀의 양육자가 정해지면, 미성년 자녀를 직접 양육하지 아니하는 부 또는 모가 미성년 자녀를 양육하는 부 또는 모에게 일정한 양육비를 지급하기로 결정한다. 그러나 양육비 지급의무가 있으면서도 이를 제대로 이행하지 않는 부 또는 모의 비율은 전체 양육비 채무자의 절반에 가까운 것으로 조사되고 있다. 한부모가구의 평균 소득이 전체 가구소득에 비하여 매우 낮은 실정에서 양육비를 제대로 지급받지 못하는 이혼여성이 자녀들을 키우기란 쉽지 않은 실정이다.

이러한 문제점을 지적하면서 국가가 먼저 양육비를 지급하고 양육비 채무자에게 구상하는 방식의 국가 양육비 선지급제의 도입을 촉구하거나, 양육비 미지급자를 형사처벌하는 방안을 고려하여 달라는 목소리가 있다. 이와 관련하여 「양육비 이행확보 및 지원에 관한 법률」이 제정되어 2015년 3월부터 시행되고 있는바, 자녀 양육에 대한 경제적 어려움을 겪는 한부모가정이 양육비의 원활한 이행을 확보할 수 있도록 지원 체계를 마련하고, 한시적 양육비 긴급 지원제도를 통하여 미성년 자녀가 최소한의 생존권을 누릴 수 있도록 지원함으로써 미성년 자녀의 안전한 양육 환경을 조성하는 것을 목적으로 한다. 특히 이 법의 개정으로 2018. 9. 28.부터는 양육비를 지급하지 않은 비양육부모에 대하여 당사자의 동의 없이 소득과 재산 조사가 가능해졌다. 그러나 여전히 소득 신고를 하지 않는 방식으로 재산을 숨기거나 주소지를 계속 옮기는 비양육부모를 대상으로 양육비 지급을 강제할 수는 없다. 여성가족부는 이런 비양육부모에 대해 운전면허를 정지하거나 취소하는 방안을 포함한 '양육비 이행강화방안'을 마련하고 있다.

친권과 양육권의 관계

친권과 양육권은 가족법상 구별되는 개념이다.

:: 친권은 자녀의 신분에 관한 권리의무신분행위에 관한 대리권 및 동의권, 재산에 관한 권리의무재산관리, 재산적 법률행위에 관한 대리권 및 동의권, 영업허락, 양육에 관한 권리의무를 포함한다. 친권자의 양육에 관한 권리의무에는 자녀의 보호, 교육, 징계, 거소지정, 자녀의 인도청구권, 양육비의 부담 등이 있다.

:: 양육권이란 아이를 보호하고 교육할 권리의무인데, 그에 필요한 거소를 지정하거나 징계를 할 권리를 포함한다. 양육자가 아닌 자가 아이를 억류하는 경우에는 아이의 인도청구권도 양육권에 포함된다. 단 양육권에 반드시 양육비의 부담의무가 수반되는 것은 아니다. 양육자는 아이의 부모의 타방제3자가 양육하는 경우에는 쌍방에게 양육비를 청구할 수 있다.

친권자와 양육자는 동일인이 될 수도 있고 각각 다른 사람으로 정해질 수도 있다. 친권자와 양육자가 동일인인 경우에는 친권과 양육권이 충돌할 염려는 없다. 그러나 다른 사람일 경우에는 친권이 양육권에 의하여 제한받게 되어 양육권의 범위를 제외한 내용으로 한정된다. 그러나 제3자에 의한 불법억류에 대한 아이의 인도청구권의 경우에는 친권자와 양육권자가 모두 인도청구권을 갖지만 양육권자의 권리가 우선한다고 해석된다. 실제 아이의 충분한 보호 및 교육을 위해서는 친권자와 양육자가 동일인인 것이 바람직하다.

■ 이혼 후 자녀양육에 관한 판례 ■

부모가 이혼하는 경우에 부모 중 누구를 미성년인 자의 친권을 행사할 자 및 양육자로 지정할 것인가를 정함에 있어서 고려하여야 할 요소는 다음과 같다.

자의 양육을 포함한 친권은 부모의 권리이자 의무로서 미성년인 자의 복지에 직접적인 영향을 미치므로 부모가 이혼하는 경우에 부모 중 누구를 미성년인 자의 친권을 행사할 자 및 양육자로 지정할 것인가를 정함에 있어서는, 미성년인 자의 성별과 연령, 그에 대한 부모의 애정과 양육의사의 유무는 물론, 양육에 필요한 경제적 능력의 유무, 부 또는 모와 미성년인 자 사이의 친밀도, 미성년인 자의 의사 등의 모든 요소를 종합적으로 고려하여 미성년인 자의 성장과 복지에 가장 도움이 되고 적합한 방향으로 판단하여야 한다대법원 2010. 5. 13. 선고 2009므 1458,1465 판결.

수년간 별거해 온 갑과 을의 이혼에 있어, 별거 이후 갑부이 양육해 온 9세 남짓의 여아인 병에 대한 현재의 양육상태를 변경하여 을모을 친권행사자 및 양육자로 지정한 원심에 대하여, 현재의 양육상태에 변경을 가하여 을모을 병에 대한 친권행사자 및 양육자로 지정하는 것이 정당화되기 위하여는 그러한 변경이 현재의 양육상태를 유지하는 경우보다 병의 건전한 성장과 복지에 더 도움이 된다는 점이 명백하여야 함에도, 단지 어린 여아의 양육에는 어머니가 아버지보다 더 적합할 것이라는 일반적 고려만으로는 위와 같은 양육상태 변경의 정당성을 인정하기에 충분하지 아니하다는 이유로 원심판결을 파기하였다대법원 2010. 5. 13. 선고 2009므1458,1465 판결.

자녀에 관한 면접교섭권

양육권을 갖지 않은 아버지나 어머니가 다른 사람이 보호, 양육하고 있는 미성년자인 자녀를 만나고 교류를 가질 권리를 말한다. 면접교섭권은 부모에게 주어진 고유의 권리이다자연권. 민법은 이혼의 효과로서 "자를 직접 양육하지 않는 부모 중 일방은 면접교섭권을 가진다"고 규정한다민법 제837조의2, 제843조. 혼인 외의 자를 가진 부모에게도 그 자녀를 양육하지 않는 경우에 면접교섭권을 인정할 필요가 있다. 그 밖에 혼인이 취소된 경우 및 사실혼이 해소된 경우에도 부모의 면접교섭권이 인정되어야 한다.

부모와 자녀의 친자관계는 이혼에 관계없이 계속되는 것이고 그들 사이는 혈육의 정으로 맺어져 있어 그를 인위적으로 단절하는 것은 인정에 어긋나는 부자연스러운 일이며, 자녀에게도 부모와 계속 교류함으로써 정서의 안정과 교육

효과를 꾀할 수 있으므로 부모에게 면접교섭권이 인정될 실익이 있다. 과거에는 이혼 후 같이 살지 않는 부모와의 만남은 아이의 정서불안을 가져오고 양육자의 통제를 약화시키므로 불필요하다는 반론도 제기되었다. 현행법은 부모로서의 천부적 권리로서 면접교섭권을 인정한다. 면접교섭권은 일신전속권으로서 부모의 생존중 계속 보유하는 권리이다. 합의에 의하여 일시적으로 행사를 정지할 수는 있지만 영구적으로 포기할 수는 없다. 친권과는 달리 면접교섭권을 행사하여야 할 의무가 발생하지 않는다. 참고로 부모 외에 조부모 등에게도 면접교섭권을 인정할 것인지에 대한 논의가 있었는데, 2016년 개정 민법은 자녀를 직접 양육하지 아니하는 부모 일방의 직계존속은 그 부모 일방이 사망하였거나 질병, 외국거주, 그 밖에 불가피한 사정으로 자녀를 면접교섭할 수 없는 경우 가정법원에 자녀와의 면접교섭을 청구할 수 있다민법 제837조의2 제2항고 하여 제한적인 범위에서 면접교섭권을 확장하였다. 이 경우 가정법원은 자녀의 의사意思, 면접교섭을 청구한 사람과 자녀의 관계, 청구의 동기, 그 밖의 사정을 참작하여야 한다.

　:: **면접교섭의 방법**　면접교섭권의 내용은 구체적인 사정에 따라 달라질 수 있다. 면접의 빈도, 시간, 장소, 숙박 여부는 당사자의 구체적인 사정을 고려하여 협의, 조정, 심판에 의해 정해진다. 면접장소와 관련하여 면접교섭권자가 자녀가 사는 곳을 방문할 권리를 갖는 경우도 있고, 면접교섭권자를 자녀가 방문하도록 하는 경우도 있으며 그 밖에 제3의 장소에서 한정하여 만나도록 하는 경우도 있다. 교섭은 서신교환, 전화, 선물증정 등을 포함한다.

　:: **면접교섭의 제한**　가정법원은 자의 복리를 위하여 필요한 때에는 당사자의 청구에 의하여 면접교섭을 제한하거나 배제할 수 있다민법 제837조의2 3항. 면접교섭권자에게 전염병, 정신병 등의 면접이나 교섭에 나쁜 질병이 있거나 면접 또는 교섭이 아이에게 교육적으로 나쁜 영향을 미치거나 미칠 우려가 있다고 객관적으로 판단되는 경우에 그러하다. 면접교섭권의 제한이나 배제는 전면적으로 금지시킬 수도 있고, 면접이나 한정된 교섭방법만을 금지시킬 수도 있으며, 또는 양육자의 입회하에 면접시키는 방법 등으로 제한할 수도 있다.

∷ **면접교섭권의 침해에 대한 구제**　친권이나 양육권을 가지는 부 또는 모가 상대방의 면접교섭을 방해하거나 부인하는 경우에 간접강제를 할 수 있다. 또한 면접교섭권의 방해, 부인이 자의 복리를 현저하게 해하는 경우에는 양육자의 변경 또는 친권상실의 사유가 된다.

손해배상청구와 재산분할청구

　이혼에 따른 재산적 효과로서 손해배상청구권과 재산분할청구권이 인정된다이들에 관해서는 다음에 설명함.

　∷ **손해배상청구권**　이혼을 한 때에는 당사자 일방은 과실 있는 상대방에 대하여 이로 인한 손해의 배상을 청구할 수 있다. 이 경우에 재산상 손해 외에 정신상 고통에 대하여도 손해배상의 책임이 있다. 정신상 고통에 대한 배상청구권은 양도 또는 승계하지 못한다. 그러나 당사자 간에 이미 그 배상에 관한 계약이 성립되거나 소를 제기한 후에는 그러하지 아니하다. 상대방의 유책행위로 인하여 부득이하게 이혼하게 된 배우자는 과실 있는 자에 대하여 재산상의 손해와 정신상의 고통에 대한 손해배상을 청구할 수 있다민법 제843조에 의한 제806조의 준용. 재판실무에서는 이혼하게 된 당사자가 상대방에 대하여 재산상의 손해를 청구하는 경우는 거의 찾을 수 없고, 정신상의 고통에 대한 손해배상만을 청구하는 것이 대부분이다. 이혼으로 인한 정신상 고통에 대한 배상을 일반적으로 '이혼위자료'라고 부른다. 손해배상청구를 하기 위해서는 가정법원에 먼저 조정을 신청하여야 한다.

　∷ **재산분할청구권**　이혼 후에 부부는 공동으로 소유하던 재산과 공동으로 이룩한 재산에 대하여 당연히 분할을 하여 나누어 가져야 한다. 그 밖에 재산이 많은 일방배우자가 타방배우자에 대하여 이혼 후 부양, 위자료지급 등의 의미를 담은 재산분할을 해 주는 것이 타당하다. 협의상 이혼 또는 재판상 이혼한 자의 일방은 다른 일방에 대하여 재산분할을 청구할 수 있다. 재산분할에 관하여 협의가 되지 아니하거나 협의할 수 없는 때에는 가정법원은 당사자의 청구에 의하여 당사자 쌍방의 협력으로 이룩한 재산의 액수 기타 사정을 참작하여 분할

의 액수와 방법을 정한다. 재산분할청구권은 이혼한 날부터 2년을 경과한 때에는 소멸한다.

■ 간통에 따른 손해배상 ■

배우자 있는 부녀와 간통행위를 하고, 이로 인하여 그 부녀가 배우자와 별거하거나 이혼하는 등으로 혼인관계를 파탄에 이르게 한 경우 그 부녀와 간통행위를 한 제3 자상간자는 그 부녀의 배우자에 대하여 불법행위를 구성하고, 따라서 그로 인하여 그 부녀의 배우자가 입은 정신상의 고통을 위자할 의무가 있다고 할 것이나, 이러한 경우라도 간통행위를 한 부녀 자체가 그 자녀에 대하여 불법행위책임을 부담한다고 할 수는 없고, 또한 간통행위를 한 제3 자상간자 역시 해할 의사를 가지고 부녀의 그 자녀에 대한 양육이나 보호 내지 교양을 적극적으로 저지하는 등의 특별한 사정이 없는 한 그 자녀에 대한 관계에서 불법행위책임을 부담한다고 할 수는 없다대법원 2005. 5. 13. 선고 2004다1899 판결.

5. 이혼에 따른 재산분할청구권

재산분할청구권의 의의

재산분할청구권이란 부부가 이혼을 하는 경우 일방당사자가 타방당사자에게 재산을 분할하여 줄 것을 청구하는 권리를 말한다. 부부관계가 원만히 이루어지고 있을 때에는 부부의 재산이 누구의 명의로 되어 있든지 별로 문제될 것이 없으나, 이혼으로 인하여 혼인생활이 끝나게 될 때에는 부부의 재산관계를 일단 청산할 필요가 생긴다. 이때에 이혼당사자의 일방이 다른 일방에 대하여 재산의 분할을 청구할 수 있는 권리를 재산분할청구권이라고 한다.

재산분할청구권의 제도적 의의는 ① 헌법의 양성평등의 이념을 구체화하여 아내의 가사노동의 가치를 평가해 주고 그에 상응하는 재산취득을 인정한다는 점, ② 고유재산 외에 부부가 협력하여 취득한 재산은 부부의 공동재산으로서 귀속시킨다는 점, ③ 이혼의 자유를 실질적으로 보장한다는 점 등에서 찾을 수 있다.

민법은 "협의상 이혼한 자의 일방은 다른 일방에 대하여 재산분할을 청구할 수 있다"고 하며 이 규정을 재판상 이혼에 준용한다민법 제839조의2 1항, 제843조. 재산분할에 관하여 협의가 되지 아니하거나 협의할 수 없는 때에는 가정법원은 당사자의 청구에 의하여 당사자 쌍방의 협력으로 이룩한 재산의 액수 기타 사정을 참작하여 분할의 액수와 방법을 정한다. 재산분할청구권은 이혼한 날로부터 2년을 경과한 때에는 소멸한다.

재산분할제도의 기능

재산분할제도는 결혼생활 중 공동으로 취득한 재산에 대해서 여성이 자신의 지분을 확보하는 권리수호적 측면을 가진다. 다른 한편, 이혼 후 경제능력이 없는 처의 생활을 보장해 주기 위한 생활부조의 측면도 갖는다. 부부가 결혼생활 중 서로 협력하여 이룩한 재산은 그 명의자 개인의 것이 아니라 부부공동의 소유라고 보아야 한다. 그러나 혼인중에 취득한 재산을 부남편의 명의로 해 놓은 경우가 많았으며 처의 기여가 전혀 반영되지 않았기 때문에 이혼을 하는 경우 처는 매우 불리한 위치에 놓였었다. 재산분할청구권은 부부 중 재산의 명의자가 아닌 일방의 잠재적 지분을 청산하는 제도이다. 그리고 부부 중 생활능력이 약한 일방에 대해서 이혼 후에도 생활능력이 있는 다른 일방이 부양의무를 진다는 의미도 일부 갖는다. 이혼 후의 생활대책이 서있지 않는 사람은 이혼의 의사결정에 있어서도 자유롭지 못하다. 경제적 상황에 대한 걱정 때문에 실질적으로 이혼의 자유가 침해되는 것을 막기 위해서 재산분할을 통한 이혼 후의 생활을 보장해 줄 필요가 있다.

재산분할청구권의 성질

재산분할청구권은 신분관계를 기초로 하는 재산권이다. 이 청구권은 재산적 성격을 갖는 채권이지만 부부라는 신분관계로부터 기인하는 권리라는 점에서 재산법의 채권과 약간 다르다. 이 청구권은 당사자 사이에 맺어진 신탁계약, 명의신탁계약, 부부재산계약 등의 합의로부터 발생하는 것이 아니라 법률의 규정으로부터 발생하는 법정채권이다. 재산분할청구권은 자기의 몫을 분배받기 위한 것이므로 증여 및 손해배상청구권과 다르며, 또한 채무자의 일반재산을 대상으로 하므로 특정물에 관한 권리인 공유물분할청구권과도 다르다.

이혼배우자의 일방이 다른 일방에게 재산의 분할을 청구할 수 있는 법이론적 근거가 무엇인가 하는 '재산분할청구권의 성질'에 관해서는 학설상 견해가 나누어져 있다.

:: **청 산 설** 혼인중에 이룬 재산은 부부 공동의 협력에 의한 것이므로 이혼시에는 당연히 그 기여도에 따라 분배되어야 한다는 견해이다. 부부별산제에서는 실질적으로는 부부의 협력에 의해 형성·축적된 부부재산이라 하더라도 형식적으로는 남편 명의의 재산으로 귀속·처리되는 것이 일반적인 경향이라 할 수 있으므로 이혼에 의해 혼인이 해소될 때에는 혼인중의 재산축적에 대한 처의 가사노동에 대한 대가가 평가·반영되는 것이 마땅하며, 그렇기 때문에 처에게 부명의의 재산에 대한 잠재적 지분의 반환을 인정하는 것이 공평하다는 것이다.

:: **부 양 설** 이혼으로 인하여 생활이 어렵게 된 배우자에 대한 부양적 성질을 지니고 있다고 해서 부양적 요소를 강조하는 견해이다. 과거 부부였던 자가 생활고에 허덕이는 것을 방치해서는 안 된다는 구배우자에 대한 구제책으로서 재산분할이 인정된다고 한다. 배우자 사이의 부양청구권은 이혼 후에도 혼인의 사후효事後效로서 인정되어야 한다고 주장한다.

:: **위자료설** 이혼할 때에 유책배우자가 무책배우자에 대해 지급해야 하는 위자료로서의 성질을 가지고 있다고 보아 재산분할청구권의 위자료적 요소를 강조하는 견해이다. 그러나 민법은 이혼 후 무책배우자의 유책배우자에 대한 손해배상청구권 내지 위자료청구권을 재산분할과 별도로 인정하고 있기 때문에 현행법 아래에서는 타당하지 않다. 그리고 장래 이혼에 관한 추세가 유책주의에서 파탄주의로 옮겨 가고 있으므로 재산분할청구권의 성격에 관한 위자료설은 더욱 설 자리를 잃어 가고 있다.

:: **복 합 설** 재산을 분할함에 있어서는 재산분배와 이혼 후 생활을 유지할 수 있도록 하는 부양적 요소를 모두 고려해야 한다는 견해이다. 법문상으로 보

여성을 위한 **법**

아도 이러한 해석이 가능하다고 보는데, 즉 혼인 해소시에 부부의 실질적 공동재산을 그 재산의 형성유지에 기여한 쌍방의 기여도에 따라 공평하게 분배하는 것이 청산적 재산분할이며 이것은 '당사자 쌍방의 협력으로 이룩한 재산'이라는 법문의 해석을 통하여 추론할 수 있다. 따라서 청산적 성질을 재산분할제도의 중심적 요소라고 보고 있다. 다른 한편 혼인이란 일평생의 결합으로서 부부는 서로 장래의 생활보장에 대한 기대를 갖게 되기 때문에, 이혼 후의 부양은 이혼으로 상실하게 된 기대에 대한 보충으로써 인정된다고 본다. 부양적 요소는 법문상 '기타의 사정으로'에서 참작되어야 할 것이라고 한다. 부양적 요소는 혼인 계속기간이 짧거나 협력으로 이룩한 재산이 적거나 정신병, 행방불명으로 이혼하는 경우에, 공동재산의 청산이나 이혼위자료에 의해서도 이혼 후의 생활이 곤란한 때에 청산적 재산분할을 보충하는 정도로 고려된다.

:: **청산과 부양** 혼인생활 중 형성된 재산은 배우자의 역할분담, 즉 배우자 일방의 소득생활과 다른 일방의 가사노동에 의하여 이루어진 결과라는 점을 중시해야 한다. 혼인생활은 이러한 쌍방의 역할분담에 의하여 유지·존속되는 것이며, 축적된 재산은 혼인중에 당사자 쌍방의 협력으로 이룩한 재산이며 쌍방의 공유재산이다. 따라서 이혼을 하게 되면 이 재산은 당사자가 공평하게 청산하는 것이 합리적이다. 이런 측면에서 보면 재산분할은 청산의 성격을 갖는다. 그리고 우리나라에서는 이혼 후 배우자의 부양제도가 없으므로, 이를 감안하여 혼인중 쌍방의 협력으로 이룩한 재산이 적어서, 일방당사자가 스스로 부양을 하지 못하고, 타방은 급부능력이 있는 때에는 법원은 '기타 사정을 참작하여' 더 많은 재산의 분할을 할 수 있도록 하는 것이 타당하다. 결론적으로 재산분할청구권은 청산과 부양이 결합된 성격을 띤다.

■ 이혼시 재산분할의 성격 ■

판례는 이혼시 재산분할청구권을 혼합적인 성격을 띤 것으로 본다. 기본적으로는 이혼에 따른 재산분할은 혼인중 쌍방의 협력으로 형성된 공동재산의 청산이라는 성격에 상대방에 대한 부양적 성격이 가미된 제도라고 하였다대법원 2000. 9.

29. 선고 2000다25569 판결.

이혼에 있어서 재산분할은 부부가 혼인중에 가지고 있었던 실질상의 공동재산을 청산하여 분배함과 동시에 이혼 후에 상대방의 생활유지에 이바지하는 데 있지만, 분할자의 유책행위에 의하여 이혼함으로 인하여 입게 되는 정신적 손해위자료를 배상하기 위한 급부로서의 성질까지 포함하여 분할할 수도 있다고 할 것인바, 재산분할의 액수와 방법을 정함에 있어서는 당사자 쌍방의 협력으로 이룩한 재산의 액수 기타 사정을 참작하여야 하는 것이 민법 제839조의2 2항의 규정상 명백하다대법원 2001. 5. 8. 선고 2000다58804 판결, 사해행위 불인정.

재산분할청구의 요건

:: **당사자에 관한 요건** ① 법률혼 부부 : 재산분할청구권은 원칙적으로 법률혼의 관계에 있던 배우자간에 인정된다. ② 사실혼에의 유추적용 : 부부재산의 청산의 의미를 갖는 재산분할에 관한 규정은 부부의 생활공동체라는 실질에 비추어 인정되는 것이므로 사실혼관계에도 준용 또는 유추적용할 수 있다대법원 1995. 3. 10. 선고 94므1379 판결.

:: **이혼에의 부수성** 재산분할청구권은 이혼하는 경우에만 인정된다. 청구권의 발생시기가 이혼시일 뿐이고, 이혼을 협의하거나 조정 또는 심판하는 경우에 장래의 확보를 위해 미리 청구하는 것은 무방하다. 실제로 재산분할을 해 주는 조건으로 협의에 응하는 경우도 많다. 이혼 후또는 이혼소송과 별도로 재산분할을 청구소송상 청구 소송외 청구 모두 포함하는 것도 무방하다. 재산분할의 합의가 있었더라도 이혼의 형태를 달리하는 경우협의이혼 또는 재판상 이혼에도 무효이다. 이혼하기 전에 한 재산분할협의는 장차 협의상 이혼이 이루어질 것을 조건으로 한 것이므로, 재판상 이혼화해, 조정 포함의 경우에 그 협의는 조건 불성취로 효력이 발생하지 않는다 대법원 2000. 10. 24. 선고 99다33458 판결. 이혼이 무효 또는 취소되는 경우에는 재산분할청구권도 소급적으로 소멸한다.

:: **이혼사유 및 유책성 불문** 이혼사유가 무엇이든 이혼이 누구의 잘못으로 인한 것이든 관계없이 재산분할이 이루어진다. 처가 가사노동을 분담하는 등 내조를 통하여 부의 재산의 유지·증가에 기여하였다면 비록 처가 상대방과 이혼할

때까지 가사에 충실하지 아니한 채 가출하여 낭비하고 부정행위를 하였다고 하더라도 이 사정은 재산분할의 액수와 방법을 정함에 있어서 참작할 사유는 될 수 있지만, 그 사정만으로 재산분할의 대상이 되지 아니한다고 볼 수는 없다대법원 1993. 5. 11.자 93스6 결정.

:: **제척기간** 재산분할청구권의 행사는 이혼한 후 2년을 경과하기 전에 실행되어야 한다. 재산분할청구권은 이혼한 날부터 2년을 경과한 때에는 소멸한다제839조의2 3항. 2년의 기간은 제척기간이므로 이혼 후 2년 이내에 소송을 제기해야 한다.

재산분할청구 보전을 위한 사해행위취소권

이혼이 예상되는 경우 재산분할청구가 될 것을 대비하여 재산권을 타에 처분하는 것을 막을 수 있을까? 이와 관련하여 2007년 민법 개정에서는 부부의 일방이 다른 일방의 재산분할청구권 행사를 해함을 알면서도 재산권을 목적으로 하는 법률행위를 한 때에는 다른 일방은 그 취소 및 원상회복을 가정법원에 청구할 수 있다는 점을 명문으로 규정하였다민법 제839조의3. 따라서 아직 이혼이 성립하지 않아서 재산분할청구권이 발생하지 않았더라도, 상대방 배우자를 해할 의사를 가지고 재산을 처분하였다면 향후 발생할 재산분할청구권의 보전을 위하여 채권자취소권을 행사할 수 있다.

재산분할의 종류

이혼시 재산분할방법에는 협의분할과 심판분할의 두 가지 방법이 있다.

:: **협의분할** 이혼당사자는 재산분할에 관한 사항을 합의에 의해 정할 수 있다. 분할액과 이행방법은 원칙적으로 당사자의 협의에 맡겨져 있다. 재산분할에 관한 협의는 혼인중 당사자 쌍방의 협력으로 이룩한 재산의 분할에 관하여 이미 이혼을 마친 당사자 또는 아직 이혼하지 않은 당사자 사이에 행하여지는 협의를 가리키는 것으로, 아직 이혼하지 않은 당사자가 장차 협의상 이혼할 것을 약정하면서 이를 전제로 하여 위 재산분할에 관한 협의를 하는 경우에 있어서

는 그 협의 후 당사자가 약정한 대로 협의상 이혼이 이루어진 경우에 한해서 그 협의의 효력이 발생한다대법원 2001. 5. 8. 선고 2000다58804 판결.

혼인중 부부가 각자 소유 재산의 반을 서로에게 분배하고 재산분배가 완료된 후 이혼하기로 약정한 경우, 부부가 재산정리를 먼저 한 후 이혼을 하기로 약정하였다고 하더라도 그 약정의 취지는 협의이혼 여부에 관계없이 재산을 분할하겠다는 취지가 아니라, 협의이혼이 성립하는 것을 전제로 재산을 분할하되 협의이혼을 먼저 할 경우 협의이혼 성립 후 부부 일방이 재산분할에 관한 약정을 불이행하여 야기될 수 있는 번거로움을 피하기 위한 것일 뿐이라는 이유로, 그 재산분할약정은 재산분할에 관한 협의로서 여전히 협의이혼의 성립을 조건으로 하고 있다고 판단된다대법원 2000. 10. 24. 선고 99다33458 판결.

:: **심판분할** 재산분할에 관하여 협의가 되지 않거나 협의할 수 없는 때에는 가정법원은 당사자의 청구에 의하여 당사자 쌍방의 협력으로 이룩한 재산의 액수 기타 사정을 참작하여 분할의 액수와 방법을 정하는데 이 경우를 심판분할이라고 한다민법 제839조의2 2항.

재판상 이혼 후 또는 재판상 이혼과 함께 재산분할을 원하는 당사자로서는, 이혼성립 후 새로운 협의가 이루어지지 아니하는 한, 이혼소송과 별도의 절차로 또는 이혼소송 절차에 병합하여 가정법원에 재산분할에 관한 심판을 청구하여야 한다. 협의이혼을 전제로 재산분할의 약정을 한 후 재판상 이혼이 이루어진 경우, 이에 따라 가정법원이 재산분할의 액수와 방법을 정함에 있어서는 그 협의 내용과 협의가 이루어진 경위 등을 민법 제839조의2 2항 소정 '기타 사정'의 하나로서 참작하게 될 것이다. 이 경우 당초의 재산분할에 관한 협의의 효력이 유지됨을 전제로 하여 민사소송으로써 그 협의 내용 자체의 이행을 구할 수는 없다대법원 1995. 10. 12. 선고 95다23156 판결.

분할되는 재산

:: **배우자명의 재산** 배우자의 명의로 보유하는 권리는 물권이든, 채권이든, 유가증권이든 분할의 대상이 된다. 부부 일방의 특유재산이라 할지라도 다른 일

방이 적극적으로 그 특유재산의 유지에 협력하여 그 감소를 방지하였거나 그 증식에 협력하였다고 인정되는 경우에는 재산분할의 대상이 될 수 있다. 다른 사람 명의로 명의신탁된 재산이라도 실질적으로 부부 중 일방의 소유에 속하는 한 재산분할의 대상이 된다대법원 1993. 6. 11. 선고 92므1054 판결. 부부가 이혼하면서 "남편은 아내에 대하여 향후 재산분할, 부당이득반환 등 소송을 제기하지 아니한다"는 내용의 조정을 한 경우, 위 조정에 이르게 된 경위 및 부제소 합의의 문언에 비추어 보았을 때, 위 조정 당시 소를 제기하지 않기로 합의된 부분은 '재산분할, 부당이득 등 명목 여하를 불문하고 아내 명의로 등기·등록된 재산 또는 부부 사이에 소유권의 귀속에 관하여 다툼이 있는 재산에 관하여 남편이 아내를 상대로 소유권의 이전을 구하는 소송'에 한정된다고 할 것이고, 더 나아가 남편 소유임이 명백한 재산에 관하여 그 소유권에 기하여 소를 제기하는 것까지 금하는 것은 아니다청주지방법원 2005. 7. 22. 선고 2004가단3970·23547 판결. 재판상 이혼을 전제로 한 재산분할에 있어 분할의 대상이 되는 재산과 그 액수는 이혼소송의 사실심 변론종결일을 기준으로 하여 정한다.

재산분할청구권은 상대방의 재산 전체에 대해 포괄적으로 행사할 수 있는 재산적 청구권이다. 분할의 대상이 민법 제830조 2항에서 말하는 부부공유재산에 한정되는 것은 결코 아니다. 오히려 상대방의 특유재산에 대하여 분할청구를 하는 것이 보통이다부부재산제에 관한 설명 참조. 제3자 명의의 재산이라도 그것이 부부 중 일방에 의하여 명의신탁된 재산 또는 부부의 일방이 실질적으로 지배하고 있는 재산으로서 부부 쌍방의 협력에 의하여 형성된 것, 부부 쌍방의 협력에 의하여 형성된 유형·무형의 자원에 기한 것 또는 그 유지를 위하여 상대방의 가사노동 등이 직·간접으로 기여한 것이라면 그와 같은 사정도 참작하여야 한다는 의미에서 재산분할의 대상이 된다. 합유재산이라는 이유만으로 이를 재산분할의 대상에서 제외할 수는 없고, 다만 부부의 일방이 제3자와 합유하고 있는 재산 또는 그 지분은 이를 임의로 처분하지 못하므로, 직접 당해 재산의 분할을 명할 수는 없으나 그 지분의 가액을 산정하여 이를 분할의 대상으로 삼거나 다른 재산의 분할에 참작하는 방법으로 재산분할의 대상에 포함하여야 한다대법원

:: **쌍방의 협력으로 이룩한 재산** 재산분할청구권의 대상이 되는 재산은 '당사자 쌍방의 협력으로 이룩한 재산'이다. 쌍방의 협력이란 개념에는 소득활동을 하지 않는 처의 육아 및 가사활동이 포함된다. 부부의 재산은 대체로 특유재산, 공유재산, 실질적 공유재산으로 나누어 볼 수 있다.

:: **특유재산** 부부 각자의 소유로 되는 재산으로서 혼인 전부터 각자가 소유하는 고유재산, 혼인중에 부부의 일방이 제 3 자예. 부모 등로부터 상속이나 증여받은 것, 그러한 재산으로부터 생긴 수익, 그리고 각자의 장신구나 의복 등과 같이 각자의 전유물이라고 보이는 재산이 이에 속한다. 이러한 재산은 원칙적으로는 분할청구의 대상이 아니다. 그러나 이 경우에도 타방이 적극적으로 그 재산의 유지에 협력하여 그 감소를 방지하였다고 보이는 경우에는 이를 분할의 대상으로 삼을 수 있다는 것이 통설적인 견해이며, 판례도 같은 입장이다. 아내가 가사를 전담하는 외에 가업으로 24시간 개점하는 잡화상 연쇄점에서 경리업무를 전담하면서 잡화상경영에 참가하여 가사비용의 조달에 협력하였다면 특유재산의 감소방지에 일정한 기여를 하였다고 할 수 있어 특유재산이 재산분할의 대상이 된다대법원 1994. 5. 13. 선고 93므1020 판결.

:: **실질적 공유재산** 부부의 공유에 속하는 재산으로서 부부가 합의하여 공유로 한 재산, 부부공동명의로 취득한 재산, 혼인중에 공동생활을 위하여 취득한 가재도구家財道具 등은 이에 속한다. 이러한 재산이 분할대상이 되는 것은 당연하다. 그 밖에 명의는 부부의 일방에 속해 있으나 실질적으로는 부부의 공유에 속하는 재산으로서, 혼인중에 부부가 협력하여 취득한 가옥, 대지 기타의 부동산, 부부공동생활의 기금이 되는 예금 · 주식 등으로서 부부 일방의 명의로 되어 있는 것은 실질적 공유재산에 속한다. 이러한 재산이 재산분할의 중심 쟁점이 된다. 부부의 일방이 혼인중에 자기 명의로 취득한 재산은 그 명의자의 특유재산으로 추정되지만, 실질적으로 다른 일방 또는 쌍방이 그 재산의 대가를 부담하여 취득한 것이 증명된 때에는 특유재산의 추정은 번복되어 다른 일방의 소유이거나 쌍방의 공유라고 보아야 한다. 아내 명의 부동산의 주된 매입자금이 남

편의 수입이지만 아내의 적극적인 재산증식 노력이 있었던 경우, 이를 부부 공유재산으로 볼 여지가 있다고 보아, 이를 아내의 특유재산으로 인정한 원심판결을 파기한 판례가 있었다대법원 1995. 10. 12. 선고 95다25695 판결.

:: **무형재산** 전문직자격, 사업의 명성과 신용 같은 무형재산도 재산분할청구권의 대상이 된다. 분할대상 재산에는 부동산, 예금, 주식 같은 유형재산뿐만 아니라 특허권, 저작권 같은 무형재산도 포함된다. 무형재산으로는 장래의 퇴직금이나 연금수급권의 취득, 보험, 기타의 수입은 물론 영업상의 신용의 확립, 의사·변호사 등의 전문적인 자격취득에 대한 협력·공헌 등을 들 수 있다. 전문직 자격, 경제적 가치 있는 명성 등을 신재산新財産, new property이라고 하여 이혼 시 분할의 대상으로 삼아야 한다는 입장이다. 다만, 판례 가운데에는 박사학위를 소지한 경제학교수로서의 재산취득능력은 청산의 대상이 되는 재산에 포함시킬 수 없고, 기타 사정으로 참착하면 충분하다고 한 것이 있다대법원 1998. 6. 12. 선고 98므213 판결.

:: **분할연금수급권** 혼인이 일정기간 이상 지속된 경우라면 비록 이혼한 후에도 배우자에게 연금, 보험금 등의 정기금 성격의 복지급여가 주어져야 한다. 국민연금법은 혼인기간이 5년 이상인 배우자 또는 배우자였던 자에게 '분할연금수급권'을 인정한다국민연금법 제64조 참조. 국민연금법을 적용할 때 배우자, 남편 또는 아내에는 사실상의 혼인관계에 있는 자를 포함한다. 혼인 기간배우자의 가입기간 중의 혼인 기간만 해당한다이 5년 이상인 자가 다음의 요건을 모두 갖추면 그때부터 그가 생존하는 동안 배우자였던 자의 노령연금을 분할한 일정한 금액의 연금분할연금을 받을 수 있다. ① 배우자와 이혼하였을 것, ② 배우자였던 사람이 노령연금 수급권자일 것, ③ 60세가 되었을 것. 여기의 분할연금액은 배우자였던 자의 노령연금액부양가족연금액은 제외한다 중 혼인기간에 해당하는 연금액을 균등하게 나눈 금액으로 한다. 분할연금을 청구할 권리는 앞에서 열거한 요건들을 모두 갖추게 된 때부터 5년 이내에 청구하여야 한다.

이와 유사한 취지에서 공무원연금법은, 혼인기간이 5년 이상인 자가 ① 배우자와 이혼하였을 것, ② 배우자였던 사람이 퇴직연금 또는 조기퇴직연금 수급권자일 것, ③ 65세가 되었을 것이라는 요건을 모두 갖춘 경우, 분할연금을 받을 수 있도록 규정하고 있다공무원연금법 제45조 참조.

:: **퇴직금** 일방 배우자가 퇴직하여 이미 수령한 퇴직금은 재산분할의 대상이 된다. 종래 판례는 이혼소송의 사실심 변론종결일 당시 직장에 근무하는 부부 일방의 퇴직과 퇴직금이 확정된 바 없으면 장래의 퇴직금을 분할의 대상이 되는 재산으로 삼을 수 없음이 원칙이지만, 그 뒤에 부부 일방이 퇴직하여 퇴직금을 수령하였고 재산분할청구권의 행사기간이 경과하지 않았으면 수령한 퇴직금 중 혼인한 때로부터 위 기준일까지의 기간중에 제공한 근로의 대가에 해당하는 퇴직금 부분은 분할의 대상인 재산이 된다고 하였다대법원 2000. 5. 2.자 2000스13 결정. 그러나 대법원은 이러한 태도를 변경하여 이혼 당시 부부 일방이 아직 재직 중이어서 실제 퇴직급여를 수령하지 않았더라도 이혼소송의 사실심 변론종결 시에 이미 잠재적으로 존재하여 경제적 가치의 현실적 평가가 가능한 재산인 퇴직급여채권은 재산분할의 대상에 포함시킬 수 있으며, 구체적으로는 이혼소송의 사실심 변론종결시를 기준으로 그 시점에서 퇴직할 경우 수령할 수 있을 것으로 예상되는 퇴직급여 상당액의 채권이 그 대상이 된다대법원 2014. 7. 16. 선고 2013므2250 전원합의체 판결.

:: **채 무** 당사자 일방이 혼인중 제3자에게 진 채무는 일상가사에 관한 것 이외에는 원칙적으로 그 개인의 채무이므로 청산의 대상이 되지 않는다. 그러나 주택융자금이나 혼인생활비용으로 쓰기 위한 차용금과 같이 공동재산의 형성에 수반하여 부담한 채무인 경우에는 청산의 대상이 된다. 부부 일방이 혼인중 제3자에게 부담한 채무는 일상가사에 관한 것 이외에는 원칙으로 개인채무로서 청산대상이 되지 않으나 공동재산의 형성에 수반하여 부담한 채무인 경우에는 청산대상이 된다대법원 1993. 5. 25. 선고 92므501 판결.

:: **과거의 혼인생활비용** 부부의 공동생활비용은 특별한 약정이 없으면 부부가 공동으로 부담하는데민법 제833조, 상대방이 이혼에 이르기까지 일정기간보통은 별거기간 동안 그 비용을 부담하지 않은 경우, 지급하지 않은 생활비용 분담금을 '기타 사정'의 하나로 재산분할에 포함시켜 청산할 수 있다.

:: **부양의 고려** 재산분할에 있어서의 부양적 요소는 혼인기간, 혼인중의 생활 정도, 유책성, 현재의 생활상황자산, 수입, 직업 등, 장래의 전망연령, 건강상태, 취업가능성, 재혼가능성, 자활능력 등, 요부양자 유무자녀의 양육상황, 청산적 재산분할 및 위자료 유무 등을 고려하여 판단하여야 한다. 서울가정법원은 "이혼 후 원고와 피고 쌍방의 생활능력, 그 밖의 심리에 나타난 제반사정을 고려하면"이라고 함으로써 이혼 후 의 부양을 고려하고 있음을 엿볼 수 있다서울가정법원 1991. 6. 7. 선고 89드58308 판결.

예물의 반환

혼인성립 후 얼마되지 않아약 1년 이내 이혼하는 경우에는 손해배상청구 이외에 결혼예물의 반환청구가 허용될 수 있다. 약혼예물의 수수는 약혼의 성립을 증명 하고 혼인이 성립한 경우 당사자 내지 양가의 정리를 두텁게 할 목적으로 수수되 는 것으로 혼인의 불성립을 해제조건으로 하는 증여와 유사한 성질을 가지므로, 예물의 수령자측이 혼인 당초부터 성실히 혼인을 계속할 의사가 없고 그로 인하 여 혼인의 파국을 초래하였다고 인정되는 등 특별한 사정이 있는 경우에는 신의 칙 내지 형평의 원칙에 비추어 혼인 불성립의 경우에 준하여 예물반환의무를 인 정함이 상당하나, 그러한 특별한 사정이 없는 한 일단 부부관계가 성립하고 그 혼인이 상당 기간 지속된 이상 후일 혼인이 해소되어도 그 반환을 구할 수는 없 으므로, 비록 혼인 파탄의 원인이 며느리에게 있더라도 혼인이 상당 기간 계속된 이상 약혼예물의 소유권은 며느리에게 있다대법원 1996. 5. 14. 선고 96다5506 판결.

재산분할의 실행

재산분할청구권은 당사자간의 협의 또는 재판상 청구를 통하여 행사할 수 있 다. 재산분할을 할 것인가의 여부와 그 액수, 방법은 우선 당사자가 협의하거나 조정에 의하여 정하게 된다가사소송법 제 2 조 1항 마류 4호. 그러나 협의가 되지 않거나 협의할 수 없을 때는 가정법원이 당사자의 청구에 의하여 "당사자 쌍방의 협력 으로 이룩한 재산의 액수 기타 사정을 참작하여 분할의 액수와 방법을 정한다"민법 839조의2 2항는 기준에 의하여 심판하게 된다. 이 경우 재산분할에 관한 구체적 결정은 최종적으로는 법관의 자유재량에 의하게 된다.

:: **분할의 방법** ① 재산의 전부 또는 일부를 현물로 양도하는 방법, ② 일정금액을 일시불로 지급하는 방법, ③ 일정금액을 분할 또는 정기급으로 지급하는 방법, ④ 장래 취득할 봉급, 연금 기타 수입의 일정비율에 대한 청구권을 부여하는 방법 등이 있다.

분할의 액수를 정함에 있어서는 ① 재산형성에의 직접적 기여도, ② 가사노동의 기여분, ③ 혼인생활의 기간, ④ 이혼 후 당사자의 자립가능성, ⑤ 기타 혼인생활 및 재산형성과 관련된 사정 등이 참작된다. 그리고 분할금액의 산정은 원칙적으로 최종 사실심리가 끝날 당시의 당사자 쌍방의 재산상태를 기준으로 하여 결정된다.

:: **산정기준시** 산정의 시기는 원칙적으로 사실심변론종결 당시의 당사자 쌍방의 재산상태를 기준으로 한다. 다만 사정에 따라서는 처의 보호를 위하여 별거한 때 또는 이혼할 때가 기준이 된다절충설. 왜냐하면 별거 또는 이혼시에는 부부재산이 청산될 것이 예견되고, 그 재산이 은닉 · 처분될 우려가 있기 때문이다.

:: **변 제 기** 이혼소송과 병합하여 재산분할청구를 하고 법원이 이혼과 동시에 재산분할로서 금전지급을 명하는 판결을 하는 경우에, 그 금전지급채무에 관하여는 판결이 확정된 다음 날부터 이행지체의 책임이 발생한다소송촉진특례법 제 3조 1항은 적용 안 됨; 대법원 2001. 9. 25. 선고 2001므725 판결.

가사노동 부분의 분할

재산분할에서 가사노동을 어떻게 평가할 것인가에 관하여는 많은 논의가 되어 왔다. 가사노동 부분을 금액으로 산정할지 아니면 총재산에 대한 비율로 산정할 것인지 하는 산정방법의 문제가 먼저 결정되어야 하는데, 총재산에 대한 일정 비율로 산정하는 경우가 더 많다. 가사노동을 금액으로 산정하는 경우라면, 가정관리자, 아동의 육아자 및 교육자, 영양사, 조리사, 세탁원, 청소부, 건물관리자, 은행업무 등의 잡무 처리자, 노인, 아이 기타 가족의 간호사 등으로 나누어 각 사항별 가치를 합계하거나 또는 남편의 수입, 생활수준, 재산상황 등을 고려하여 총체적으로 산정하는 방법을 이용할 수 있다.

부의 상속재산을 기초로 형성된 재산이라 하더라도 취득 및 유지에 처의 가사노동이 기여한 것으로 인정되는 경우 재산분할의 대상이 된다대법원 1993. 6. 11. 선고 92므1054 판결. 처 명의 부동산의 주된 매입자금이 부의 수입이지만 처의 적극적인 재산증식 노력이 있었던 경우, 이를 부부 공유재산으로 볼 여지가 있다대법원 1995. 10. 12. 선고 95다25695 판결. 이 사건에서 남편원고은 1963.경 순경으로 임명되어 1993. 10.경 총경으로 경찰관 생활을 마감할 때까지 30년 동안 경찰관으로서 일정한 수입을 얻어 온 반면, 아내피고는 1960.초경 원고와 결혼식을 올리고 동거하기 시작한 이래 일정한 직업이 없이 가정주부로서 가사에 종사하면서 5남매를 양육하여 온 사실, 피고는 위와 같이 가사에 종사하면서 원고로부터 받은 돈을 모아 틈틈이 계를 하여 재산을 증식시키기도 하고, 원고가 부동산 매매계약을 체결하면 위와 같은 방법으로 증식시킨 돈을 매매대금의 결제에 사용하기도 하고, 점포를 임대·관리하면서 받은 임대료 등을 모아 다시 새로운 부동산의 매입자금으로 사용하기도 하여 재산을 증식시켜 온 사실에 기초하여 남편 단독명의의 부동산에 대한 공유가 인정되었다.

재산분할비율에 관한 외국제도

독일은 부가이익공동제附加利益共同制를 취하는데, 이혼시 각 배우자의 재산액에서 혼인개시시의 재산액을 공제한 차액부가이익을 산출하여, 부가이익이 적은 배우자는 부가이익이 많은 배우자에 대하여 부가이익의 차액의 2분의 1을 청구할 수 있다독일민법 제1378조 1항. 재산의 청산비율이 법률로 규정되어 있는 대륙법계와는 달리 영국은 재산분할에 관하여 법관에게 재량권이 있다. 아내가 가사노동에만 종사한 경우에도 부부재산의 일정비율을 분할한다. 아내가 정기금지급을 원하지 않는 경우, 혼인중 거주하던 주택에 대한 재산권이 있는 경우, 혼인기간이 장기간 계속된 경우에는 분할비율이 높아진다. 미국에서는 부부재산제가 주州에 따라 다르게 규정된다. 초기에는 부부별산제가 많았으나 1970년대 이후 부부공유제community property system가 증가하는 추세이다. 부부별산제를 채택하고 있는 주에서는 이혼시 재산분할에 있어서 재산을 반씩 분할하는 동등분배Equitable Distribution를 원칙으로 한다통일 혼인 및 이혼법, UMDA 제307조. 결과적으로 부부별산제 하에서의 재산분할이나 부부공유제하에서의 재산분할이나 실제로는 큰 차이가 없다.

평등설과 기여도설

우리나라에서는 균분을 주장하는 견해와 각 사건에 따라 기여도를 정하자는 견해가 대립되어 있다. '평등설'은 혼인중 재산에 대한 기여도는 법률적으로 동등한 것으로 평가되어야 하므로 기여비율은 균등하다고 보는 견해이다. '기여도설'은 기여비율에 관한 획일적인 기준은 없으며, 각 사안마다 부부가 혼인중 재산의 형성에 기여한 내용에 따라 구체적인 기여도를 평가하여 기여비율을 확정하여야 한다는 견해이다. 평등설에 대하여 각 가정의 차이를 무시하고 모든 경우에 획일적으로 기여비율이 평등하다고 하는 것은 현실과 부합하지 않는다고 비판한다. 구체적인 사건에서 각자의 기여비율에 따라 재산분할의 비율을 확정하는 것이 타당하다.

현행법의 해석상 재산분할의 비율은 기준이 추상적이어서 분할의 확정은 법관의 재량에 맡겨지고 있다. 남편의 재산축적에의 기여도는 그 수입의 정도, 재산형성의 수완 등이 모두 다르다. 아내의 기여도는 전업주부인가, 취업 및 생산노동에 참가했는가, 그리고 그 노동의 내용, 종류, 정도에 따라 각각 다르게 판정된다.

재산분할의 기준, 비율을 다음과 같이 분류할 수 있다.

:: **맞벌이형** 부부가 함께 직장에 다닌 경우 처의 수입 및 가사, 육아에 대한 공헌을 고려하여 재산형성에 대한 기여도를 50% 인정한 판례가 많다. 그 밖에 40%, 1/3로 인정하는 경우도 있었는데, 거의 기여비율을 균등한 것으로 보고 있다.

:: **가업협력형**家業協力型 처의 기여분은 당해 사업에의 참가형태와 정도에 따라 결정되고, 그 외에 가사노동을 하였다면, 그 부분까지 합하여 기여비율을 정하게 될 것이다. 판례는 처의 기여비율을 30%에서 1/3, 35%, 40%, 45%, 50%까

여성을 위한 **법**

지 인정하였는데, 당해 영업에의 구체적인 참여정도에 따라 기여비율이 달라지게 된다.

:: **전업주부형**專業主婦型 일반적으로 앞의 두 유형에 비하여 기여비율이 낮은 편이나, 사안마다 기여비율이 일정치 않다. 그 구체적 비율은 각 사안마다 가사노동의 질과 양에 따라 달라질 것이다. 판례는 30%, 1/3, 40%, 50%까지 다양하게 인정한다. 전업주부로서 가사노동에만 종사하였던 경우에 기여도를 1/3로 인정한 사례가 제일 많았다.

재산분할금의 지급방법

재산분할금의 지급방법은 금전급부나 현물급부에 의한다. 현물급부의 경우에는 물건의 특정으로써 가능하며 그 평가까지 정할 필요는 없고, 분할이 곤란한 경우 물건의 경매를 명할 수 있다가사소송규칙 제98조. 금전급부를 하는 경우 일시급으로 하느냐 분할급으로 하느냐는 구체적인 사정에 따라 정하여야 할 것이다. 정기급으로 하는 경우에, 의무자측이 빈곤해진 데 반하여 권리자측이 여유가 생긴 경우와 같이 사정변경이 있는 때에는, 협의나 심판의 변경 또는 취소를 청구할 수 있다.

분할청구할 수 있는 재산이 현재는 별로 없으나 장래 수입이 있을 것이 확실시 되어 그 수입에 대해서 분할급으로 재산분할을 인정할 필요가 있는 경우가 있다. 의무자가 고정적인 수입을 가지는 봉급생활자인 경우에는 별문제가 없지만, 자유업에 종사하는 자일 경우에는 수입을 일일이 입증하여 매번 재산분할을 정하여야 한다면 재산분할청구권의 실효성에 문제가 있게 된다. 기준이 되는 수입액을 우선 정하여 이를 기준으로 재산분할청구권을 실행하고 상황에 따라 그 액수를 변경하여 청구할 수 있게 하여야 할 것이다.

재산분할을 정기급으로 하는 경우 의무자가 이를 이행하지 않으면 권리자는 민사소송법에 의한 강제집행에 의하여 보호받을 수 있다. 또한 가사소송법에 따라 먼저 신청에 의하여 가정법원이 의무자에게 일정한 기간 내에 그 의무집행을 명하고, 이 명령에 위반하면 과태료의 제재를 가한다. 이 명령을 받은 자가 정당한 이유 없이 3회 이상 의무를 이행하지 않으면 권리자의 신청에 의해 가정법원이 30일의 범위 내에서 그 의무이행이 있을 때까지 의무자를 감치監置에 처함으로써가소법 제68조 1항 1호 그 이행을 강제할 수 있다. 이는 가사소송법에서 처음 도입된 제도로서 일종의 의무불이행죄와 같은 것으로 재산분할청구·위자료·부양료 등에 있어 좀더 자유롭게 정기급의 판결을 할 수 있게 함으로써, 피고인에게도 큰 재산적 부담을 주지 않으면서 청구인특히 여성의 실질적 권리를 확보할 수 있는 것이다.

재산분할청구권과 위자료의 관계

재산분할청구권이 신설된 후 이혼위자료와의 관계가 문제되어 왔는데, 재산분할청구와 위자료청구는 별개의 것으로 보아야 한다. 이혼시 손해배상청구권에 관하여는 민법에 별도의 규정을 두고 있다제843조. 재산분할청구권은 자기가 재산형성에 협력한 몫을 되돌려 받는 것이며 그 외에 이혼 후의 부양료의 성격도 가지고 있기 때문에, 이혼에 대하여 과실이 있는 유책배우자에 대한 손해배상청구권과는 별개의 제도이다. 재산분할청구권은 비송非訟사건이고, 위자료청구는 소송사건으로 되어 소송형태가 다르다. 그 행사기간도 재산분할은 2년이고, 위자료청구는 3년으로서 각각 다르다.

:: **유책배우자의 재산분할청구** 대법원을 비롯한 하급심의 판례는 유책배우자의 재산분할청구를 인정하고 있다. 재산분할청구제도는 부부가 혼인중 상호협력에 의하여 이룩한 공동재산의 청산과 이혼 후에 경제적으로 곤궁을 겪게 되는 당사자에 대한 부양을 그 목적으로 하는 것이므로, 그 목적을 생각해 볼 때 유책 여부와 관계 없이 재산분할의 청구를 인정하는 것이 타당하다.

사실혼관계 해소의 경우와 재산분할

사실혼이란 사실상으로는 혼인생활을 하고 있으나 혼인신고를 하지 않았기 때문에 법률상 혼인으로 인정되지 않는 부부관계를 말한다. 사실혼이 성립하기 위해서는 사실상의 혼인의사가 있어야 하며, 당사자 사이에 사회관념상 부부공동생활이라고 인정할 만한 사회적 사실이 존재하여야 한다. 학설·판례는 사실혼을 준혼관계準婚關係로 이해하고 있으므로, 사실혼해소의 경우에도 재산분할청구권은 유추적용되어야 할 것이다. 사실혼관계는 사실상의 관계를 기초로 하여 존재하는 것으로서 당사자 일방의 의사에 의하여 해소될 수 있고 당사자 일방의 파기로 인하여 공동생활의 사실이 없게 되면 사실상의 혼인관계는 해소되는 것이며, 다만 정당한 사유 없이 해소된 때에는 유책자가 상대방에 대하여 손해배상의 책임을 지는 데 지나지 않는다.

대법원은 "사실혼이란 당사자 사이에 혼인의 의사가 있고, 객관적으로 사회관념상으로 가족질서적인 면에서 부부공동생활을 인정할 만한 혼인생활의 실체가 있는 경우이므로, 법률혼에 대한 민법의 규정 중 혼인신고를 전제로 하는 규정은 유추적용할 수 없으나, 부부재산의 청산의 의미를 갖는 재산분할에 관한 점은 부부의 생활공동체라는 실질에 비추어 인정되는 것이므로 사실혼관계에도 준용 또는 유추적용할 수 있다"고 하여 사실혼 해소시 재산분할을 인정하였다대법원 1995. 3. 28. 선고 93므1584 판결. 사실혼관계의 당사자 중 일방이 의식불명이 된 상태에서 상대방이 사실혼관계의 해소를 주장하면서 재산분할심판청구를 한 사안에서, 위 사실혼관계는 상대방의 의사에 의하여 해소되었고 그에 따라 재산분할청구권이 인정된다고 하였다대법원 2009. 2. 9.자 2008스105 결정.

● 여성의 경제력이 향상되어 대부분의 여성이 이혼 후에도 경제적 자립능력을 갖게 되는 때가 온다면, 유책 배우자에게도 이혼청구권을 인정하는 것이 바람직하다고 생각하는가?

● 이혼부부의 어린 자녀를 아버지가 양육하려고 하는 경우가 조금씩 증가하고 있다. 이에 대하여 어떻게 생각하는가?

● 이혼가정의 자녀가 성장하여 결혼할 때에 사회적 편견에 의해서 불이익을 받는 것에 관하여 어떻게 생각하는가?

● 재산분할청구권이 신설된 후 이로 인해 이혼이 증가되었다고 보는 일부 시각이 있다. 반면에 재산분할청구제도가 신설됨으로써 고통받는 결혼생활에서 벗어날 수 있는 이혼의 실질적 자유가 주어졌다는 시각도 있다. 당신은 어떻게 보는가?

● 이혼시 재산분할과 관련하여 여성이 전업주부인 경우와 맞벌이 부부인 경우의 분할 비율은 달라져야 하는가? 분할 비율은 어떻게 정해지는 것이 적정할지에 대하여 생각해 보자.

CHAPTER **10**

임신과 출산

"여성에게 허용된 자유의 크기가 바로 그 사회의 발전의 척도이다."
_ 찰스 푸리에(Charles Fourier), 프랑스 초기사회주의자

I. 임신여성의 선택권과 불임시술

임신여성과 태아 사이의 이익충돌

여성의 임신, 출산과 관련하여 여성 자신의 이익과 태아의 이익 사이에 갈등이 생길 수 있다. 이런 갈등은 의료행위, 생활방식의 결정, 취업에 관한 선택 등에서 나타난다.

산모의 의료행위에 대한 의사결정에 있어서 산모의 이익은 태아의 이익에 손해를 가져올 수 있다. 산모의 생명을 구할 것인지 아니면 태아의 생명을 구할 것인지의 선택의 기로에 서는 경우가 생긴다. 의학적으로 반드시 필요한 수혈을 산모 또는 가족이 종교적 이유로 거절하거나, 산모나 태아의 생명과 건강을 위해서 반드시 필요한 제왕절개술에 대한 동의를 거절하는 경우도 있다.

임신여성의 생활양식에 관한 의사결정도 종종 문제가 된다. 산모의 흡연, 음주, 약물복용, 심한 운동, 운동부족, 자전거타기, 스키 등은 태아의 생명과 건강에 위험을 줄 수 있다. 미국에서는 태아 알콜 증후군^{fetal alcohol syndrome}이 태아의 정신박약의 주요한 원인으로 알려져 있다. 미국에는 태아가 자궁에서 약물에 노출됨으로써 발생하는 해로움을 막기 위해서 약물의 사용을 금지하는 법률이 있다.

또한 현행법상 인공임신중절수술^{낙태}은 모자보건법에서 허용되는 예외적인 경우 이외에는 불법으로 되어 있는바, 여성의 자기결정권을 침해한다는 이유로 낙태죄의 폐지를 요구하는 목소리가 높아지고 있는 실정이다.

임신여성의 선택권에 관한 논쟁

태아를 보호하기 위해 산모에게 어떠한 행위를 하거나 하지 말아야 할 의무를 법률로 부과할 것인가에 관해서는 논쟁이 있다.

:: **임신여성의 이익을 우선하는 이론** 임신여성의 이익과 태아의 이익이 충돌되는 경우에 다음과 같은 이유에서 임신여성의 이익이 우선적으로 고려되어야 한다고 주장된다. 첫째, 임신여성은 자기의 권리를 포기해야 할 의무가 없다. 예를 들어 비임신여성이 수혈과 같은 의료상의 결정을 할 권리가 있다면, 임신여성에

게도 그러한 결정권이 부여되어야 한다. 둘째, 임신여성은 태아를 보호해야 할 윤리적 책임을 지지만 그것이 법적 책임은 아니므로 강제할 수 없다. 셋째, 법적인 강제는 의사·환자 관계에 나쁜 영향을 미치고 임신여성이 필요로 하는 의료시술을 청구하는 데 해롭게 작용할 수 있다. 넷째, 태아의 생명이나 건강이 임신여성이 거절하려는 처치에 의존한다는 의사의 주장은 잘못된 예측일 수 있다. 의사가 제왕절개술이 임신여성 또는 태아의또는 둘 다 생명과 건강을 보호하기 위해 필연적이라고 말했음에도 불구하고 산모가 어려움 없이 자연분만한 사례들이 많이 있다. 다섯째, 임신여성으로 하여금 자기 의사에 반하여 의료처치를 받도록 강제할 법적 절차가 없다. 임신여성으로 하여금 그녀가 거절한 의료처치를 받도록 명하는 판결이 내려지더라도 그것을 강제할 방법이 없다.

:: **태아의 이익을 우선하는 이론** 의사는 임신여성을 치료할 때 산모와 태아 두 명의 환자를 치료하는 것으로 인식한다. 의사가 두 명의 환자를 치료해야 한다는 사실은 의료관련규정에 분명히 나타난다. 불법행위법에 따라 산모를 처치할 때 아이에게 생기는 상해에 대한 손해배상책임이 부과된다. 출생한 아이는 자궁에서 그에게 상처를 입히는 불법적 행위를 한 사람들에 대하여 손해배상청구소송을 제기할 수 있다. 아이는 부모에 대하여 또는 부모를 위한 보험자로부터 손해배상금을 받기 위해 소송을 제기할 수 있다. 미국에서는 이러한 문제에 대비하여 가정면책family immunity의 원칙이 법제화되어 있으며, 1980년대 말부터 임신한 여성의 행동에 대한 형사소송도 많다. 임신중 약물이나 알콜 복용 및 섭취로 태아가 피해를 입을 경우, 태아의 생명과 건강을 위해 필요한 수혈 또는 제왕절개술에 동의를 하지 않는 경우 등 아이에게 위험을 줄 수 있는 의료 또는 생활양식 결정을 하는 여자들을 상대로 한 잠재적 형사소송이다.

불임시술의 자기결정

여성의 자발적인 불임시술은 세계적으로 광범위하게 시행되고 있는 처치이다. 불임시술의 시행은 자신의 신체보호, 자녀 출생과 양육, 성행위에 대한 여러 가지 중요한 자의적인 결정을 내포하고 있다. 불임시술이란 의학적 개입을 통해 생식기관의 제거 또는 변화, 생식계의 변화를 유발시켜, 개인의 생식능력을 없애는 과정이다. 피임은 비교적 단기간 성관계로 인한 임신을 방지하는 것과 달리 불임시술은 생식 자체를 불가능하게 하기 위해서 신체를 변화시킨다.

자신의 생식기능에 관한 불임시술은 원칙적으로 스스로 결정할 권리가 있다. 그러나 남성이 여성의 생식기능에 관한 의사결정을 하는 경우가 많았다. 그리고 국가가 공익을 내세워 여성에 대한 불임시술을 남용하거나 사실상 강제한 시기도 있었다. 대리인이 의사결정능력이 없는 환자에 대한 불임시술을 결정하는 것은 법적으로 허용되지 않음에도 불구하고 시설의 책임자가 수용자에 대하여 불임시술을 받게 하는 경우가 종종 있었는데, 이는 심각한 인권침해에 해당한다.

모자보건법에서 허용하는 인공임신중절

모자보건법은 모성母性 및 영유아嬰幼兒의 생명과 건강을 보호하고 건전한 자녀의 출산과 양육을 도모함으로써 국민보건 향상에 이바지함을 목적으로 한다. 모성은 임신·분만·수유 및 생식과 관련하여 자신의 건강에 대한 올바른 이해와 관심을 가지고 그 건강관리에 노력하여야 한다. 이 법에서 '인공임신중절수술'이란 태아가 모체 밖에서는 생명을 유지할 수 없는 시기에 태아와 그 부속물을 인공적으로 모체 밖으로 배출시키는 수술을 말한다. 이 법은 인공임신중절수술의 허용한계를 다음과 같이 규정한다모자보건법 제14조, 2009년 개정.

의사는 다음의 어느 하나에 해당되는 경우에만 본인과 배우자사실상의 혼인관계에 있는 사람을 포함한다. 이하 같다의 동의를 받아 인공임신중절수술을 할 수 있다. ▶ 본인이나 배우자가 대통령령으로 정하는 우생학적優生學的 또는 유전학적 정신장애나 신체질환이 있는 경우 ▶ 본인이나 배우자가 대통령령으로 정하는 전염성 질환이 있는 경우 ▶ 강간 또는 준강간準强姦에 의하여 임신된 경우 ▶ 법률상 혼인할 수 없는 혈족 또는 인척간에 임신된 경우 ▶ 임신의 지속이 보건의학적 이유로 모체의 건강을 심각하게 해치고 있거나 해칠 우려가 있는 경우. 이에 해당하는 경우에 배우자의 사망·실종·행방불명, 그 밖에 부득이한 사유로 동의를 받을 수 없으면 본인의 동의만으로 그 수술을 할 수 있다. 이 법에 따른 인공임신중절수술을 받은 자와 수술을 한 자는 형법의 낙태죄로 처벌하지 아니한다.

원치 않는 출생에 대한 손해배상책임

원치 않는 출생, 생명과 임신의 행위에 대한 발전은 의료소송의 새로운 부분이 되었다. 원치 않는 출생의 소송은 심각한 기형아 부모법정대리인가 만일 원고가 유산이나 임신의 지속 불가능의 충분한 정보를 주었더라면 유산을 시켰을 것이라고 하면서 소송을 하는 경우이다. 만약 의사가 유전적 상담에서 적절한 정보를 주었다면 아이를 임신하지 않았을 경우, 부모가 임신한 임산부나 자궁속의 태아의 상태를 오진한 산부인과 의사에 대해 만일 적절한 정보를 제공했으면 태아를 유산시킬 수 있었을 것이라며 문제를 제기하는 경우에 '원치 않는 출생의 소송'이 제기된다. 그 소송의 기초가 되는 권리는 부모가 누려야 하는 출산의 선택이 부주의로 거부되어진 것에 대한 침해이다. 그 결과는 심각한 기형의 아이가 출생한 것이다. 아이의 부모는 원치 않는 출생으로 인한 손해배상으로서 다음의 금액을 청구한다. ▶ 임신으로 인한 손실 : 의료비용, 임산부의 소득손실과 다른 비용 ▶ 심각한 손상을 가진 아이 : 특정한 의료비용, 특수교육 비용, 가족의 간호비용 ▶ 아이출산 결과로 인한 부모의 심리적 고통에 대한 위자료 ▶ 아이 양육에 관련된 비용 ▶ 부모의 자녀출생에 관한 선택권이 침해된 데에 대한 위자료. 미국에서는 1990년 이전에는 원치 않는 임신의 소송에 있어서 의료비용, 임신기 동안 소득의 손실, 임신과 직접 관련된 비용에 관하여 손해배상이 인정되었고, 1991년 이후에는 정상 아이를 양육하는 비용에 대한 배상도 인정하고 있다.

불임시술계약을 병원과실로 이행하지 않아 아이가 태어난 경우, 병원의 손해배상범위에 관한 하급심판결이 있다서울고등법원 1996. 10. 17. 선고 96나10449 판결. 대학병원측은 제왕절개수술과정에서 약속한 불임수술을 시행하지 아니하였고 그 사정을 원고 부부에게 설명조차 하지 않았다. 불임수술이 된 것으로 알고 있던 그 여성은 그 후 셋째아이를 임신하여 남아를 출산하였다. 법원은 "비록 원치 않는 임신에 의하여 출생한 자라고 할지라도 부모는 일단 출생한 자에 대하여는 부양의무를 면할 수 없고, 자의 출생 및 그로 인한 부양의무를 '손해'로 파악할 수 없다. 따라서 피고의 채무불이행으로 인한 원치 않는 임신에 의하여 사건 본인의 출생으로 원고부부가 장차 성인이 될 때까지 양육비 등을 지출하게 된다고 하더라도 이는 원고부부의 손해라고 볼 수 없으므로 그 비용이 손해임을 전제로 한 원고부부의 이 부분 양육비 및 교육비 청구는 이유없다"고 판결하였다.

2. 대리임신과 대리모계약

대리모의 확산

근래 의학이 발달시킨 대리모에 의한 임신·출산은 아내가 인공수정에 의해서도 아이를 낳을 수 없는 경우에 다른 여성에게 수정란受精卵으로 주입시켜 임신시킨 후 출산을 하는 것을 말한다. 대리모가 임신과 출산의 과정을 모두 겪은 후에 계약에 따라 위탁부부에게 출산한 아이를 내어 주어야 하는데, 대리모와 아이의 모자관계를 끊고 위탁부모와의 친자관계를 맺는 데에는 몇 가지 법적 장애가 있다. 미국에서는 대리모와 관련된 문제가 사회적 쟁점으로 대두되어, 대리모계약을 규제하는 법률이 만들어지기도 하였다.

과거 우리나라에서는 양반가문의 혈통을 잇기 위해 익명의 여성을 사서 남편의 아이를 출산하게 하는 '씨받이제도'가 이용되었는데, 대리모가 현대판 씨받이라고 비난받기도 한다. 여성에게 불임의 원인이 있어 아이를 낳지 못하는 경우에 양자를 입양하지 않고 남편의 정자로서 대리모임신을 선택하는 것은 부계혈통위주 가족관념을 반영하는 것이다. 다만 현대과학을 빌린 대리모는 남편의 정자와 아내의 난자를 결합하여 수정란을 만드는 경우가 많다는 점에서 남편일방의 부계혈통주의는 아니라고 할 수 있다. 그러나 실제 대리모에 대한 시술에 있어서 위탁부부의 정자와 난자를 모두 사용하는 경우는 그리 많지 않다는 점을 고려하면 과거와 같은 혈통주의의 잔재가 상당부분 남아 있다는 것이 드러난다. 대리모에 의한 출산은 윤리적으로나 법적으로 정당화되기 힘든 측면이 있고, 아이를 낳기 위해 가난한 대리모의 자궁을 돈으로 사는 반인권적 행위라는 측면도 간과할 수 없다.

대리모에 대한 비판

　대리모에 대한 페미니즘의 비판은 크게 두 가지로 나누어진다. 첫째는 대리모에 의한 출산의 경우에 아이라는 필수품을 생산하는 생산양식으로 파악함으로써 출산을 비인간화시킨다는 비판이다. 대리모계약은 아이를 낳는 것을 즐거워하는 중년의 부인이 아이가 없는 부부를 위하여 연민의 정에 빠져 행하는 인도주의적 행위가 아니라, 경제적 난관에 부닥친 여인이 생계를 유지할 수 있는 수단으로 자신의 자궁을 단기적으로 파는 일이라는 것이다. 이러한 행위는 곧 여성과 아이를 하나의 상품으로 전락시키고 만다. 둘째는 대리모계약에 의한 출산은 여성들이 아주 관대하여 신체를 포함한 그들이 가진 모든 것을 기꺼이 나누고자 하는 헌신·박애의 본성 때문에 남성들보다 더 '낫다'고 가르치는 사회에 의해 만들어진다는 것이다. 그러나 대리모계약은 '나누어 갖고자 하는 여성심리'를 근거로 여성들 사이의 연대를 가져오는 것이 아니라, 오히려 여성들 사이에 계층을 조성한다. 경제적 여유가 있는 중산층 이상의 여성은 경제적 여유가 없는 여성의 자궁을 빌림으로써 그들간에는 심리적·경제적 갈등이 야기될 수 있다. 대리모제도는 사회의 이분법적인 성역할 사회화의 한 단면을 보여주는 것이라고 하겠다. 결국 대리모계약은 여성과 아이를 시장경제 생산양식의 한 형태인 매매와 교환의 수단으로 만드는 것이다.

　영국에서는 1985년 '대리모 계약법'을 제정할 정도로 대리모에 의한 출산의 문제가 사회적인 문제로 대두되었다. 미국에는 전문적으로 대리모를 소개시켜 주는 '대리모협회'와 같은 것들이 양성적으로 활동하고 있다. 우리나라에서는 대리모에 의한 출산이 산부인과 의사나 간호사, 브로커 등의 매개로 은밀히 행해지고 있는 실정이다.

　대리모계약은 아이를 돈으로 교환하고 여성의 성을 돈으로 판매하는 반인륜적인 행위와 관련이 되기 때문에, 일반적으로 선량한 풍속과 사회질서에 반하므로 무효라고 해석된다. 대리모계약은 아기가 출생하면 의뢰자에게 양도할 것을 미리 예정함으로 인해, 임신기간 중 형성된 모자간의 정신적 결속을 파괴하고,

여성과 아기에게 중대한 심적 충격을 주고, 대리모에게 돈을 주고 아이를 사는 행위는 여성과 아이의 인권을 침해하는 행위로 볼 수 있다.

이처럼 여성이 자신의 자궁 대신에 다른 여성의 자궁을 빌려 아이를 임신, 출산하는 대리임신은 윤리적인 논쟁을 불러일으키고 있다. 대리임신의 법적 문제는 다음 두 가지로 요약된다. ▶ 당사자 사이의 대리모계약은 법적으로 유효하며 집행가능한가. ▶ 아이에 대한 친권은 누가 가지는가. 난자의 제공자인가 자궁의 제공자인가. 이들 쟁점을 살펴본다.

대리임신의 허용에 관한 논쟁

:: **찬 성 론** 대리임신을 허용하는 학자들은 그 근거로서 다음을 든다. 첫째, 유전적으로 관련이 있는 자신과 남편의 아이를 갖고자 하는 불임여성들의 요구는 수용되어야 한다. 대리임신은 자신의 난자와 남편의 정자를 가지고 아이를 수정할 수는 있지만 의학적인 이유로 임신과 출산을 감당하지 못하는 사람들에게 삶의 희망을 안겨준다. 둘째, 사적 자치의 원칙에 비추어 부모가 되려는 사람과 대리임신을 하려는 사람은 자유롭게 협의된 계약을 할 수 있어야 한다. 사적 자치는 헌법에 근거를 두고 있다. 대리모계약surrogacy contract의 권리는 아이를 낳을 권리의 일부로서 보호받아야 한다.

:: **반 대 론** 대부분의 대리모계약이 금전과 연관되어 있는 현실을 지적하며, 이 경우 대리모계약은 허용되어서는 안 된다고 한다. 대리임신을 반대하는 사람들은 다음과 같은 이유를 든다. 첫째, 대리모계약은 경제적 이해관계를 빌미로 가난한 사람에 대한 육체적 착취를 조장하게 된다. 둘째, 대리임신은 출생과정을 변화시켜 사회를 왜곡시킨다. 대리임신은 대리모, 아이, 어머니의 관계를 비인간화한다. 대리임신으로 태어난 아이가 돈으로 살 수 있는 생필품처럼 취급받는 것을 조장하게 된다. 셋째, 대리임신은 대리모 중개, 영유아 입양 브로커 등과 같은 인간에 관한 불법거래 시장을 형성하게 한다. 넷째, 유전적 어머니가 대리모에게 출산한 아이를 양도하도록 강요함에 따라 생기는 심리적인 고통이 매우 심각하므로 비인간적이다. 즉 불임부부가 자신들의 아기를 갖고자 하는 열망은 인정하지만, 대

리모에게 돈을 지불하는 것은 범법행위이며 잠재적으로는 여자들의 품위를 낮추는 것이라고 지적하였다.

대리모계약의 효력

대리모의 유형에는 여러 가지가 있다. 정자제공자가 누구인가, 그리고 난자제공자가 누구인가에 따라 여러 형태가 가능하다. 어떤 여성을 대신하여 아이를 낳아주는 대리모에 관하여는 그 유형이 어떻든 대리모계약의 유효성이 의문시된다.

:: **무효설** 만약 대리모계약을 유효하다고 인정한다면 고용이나 위임을 통한 임신과 출산이 빈번하게 되어 사회질서를 해치게 되며, 인간의 존엄성에 어긋나고 태아의 안전에도 위협이 되므로 대리모계약은 무효로 보아야 한다고 주장한다다수설. 그 밖에 어머니로 하여금 친권을 포기하도록 강요하는 것은 어머니의 인권을 침해하는 일이라는 점, 또한 대리모를 단순히 대리자궁으로 이용하는 것은 경제적으로 열악한 여성에 대한 착취가 되어 부당하다는 점이 무효의 근거로서 주장된다.

독일이나 프랑스 등 대륙법계 국가들은 대체로 대리모계약 자체를 사회상규에 반하는 행위로서 무효라고 본다. 우리 하급심 법원서울가정법원 2018. 5. 9.자 2018브15 결정 등도 대리모계약은 선량한 풍속 기타 사회질서에 위반하여 무효라고 판단한 것이 있다.

:: **유효설** 대리모는 임신에 관해 자유의사로 결정하였으므로 그 계약은 유효하며, 대리모계약을 인정하는 것이 아이의 복리에 부합한다고 주장한다. 계약의 목적이 대리모가 계약한 부부에게 아이를 입양시키는 것에 동의하고 친권을 포기한다는 내용이므로 가족법을 위반하는 것이 아니라고 한다.

미국에는 인공수정 등에 관한 통일법The Uniform Status of Children of Assisted Conception Act Approach이 일정한 요건을 갖춘 대리모계약을 유효하다고 규정한다. 이 법은 대리모계약surrogacy agreement에 대한 세부적인 지침을 제공하고 그 지침에 부합되었을 경우 대리모계약을 강제할 수 있도록 한다. 그리고 대리모계약이 무효로 되어야 하는 경우도 규정한다. 대리모는 최소한 한 번의 임신과 출산경험이 있고 다른 아이를 임신하였을 때 신체적·정신적인 위험에 노출되지 않을 성인이어야 한다. 만약 대리모가 결혼을 하였다면 남편의 동의가 있어야 하며, 부부 모두는 주정부의 기준을 따라야 한다. 또한 태어나지 않은 아이의 이해관계를 고려해야 하며, 법원이 후원인을 지명할 것을 요구하고 있다. 법원은 대리모 합의서에 대한 승인을 받을 동안 대리모의 카운셀러를 지명하여야 한다. 부모가 되려는 사람은 입양할 수 있는 자격을 갖춘 자라야 한다. 부모가 되고자 하는 사람과 대리모는 대리모계약의 승인에 대하여 법원에 이의신청을 할 수 있다.

법원은 청문을 통하여 다음의 사실을 확인한 후 12개월간의 대리모계약에 대한 승인을 한다. 어머니가 되고자 하는 여자는 아이를 가질 수 없음을 증명해야 하고, 주정부 아동복지기관의 가정보고서가 법원에 제출되어야 하며, 부모가 되고자 하는 사람과 대리모가 주정부의 기준에 부합되어야 한다. 각 당사자가 계약을 이해하여 자발적으로 계약을 해야 하고, 대리모가 분만경험이 있다는 것과 의학적인 위험이 없다는 것을 증명해야 하며, 각 당사자 모두가 카운셀링을 받아들이고 계약에 충분히 동의한다는 것을 확인하는 심리보고서가 있어야 한다. 또한 각 당사자끼리 동의하거나 법이 요구하는 유전적·의학적·심리적 테스트 보고서를 제출해야 하고, 계약이 종료되면 책임을 포함한 의료비용에 대한 적절한 보상조항이 있어야 하며, 대리모계약은 그 계약의 영향을 받는 모든 사람들의 이익을 해치지 않아야 한다.

대리모분만에 따른 친생자관계

대리모가 출산한 아이는 그 출산한 여성과 친자관계를 가지는 것인지 아니면 대리모계약을 통해 의뢰한 부부에 대하여 친자관계를 가지는 것인지 하는 문제가 어려운 쟁점이 된다.

:: **대리모계약 무효설을 취할 경우** 자궁제공자인 대리모가 출산한 아이는 대리모와 아이 사이에 출산을 매개로 한 모자관계가 인정된다고 주장한다. 대리모가 혼인중인 경우에는 그 남편 사이의 혼인중의 자로 추정되며, 남편은 친생부인권을 갖게 된다. 친생이 부인된 후에는 정자제공자가 그 아이를 인지할 수 있게

된다. 대리모계약이 무효이므로 난자제공자 및 정자제공자는 그 계약에 따른 아이의 인도를 요구할 수 없다. 대리모계약이 무효가 되면 정자제공자 및 난자제공자는 마치 제3자의 정자에 의한 인공수정^{AID}에서의 정자제공자와 유사한 지위에 놓이게 된다.

하급심 판례^{서울가정법원 2018. 5. 9.자 2018브15 결정}는 모자관계를 결정하는 기준은 '모의 출산'이라는 자연적 사실에 의한다고 하면서, 대리모계약을 통하여 아이를 출생한 경우에도 이러한 기준은 그대로 유지되어야 한다고 판단한 바 있다. 그 근거로는 '출산'이라는 자연적 사실은 다른 기준에 비해 그 판단이 분명하고 쉬운 점, 모자관계는 단순히 법률관계에 그치는 것이 아니라, 수정, 약 40주의 임신기간, 출산의 고통과 수유 등 오랜 시간을 거쳐 형성된 정서적인 부분이 포함되어 있고, 그러한 정서적인 유대관계 역시 '모성'으로서 법률상 보호받는 것이 타당한 점, 유전적 공통성 또는 관계인들의 의사를 기준으로 부모를 결정할 경우 이러한 모성이 보호받지 못하게 되고, 이는 결과적으로 출생자의 복리에도 반할 수 있는 점, 정자나 난자를 제공한 사람은 민법상 '입양', 특히 친양자 입양을 통하여 출생자의 친생부모와 같은 지위를 가질 수 있는 점 등을 든다. 한편, 남편이 배우자 아닌 여성과의 성관계를 통하여 자녀를 낳게 하는 고전적인 대리모의 경우뿐만 아니라, 부부의 정자와 난자로 만든 수정체를 다른 여성의 자궁에 착상시킨 후 출산케 하는 이른바 '자궁^{출산}대리모'도 우리 법령의 해석상 허용되지 않고, 대리모를 통한 출산을 내용으로 하는 계약은 선량한 풍속 기타 사회질서에 위반하는 것으로써 민법 제103조에 의하여 무효라는 점을 분명히 하였다.

:: **대리모계약 유효설을 취할 경우** 대리모와 아이의 모자관계를 단절시키고, 의뢰인의 친자로서의 법률상 지위를 인정하는 입장이다. 이를 위한 법적 구성은 여러 가지가 있을 수 있으나, 의뢰자의 아이로서 입양하는 형식으로 구성하는 것이 비교적 무난하다. 대리모가 의뢰인에게 아이를 인도할 것을 거절하는 경우에, 의뢰자는 아이에 대한 인도청구권을 가진다고 인정하는 입장이다. 이 견해를 취할 경우에 의뢰인은 소송을 통해 아이를 인도받게 될 것이다.

미국법원에서 승인받은 대리모계약의 경우에 부모가 되고자 하는 사람들은 대리임신으로 출생한 아이의 법적인 부모가 된다. 공식적인 출생증명이 있은 후에 법원은 원래의 이름을 삭제한 후 부모intended parents의 이름을 적은 출생증명서를 재발행한다. 승인되지 못한 대리모계약은 무효이며, 대리모는 출생한 아이의 어머니가 된다. 대리모가 결혼하였고 그녀의 남편도 계약당사자인 경우에 아이의 아버지는 그 남편이 된다.

3. 출생에 관한 법적 문제

권리능력의 취득

사람은 출생한 때부터 권리능력을 갖는다. 권리능력이란 '권리와 의무의 주체가 될 수 있는 자격'을 말한다. 권리를 갖기 위해서는 여러 요건을 갖추어야 하는데 그 요건의 심사에서 제일 처음의 단계가 '권리능력을 가진 사람인가' 하는 심사이다. 여기의 사람은 자연인만을 가리킨다. 생체로 구성된 사람을 자연인이라고 표현하여 인위적으로 구성된 조직체사단과 재단인 법인과 구별한다.

자연인은 연령, 성별, 신분, 국적에 관계없이 누구나 권리능력을 갖는다. 이는 노예제도가 폐지되고, 여성에 대한 차별이 철폐되고, 흑인에 대한 차별이 없어져 누구나 법 앞에서 평등하다는 것을 의미한다. 이와 같이 자연인에게 권리능력평등의 원칙이 인정된 것은 평등권이 헌법에 의해 보장되기 시작한 근대 이후의 일이다. 자연인은 누구라도 권리능력을 갖는다는 것은 '만민의 평등과 인권의 쟁취'라는 역사적 의의를 가진다. 모든 사람에게 권리능력을 인정하는 것은 헌법상 보장된 개인의 존엄과 가치를 구현하는 일이며 평등권을 민사법영역에서 관철하는 일이다. 권리능력평등의 원칙은 사적 자치의 원칙을 관철하기 위한 기초를 이룬다. 누구든지 자기의 법률관계를 자율적인 의사에 따라 처리하기 위해서는 그 전제로서 모든 사람이 권리의무의 주체가 될 수 있는 자격이 있어야 하기 때문이다. 만약 노예와 같은 권리능력 없는 계급이 존재한다면 그의 의사나 행위는 아무 법

여성을 위한 **법**

적 의미를 갖지 않게 되어 사적 자치가 발붙일 곳이 없게 될 것이다.

　현재 자연인의 권리능력에 관하여는 평등권의 문제보다 권리능력의 취득과 상실의 문제, 특히 시기와 종기의 결정문제에 관심이 모여지고 있다. 취득시기에 관해서 태아는 어떤 범위에서 권리능력을 갖는가가 문제되며, 상실시기에 관해서는 사람은 심장박동이 종료하기 전이라도 뇌사시에 사망한 것으로 볼 것인가가 장기이식과 관련하여 논의된다.

출생의 시점

　출생의 시점은 권리능력의 발생시기가 된다. 출산의 과정 중에서 언제를 출생의 시점으로 볼 것인가에 관하여 다음과 같은 학설이 주장된다. ① 진통설 : 태아가 모체로부터 분리되려고 진통이 시작되는 때에 출생한 것으로 보는 견해이다. 분만중 또는 분만 직후의 영아를 직계존속이 살해한 영아살해죄형법 제251조의 경우는 진통 이후의 살해를 처벌한다. ② 일부노출설 : 태아가 모체로부터 나오는 것이 보이기 시작하는 때에 출생이 있다고 보는 견해이다. ③ 전부노출설 : 태아가 모체로부터 살아서 완전히 분리된 때에 출생한 것으로 보는 견해이다. 민법은 권리능력의 취득시기에 관해서 전부노출설을 취한다. 전부노출설을 취하는 것이 출생의 시점을 객관적으로 확인하기가 쉽다. 미숙아의 경우에 모체로부터 분리되자마자 보육기 안에 넣어 양육하는 의학기술의 발달되었으므로 독립호흡의 시점을 확인하기 어렵게 되었다. 독립하여 호흡했는가를 묻지 않고 뇌파 심장의 박동으로 살았다고 인정되는 상태에서 모체로부터 완전히 분리되면 출생한 것으로 보는 것이 타당하다. ④ 독립호흡설 : 태아가 모체로부터 전부 분리된 후 자신의 폐로 독립하여 호흡하게 된 때를 출생의 시기로 보는 견해이다. 살아서 출생한 아이는 한 순간을 살더라도 권리능력을 취득한다. 전부노출설을 취하는 이상 출산중에 사망한 태아는 권리능력을 취득하지 못한다. 살아서 출생한 이상 기형이, 조산아, 식물인간이든 모두 권리능력을 갖는다. 출생과 관련된 법률효과는 권리능력의 취득에 기해 그 밖에 각 권리의 취득요건을 충족하면 상속권, 손해배상청구권, 보험금청구권 등을 취득한다.

출생의 사실, 출생의 시기, 부모의 서명 등 출생에 관한 여러 사항이 출생신고에 의해 가족관계등록부에 기재된다. 출생신고는 출생에 관한 사실을 보고하는 것이며보고적 신고 출생으로 인한 법률효과를 창설하는 효력을 갖지 않는다. 가족관계등록부의 출생기재는 사실과 부합하는 것으로 추정되며, 그 기재사실을 뒤집는 반증예: 의사, 조산사의 증언에 의하여 번복된다. 그 출생기재에 관한 추정력은 출생사실에만 미치며, 부모와 자녀간의 친생자관계에 관한 추정 및 그 효과는 친족법에 의해서 행해진다민법 제844조. 타인의 아이를 마치 자기 아이인 것처럼 친생자로 출생신고하였다고 하여 친생자로서 법률관계가 발생하지 않는다.

태아의 상속권

태아란 수태로부터 출생까지의 '전단계 자연인'을 말한다. 민법은 태아에게 권리능력이 인정되는 법률관계를 개별적으로 열거하는 입법방식으로 태아의 권리를 보호한다. 수태란 수정란이 모체에 착상한 때를 말한다. 체외에서 인공수정된 수정란은 아직 태아라고 할 수 없으며 그 수정란이 모체에 삽입되어 자궁에 착상된 때에 비로소 태아라고 인정된다. 민법은 태아가 살아서 출생하는 것을 전제로 일정한 경우에 태아에게 권리능력을 인정한다.

:: **상 속 권** 재산상속에 있어서 태아는 상속순위에 관하여 이미 출생한 것으로 본다민법 제1000조 3항. 그 밖에 태아에게는 유증 및 사인증여를 받을 권리능력이 인정된다.

:: **인   지** 부는 포태중에 있는 자에 대하여도 자기의 친자임을 인지認知할 수 있다민법 제858조. 아버지는 혼인관계가 아닌 여성이 임신한 태아를 자기의 친자로 승인하고 살아서 출생한 것을 조건으로 하여 친자관계를 발생하게 할 수 있다.

태아의 손해배상청구권

태아는 손해배상의 청구권에 관하여는 이미 출생한 것으로 본다민법 제762조. 여기서 손해배상청구권이란 불법행위에 기한 것을 의미하며, 채무불이행에 기한 손해배상청구권은 제외된다. 채무불이행책임을 묻기 위해서는 태아가 계약관계에서 채권자가 되어야 하는데 태아는 계약당사자가 될 수 없으므로 이 요건에 해당되지 않는다. 태아의 손해배상청구권이 빈번히 문제되는 경우는 다음과 같다.

　:: 태아의 아버지나 어머니가 사고로 사망한 경우 직계존속의 생명침해로 인한 태아의 정신적 손해아버지나 어머니를 잃은 상실감에 대한 위자료청구권은 태아의 고유한 손해배상청구권으로서 인정된다.

　:: 모체에 대한 위법한 약물투여로 인하여 태아가 기형으로 된 경우처럼 태아 자신이 입은 손해에 대한 배상청구권은 태아의 고유한 손해배상청구권으로 인정된다. 임신중의 어머니가 교통사고에 의한 불법행위를 당하고 이 충격 때문에 태아가 미숙아로서 정상기보다 조산되었고 이 때문에 제대로 성장하지 못한 경우에, 이 사고는 한편으로는 산모에 대한 불법행위인 동시에 다른 한편으로는 태아에 대한 불법행위로서 태아의 재산상 손해배상청구가 인정된다대법원 1968. 3. 5. 선고 67다2869 판결.

　:: 직계존속의 생명침해로 인한 손해배상청구권위자료 포함은 법리상 사망자에게 발생하였다가 가족에게 상속되는데 이때 태아도 상속권을 갖는다. 아버지가 사고로 사망할 당시에 태아였더라도 출생 후에는 평생을 통하여 아버지를 잃은 정신적 고통을 받을 것이므로 이에 대한 위자료를 청구할 수 있다대법원 1967. 9. 26. 선고 67다1684 판결.

　:: **수태 전의 가해행위로 인한 불법행위책임** 수태 전에 약물투여 또는 세균침입 등에 의하여 태아나 출생자에게 피해가 발생한 경우 출생자는 이로 인한 손해배상을 청구할 수 있는가? 예를 들어 병원의 과실로 임부에게 매독균이 있는 피를 수혈하였고 이로 인하여 수혈 후에 임신된 태아가 매독균보균자로서 출생한 경우 출생자는 손해배상을 청구할 수 있는가가 문제된다. ▶ 부정설 : 오염 등 가해행위 당시에 피해자인 태아가 생기지 않았으므로 손해배상청구권을 부정하는 견해이다. ▶ 긍정설 : 가해행위와 손해의 발생간에 시간석 간격이 존재하는 것은 불법행위의 성립을 방해하지 않으므로 피해자가 가해행위 당시에 수태되었냐의 여부에 불구하고 가해자는 이로 인한 손해를 배상할 의무가 있다는

견해이다. 사견으로는 긍정설을 취하겠다. 불법행위책임에 있어서는 가해행위와 결과발생 사이에 시간적 간격이 있더라도 그 인과관계가 인정되면 책임이 인정된다. 피해자가 손해배상청구권을 취득하는 시점은 피해의 사실이 객관적으로 인정되는 때이다. 이때가 임신중일 때에는 태아 자신의 손해배상청구권이 인정되고민법 제762조 출생 후이면 출생자의 손해배상청구권이 인정된다.

생각해볼 문제

● 아이를 양육하는 데 있어서 아버지는 반드시 필요한가? 독신여성이 제3자로부터 정자를 공급받아 아이를 출산하는 것은 어떤 문제가 있는가?

● 낙태죄에 대한 논란이 뜨겁다. 낙태죄는 여성의 자기결정권을 침해하는 것으로서 폐지되어야 하는가, 여성의 자기결정권보다는 태아의 생명 보호가 우선되어야 하는가? 현행 모자보건법에서 허용하는 합법적인 낙태의 범위는 적절한가?

CHAPTER 11

아동의 보육

"여성이 담당한 출산·육아·가사노동이야말로 가부장들과 기업자들의
잉여가치를 축적케 한 자본주의의 노른자이다."
_ 베를호프(Claudia Werlihof)

1. 아동보육

영유아복지를 위한 보육정책

영유아복지는 영유아가 신체적·정신적으로 적응하여 자신의 잠재력을 최대로 실현함으로써 행복한 상태가 되도록 함을 목적으로 한다. 영유아에게 양질의 탁아와 교육을 함께 제공하는 교육적 탁아체계로서 '보육'이라는 시스템이 탄생하였다.

아동복지 사업은 사회적인 차원에서 이루어져야 하며, 국가, 지방자치단체, 공법인 기타 공익단체가 담당해야 한다. 국제노동기구ILO의 여성관련 헌장에서는 '아동의 복지 및 모성의 보호를 위한 조치'에 대한 의무를 선언하고 있다. 영유아보육은 빈곤층의 구제 및 빈곤층 아동의 복지에도 효과적이다. 공공보육의 도움으로 빈곤층 어머니들이 일상적인 아동양육에서 벗어나 일을 찾을 기회를 갖게 되어, 그 결과 아동의 빈곤도 해소될 수 있다.

여성주의는 이러한 억압의 근원인 여성의 전통적 역할에 대한 문제제기로 '여성의 공적 영역에의 참여'와 '가사노동 및 자녀양육의 사회화'를 주장하였다. 여성주의자는 육아의 사회화기관으로서 보육시설에 대하여 긍정적인 입장을 취한다. 여성은 자신의 직업이나 의미 있는 일을 하는 등 사회적 역할을 함으로써 성취를 이룰 수 있다고 본다. 보육은 여성을 어린이 양육의 굴레에서 해방시키고, 여성도 남성과 평등한 권리를 가졌다는 것을 깨달을 수 있는 실천적 방법이 된다는 것이다.

선진국들의 보육정책은 다음과 같은 방향으로 전개되고 있다. 첫째, 필요성이 있는 모든 아동에게 서비스를 제공한다는 보편주의 원칙을 가지고 실행된다. 둘째, 교육기능이 강화되어 양질의 탁아와 교육을 제공한다. 셋째, 보육에 대한 정부재정지원이 증대된다. 넷째, 다양한 보육욕구가 수용될 수 있도록 보육서비스의 형태와 프로그램이 다각화되고 있다.

여성인력활용과 보육시설확대

선진국에서는 여성노동에 대한 수요가 늘어난 1970년 이후부터 여성고용을 촉진시키는 여러 요인들이 자발적으로 형성되기도 하고 정책적으로 조성되기도 하면서 남녀공동의 직장풍토를 이루었다. 특히 주목해야 할 것은 국가 정책적 배려인데, 여성취업을 가능하게 하기 위하여 보육시설을 확충하고 보육비의 부담을 낮춤으로써 현실적으로 여성이 취업할 수 있는 여건을 만들어 왔다. 출산과 육아에 따른 장기간의 휴직이나 시간제로의 임시전환을 인정함으로써 여성인력을 탄력적으로 활용해 왔다.

우리나라에서도 여성의 인력을 활용하여 국민경제의 발전과 안정을 이루기 위한 방안으로 보육시설의 확충 등 가정생활에 대한 지원체제를 강화하려는 정책을 전개하고 있다. 국가는 장기적 대책으로 근로시간의 단축, 근로자의 육아 및 가정생활을 보호할 수 있는 법적·제도적 차원의 지원책을 준비하고 있다. 단기적인 대책으로는 보육시설의 확충을 위해 직장보육시설의 설치기준을 완화할 것, 보호자의 보육비용에 대한 세제지원을 할 것, 국가 또는 지방자치단체가 직장보육시설의 설치, 운영에 대해 비용을 지원할 것 등이 추진되고 있다.

보육시설의 유형

:: **자택보육**caregiver in home   보육모가 집으로 와서 살거나 혹은 방문하여 자녀를 돌보아 주는 형태로 이러한 대리양육자는 친척인 경우도 있고 그렇지 않은 경우도 있다. 이러한 형태의 장점으로는 보육모를 부모가 선택할 수 있으며, 시간에 융통성이 있고, 친숙한 가정에서 유아가 머물 수 있고, 자녀가 많을 경우에는 경제적이라는 것이다. 반면에 단점은 대리양육자가 자격을 갖춘 경우가 드물고 계획된 집단경험이 부족하며, 놀이도구가 제한적이고, 교육적 경험이 제한적이라는 데에 있다.

:: **가정보육**family day care   대리양육자의 가정에서 개인적으로 또는 집단적으로 소수의 유아를 보호, 교육하는 형태로서 미국이나 영국에서 널리 보급되어 있다. 가정이라는 환경에서 소규모로 이루어지므로 집단적인 상황에 적응하기 어

려운 2세 이하의 유아에게 보다 바람직한 형태로 간주되고 있다. 보통 성인 대 유아의 비율이 1 대 6이나 변형된 형태로서 미니센터mini center나 집단 가정탁아 group day care home가 있다. 보통 12인의 유아가 한 집단이며 2명 정도의 성인이 그 집단을 돌본다.

 :: **시설보육**center - based care

▶ **영리목적의 개별 보육시설**proprietary center : 영리추구를 목적으로 하는 시설 탁아소이다. 비교적 독립적인 프로그램을 운영하며, 유아의 보육료로 운영 되어 소유자이자 직원인 사람이 전문적으로 훈련받지 않은 한두 명의 보조 원을 거느리고 유아들을 돌보아주는 경우가 보통이다.

▶ **영리목적의 체인형 보육시설**commercial center : 이윤추구를 목적으로 허가받 은 보육시설이다. 하나의 모델을 개발하여 같은 체인에 속한 모든 보육시설 에 같은 시설과 프로그램을 실시하여 탁아를 하나의 사업으로 여긴다. 높은 수준의 프로그램 개발도 가능하고 다른 체인의 보육시설로 옮길 때 유아기 록의 동일성을 유지할 수 있다는 장점도 있다.

▶ **지역사회기관 보육시설** : 자선단체나 지역사회단체 혹은 종교단체에 의 해 운영되는 탁아소로 보통 저소득층 가정의 유아를 대상으로 한다.

▶ **직장보육시설** : 회사나 공장, 병원, 노동조합 등에서 근로자의 복지정책 의 하나로 운영하는 보육시설이다. 이러한 보육시설은 특히 여성근로자의 고용증대와 생산성 향상을 도모하기 위한 수단이 되기도 한다.

▶ **공립보육시설**public day care : 정부나 지방자치단체에 의해 운영되며 이용 자는 저소득층이 주가 된다. 무료 혹은 저렴한 비용을 지불한다.

૨. 영유아보육제도

영유아보육의 역사
역사적으로 볼 때 영유아보육은 일하는 어머니의 자녀를 맡아 보호해 주는

것을 목적으로 발달되었으며 아동의 보호를 영유아보육의 주된 기능으로 삼아
왔다. 서양에서 본격적인 영유아보육사업의 시초는 1767년 프랑스의 오베를린
Oberlin이 종일 유아원을 설치하여 농촌에서 일하는 어머니의 자녀들을 보호한
것이라고 한다. 영국에서는 1816년 로버트 오웬Robert Owen이 자신이 경영하는
방직공장에 성격형성학원을 세워 그곳에 취업한 어머니의 자녀들을 보육하였던
데서 비롯된다. 초기에는 아동에 대한 보호적 기능에 국한하여 어머니가 취업이
나 기타의 일로 자녀를 돌보아주지 못할 때 어머니 대신 아동을 맡아서 안전하
게 데리고 있어 주는 것에 불과했다. 보육시설의 이용자는 대부분 저소득층과
빈곤층의 유아들이었고 영유아보육은 빈민구제의 성격이 강하였다. 산업사회가
진전됨에 따라 나타난 가족의 변화와 취업모의 증가로 영유아보육사업에 대한
수요가 급격히 증가하였다. 근래에는 영유아보육사업의 질에 대한 관심이 커져
아동 보호위주의 초기 보육시설의 기능은 교육욕구를 충족시키기 위한 쪽으로
변천하였다.

보육제도에 대해 부정적 입장

1940~1950년대 미국의 심리학 분야에서 보육과 관련된 학문적 연구들은 주
로 보육의 경험이 아동의 정서적 발달, 사회성 발달, 지적 발달, 건강 및 신체적
발달에 부정적 영향을 미친다고 보고하였다. 이 시기의 연구는 주로 유아와 어
머니와의 애착에 관한 것이었는데, 이들이 주장하는 바는 정상적인 아동의 발달
은 친밀한 어머니와 자녀관계에서만 이루어질 수 있고 그러한 관계의 분리를
가져오는 보육은 어머니와의 건전한 애착관계를 가질 수 없으며, 그 결과 심각
한 발달상의 장애를 가져온다고 하는 등 부모가 아닌 타인에게 아이를 맡기는
것에 대해 부정적인 견해를 갖고 있었다. 특히 보울비Bowlby는 모성실조maternal
deprivation라는 개념을 사용하여 어머니와 자녀의 관계는 독특하고 배타적이며,
정상적인 정서와 인지발달에 결정적이라고 보았고, 애착Attachment이라는 개념을
사용하여 영아와 어머니의 특별한 정서적 관계를 설명하였다.
남녀의 고정적 성역할을 강조함으로써 보육을 부정하는 견해는 가정의 테두

리 안에 안주하여 살림하고 아이를 키우는 행복한 주부상을 사회적으로 널리 홍보하는 일에 정당성을 부여하였다. 이러한 이론은 제2차 세계대전 이후 전쟁중에 노동현장으로 갔던 여성들을 가정으로 다시 되돌려 보내고, 여성노동의 가치를 저하시켜 여성노동력의 일부만을 저임금으로 이용하고자 하는 국가적 목적을 뒷받침했다. 그 이후에도 보육경험이 유아의 인지, 정서, 사회성 발달에 부정적인 영향을 미친다는 연구결과가 발표되고 있다. 이러한 이론은 기혼여성들의 취업률증가와 함께 보육문제가 사회적 관심사로 부각되는 시기마다 다시 등장하여 보육시설의 확충에 방해가 되고 있다.

보육제도에 대한 적극적 입장

아동에게 질적으로 높은 수준의 보육프로그램이 주어질 때 부모자녀관계에 나쁜 영향을 미치지 않으며 가정에서 양육되는 아동과 정서발달 측면에서 실질적인 차이는 없다는 이론이 근래 많은 지지를 얻고 있다. 질적으로 심각한 위기상태의 환경에서 자랐거나 보육시설을 자주 옮기는 불안정한 보육경험을 가진 경우를 제외한다면, 보육아동의 정서발달은 양호하다는 것이다. 보육지지자들은 보육시설이 아동의 성장 및 애착관계 형성에 장해가 되지 않는다고 하는 점을 증명하는 등 보육의 부정론에 대한 비판을 제기하였고 이에 대한 지지도 증가하게 되었다. 보육을 경험한 아동들이 어머니와 매우 큰 애착을 보이며, 이는 아동이 보육교사와 친밀한 관계를 형성하더라도 변화되지 않고, 애착의 질에 있어서도 가정보육아동의 경우와 차이가 없다고 주장하였다. 보육교사가 일률적이고 공식적인 감정과 태도로 아동들을 대하는 반면에, 어머니는 아동과의 상호작용의 기회는 적더라도 강도가 강한 애정을 보이기 때문에 아동에게는 가장 강력한 애착대상이라는 것이다. 어머니가 가정 밖에서 직업을 가짐으로써 느끼는 만족감과 경제적 안정은 아동과의 관계에 있어서 긍정적인 상호작용을 갖게 할 수도 있을 것이라고 하였다.

1980년대 이후의 연구들은 대부분 보육의 경험이 사회·경제적 지위가 낮은 부모를 가진 아동의 지적 발달에 긍정적 효과가 있다고 밝히고 있다. 또한 저소득층 아동의 경우 보육경험이 있는 아동들이 경험이 없는 아동들보다 운동능력의 향상과 신장 및 체중의 증가를 보였는데, 이것은 보육시설의 아동들이 저소득층의 경우 더 좋은 음식과 서비스를 제공받기 때문일 것으로 분석하고 있다. 그러므로 보육시설이 적절한 공간, 위생, 교사, 의료적 보호를 제공한다면 아동의 건강 및 신체발달에 해가 되지 않으며 오히려 저소득층 자녀에게는 긍정적인 효과를 줄 수 있다고 볼 수 있다.

한국 영유아보육의 역사

우리나라에서 해방 이전의 보육시설은 일본 총독부의 내무국 사회과에서 지도·통제하였으며, 해방 이후에는 전쟁전후의 위급한 상황에서 구호적인 복지정책만이 실시되었다. 독립정부 수립 이후 1961년 「아동복리법」이 제정되었다. 이때 처음으로 보육시설의 설치기준, 직원, 보육기간, 보호내용 등이 구체적으로 규정되었고, 보건사회부가 보육시설을 관장하였다. 1977년에 어린이집 수효가 600개를 넘게 되자, 어린이집의 질적 저하를 막기 위하여 사회복지사업법 시행규칙을 개정하여 보육시설의 사회복지 법인화가 시도되었다. 1982년 「유아교육진흥법」이 제정되어 기존의 보육시설들을 새마을 유아원으로 통합하였고 국고 지원책을 마련하였으며 내무부로 소관부처를 이동하였다. 탁아시설이 운영상 많은 문제점들을 드러내자 영유아의 보육문제를 해결하고 가정의 복지를 증진한다는 취지로 보육에 관한 기본법으로서 「영유아보육법」이 제정되었다.

1990년에 영유아보육법이 제정됨으로써 종래의 보육관계법규의 문제점을 개선하고 종합적인 탁아정책이 마련될 수 있는 법적 기반이 만들어졌다. 이 법의 제정으로 영유아보육사업의 체계화 및 보육시설의 조속한 확충을 꾀하게 되었고, 국가 및 지방자치단체의 보육책임이 강조되었으며, 보육문제가 아동복지 문제만이 아니라 여성복지 나아가 지역사회 및 국가의 복지문제임이 분명히 되었다. 이 법의 제정에 즈음하여 여성단체·여성학자·정당 사이에 의견의 대립이 있었는데, 주요쟁점은 보육서비스의 내용으로서의 보호와 교육문제, 보육비용의 수익자 부담원칙과 관련한 국가의 재정지원의 범위와 정도 문제, 주무부서의 지정 및 직장보육의 관할 문제, 비영리 민간보육원의 존립 문제, 행정규제의 적정성 문제 등이었다. 그러나 이러한 쟁점들은 1990년의 법제정에서 충분히 검토되지 못한 채 불충한 입법으로 일단락되었다.

1990년의 영유아보육법은 영유아의 보육에 대한 국가와 지방자치단체의 책임을 명시하고 있으나, 그 지원대상이 되는 영유아는 생활보호대상의 자녀와 보건복지부령이 정하는 저소득층의 자녀로 한정되어 있어 이 법의 사회보장법으로서의 의의가 매우 제한적이었다. 또한 그 외의 대상에 대해서는 보육비용을 모두 수익자 부담으로 하고 있어 보육시설이 영리화할 가능성을 부여하였다. 영유아보육법은 영유아보육을 사회복지의 차원에서나 교육적 차원에서 다루지 못하고 개인 또는 기업의 비용에 의한 시설을 권장하면서 그에 대한 행정적 규제만을 행하려 한다는 비판을 받을 수밖에 없었다.

영유아보육제도의 질적 향상을 위하여 다음과 같은 개선방안이 제안되었다. ▶ 보육은 아동의 권리차원에서 아동중심의 관점에서 행해질 것 ▶ 보육의 공공성이 확대될 것 ▶ 이용자의 소득수준, 지역특성을 고려한 차등보육제도가 이루어질 것 ▶ 보육시설장과 보육교사 관련 제도가 개선될 것 ▶ 방과 후 보육에 관한 법제가 정비될 것. 영유아보육법은 여러 차례의 개정을 거치면서 조금씩 보육에 대한 국민의 요구를 수용해 나갔지만, 아직도 미해결의 문제점이 많이 남아 있다.

보육시설의 종류

영유아보육법은 영유아嬰幼兒의 심신을 보호하고 건전하게 교육하여 건강한 사회 구성원으로 육성함과 아울러 보호자의 경제적·사회적 활동이 원활하게 이루어지도록 함으로써 가정복지 증진에 이바지함을 목적으로 한다. 보육의 이념에 관해서 다음과 같이 규정한다. ① 보육은 영유아의 이익을 최우선적으로 고려하여 제공되어야 한다. ② 보육은 영유아가 안전하고 쾌적한 환경에서 건강하게 성장할 수 있도록 하여야 한다. ③ 영유아는 자신이나 보호자의 성, 연령, 종교, 사회적 신분, 재산, 장애 및 출생지역 등에 따른 어떠한 종류의 차별도 받지 아니하고 보육되어야 한다. "영유아"란 6세 미만의 취학 전 아동을 말한다. "보육"이란 영유아를 건강하고 안전하게 보호·양육하고 영유아의 발달 특성에 맞는 교육을 제공하는 보육시설 및 가정양육 지원에 관한 사회복지서비스를 말한다.

보육시설이란 보호자의 위탁을 받아 영유아를 보육하는 시설, 어린이집을 말한다. 어린이집에는 국공립어린이집, 사회복지법인어린이집, 법인·단체등어린이집, 직장어린이집, 가정어린이집, 협동어린이집, 민간어린이집이 있다.

보육비용의 국가부담과 양육비지원

국가와 지방자치단체는 영유아에 대한 보육을 무상으로 하여야 하며, 장애아 및 다문화가족의 자녀의 무상보육에 대하여는 그 대상의 여건과 특성을 고려하여 지원할 수 있다. 또한 국가와 지방자치단체는 자녀가 2명 이상인 경우에 대하여 추가적으로 지원할 수 있다. 국가와 지방자치단체는 어린이집이나 유치원을 이용하지 아니하는 영유아에 대하여 영유아의 연령과 보호자의 경제적 수준을 고려하여 양육에 필요한 비용을 지원할 수 있다.

보육정책의 미래

종래 복지정책과 사회안전망이 미비한 가운데 한국사회의 가족은 아동, 노인, 장애인, 환자 등 가족의 돌봄을 전담함으로써 소득보장과 사회서비스를 대신했으며 그것은 주로 여성의 무보수 노동으로 해결되어 왔다. 그러나 더 이상 온정적인 가족주의가 작동하지 않으며, 돌봄노동의 주책임자였던 기혼여성도 노동시장에 참여하는 경우가 늘어나면서 여성의 무보수 노동으로 가족 돌봄이 해결될 수 있는 시대는 지났다.

보육정책은 단지 아동양육비를 지원하여 부모 부담을 덜어주는 의미를 넘어서 노동력의 여성화시대에 전통적인 성역할을 변화시키고 돌봄노동을 사회화하는 장치이며, 계층간의 격차와 소득 불균형을 완화시키기 위한 기능도 가지고 있다. 또한 보육정책은 저출산 문제의 해결책 중의 하나로 인식되고 있는바, 정부가 어떤 보육정책을 취하는지는 중요한 의미를 가진다. 아동의 복지와 생존의 배려의 측면에서는 보육의 공공성을 강화하고, 효과적 보육서비스의 제공을 위하여 보육서비스의 품질을 향상시키고 부모의 양육을 지원하는 방향으로 보육체계를 계속하여 개선시켜 나갈 필요가 있다.

┌─ 생각해볼 문제 ─────────────────────────

● 직장 내 설치된 보육시설과 지역에 설치된 보육시설은 각각 어떤 기능을 담당하는가?

● 보육시설을 이용하는 데에 어머니가 직장을 가진 경우와 전업주부인 경우에 차이를 두는 것이 타당한가?

● 보육정책이 출산율 상승에 영향을 미칠 수 있다고 생각하는가? 현실적으로 어떤 정책이 가장 필요한가?

여성을 위한 **법**

C H A P T E R 12

여성의 자녀관계

"새로운 형태의 가족공동체는 자녀를 진정으로 안정되게 양육할 정서
적 · 물리적 환경을 마련하게 될 것이다."

_ 이효재, 『여성과 사회』 중에서

I. 양성평등한 부모

친자관계에서의 남녀차별철폐

민법은 친자관계를 규정함에 있어서 아버지와 자녀와의 관계부자관계와 어머니와 자녀의 관계모자관계를 생물학적인 차이 때문에 불가피한 경우를 제외하고는 구별하지 않으려고 노력한다. 반면에 구민법은 혼인외의 자의 입적에 있어서, 남편의 경우는 처의 동의 없이 그 가에 입적시킬 수 있고, 처는 남편의 혈족 아닌 자녀를 입적시키려면 남편의 동의는 물론 남편가 호주의 동의까지 요구했다. 본처와 서자 사이에는 적모서자관계의 법정친자관계가 인정되고, 후처는 혼인함으로써 자동적으로 남편의 전처 소생자녀와 법정친자관계인 계모자관계가 강제되었다. 이에 반하여 남편의 경우는 적부서자관계나 계부자관계를 인정하지 않았다. 이는 부부의 친자관계에 관한 차별이었다. 현행 가족법은 법정친자관계였던 계모자관계와 적모서자관계를 폐지하여 이들 관계를 모두 인척관계로 하고 있다. 다만 당사자가 인척관계를 모자관계로 원할 경우에는 입양에 의하여 혼인중의 출생자와 동일한 신분을 가질 수 있다민법 제781조-제784조.

친권행사에서의 양성평등

친권은 부모가 혼인중인 때에는 부모가 공동으로 이를 행사한다. 그러나 부모의 의견이 일치하지 아니하는 경우에는 당사자의 청구에 의하여 가정법원이 이를 정한다. 부모의 일방이 친권을 행사할 수 없을 때에는 다른 일방이 이를 행사한다. 혼인외의 자가 인지된 경우와 부모가 이혼하는 경우에는 부모의 협의로 친권자를 정하여야 하고, 협의할 수 없거나 협의가 이루어지지 아니하는 경우에는 가정법원은 직권으로 또는 당사자의 청구에 따라 친권자를 지정하여야 한다. 다만, 부모의 협의가 자구의 복리에 반하는 경우에 가정법원은 보정을 명하거나 직권으로 친권자를 정한다. 가정법원은 혼인의 취소, 재판상 이혼 또는 인지청구의 소의 경우에는 직권으로 친권자를 정한다. 가정법원은 자의 복리를 위하여 필요하다고 인정되는 경우에는 자의 4촌 이내의 친족의 청구에 의하여

여성을 위한 **법**

정하여진 친권자를 다른 일방으로 변경할 수 있다민법 제909조.

반면에 구법은 미성년자에 대한 친권행사에 있어서 부권父權우선주의를 취하여 부모의 의사가 일치하지 아니하는 경우 부가 친권을 행사한다고 하였고, 부모가 이혼하거나 부가 사망하여 재혼한 경우 그 모는 전 혼인중의 자녀에 대한 친권자가 될 수 없었다. 이는 부모 사이의 차별로서 양성평등에 반하는 규정이었다.

2. 자녀의 성

자의 성과 본

자녀의 성과 본을 결정하는 문제는 남계중심의 가계제도를 존속시키는가 또는 철폐하는가 하는 가족제도에 관한 중요한 결단이다. 가부장제의 관습에서는 자녀의 성은 당연히 아버지의 성을 따르도록 되었고 이에 대한 어떠한 도전도 용납되지 않았다. 자녀의 성姓 결정의 자유는 가부장적 가족제도에 대한 중대한 도전이었으므로, 근대화 이후 서양의 법을 도입할 때에도 이 부분은 받아들이지 않았다.

자녀의 성을 결정하는 문제는 2005년 민법개정 이후 양성평등한 방향으로 다소 변하였다. "자구는 부父의 성姓과 본을 따른다. 다만, 부모가 혼인신고시 모의 성과 본을 따르기로 협의한 경우에는 모의 성과 본을 따른다"고 하여 어머니의 성을 따를 수 있는 여지를 부여하였다민법 제781조.

자녀의 성을 결정함에 있어 어머니의 성을 따를 수 있는 경우는 다음과 같다. ▶ 부모가 혼인신고시 모의 성과 본을 따르기로 협의한 경우에 그 협의에 따라 모의 성과 본을 따른다. ▶ 아버지가 외국인인 경우에는 자는 모의 성과 본을 따를 수 있다. ▶ 아버지를 알 수 없는 자는 모의 성과 본을 따른다.

■ 아버지의 성을 따르도록 강제해서는 안 된다는 헌법재판소 결정 ■

과거 가부장제에 따른 자녀의 성姓에 관한 부성주의 규정이 헌법정신에 어긋난다는 헌법재판소의 결정이 있었다헌법재판소 2005. 12. 22. 선고 2003헌가5·6(병합) 결정. 민법 제781조 1항 본문^{2005년 개정전} 중 "자는 부의 성과 본을 따르고" 부분은 위헌이라고 하였다. "출생 직후의 자에게 성을 부여할 당시 부가 이미 사망하였거나 부모가 이혼하여 모가 단독으로 친권을 행사하고 양육할 것이 예상되는 경우, 혼인외의 자를 부가 인지하였으나 여전히 모가 단독으로 양육하는 경우 등과 같은 사례에 있어서도 일방적으로 부의 성을 사용할 것을 강제하면서 모의 성의 사용을 허용하지 않고 있는 것은 개인의 존엄과 양성의 평등을 침해한다. 입양이나 재혼 등과 같이 가족관계의 변동과 새로운 가족관계의 형성에 있어서 구체적인 사정들에 따라서는 양부 또는 계부 성으로의 변경이 개인의 인격적 이익과 매우 밀접한 관계를 가짐에도 부성의 사용만을 강요하여 성의 변경을 허용하지 않는 것은 개인의 인격권을 침해한다. 민법 제781조의 위헌성은 부성주의의 원칙을 규정한 것 자체에 있는 것이 아니라 부성의 사용을 강제하는 것이 부당한 것으로 판단되는 경우에 대해서까지 부성주의의 예외를 규정하지 않고 있는 것에 있으므로 헌법불합치결정을 선고한다."^단 이 사건 법률조항에 대한 개정 법률이 공포되어 2008. 1. 1. 그 시행이 예정되어 있으므로 2007. 12. 31.까지 이 사건 법률조항의 잠정적인 적용을 허용했다.

다른 한편 이러한 결정에 반대한 소수의견은 다음과 같이 말했다. "가족제도 중에도 부성주의는 헌법에 선행하는 문화이다. 기존의 문화 내지 제도가 후행의 헌법적 가치에 어긋난다는 의심을 받는 경우에는 기존의 문화가 가지는 합리성을 확인하고 그 합리성과 헌법적 가치 사이의 간극의 크기를 측정한 후, 그 간극의 크기가 더 이상 용납하기 어려운 경우에 그 간극을 해소하는 기술의 합리성을 확인하며, 그 다음으로 시기의 적합성을 판단하여야 한다. 부성주의는 출산과 수유라는 사실로 인해 외관상 확인가능한 모와의 혈통관계에 비해 본질적으로 불확실한 부와의 혈통관계를 대외적으로 공시하고 부와 자녀간의 일체감과 유대감을 강화하여 가족의 존속과 통합을 보장한다. 기호체계에 불과한 성이 여성의 실체적인 법적 지위나 법률관계에 영향을 미친다고는 볼 수 없으며, 부성의 사용으로 인해 재혼이나 입양 등의 경우에 있어서 개인이 받는 불이익은 재혼이나 입양에 대한 사회적 편견 내지 사시가 그 원인이지 부성주의가 그 원인은 아니다. 추상적인 자유와 평등의 잣대만으로 우리 사회에서 여전히 유효하게 존속하면서 그 가치를 인정받고 있는 생활양식이자 문화 현상인 부성주의의 합헌성을 부정하는 것은 시기상조의 부적절한 일이다."

재혼가족에서 자녀의 성의 변경

여성이 전혼에서 출산한 아이를 데리고 재혼을 하려는 경우에 자녀의 양육문제가 가장 큰 걱정거리가 된다. 무엇보다도 가족관계등록부 또는 주민등록부의 사본을 제출해야 할 필요가 생길 때마다 아이의 성이 남편의 성과 다르다는 것이 드러나 재혼가정이라는 것이 노출됨으로써 주위의 곱지 않은 시선을 받을 일이 걱정된다. 물론 재혼가정에 대한 사회적 편견이 말끔히 없어진 후에는 그러한 성의 다름이 문제될 것이 없을 것이지만, 현재의 사회적 여건 아래에서는 그러한 편견의 표적이 된다는 일이 괴로운 것이다.

출생시에 결정되어 출생신고로 가족관계등록부에 기재된 자녀의 성과 본은 필요한 경우에는 변경할 수 있다. 자녀의 복리를 위하여 자의 성과 본을 변경할 필요가 있을 때에는 부, 모 또는 자의 청구에 의하여 법원의 허가를 받아 이를 변경할 수 있다. 다만, 자가 미성년자이고 법정대리인이 청구할 수 없는 경우에는 친족 또는 검사가 청구할 수 있다민법 제781조 5항. 2005년의 민법 개정으로 자녀의 성과 본을 변경할 수 있는 가능성이 열리게 된 것이다.

자녀의 성과 본을 계부의 성과 본으로 변경하는 경우에 이로 인하여 친족관계가 변화하는 것은 아니다. 계부의 성과 본을 따라 성의 변경이 이루어지더라도 계자녀와 계부는 인척관계에 머무른다. 계부의 재산상속인이 되는 것도 아니고 계부의 친자녀와 계자녀 사이에 혈연관계가 생기지도 않는다. 계부의 친자녀와 계모의 친자녀 사이에는 혈연관계가 없으므로 혼인이 가능하다. 자녀의 친부는 생물학적인 아버지이므로 그 아버지와의 부자관계는 유지된다. 계부와 계자녀 사이에 부자관계가 생기기 위해서는 입양의 절차를 밟아서 양친자관계를 새로이 만들어야 한다.

■ 성과 본의 변경에 관한 판례 ■

판례는 친부의 의견 및 친부와의 지속적인 관계를 참작하고 있다. 민법 제781조 6항에 정한 '자의 복리를 위하여 자의 성과 본을 변경할 필요가 있을 때'에 해당하는지 여부는 자의 나이와 성숙도를 감안하여 자 또는 친권자·양육자의 의사를 고려하되, 먼저 자의 성·본 변경이 이루어지지 아니할 경우에 내부적으로 가족 사이의 정서적 통합에 방해가 되고 대외적으로 가족 구성원에 관련된 편견이나 오해 등으로 학교생활이나 사회생활에서 겪게 되는 불이익의 정도를 심리하고,

다음으로 성·본 변경이 이루어질 경우에 초래되는 정체성의 혼란이나 자와 성·본을 함께 하고 있는 친부나 형제자매 등과의 유대 관계의 단절 및 부양의 중단 등으로 인하여 겪게 되는 불이익의 정도를 심리한 다음, 자의 입장에서 위 두 가지 불이익의 정도를 비교 형량하여 자의 행복과 이익에 도움이 되는 쪽으로 판단하여야 한다대법원 2009. 12. 11.자 2009스23 결정. 이와 같이 자의 주관적·개인적인 선호의 정도를 넘어 자의 복리를 위하여 성·본의 변경이 필요하다고 판단되고, 범죄를 기도 또는 은폐하거나 법령에 따른 각종 제한을 회피하려는 불순한 의도나 목적이 개입되어 있는 등 성·본 변경권의 남용으로 볼 수 있는 경우가 아니라면, 원칙적으로 성·본 변경을 허가한다.

판례를 살펴보면, 사건본인은 부모의 이혼 후에 친부親父와 별다른 교류가 없고 친부가 양육비 등을 지원한 바도 없는 사실, 친부는 사건본인의 성·본 변경에 반대하고 있는 사실, 사건본인의 어머니는 사건본인의 성·본을 양부養父를 따라 '정주정'으로 변경 허가를 청구하고 있는 사실, 사건본인은 성·본의 변경을 희망하고 있고, 희망 사유는 주민등록을 같이 하고 있는 양부와 성·본이 달라 이력서나 주민등록표를 제출함에 있어 불편을 겪고 있는 점 등을 내세우고 있는 사실, 사건본인에 대한 범죄경력, 신용정보 등의 조회 결과 이 사건 청구에 불순한 의도나 목적이 개입되어 있다고 보기 어려운 사실 등을 알 수 있으므로 성과 본의 변경을 허가하였다대법원 2009. 12. 11.자 2009스23 결정.

사건본인들은 부모의 이혼 후 친부를 만난 적이 없어 그 얼굴조차 기억나지 않는다고 하는 반면, 계부繼父는 사건본인들이 아버지라고 부르며 잘 따르고 있어 주변에서 계부를 사건본인들의 친부로 알고 있는 사실, 그런데 현재 중학교 2학년인 사건본인 1과 초등학교 4학년인 사건본인 2는 나이가 들수록 점점 자신들의 아버지로서 함께 생활하고 있는 계부와 자신들의 성이 다르다는 것을 친구들이 알게 될까봐 불안해하고 그로 인해 교우관계나 학교생활도 불편해지는 등 정신적 고통을 겪고 있으며 그 때문에 청소년기에 있는 사건본인들의 정서발달에 장애가 있지 않을까 우려되는 경우에, 자녀의 성을 변경하는 것을 허가하였다대법원 2010. 3. 3.자 2009스133 결정.

3. 친자의 법적 지위

친자의 종류

혼인중의 출생자

법적으로 인정되는 결혼법률혼의 부부 사이에서 잉태하여 출생하였다고 인정되는 아이를 '혼인중의 자녀'라고 한다. 다시 말해서 아이의 생부와 생모가 법률혼의 관계에 있으면 잉태 당시에 혼인관계에 있었는가에 관계없이 혼인중 출생자가 되는 것이다. 혼인 전에 잉태한 아이가 혼인중에 출산한 경우에도 혼인중의 출생자이며, 단지 친생자의 추정을 받지 못할 뿐이다. 혼인중에 포태한 자녀는 이혼 후에 출산하더라도 혼인중의 출생자이다. 혼인중에 출생한 자녀에는 '친생추정을 받는 자녀', '친생추정을 받지 못하는 자녀' 그리고 '준정에 의해 혼인중의 자녀로 된 자녀'가 있다.

혼인외의 출생자

아이의 부모가 법률혼의 부부가 아닌 경우 그 아이를 혼인외의 출생자라고 한다. 사실혼부부 사이에서 태어난 자녀도 혼인외의 출생자가 된다. 그 밖에 무효인 혼인제855조 1항 단서, 내연의 관계에서 출생한 경우도 이에 해당한다. 혼인이 취소된 경우에는 소급효가 없기 때문에민법 제804조, 혼인중 임신 또는 출산한 자녀는 혼인중의 출생자가 된다.

   :: **아버지를 알 수 없는 경우** 아버지父를 알 수 없는 자는 모의 성과 본을 따른다민법 제781조 3항.

   :: **인지認知 전의 혼인외 자** 아버지에 의해 자기의 자식으로 인지되기 전까지 아이는 어머니만을 알게 된다. 그러므로 모자간의 혈족관계와 모계의 친인척관계만이 생긴다. 어머니는 아이의 친권자가 된다. 부양과 상속의 법률관계도 아이와 어머니 사이에서만 발생한다.

   :: **인지된 혼인외 자** 아버지에 의해 인지된 혼인외의 출생자는 부모 쌍방에

대하여 출생시에 소급하여 친자관계가 생기고 이 혈족관계에 기해 부모의 친인 척과 친인척관계가 생긴다. 혼인외의 출생자도 혼인중의 출생자와 같은 지위에 서 친권·부양·상속의 법률효과를 받는다.

부모를 알 수 없는 자

부모를 알 수 없는 자는 법원의 허가를 받아 성과 본을 창설한다^{민법 제781조}^{3항}. 다만, 성과 본을 창설한 후 부 또는 모를 알게 된 때에는 부 또는 모의 성과 본을 따를 수 있다. 어머니와 아버지 양자를 알 수 없는 아이는 누구와도 부자 관계나 모자관계를 맺지 못하며 부모를 매개로 하는 친인척관계도 생기지 않는 다. 아이의 어머니는 출생확인을 통하여 찾아야 하며, 아버지는 인지에 의해 찾 아야 한다.

혼인중 출생자

친생자의 추정

혼인관계에 있는 처에게서 태어난 아기는 일정한 요건 아래 그 부의 친생자 로 추정된다. 이 민법규정에 의해 추정받는 친자관계는 아이와 아버지의 관계 父子關係이다. 아이와 어머니의 관계母子關係는 실제로 임신해서 출산했는가 하는 자연적 사실에 의해 판단된다. 친생자로 추정받기 위한 요건은 다음과 같다.

:: **부모의 혼인** 아이의 어머니가 생부生父와 혼인관계에 있거나 있었어야 한 다. 민법 제884조 1항에서 말하는 '혼인중에 임신'하였을 것이라는 요건은 원칙 적으로 친생자추정을 위한 부모의 혼인관계는 법률혼이어야 한다는 것을 의미 한다.

이와는 달리 사실혼의 부부 사이에도 법률혼에서와 같은 친생자추정을 부분 적으로 유추적용하자고 주장하는 견해가 있다. 즉 혼인신고 전에 사실혼관계로 있다가 출생 전에 신고한 경우에 사실혼의 날부터 200일 후에 출생한 아이도 친생자추정을 받도록 하자는 것이다. 이 견해에 의하면 친생추정은 가족관계등록부의 기재 여하에 관계없이 사실에 근거하여 발생한다고 한다.

:: **추정기간에 출생** 혼인성립의 날로부터 200일 후 또는 혼인관계종료의 날로부터 300일 내에 출생한 자는 혼인중에 임신한 것으로 추정한다민법 제844조 2항, 3항. 그런데 헌법재판소는 혼인 종료 후 300일 이내의 출생 여부를 친생추정의 기준으로 삼는 것에 대하여는, 이 경우에도 친생추정에 아무런 예외를 허용하지 아니한 채 오직 친생부인의 소를 통해서만 친생추정을 번복할 수 있도록 한 것은 위헌이라고 하여 헌법불합치결정을 내렸다헌법재판소 2015. 4. 30. 선고 2013헌마623 결정. 이에 따라 2017년 민법 개정을 통하여 친생부인 허가제도가 도입되었다. 이에 대하여는 뒤에서 다시 다루기로 한다.

:: **친생추정에서 제외되는 경우** 민법이 정한 추정기간 동안 부부가 장기간 동거하지 못할 사정이 있어 포태할 수 없음이 외관상 명백한 경우실종, 해외체류, 교도소소재 등에는 추정이 깨진다대법원 1983. 7. 12. 선고 82므59 전원합의체판결. 단순히 부부가 평상시에 별거하고 있다는 등의 사정만으로는 이러한 친생추정을 받지 아니하는 사유가 될 수 없다. 남편청구인이 아내 갑과 혼인한 후 다른 여자와 부첩관계를 맺고 평소에 갑과는 별거하고 있었으나 갑이 청구인의 부모를 모시고 본가에서 거주하는 관계로 1년에 한번 정도로 찾아와 만났다면 이 부부 사이는 아내가 남편의 자식을 포태할 수 없음이 객관적으로 명백할 정도로 동서의 결여가 있다고는 할 수 없으므로, 갑이 혼인중에 포태하였음이 명백한 피청구인은 청구인의 친생자로 추정받는다대법원 1990. 12. 11. 선고 90므637 판결.

남편의 생식불능, 부자의 혈액형배치 등의 경우에 친생자의 추정을 할 것인가에 관해서는 학설이 대립한다. 혈연진실주의에 따라 친생자를 부인토록 해야 한다는 견해부인설, 가정평화를 보호하기 위하여 친생자추정을 해야 한다는 견해추정설, 이혼한 경우, 생부가 아이를 양육하고 있는 경우 등 가정평화의 보호가 필요 없는 경우에 진실한 혈연을 존중하여 부인절차를 완화하자는 견해절충설가 대립한다.

■ 친생추정에 관한 헌법재판소의 결정 ■

오늘날 이혼 및 재혼이 크게 증가하였고, 여성의 재혼금지기간이 2005년 민법개정으로 삭제되었으며, 이혼숙려기간 및 조정전치주의가 도입됨에 따라 혼인 파탄으로부터 법률상 이혼까지의 시간간격이 크게 늘어나게 됨에 따라, 여성이 전 남편 아닌 생부의 자를 포태하여 혼인 종료일로부터 300일 이내에 그 자를 출산할 가능성이 과거에 비하여 크게 증가하게 되었으며, 유전자검사 기술의 발달로 부자관계를 의학적으로 확인하는 것이 쉽게 되었다.

그런데 민법 제844조 2항에 따르면, 혼인 종료 후 300일 내에 출생한 자녀가 전 남편의 친생자가 아님이 명백하고, 전남편이 친생추정을 원하지도 않으며, 생부가 그 자를 인지하려는 경우에도, 그 자녀는 전남편의 친생자로 추정되어 가족관계등록부에 전남편의 친생자로 등록되고, 이는 엄격한 친생부인의 소를 통해서만 번복될 수 있다. 그 결과 심판대상조항은 이혼한 모와 전남편이 새로운 가정을 꾸리는 데 부담이 되고, 자녀와 생부가 진실한 혈연관계를 회복하는 데 장애가 되고 있다.

이와 같이 민법 제정 이후의 사회적·법률적·의학적 사정변경을 전혀 반영하지 아니한 채, 이미 혼인관계가 해소된 이후에 자가 출생하고 생부가 출생한 자를 인지하려는 경우마저도, 아무런 예외 없이 그 자를 전남편의 친생자로 추정함으로써 친생부인의 소를 거치도록 하는 것은 입법형성의 한계를 벗어나 모가 가정생활과 신분관계에서 누려야 할 인격권, 혼인과 가족생활에 관한 기본권을 침해한다.

준   정

부모가 혼인하여 아이를 자기 그 부부의 친자로 인정하는 경우 등을 준정準正이라고 한다. 혼인외의 출생자가 혼인중의 출생자로 지위가 변동되는 법률요건이 준정이다. 혼인외의 출생자는 준정이 행해지면 부모가 혼인한 때로부터 혼인중의 출생자로 된다. 상속에 있어서는 혼인중의 출생자와 혼인외의 출생자 사이에 차이가 없다. 과거에는 호주승계에 있어서 양자 사이에 차이가 있었으므로 준정의 실익이 있었다.

다음의 경우에 준정이 발생한다. ① 혼인에 의한 준정 : 혼인외의 출생자는 그 부모가 혼인한 때에는 그때로부터 혼인중의 출생자로 본다민법 제855조 2항. ②

혼인중의 준정 : 법률혼부부 중 일방의 혼인외의 출생자로 신고된 후에 그 타방의 인지를 받으면 혼인중 출생자로 된다. ③ 혼인해소 후의 준정 : 부모의 혼인 전에 출생한 혼인외의 출생자가 그 후 부모가 혼인하였으나 인지받지 못한 채 혼인의 취소나 이혼이 행해진 다음에 비로소 인지된 경우에도 혼인중의 출생자로 된다. ④ 사망자에 대한 준정도 가능하다. 따라서 사망한 자의 직계비속은 적손嫡孫이 된다.

인지에 의한 친자확인

인　지

혼인외의 자녀에 대하여 생부 또는 생모가 자기의 아이라고 인정하거나임의인지 재판에 의하여 부 또는 모를 확인하는 것강제인지을 인지認知라고 한다. 어머니의 인지는 출생확인이라는 사실적 요소가 강하다기아, 영아절도 등의 경우. 반면에 아버지의 인지는 사실확인의 측면 이외에 법적 의사를 표시함으로써 부자관계를 형성하는 측면도 있다.

임의인지

아버지나 어머니가 임의로 친자관계를 인정하는 가족법적 행위를 임의인지任意認知라고 한다. 인지는 인지자의 일방적 의사표시를 요소로 하는 법률행위이다. 인지는 가족관계등록법에 정한 바에 의하여 신고함으로써 생긴다창설적 신고.

　:: **인지의사와 신고**　인지에는 인지의사와 신고를 필요로 하며 어느 하나가 흠결된 경우에는 무효이다. 인지를 유언으로도 할 수 있는데, 이 경우 유언집행자가 신고보고적 신고해야 하며 인지된 효력은 인지자가 사망한 때에 발생한다민법 제859조 2항.

아버지가 혼인외의 자에 대하여 친생자출생의 신고를 한 때에는 그 신고는 인지의 효력이 있다. 아버지가 다른 여자에게서 난 아이를 아내가 낳은 혼인중의 출생자로서 출생신고한 경우에는 그 아이에 대한 인지의 의사가 포함되어 있는 것으로 해석되기 때문이다.

　:: **인지권자**　아버지나 어머니만이 아이를 인지할 수 있다. 인지권자에게 행위능력이 요구되지 않으므로 미성년자도 자신이 아이의 아버지임을 인정할 수 있다. 다만 자신이 어떤 행위를 하는지 잘 인식할 의사능력은 필요하다. 정신질환 중의 의사표시 등 의사능력 없는 인지는 무효이다. 아버지가 피성년후견인인 경우에는 성년후견인의 동의를 받아 인지할 수 있다제856조.

　:: **피인지자**　인지는 혼인외의 출생자에 대하여 한다. 아이가 미성년자인가 성년자인가는 관계없다. 아버지는 태아에 대하여도 인지할 수 있다민법 제858조. 사망한 자에 대하여는 원칙적으로 인지할 수 없으나, 그에게 직계비속이 있는 때에는 인지할 수 있다민법 제857조. 아이와 다른 아버지 사이에 친생자추정의 관계가 있는 경우에는 그 친자관계를 부인하는 판결을 받은 후에야 인지청구를 할 수 있다. 아이와 다른 아버지 사이에 친생자추정 없는 혼인중 출생자의 부자관계 또는 인지로 인한 부자관계가 존재하는 경우에도 소정의 소송절차에 의해 그 부자관계의 부존재를 확인한 후에야 인지할 수 있다.

　:: **인지의 취소**　사기, 강박 또는 중대한 착오로 인하여 인지를 한 때에는 사기나 착오를 안 날로부터 6월 내에 가정법원에 그 취소를 청구할 수 있다.민법 제861조.

　:: **인지이의認知異議의 소訴**　자子 기타 이해관계인은 인지신고 있음을 안 날로부터 1년 내에 인지에 관한 이의의 소를 제기할 수 있다민법 제862조. 이해관계인에는 어머니, 생부라고 주장하는 자 등이 포함되며 그 인적 범위에 제한은 없다. 스스로 아이를 자기의 자식으로서 인지한 자는 인지무효의 소는 제기할 수 있지만 인지이의의 소는 제기할 수 없다.

　:: **인지무효의 소**　인지가 무효라고 주장하는 자인지자 포함는 인지무효의 소를 제기하여 판결을 받아 인지에 의한 부자관계를 없던 것으로 만들 수 있다. 다음의 경우에 인지무효의 소가 허용된다. ① 인지한 부자관계가 사실이 아닌 경우, ② 인지한 아버지가 인지능력을 갖지 않았던 경우, ③ 인지자의 의사에 의하지 않고 신고된 경우.

생부의 인지 없이 생모에 의해 임의로 생부의 친생자로 출생신고되었다는 것을 이유로 하여 그 인지가 무효라는 판결을 받을 수 있다. 다만 인지무효확인의 확정심판이 있었더라도, 그것이 생부와 자녀 사이에 친생자관계가 존재함을 전제로 하여 재판상 인지를 구하는 청구에는 영향을 미치지 아니한다대법원 1999. 10. 8. 선고 98므1698 판결. 생물학적으로 부자관계를 확인할 수 있는 경우에 아이 쪽에서 아버지를 상대로 인지청구의 소송을 제기하여 강제로 인지를 받아 부자관계로 신고할 수 있다. 인지무효의 소는 이의의 소와 이미 행해진 인지의 효력을 부인한다는 면에서는 본질적으로 같다. 그러나 소 제기권자에서 이의의 소와 차이가 있다. 인지무효의 소는 인지자 자신이 포함되며 그 밖에 당사자, 법정대리인 또는 4촌 이내의 친족이 제기할 수 있다. 그러나 이의의 소는 인지자는 소제기를 할 수 없으며, 그 밖에 이해관계인이 아닌 자도 소제기를 할 수 없다.

강제인지

아버지나 어머니가 임의로 인지하지 않는 경우에 자녀나 그 직계비속 또는 그 법정대리인이 아버지나 어머니를 상대로 인지청구의 소를 제기할 수 있다민법 제863조. 소송절차에 의한 인지를 강제인지라고 한다. 인지청구권은 포기할 수 없다. 어머니에 대한 인지청구의 소는 사실상의 출생관계를 확인하는 것이므로 확인의 소의 성격을 갖는다. 그러나 아버지에 대한 소는 사실상의 부자관계가 존재함을 확인하는 성격 이외에 법률상 친자관계를 창설하는 효력을 가지므로 형성의 소의 성격을 갖는다. 인지의 재판이 진실에 반하는 경우에는 임의인지에서와는 달리 그 재판에 대한 재심의 소로써 다루어진다. 부 또는 모가 사망한 때에는 그 사망을 안 날로부터 2년 내에 검사를 상대로 하여 인지에 대한 이의 또는 인지청구의 소를 제기할 수 있다민법 제864조. 아버지나 어머니가 사망한 경우에 아이는 검사를 상대로 인지이의의 소 또는 인지청구의 소를 제기할 권리를 갖는다는 점은 헌법재판에 의해 승인된 바 있다헌법재판소 2001. 5. 31. 선고 98헌바9 결정(합헌). 과거에 제소기간이 사망을 안 날로부터 1년 이내였던 것을 2년 이내로 연장함으로써 아이의 부모 찾을 권리를 조금 더 강화하였다. 판결이 확정되면 제소자가 1개월 내에 신고해야 한다보고적 신고.

인지의 효과

인지에 의해 다음과 같은 법적 효과가 발생한다.

:: **자子의 성姓** 혼인외의 출생자가 인지된 경우 자는 부모의 협의에 따라 종전의 성과 본을 계속 사용할 수 있다. 다만, 부모가 협의할 수 없거나 협의가 이루어지지 아니한 경우에는 자는 법원의 허가를 받아 종전의 성과 본을 계속 사용할 수 있다제781조 5항.

:: **친자관계의 발생** 임의의 인지이건 강제인지이건 인지는 혼인외 자와 생부 사이에 친자관계를 발생시켜 친권, 부양, 상속 등의 법률관계를 생기게 한다.

:: **친　권** 혼인 외의 자가 인지된 경우에는 부모의 협의로 친권자를 정하여야 하고, 협의할 수 없거나 협의가 이루어지지 아니하는 경우에는 가정법원은 직권으로 또는 당사자의 청구에 따라 친권자를 지정하여야 한다민법 제909조 4항. 다만, 부모의 협의가 자의 복리에 반하는 경우에는 가정법원은 보정을 명하거나 직권으로 친권자를 정한다. 가정법원은 인지청구의 소의 경우에 직권으로 친권자를 정한다.

:: **면접교섭권** 자를 직접 양육하지 아니하는 부모의 일방과 자는 상호 면접교섭할 수 있는 권리를 가진다민법 제837조의2. 가정법원은 자의 복리를 위하여 필요한 때에는 당사자의 청구 또는 직권에 의하여 면접교섭을 제한하거나 배제할 수 있다.

:: **부　양** 인지에 의하여 부는 자에 대하여 부양의무를 부담하게 되고, 부양료는 부모가 그 자력에 따라서 분담한다. 인지 이전의 부양료에 대한 청구권을 인정할 것인가에 대하여는 견해가 대립하였다. ① 인정설 : 어머니가 인지시까지 지출한 양육비용은 아버지가 부담할 부양료를 대신 지급한 것이므로 어머니는 아버지에 대해 그 지급액을 부당이득으로서 반환청구할 수 있다는 견해이다. ② 부정설 : 과거의 부양료에 대한 구상청구를 인정하지 않는 견해이다. 혼인외 출생자를 인지하거나 부모의 결혼으로 그 혼인중의 출생자로 간주되지 않는 한

실부는 혼인외 출생자를 부양할 법률상의 의무는 없었으므로, 그 실부가 어머니나 제 3 자의 양육비지출로 인하여 부당이득을 하였다거나 그들이 실부의 사무를 관리하였다고 볼 수 없다는 것이다과거의 판례입장: 대법원 1981. 5. 26. 선고 80다2515 판결. ③ 현재 판례는 인정설을 취한다대법원 1994. 5. 13.자 92스21 전원합의체결정.

   :: **상   속** 아버지에 의해 인지된 혼인외의 자는 재산상속에 있어서는 혼인 중의 자와 같은 권리를 갖는다. 인지의 소급효는 제 3 자가 취득한 권리를 해하지 못하지만, 상속의 경우에는 예외가 인정된다. 상속개시 후의 인지로 상속권을 갖게 된 자가 상속재산의 분할을 청구할 경우에 다른 공동상속인이 이미 분할 기타의 처분을 한 때에는 그 상속분에 상당한 가액의 지급을 청구할 권리가 있다민법 제1014조. 혼인외의 출생자가 부의 사망 후에 인지의 소에 의하여 친생자로 인지받은 경우에, 피인지자보다 후순위 상속인인 피상속인의 직계존속 또는 형제자매 등은 피인지자의 출현과 함께 자신이 취득한 상속권을 소급하여 잃게 된다. 인지받은 자녀가 상속권을 갖는 경우에, 이로써 자기의 상속지분에 침해를 받는 사람들을 인지의 소급효제한에 의하여 보호받게 되는 제 3 자의 기득권에 포함된다고 볼 수 없다대법원 1993. 3. 12. 선고 92다48512 판결.

   :: **소 급 효** 인지에 의한 친자관계는 아이의 출생시부터 있는 것으로 취급된다소급효 인정. 인지가 아이의 출생시에 소급하여 효력을 발생하기 때문이다민법 제860조. 그러나 인지의 소급효로 제 3 자가 취득한 권리를 해하지 못한다.

친자에 관한 소송

법원에 의한 아버지의 결정

   한 아이의 아버지가 누군지 불분명한 경우에 아버지를 확인하는 일은 중요한 문제이다. 요즈음은 과학의 발달로 아이와 아버지의 관계를 확인하는 일이 쉬워졌다. 과거에는 과학으로 해결되지 않았기 때문에 아버지를 정하는 소송이 빈번했지만, 현재에는 이러한 소송은 적어졌다. 민법은 이러한 변화에 상응하여 법원이 아버지를 정하는 경우를 재혼의 경우만으로 제한적으로 규정한다. 재혼한 여자가 해산한 경우에 제844조의 규정에 의하여 그 자의 부를 정할 수 없는 때에는 법원이 당사자의 청구에 의하여 이를 정한다민법 제845조. 어머니가 이혼 후 곧 재혼한 경우에 민법 제844조에 의해 재혼한 날혼인신고일 기준부터 200일 후에 출생한 경우에는 재혼한 남편의 아이로 추정되며, 전혼이 종료한 날로부터 300일 이내에 출생한 경우에 전혼의 남편의 아이로 추정된다. 만약 어떤 아이가 전혼의 남편과 재혼의 남편 두 사람에게 모두 친자관계의 추정을 받게 되는 경우에는 민법 제845조에 의하여 가정법원이 아이의 아버지를 결정할 수 있다. 물론 당사자가 아버지를 결정해 달라고 가정법원에 청구한 경우에 한한다. 소송하지 않고 유전자감식 등을 통해 아이의 아버지를 확인할 수 있는 경우가 대부분이지만 유전자감식을 위한 자료의 채취에 협력하지 않는 경우 또는 사망이나 해외거주 등으로 유전자감식을 할 수 없는 경우에 소송을 제기하여 가정법원의 확인을 받을 수 있다. 이렇게 두 명 이상의 남자에게 친부親父로서의 추정이 행해지는 경우에 가정법원이 아버지를 결정하는 절차를 '부父를 정하는 소송'이라고 한다.

친생부인의 소

친생자추정은 강한 추정력을 가진다. 친생자 추정을 받는 아이가 가족관계등록부상의 모母 또는 부父의 자녀가 아니라고 부인하려면, 원칙적으로 친생부인의 소송으로서 청구해야 한다. 부부의 일방은 제844조남편의 친생자의 추정의 경우에 그 자子가 친생자임을 부인하는 소를 제기할 수 있다민법 제846조.

:: 의 의 '친생부인의 소'란 민법 제844조에 의해 친생자의 추정이 되는 경우에 친자관계를 부인하는 소송을 말한다. 친생부인의 소는 제소권자가 제한되고 제소기한이 정해져 있는 등 요건이 엄격한 형성의 소이다. 이는 자의 보호와 가정의 평화를 위한 것으로서 친자관계의 조속한 확정을 도모하고 제 3 자가 타인의 가정사에 간섭하는 것을 제한하기 위함이다. 친생부인의 소는 부부의 일방이 제기할 수 있으며 제 3 자는 이 소송을 제기할 수 없다. 친자관계의 부인의 주장은 소송 밖에서 관철할 수 없으며 반드시 친생부인의 소를 제기하여 친자관계 부인의 판결을 받아야 한다. 이 소송에서는 친자관계를 부인否認하는 자가

그 사실을 증명할 책임을 진다.

:: **소송의 성질** 친생부인의 소는 친생자추정을 소급적으로 소멸시키는 형성적 효력을 발생시키기 위한 형성소송이다. 생물학적으로 친자관계가 존재하지 않는다는 사실을 밝힌다는 의미에서 확인의 소와 유사성을 갖지만, 판결이 확정되기까지는 누구도 그 자의 친생성을 부인할 수 없으므로 형성의 소에 해당한다.

:: **제소권자** 친생부인의 소에 관한 제소권자는 매우 좁게 제한된다. 2005년 이전에는 아이의 아버지로 추정받는 남편만이 친생부인의 소를 제기할 수 있었지만, 민법개정 이후에는 아이의 어머니로 추정받는 아내 쪽에서도 친생부인의 소를 제기할 수 있게 되었다. 남편이나 아내가 피성년후견인인 경우에는 그의 성년후견인이 성년후견감독인의 동의를 받아 친생부인의 소를 제기할 수 있다. 성년후견감독인이 없거나 동의할 수 없을 때에는 가정법원에 그 동의를 갈음하는 허가를 청구할 수 있다. 이 경우 성년후견인이 친생부인의 소를 제기하지 아니하는 경우에는 피성년후견인은 성년후견종료의 심판이 있는 날부터 2년 내에 친생부인의 소를 제기할 수 있다민법 제848조. 남편 또는 아내가 유언으로 부인의 의사를 표시한 때에는 유언집행자는 친생부인의 소를 제기해야 한다민법 제850조. 부夫가 자子의 출생 전에 사망하거나 부夫 또는 처妻가 사유 있음을 안 날로부터 2년 내에 사망한 때에는 부夫 또는 처妻의 직계존속이나 직계비속에 한하여 그 사망을 안 날부터 2년 내에 친생부인의 소를 제기할 수 있다민법 제851조.

:: **소송의 상대방** 부夫 또는 처妻는 다른 일방 또는 자子를 상대로 하여 소송을 제기하여야 한다. 상대방이 될 자가 모두 사망한 때에는 그 사망을 안 날부터 2년 내에 검사를 상대로 하여 친생부인의 소를 제기할 수 있다. 자子가 사망한 후라도 그의 직계비속이 있을 때에는 그 모를 상대로, 그 모가 없으면 검사를 상대로 부인의 소를 제기할 수 있다민법 제849조.

:: **제소기간** 친생부인의 소는 제소자남편 또는 아내가 그 사유가 있음을 안 날로부터 2년 내에 제기하여야 한다민법 제847조. 부夫가 자子의 출생 전에 사망하거나 부夫 또는 처妻가 제847조 1항의 기간 내에 사망한 때에는 부夫 또는 처妻의 직

계존속이나 직계비속에 한하여 그 사망을 안 날부터 2년 내에 친생부인의 소를 제기할 수 있다민법 제851조. 과거 구민법은 친생부인의 소를 남편이 아이자의 출생을 안 날로부터 1년 이내에 제기해야 한다고 규정하였지만제847조 1항 이러한 짧은 제소기간의 제한은 헌법재판소의 결정에 의해 개정되어야 했다. 헌법재판소는 '그 출생을 안 날로부터 1년 내'의 부분이 개인의 행복추구권을 제한한다는 등의 이유로 헌법불합치로 결정하였다헌법재판소 1997. 3. 27. 선고 95헌가14 결정.

:: **친생부인권의 소멸** 자의 출생 후에 친생자親生子임을 승인한 자는 다시 친생부인의 소를 제기하지 못한다민법 제852조. 다만 사기나 강박으로 인하여 승인한 경우에는 취소할 수 있다민법 제854조. 아이를 자기의 아이로 출생신고하는 것만으로는 승인이라 볼 수 없다. 친생부인의 소를 제기하는 경우는 이미 자기의 아이로 출생신고가 되어 있음에도 불구하고 그 아이가 자신의 친자가 아님을 주장하는 경우이기 때문이다. 자子가 직계비속 없이 사망한 경우에는 친생부인권이 소멸한다고 해석된다민법 제849조의 반대해석.

:: **친생부인의 효과** 친생자관계를 부인하는 판결이 확정되면 제소한 아버지와 아이의 친자관계는 존재하지 않는 것으로 확인된다. 이 판결을 기초로 가족관계등록부를 수정할 수 있다. 다른 아버지가 나타나지 않는 한 아이는 어머니의 혼인외의 출생자로 된다. 친생부인판결의 기판력은 제 3 자에게도 미친다.

친생부인의 허가

위에서 살펴본 바와 같이 민법 제844조 2항 중 "혼인관계종료의 날로부터 300일 내에 출생한 자"에 관한 부분이 위헌이라는 헌법불합치결정에 따라, 이 경우 다음과 같이 친생부인의 소에 의하지 않고서도 친생추정의 효과를 부인할 수 있는 길이 열렸다.

혼인관계가 종료된 날부터 300일 이내에 출생한 자녀는 일단 혼인중에 임신한 것으로 추정되지만, 어머니 또는 어머니의 전前 남편은 이 경우에 가정법원에 친생부인의 허가를 청구할 수 있다. 다만, 혼인중의 자녀로 출생신고가 된 경우에는 그러하지 아니하다. 가정법원은 혈액채취에 의한 혈액형 검사, 유전인

자의 검사 등 과학적 방법에 따른 검사결과 또는 장기간의 별거 등 그 밖의 사정을 고려하여 허가 여부를 정하는데, 법원의 허가를 받은 경우 친생추정이 미치지 않는다민법 제854조의2. 그 외에도 생부는 가정법원에 인지의 허가를 청구할 수 있다. 혼인중의 자녀로 출생신고가 되지 않았어야 하며, 인지 허가를 받은 가정법원은 혈액채취에 의한 혈액형 검사, 유전인자의 검사 등 과학적 방법에 따른 검사결과 또는 장기간의 별거 등 그 밖의 사정을 고려하여 허가 여부를 정하는데, 법원의 허가를 받은 생부가 인지신고를 하는 경우 친생추정이 미치지 않는다민법 제855조의2.

친생자관계 존부확인의 소

가족관계등록부에 부자관계 또는 모자관계가 잘못 기재된 경우에 그 기재를 바르게 고치기 위해서는 친생자관계 존재 또는 부인을 확인하는 소송을 거쳐야 한다. 아버지의 결정에 관한 소송, 친생부인의 소, 인지에 대한 이의의 소, 인지청구의 소를 제기할 수 있는 자는 다른 사유를 원인으로 하여 친생자관계의 존부에 대한 확인을 위한 소송親生子關係存否의 確認의 訴을 제기할 수 있다민법 제865조. 이 경우에 당사자일방이 사망한 때에는 그 사망을 안 날로부터 2년 내에 검사를 상대로 하여 소를 제기할 수 있다. 그 밖에 친생자관계 존부확인의 소에는 친생부인의 소에서와 같은 엄격한 제소기한의 제한이 없으므로, 소의 이익이 있는 한 언제든지 소송을 제기할 수 있다.

:: **소제기 사례** ① 친생자추정을 받지 않는 혼인중 출생자에 관하여 친생자관계가 없음을 확인받는 경우, ② 허위로 한 출생신고를 부인하고 가족관계등록부에 기재된 부모와 아이 사이에 전혀 친생자관계가 없다는 사실 또는 다른 부부와 친생자관계가 있다는 사실을 확인받는 경우, ③ 모자관계를 확인받는 경우부자관계의 확인은 인지청구의 소, ④ 아버지의 인지가 있었다는 사실을 확인받는 경우 또는 인지가 무효였음을 확인받는 경우, ⑤ 그 밖에 친생자확인을 받을 이해관계소의 이익가 있는 경우.

:: **심판의 청구권자** 친생자관계 존부확인의 소를 제기할 수 있는 자는 부삿를

정하는 소민법 제845조, 친생부인의 소민법 제846조, 제848조, 제850조, 제851조, 인지에 대한 이의의 소민법 제862조, 인지청구의 소민법 제863조의 규정에 의하여 소를 제기할 수 있는 자이어야 한다. 따라서 부父, 부의 후견인, 부의 유언집행자, 부의 직계존속 및 직계비속, 모母, 자子, 자의 직계비속 또는 그 법정대리인, 이해관계인 등이 심판청구권자가 된다. 여기에서 이해관계인의 범위에는 불명확한 신분관계로부터 생기는 법률상 지위의 불안으로 인하여 판결을 받을 것이 필요한 사람이면 모두 포함된다. 친족은 다른 사정이 없는 한 그와 같은 신분을 가졌다는 사실만으로서 친생자관계 존부확인의 소를 제기할 수 있다대법원 1981. 10. 13.자 80므60 전원합의체결정.

:: **소송의 상대방** 부모로부터 제기된 때에는 자子, 자로부터 제기된 때에는 생존중인 부모가 상대방이 된다. 다만 부 또는 모에 대한 관계에서만 부자관계 또는 모자관계의 부존재확인을 구하는 경우에는 다른 일방은 원칙적으로 상대방이 되지 않는다. 부 또는 모에 대한 관계에서만 부자관계 또는 모자관계의 부존재확인을 구하는 경우에 그 부 또는 모가 사망한 때에는 그 사망을 안 때로부터 2년 내에 검사를 상대방으로 하여 소를 제기할 수 있다. 그리고 이해관계인인 제 3 자가 친생자관계 존부확인의 소를 제기하는 경우에는 부모와 자子 모두를 상대방으로 해야 한다. 부모나 자 가운데 일방이 사망한 경우에는 생존자를 상대로 하여 소를 제기할 수 있다. 다만 이해관계인이 소송을 제기하는 경우 피청구인이 될 사람이 모두 사망하여 피청구인이 없는 경우에는 검사를 상대로 소를 제기할 수 있다.

:: **효   력** 판결의 효력은 제 3 자에게도 미친다. 제 3 자도 판결에서 확인한 친자관계의 존재 또는 부존재의 효과를 받게 된다친족관계, 상속 등. 판결이 확정되면 소를 제기한 자는 가족관계등록부에 정정을 해야 한다.

4. 자녀의 입양

입양에 관한 사회적 문제

입양제도의 사회적 기능

과거의 양자제도는 가家의 계승을 위한 목적으로 우선적으로 동일 가계 내의 남자아이를 입양하는 경우가 대부분이었다. 반면에 현대의 양자제도는 아이의 복지와 행복추구권을 우선적으로 배려하는 쪽으로 변천되어 왔다. 양자제도가 부모 위주에서 아이를 중심에 두도록 시각의 변화를 꾀하고 있는 것이다. 친자가 아닌 아이의 양육은 고아孤兒와 기아棄兒의 복지를 도모하면서 동시에 아이를 원하는 부모의 양육욕구를 충족시킨다는 두 가지 측면을 갖는다.

우리 민법은 당사자의 계약에 의해 입양토록 하여 자유로운 입양을 가능케 한다. 양부모와 양자의 자격에 관해서 법률로 엄격한 요건을 정하지 않는다. 그리고 양부모와 양자가 동거할 것을 요건으로 삼지 않는다. 반면에 외국법은 미성년자에 한해서 입양을 허용하고 국가기관의 허가나 선고가 있어야 입양이 가능토록 하는 등 아동의 복지를 위한 제한을 많이 둔다.

입양의 기본원칙

입양제도를 설치·운영함에 있어서는 다음의 기본원칙을 지켜야 한다.

:: **아동의 최선의 이익** 입양정책은 아동의 최선의 이익을 추구함을 원칙으로 삼아야 한다. 입양에 관한 정책은 과거 1960년대까지는 양부모의 입장에서 권위주의적으로 입안되었다. 그러나 최근에 이르러 입양정책이 입양아를 가장 중심에 두고 그의 복지를 위하여 입안되어야 한다는 의식변화를 가져오게 되었다. 특히 우리 민법은 2005년에 친양자제도를 도입하였고, 2012년 개정 민법에서는 미성년자의 입양에 법원의 허가를 받도록 히고 피양은 재판상 파양만이 가능하도록 하는 등 자녀를 위한 양자 이념을 실현하기 위한 제도적 틀을 갖추고 있다. 실제로는 많은 입양이 민법이 아닌 입양특례법에 따라 이루어지고 있다.

이 법은 종래 입양촉진 및 절차에 관한 특례법이 전면개정된 것으로, 보호를 요하는 아동의 입양에 관하여 규정하고 있다.

:: **인권침해의 방지** 양부모가 아이에게 폭행을 하거나 강제로 힘든 노동을 시키는 등 인권을 침해하는 행동을 할 때에 국가가 나서서 그 아이를 보호해 줄 수 있는 제도적 장치를 마련해 둘 필요가 있다. 해외입양의 경우에, 한 번 입양되어 해외로 떠나서 그 나라 국적을 취득한 사람이니 우리나라와는 아무 관련이 없다고 방치하는 것은 인도적인 태도가 아니다. 양부모가 이혼한 경우에 입양아는 그 국가의 이혼법 및 양자법에 따라 소속될 가정이 정해진다. 양부모의 이혼 후 양쪽 모두 입양아를 양육하기를 꺼려할 경우에 우리나라에 귀국시키는 길을 열어 줄 필요가 있다.

:: **입양배경에 관한 알권리의 보장** 양자가 자신의 친부모가 누구인가를 알권리는 인간의 존엄에 관한 기본권이다. 입양아가 아동일 때에는 교육목적을 위하여 입양사실 및 친부모의 존재 등을 숨기는 것이 필요할지 모르겠지만, 입양아가 성년이 된 후에는 자신의 근원을 탐문하는 것을 금지해서는 안 된다. 오히려 입양아가 자신의 근원에 대하여 궁금증을 가지기 시작하는 연령에 도달하면 양부모가 자진해서 입양에 관한 진실을 밝히는 것이 아이의 정서적 안정에 도움을 줄 것이다.

알권리와 비밀보장과의 관계

입양에 관련된 모든 당사자에게는 알권리와 비밀보장 사이의 갈등관계가 있다. 입양아라고 해서 알권리만을 원하고 비밀보장을 원하지 않는 것은 아니다. 자신의 출생 및 입양비밀이 보장되기를 바라는 마음은 누구에게나 있는 것이고, 제3자가 정당한 이유 없이 타인의 출생비밀을 캐거나 그 사실을 공개하는 것은 허용될 수 없다.

:: **내부관계** 입양에 직접 관련된 당사자 사이에서는 진실을 알권리가 인정되어야 한다. 양부모는 자신의 양자가 친부모를 찾는 것을 금지하거나 방해해서는 안 되며, 친부모가 자기 자식이 어느 가정에 입양되어 있는지 추적하는 것을 금

지해서도 안 된다. 입양아 자신이 자기의 친부모 및 입양경과를 알기를 원하여 탐문하는 것은 물론 인간의 존엄성과 행복추구권의 차원에서 보호되어야 한다.

　∷ **외부관계**　입양아, 양부모, 친부모 이외의 사람에 대한 관계에서는 출생근원, 입양경로에 관한 사항이 비밀로 보장되어야 한다. 입양기관은 입양과 관련된 정보를 제3자에게 함부로 제공해서는 안 된다. 사람의 출생관련 사실은 그의 프라이버시에 속하는 것이므로 정당한 이유 없이 프라이버시를 침해하는 것은 금지되어야 한다.

　결국 비밀보장은 입양당사자 이외의 사람에 대한 관계에서 인정될 수 있는 것이지 당사자 내부관계에서 비밀보장에 중점을 두어서는 안 된다. 내부관계에서는 진실을 알권리가 비밀보장보다 앞서서 보호되어야 한다.

입양의 법률관계

불완전양자제도

　입양은 친가와의 완전한 단절을 의미하지 않는다. 이러한 불완전양자제도는 입양 후에도 생가와의 가족관계를 존속시킨다. 외국법 중에는 완전양자제도를 취하여 입양 후에는 생가와의 관계를 단절시키고 파양을 인정하지 않음으로써 입양한 가족의 구성원으로서 친자와 동등한 지위를 갖게 하는 경우가 많다. 그 밖에 완전양자제도와 불완전양자제도를 양립시키는 국가도 있다. 완전양자제도는 생부모로부터 단절시킴으로써 아이의 정서적 불안을 없애고 양부모가 양육하기 적합한 환경을 만들어 주며, 생부모로부터의 인지·부양·상속 등의 청구나 다른 부당한 요구로부터 아이를 보호한다는 장점을 갖는다. 이러한 취지에서 2005년 개정민법은 친양자 제도를 도입하였다. 그런데 현실적으로 친양자 제도는 자녀를 위한 양자 제도의 이념을 실현하기 위한 것보다는 재혼가정에서 전혼에서 출생한 자녀를 후혼 배우자의 자녀로 하는 수단으로 이용되고 있는 실정이다.

양친의 자격

양친은 성년에 달한 자이어야 한다민법 제866조. 이 요건에 위반된 입양신고는 수리되어서는 안 되지만, 만약 잘못하여 수리된 경우에는 입양의 취소사유가 된다민법 제884조 1호.

:: **부부의 공동입양** 배우자 있는 자가 양자를 할 때에는 배우자와 공동으로 하여야 한다민법 제874조 1항. 부부가 공동으로 양자의 부모가 되는 것이 가정의 화목과 양자의 행복을 위해 필요하기 때문이다. 이 요건에 위반한 입양은 타방배우자가 취소할 수 있다민법 제884조 1호.

:: **후견인과 피후견인 간의 입양** 피성년후견인은 성년후견인의 동의를 받아 입양을 할 수 있고 양자가 될 수 있다민법 제873조. 피성년후견인이 입양을 하거나 양자가 되는 경우에는 가정법원의 허가를 받아야 한다.

양자의 자격

양자가 될 수 있는 자격에는 원칙적으로 제한이 없다. 양자는 미성년자에 한하지 않으며 성년자도 될 수 있다. 친부모가 있는 자도 부모의 동의를 얻어 양자가 될 수 있다.

:: **혼인 여부** 혼인을 한 자도 양자가 될 수 있다. 배우자가 있는 사람은 그 배우자의 동의를 받아야만 양자가 될 수 있다민법 제873조 2항.

:: **배우자의 친자** 배우자의 친자도 양자로 할 수 있다. 배우자의 친자를 일반입양하는 것은 친양자 제도와 별도로 인정된다. 부부 일방이 타방배우자가 전처, 전남편 사이에 낳은 혼인중의 자 또는 내연의 관계에서 낳은 혼인외의 자를 양자로 입적시킬 수 있다. 부부 일방의 출생자는 그 한 사람과는 친생자관계에 있게 되므로 타방배우자만이 단독으로 입양하게 된다. 남편의 혼인외의 출생자는 우선 그가 그 아이를 인지하고 나서 아내가 그 아이를 입양한다.

:: **금지되는 경우** 존속 또는 연장자는 양자로 하지 못한다민법 제877조. 이에 위반한 입양은 무효로 된다민법 제883조 2호.

입양의 허가

2012년 개정 민법은 미성년자의 입양에 관하여 가정법원의 허가를 받도록 하고 있다. UN아동권리협약은 아동의 입양에 관하여 당국의 허가를 받도록 하였는바, 이에 따른 조치라고 할 수 있다. 따라서 민법 제867조에 따라 미성년자를 입양하려는 사람은 가정법원의 허가를 받아야 하고, 가정법원은 양자가 될 미성년자의 복리를 위하여 그 양육 상황, 입양의 동기, 양부모養父母의 양육능력, 그 밖의 사정을 고려하여 제1항에 따른 입양의 허가를 하지 아니할 수 있다.

입양의 합의

입양은 양자를 들이는 자養父母와 양자가 되려는 자 사이에 양친자관계를 맺으려는 진정한 의사의 합치가 있어야 한다. 입양의 합의는 가족적 법률행위, 즉 가족법상 계약이다. 당사자간에 입양의 합의가 없는 때에는 입양이 무효로 된다민법 제883조.

:: **입양의사** 양부모의 입양의사란 자기의 자식으로 삼겠다는 실질적 의사를 말하며, 다른 목적을 위하여 양자관계를 가장하려는 신고의사만으로는 충분치 않다. 그것이 구체적으로 어떤 것을 가리키는가는 분명치 않으므로, 당사자의 의사, 행동 기타 여러 사정을 고려하여 해석에 의해 판단되어야 한다. 양자가 될 사람이 13세 이상의 미성년자인 경우에는 법정대리인의 동의를 받아 입양을 승낙하고, 양자가 될 사람이 13세 미만인 경우에는 법정대리인이 그를 갈음하여 입양을 승낙한다민법 제869조 1항, 2항.

:: **부모의 동의** 성년에 달한 자라도 부모가 있는 경우에는 입양에 관한 부모의 동의를 얻어야 한다. 다만, 부모의 소재를 알 수 없는 등의 사유로 동의를 받을 수 없는 경우에는 그러하지 아니다. 가정법원은 부모가 정당한 이유 없이 동의를 거부하는 경우에 양부모가 될 사람이나 양자가 될 사람의 청구에 따라 부모의 동의를 갈음하는 심판을 할 수 있다. 이 경우 가정법원은 부모를 심문하여야 한다민법 제871조.

:: **배우자의 동의** 배우자 있는 자가 양자가 될 때에는 다른 일방의 동의를 얻어야 한다민법 제874조 2항. 이에 위반한 입양이 신고된 경우에 그 배우자는 입양을 취소할 권한을 갖는다.

미성년자의 입양

2012년 개정 민법에 따라 미성년자를 입양하려는 사람은 가정법원의 허가를 받아야 한다. 미성년자가 입양의 의사표시를 하는 것과 관련하여서는 양자가 될 사람이 13세 이상의 미성년자인 경우에는 법정대리인의 동의를 받아 입양을 승낙하고, 양자가 될 사람이 13세 미만인 경우에는 법정대리인이 그를 갈음하여 입양을 승낙한다민법 제869조 1항, 2항. 가정법원은 법정대리인이 정당한 이유 없이 동의 또는 승낙을 거부하거나다만, 법정대리인이 친권자인 경우에는 부모가 3년 이상 자녀에 대한 부양의무를 이행하지 아니하였거나 부모가 자녀를 학대 또는 유기遺棄하거나 그 밖에 자녀의 복리를 현저히 해친 경우라야 한다, 법정대리인의 소재를 알 수 없는 등의 사유로 동의 또는 승낙을 받을 수 없는 경우에는 동의 또는 승낙이 없더라도 입양의 허가를 할 수 있다민법 제869조 3항.

양자가 될 미성년자는 부모의 동의를 받아야 하는데, 부모가 위와 같이 동의 또는 승낙을 하였거나, 부모가 친권상실의 선고를 받은 경우, 부모의 소재를 알 수 없는 등의 사유로 동의를 받을 수 없는 경우에는 부모의 동의가 필요하지 않다. 또한 가정법원은 법정대리인이 친권자인 경우에는 부모가 3년 이상 자녀에 대한 부양의무를 이행하지 아니하였거나 부모가 자녀를 학대 또는 유기遺棄하거나 그 밖에 자녀의 복리를 현저히 해친 경우 부모가 동의를 거부하더라도 입양의 허가를 할 수 있다. 이 경우 가정법원은 부모를 심문하여야 한다민법 제870조.

피성년후견인의 입양

피성년후견인은 성년후견인의 동의를 받아 입양을 할 수 있고 양자가 될 수 있다. 부모의 동의를 얻어야 함은 위에서 살펴본 바와 같다. 피성년후견인이 입양을 하거나 양자가 되는 경우에는 미성년자의 입양의 경우와 마찬가지로 가정

여성을 위한 **법**

법원의 허가를 받아야 한다. 가정법원은 성년후견인이 정당한 이유 없이 동의를 거부하거나 피성년후견인의 부모가 정당한 이유 없이 동의를 거부하는 경우에 그 동의가 없어도 입양을 허가할 수 있다. 이 경우 가정법원은 성년후견인 또는 부모를 심문하여야 한다민법 제873조.

입양신고

입양은 가족관계등록부에 신고하여야 효력을 발생한다.

:: **효력발생요건** 입양은 「가족관계의 등록 등에 관한 법률」에 정한 바에 의하여 신고함으로써 그 효력이 생긴다민법 제878조. 신고는 입양의 효력발생요건이므로 입양합의만으로는 입양의 효력이 생기지 않는다. 입양신고는 양자로 신고하는 것을 원칙으로 하며 친생자의 출생신고와는 구별된다.

:: **허위출생신고에 의한 입양** 양부모가 입양한 아이를 친생자로서 출생신고하는 경우가 종종 있다. 허위의 출생신고는 신고서에 기재한 것과 같은 친자관계를 발생시키지 않는다. 그러나 과거 판례는 진정한 입양의사가 있는 경우에는 입양의 신고로 전환될 수 있다고 하였다. 당사자 사이에 양친자관계를 창설하려는 명백한 의사가 있고 기타 입양의 실질적 성립요건이 모두 구비된 경우 입양신고 대신 친생자출생신고가 있다면 형식에 다소 잘못이 있더라도 입양의 효력이 있다고 본 것이다. 실제로 양부모가 아이의 출생을 비밀로 하고 친자식처럼 양육하고 싶은 심정에서 또는 아이의 생부모와의 관계를 끊기 위해서 이러한 허위의 출생신고를 이용하는 경우가 있었다. 그러나 현행법상 법원의 허가가 없는 미성년자 입양은 무효이므로민법 제883조 2항, 더 이상 이러한 판례가 유효하지 않을 것이다.

■ 입양신고 대신 출생신고를 한 경우 기존 판례의 태도 ■

1977년 전원합의체판결대법원 1977. 7. 26. 선고 77다492 판결이 "입양신고는 입양합의의 존재와 내용을 명백히 하여 실질적 요건을 갖추지 않은 입양을 막고 입양을 외부에 공시하기 위함이므로, 다른 입양요건이 모두 구비되고 단지 입양신고 대신에 친생자출생신고를 했다는 형식상의 잘못에도 불구하고 입양의 효력을 인정해야 한다"고 한 이래 판례는 당사자간에 양친자관계를 성립시키려는 의사가 있고 기타 입양의 실질적 요건을 구비한 경우에는 출생신고에도 불구하고 입양의 효력발생을 인정하였다. 당사자 사이에 양친자관계를 창설하려는 명백한 의사가 있고 기타 입양의 실질적 성립요건이 모두 구비된 경우, 입양신고 대신 친생자출생신고가 있다면 형식에 다소 잘못이 있더라도 입양의 효력이 있다고 인정하였고대법원 2001. 8. 21. 선고 99므2230 판결, 그 실질적 성립요건에는 아이에 대한 감호, 양육 등 양친자로서의 신분적 생활이 수반되어야 한다고 하였다대법원 2000. 6. 9. 선고 99므1633 판결.

:: **친생부존재 확인청구의 경우** 입양합의 있는 허위출생신고의 경우에 양부모, 양자 또는 제3자가 친생자관계의 부존재확인청구를 하는 경우, 법원은 친생자로 출생신고를 한 것이 입양신고로서의 기능을 발휘하여 입양의 효력이 발생하였다면 파양에 의하여 양친자관계를 해소할 필요가 있는 등의 특별한 사정이 없는 한, 호적의 기재를 말소하여 법률상 친자관계의 존재를 부정하게 되는 친생자관계 부존재확인의 소는 확인의 이익이 없는 것으로서 부적법하다고 하였다대법원 1994. 5. 24. 선고 93므119 전원합의체판결.

입양의 효과

입양이 유효하게 성립하면 다음과 같은 법률효과가 생긴다.

:: **가족관계의 형성** 입양신고에 의해 양부모와 양자 사이에 양친자관계가 창설된다. 양자는 양부모의 친생자와 유사한 가족관계를 갖게 된다. 양자와 양부모 및 그 혈족, 인척 사이의 친계와 촌수는 입양한 때부터 혼인중의 출생자와 동일한 것으로 본다민법 제772조 1항. 양자와 배우자, 직계비속과 그 배우자는 위의 양자의 친계를 기준으로 하여 촌수를 정한다민법 제772조 2항.

:: **성姓과 본本** 양자가 입양으로 양부의 성을 따르게 되는가에 관해서는 가족감정을 고려할 때 이성양자의 성은 양부의 성으로 변경된다는 견해도 있으나, 입양에 의해 양부의 성을 따르게 하는 규정이 없으므로 양자는 입양을 하더라도 자신의 출생 당시의 성을 버리지 않는다고 해석된다. 그 결과 양자는 양부와 성이 같은 경우도 있고동성양자 성이 다른 경우도 있게 된다이성양자. 양친과 성을 같

여성을 위한 **법**

이 하는 경우를 위하여 자녀의 성의 변경에 관한 제도를 별도로 두고 있다. 자의 복리를 위하여 자ㅋ의 성과 본을 변경할 필요가 있을 때에는 부, 모 또는 자의 청구에 의하여 법원의 허가를 받아 이를 변경할 수 있다. 자가 미성년자이고 법정대리인이 청구할 수 없는 경우에는 친족 또는 검사가 성의 변경을 청구할 수 있다민법 제781조 6항.

   :: **친생부모와의 관계** 우리의 양자제도에 의하면 입양은 양자의 종래의 친족관계를 소멸시키지 않은 채 양가와의 새로운 친족관계를 발생시킨다불완전입양제. 양자는 친생부모의 재산에 대하여 다른 형제자매와 같은 상속권을 갖는다.

   :: **친   권** 양자의 경우에는 양부모가 친권자가 된다민법 제909조 1항. 친생부모의 친권은 그로 인하여 소멸한다. 양부모는 미성년인 양자를 양육할 의무를 진다.

   :: **상   속** 양자는 친생자와 동등한 지위에서 양부모의 재산을 상속받는다.

입양의 무효

  입양이 그 요건을 갖추지 못하여 무효로 되면 의도하였던 양친자관계는 발생하지 않는다.

   :: **무효원인** 다음의 경우에는 입양이 무효로 된다민법 제883조. ① 당사자간에 입양의 합의가 없는 경우 : 의사무능력자의 입양행위, 가장입양, 동일성의 착오로 인한 입양, 당사자 몰래 제 3 자가 한 입양 등은 무효이다. 당사자가 신고서의 제출을 타인에게 위탁한 후 신고가 수리되기 전에 사망하거나 입양의사를 철회한 경우에, 이러한 사정에도 불구하고 수리된 입양은 무효이다. ② 미성년자의 입양에 가정법원의 허가가 없는 경우, ③ 대락입양의 경우에 법정대리인의 입양승낙이 없는 때, ④ 양자가 양친의 존속이거나 연장자인 때.

   :: **효   과** 입양의 무효는 실체법상 입양의 효력이 부정되는 것이므로 소송을 거쳐야 하는 것은 아니다. 당사자는 무효확인의 소를 제기할 수 있으며, 다른 소송에서도 주장할 수 있다. 입양이 무효로 된 경우 당사자는 과실 있는 상대방에 대하여 재산상·정신상의 손해배상을 청구할 수 있다민법 제897조, 제806조.

무효인 입양의 추인

입양이 그 요건을 갖추지 못해 무효이더라도 후에 추인을 하여 그 하자를 치유하면 유효로 될 수 있다.

:: 추인이 가능한 경우 입양의 무효는 추인에 의하여 유효하게 될 수 있는 경우가 있다. 혼인, 입양 등의 가족행위에 관하여는 추인에 의하여 소급적 효력을 인정한다민법 제139조 본문을 적용하지 않음. 무효인 행위가 있은 후 그 내용에 맞는 가족관계가 실질적으로 형성되어 쌍방당사자가 이의 없이 그 가족관계를 계속하여 왔다면, 그 신고가 부적법하다는 이유로 이미 형성되어 있는 신분관계의 효력을 부인하는 것은 당사자의 의사에 반하여 그 이익을 해칠 뿐 아니라 그 실질적 신분관계의 외형과 호적의 기재를 믿은 제3자의 이익도 침해할 우려가 있기 때문에 추인에 의하여 소급적으로 신분행위의 효력을 인정함으로써 신분관계의 형성이라는 신분관계의 본질적 요소를 보호한다대법원 1991. 12. 27. 선고 91므30 판결. 사망한 갑양부이, 태어난 지 약 3개월 된 상태에서 부모를 알 수 없는 기아로 발견되어 경찰서에서 보호하고 있던 피청구인을 입양의 의사로 경찰서장으로부터 인도받아 자신의 친생자로 출생신고하고 양육하여 왔으며, 피청구인양자이 15세가 된 후 위 망인과 자신 사이에 친생자관계가 없는 등의 사유로 입양이 무효임을 알면서도 위 망인이 사망할 때까지 아무런 이의도 하지 않았다면 묵시적으로 입양을 추인한 것으로 본다대법원 1990. 3. 9. 선고 89므389 판결.

:: 추인이 불가능한 경우 당사자간에 무효인 신고행위에 상응하는 가족관계가 실질적으로 형성되어 있지도 아니하고, 또 앞으로도 그럴 가망이 없는 경우에, 추인의 의사표시만으로 그 무효행위의 유효를 인정할 수 없다. 양모와 15세 미만인 양자의 대락권자인 생부 사이에 입양합의를 하면서 양자가 양모와 동거하지도 않고 그 보호, 감독 및 교양을 받지도 않으며 입양의 본래 목적인 종손의 역할도 장차 장성하면 조상의 봉제사를 하기로 하는 약정을 한 경우에, 그 합의 후 불과 1개월여만에 양모가 그 입양의사를 철회하였음에도 위 생부가 일방적으로 입양신고를 하여 호적부에 입양이 등재되자 다시 양모와 생부가 이를 추인하기로 합의하였으나 입양의 실체가 전혀 이루어지지 않아, 당사자간에 추인

여성을 위한 **법**

의 합의가 있었다는 사정만으로 무효인 입양신고가 소급하여 유효하게 된다고 할 수 없다대법원 1991. 12. 27. 선고 91므30 판결.

입양의 취소

입양을 취소하려면 취소원인이 있어야 한다민법 제884조. 입양합의가 없는 경우처럼 입양이 무효로 되는 경우는 취소사유가 아니다. 취소는 소송을 통해서 해야 하며 이때 반드시 조정을 거쳐야 한다. 입양의 효력은 취소에 의해 소멸하나, 취소의 효과는 소급하지 않는다. 당사자는 과실 있는 상대방에 대하여 재산상·정신상의 손해배상청구를 할 수 있다. 다음의 경우가 취소원인에 해당한다.

:: **성년이 되지 않은 자가 양친이 되어 입양을 한 때** 양부모, 양자와 그 법정대리인 또는 직계혈족이 취소를 청구할 수 있다민법 제885조. 그러나 양친이 성년이 된 후에는 취소권은 소멸한다민법 제889조.

:: **양자로 될 자가 부모나 직계존속의 동의를 얻지 않았거나 또는 동의권자의 순위에 위반하였을 때** 동의권자가 취소를 청구할 수 있으나민법 제886조, 취소사유 있음을 안 날로부터 6월 또는 취소사유가 생긴 날로부터 1년을 경과하면 취소권은 소멸한다민법 제894조.

:: **미성년양자의 입양에게 요구되는 부모의 동의를 얻지 않았을 때** 양자, 법정대리인 또는 동의권자가 취소권자이다민법 제886조. 그러나 양자가 성년이 된 후 3월이 경과하거나, 사망한 때에는 취소권은 소멸한다제891조.

:: **피성년후견인이 성년후견인의 동의 없이 양자가 되거나 또는 양자를 한 때** 이 경우에는 피성년후견인이나 성년후견인이 그 취소를 청구할 수 있다. 그러나 성년후견개시의 심판이 취소된 후 3개월이 지난 때에는 그 취소를 청구하지 못한다민법 제893조.

:: **배우자 있는 자가 그 배우자와의 공동행위에 의하지 않고 양자를 하거나 또는 배우자의 동의 없이 양자가 된 때** 배우자가 취소권자이다민법 제888조. 그러나 그 사유 있음을 안 날로부터 6월 또는 그 사유 있은 날로부터 1년을 경과하면 취소권은 소멸한다제894조.

:: **입양 당시 양친자의 일방에게 악질 기타 중대한 사유 있음을 알지 못한 때** 양친자의 타방이 취소를 청구할 수 있으나 그 사유 있음을 안 날로부터 6월을 경과하면 취소권은 소멸한다민법 제896조.

:: **사기 또는 강박으로 인하여 입양의 의사표시를 한 때** 취소권자는 그러한 의사표시를 한 자이고, 사기를 안 날 또는 강박을 면한 날로부터 3월을 경과하면 취소권은 소멸한다민법 제897조, 제823조.

파 양

입양의 가족관계는 파양罷養에 의하여 해소된다. 파양에는 협의상 파양과 재판상 파양이 있다. 당사자 일방의 사망은 입양의 해소사유가 되지 않는다.

:: **협의상 파양** 양친자는 협의에 의하여 파양할 수 있다. 다만 양자가 미성년자 또는 피성년후견인인 경우에는 협의상 파양을 할 수 없고 파양 사유가 있는 경우 재판상 파양을 할 수 있을 뿐이다민법 제898조. 협의상 파양을 하는 경우 당사자간에 파양의 합의가 있어야 한다. 협의파양의 당사자는 양친과 양자이다. 양부와 양모는 공동으로 일방당사자가 된다공동파양. 협의상 파양은 신고하여야 효력이 생긴다민법 제904조, 제878조.

:: **재판상 파양** 양친자의 일방은 다음의 사유가 있는 경우에는 가정법원에 파양을 청구할 수 있다민법 제905조 1-4호. ① 양부모가 양자를 학대 또는 유기하거나 그 밖에 양자의 복리를 현저히 해친 경우, ② 양부모가 양자로부터 심히 부당한 대우를 받은 경우, ③ 양부모나 양자의 생사가 3년 이상 분명하지 아니한 경우, ④ 그 밖에 양친자관계를 계속하기 어려운 중대한 사유가 있는 경우. 기존 민법은 가족의 명예를 오독汚瀆하거나 재산을 경도傾倒한 중대한 과실이 있는 경우에도 재판상 파양을 할 수 있다고 하였으나, 2012년 민법 개정시 이 사유는 삭제되었다. 양자가 13세 미만인 경우 대락을 한 사람이 파양을 청구할 수 있는데, 파양을 청구할 사람이 없는 때에는 양자의 친족이나 이해관계인이 가정법원의 허가를 받아 파양을 청구할 수 있다. 양자가 13세 이상의 미성년자인 경우 입양을 동의하였던 부모의 동의를 받아 파양을 청구할 수 있으나, 부모가 사망하거

나 그 밖의 사유로 동의할 수 없는 경우에는 동의 없이 파양을 청구할 수 있다. 양부모나 양자가 피성년후견인인 경우에는 성년후견인의 동의를 받아 파양을 청구할 수 있다. 그 밖에 검사는 미성년자나 피성년후견인인 양자를 위하여 파양을 청구할 수 있다민법 제906조. 파양소송의 상대방이 그 파양사유단 민법 제905조 3호의 사유는 제외를 안 날로부터 6월, 그 사유 있은 날로부터 3년을 경과하면 파양을 청구할 수 없다민법 제907조. 그러나 생사불명에 의한 파양의 소송에 관해서는 제척기간이 없다.

:: **파양의 효과** 파양을 하면 가족관계등록의 변동민법 제786조, 친족관계의 소멸민법 제776조, 손해배상청구 등이 인정된다. 재판상 파양의 경우에 과실 있는 상대방에 대하여 재산상·정신상의 손해배상을 청구할 수 있다민법 제908조, 제806조.

친양자제도

친양자제도의 도입

친양자제도는 2005년의 민법개정에 의해 우리나라에 도입되었다민법 제908조의2. 친양자제도는 완전양자제도의 일종으로, 양자와 친생부모 사이의 관계가 입양에 의해 완전히 단절되고, 입양아동이 양친의 친생자와 같은 법적 지위를 갖게 되는 제도이다. ① 양자가 양부의 성과 본을 따르게 한다는 점이 일반 입양의 불완전양자제도와 결정적인 차이점이다. ② 친양자의 입양은 가정법원의 허가를 받아야 한다는 점에서 일반 입양이 입양의사와 신고에 의해 효력을 발휘하는 것과 다르다. ③ 친양자는 미성년자에 대하여만 가능하다는 점에서 어린 아동에 한정하는 점에서 일반 입양과 차이가 있다.

친양자 입양의 요건과 효과

:: **요   건** 친양자親養子를 하려는 자는 나음의 요건을 갖추어 가정법원에 친양자 입양의 청구를 하여야 한다. ① 3년 이상 혼인중인 부부로서 공동으로 입양할 것. 다만, 1년 이상 혼인중인 부부의 일방이 그 배우자의 친생자를 친양자

로 하는 경우에는 그러하지 아니하다. ② 친양자로 될 사람이 미성년자일 것, ③ 친양자가 될 사람의 친생부모가 친양자 입양에 동의할 것. 다만, 부모의 친권이 상실되거나 사망 그 밖의 사유로 동의할 수 없는 경우에는 그러하지 아니하다. ④ 친양자가 될 사람이 13세 이상인 경우에는 법정대리인의 동의를 받아 입양을 승낙할 것. ⑤ 친양자가 될 사람이 13세 미만인 경우에는 법정대리인이 그를 갈음하여 입양을 승낙할 것민법 제908조의2 1항.

위의 ③, ④, ⑤의 동의 또는 승낙과 관련하여 법정대리인이 정당한 이유 없이 동의 또는 승낙을 거부하거나, 친생부모가 자신에게 책임이 있는 사유로 3년 이상 자녀에 대한 부양의무를 이행하지 아니하고 면접교섭을 하지 아니하였거나, 친생부모가 자녀를 학대 또는 유기하거나 그 밖에 자녀의 복리를 현저히 해친 경우에는 가정법원은 그 동의 또는 승낙이 없이도 친양자 입양의 청구를 인용할 수 있다민법 제908조의2 2항. 이 경우 가정법원은 동의권자 또는 승낙권자를 심문하여야 한다.

:: **가정법원의 심사** 가정법원은 친양자로 될 자의 복리를 위하여 그 양육상황, 친양자 입양의 동기, 양친養親의 양육능력 그 밖의 사정을 고려하여 친양자 입양이 적당하지 아니하다고 인정되는 경우에는 친양자 입양의 청구를 기각할 수 있다민법 제908조의2 3항.

:: **친양자 입양의 효력** 친양자는 부부의 혼인중 출생자로 본다민법 제908조의3. 친양자의 입양 전의 친족관계는 민법 제908조의2 1항의 청구에 의한 친양자 입양이 확정된 때에 종료한다. 다만, 부부의 일방이 그 배우자의 친생자를 단독으로 입양한 경우에 있어서의 배우자 및 그 친족과 친생자간의 친족관계는 그러하지 아니하다.

:: **친양자 입양의 취소** 친양자로 될 자의 친생親生의 부 또는 모는 자신에게 책임이 없는 사유로 인하여 부모의 친권이 상실되거나 사망 그 밖의 사유로 동의를 할 수 없었던 경우에는 친양자 입양의 사실을 안 날부터 6월 내에 가정법원에 친양자 입양의 취소를 청구할 수 있다민법 제908조의4.

:: **친양자의 파양** 양친, 친양자, 친생의 부 또는 모나 검사는 다음의 어느 하

나의 사유가 있는 경우에는 가정법원에 친양자의 파양罷養을 청구할 수 있다민법제908조의5. ① 양친이 친양자를 학대 또는 유기遺棄하거나 그 밖에 친양자의 복리를 현저히 해하는 때, ② 친양자의 양친에 대한 패륜悖倫행위로 인하여 친양자관계를 유지시킬 수 없게 된 때. 친양자 입양이 취소되거나 파양된 때에는 친양자관계는 소멸하고 입양 전의 친족관계는 부활한다. 이 경우에 친양자 입양의 취소의 효력은 소급하지 아니한다.

5. 부모의 친권

친권의 성격

부모가 자를 보호, 교양할 권리와 의무를 친권이라고 한다. 친권은 친자관계를 기초로 부와 모에게 인정되는 가족법상의 권리라고 할 수 있다. 친권은 다른 권리와는 달리 복합적인 성격을 갖는다.

:: **권리의 성격** 친권은 부모가 친권자로서 자기의 자녀를 보호하고 양육할 수 있는 권한을 부여한다는 점에서 권리로서의 성격을 갖는다. 참고로 독일 민법제1626조에서는 "부모는 자구의 성장정도에 따라서 자와 협의하고 동의를 얻도록 노력해야 한다"고 규정하고 있다.

:: **의무의 성격** 친권은 자녀에 대한 양육의 의무라는 측면을 함께 갖는다. 과거 가부장적 가족제도에서 친권은 가장권이라는 권위를 의미했으나, 가정의 민주화 및 자녀의 복지를 중시하는 현대사회에서는 친권의 의무성이 강조된다. 친권을 행사함에 있어서는 자의 복리를 우선적으로 고려하여야 한다민법 제912조.

:: **권한의 성격** 친권으로부터 대리권, 동의권, 징계권, 거소지정권, 영업허락권 등 파생적인 권한이 발생한다.

:: **방해배제 가능성** 친권을 침해하는 행위가 자녀의 유괴, 억류 등의 현상으로 나타난 경우에는 친권에 기해 아이의 인도청구권을 행사할 수 있다.

:: **보호법익** 친권을 침해하는 행위는 '보호법익에 대한 위법한 침해행위'가

되어 불법행위에 기한 손해배상의무를 발생시킨다.

부모의 친권행사

부모는 미성년자인 자의 친권자가 된다민법 제909조 1항. 부모가 혼인중인 경우에는 공동으로 친권자가 된다. 그러나 부모의 의견이 일치하지 아니하는 경우에는 당사자의 청구에 의하여 가정법원이 이를 정한다. 부모의 일방이 친권을 행사할 수 없을 때에는 다른 일방이 이를 행사한다.

:: **공동행사의 원칙** 부모는 친권행사를 공동으로 하여야 한다민법 제909조 2항 본문. 친권을 공동으로 행사한다는 것은 부모가 공동명의로 하여야 한다는 것을 의미한다는 견해와, 친권행사와 관련하여 부모의 공동의사가 필요하다는 것이지 형식상 공동을 요구하는 것은 아니라는 견해의 대립이 있다.

:: **가정법원이 결정하는 경우** 부모의 의견이 일치하지 아니하는 때에는 당사자의 청구에 의하여 가정법원이 이를 정한다민법 제909조 2항 단서. 가정법원은 친권을 행사할 자를 정하거나 친권의 행사내용을 정할 수 있다.

:: **단독 행사하는 경우** 부모의 일방이 친권을 행사할 수 없을 때에는 다른 일방이 이를 행사한다민법 제909조 3항. 사망, 중병, 장기부재 등으로 사실상 행사할 수 없을 때 및 친권상실선고, 성년후견선고 등으로 법률상 행사할 수 없을 때가 포함된다.

:: **부모의 이혼 후의 친권자** 부모가 이혼하는 경우에는 부모의 협의로 친권자를 정하여야 하고, 협의할 수 없거나 협의가 이루어지지 아니하는 경우에는 가정법원은 직권으로 또는 당사자의 청구에 따라 친권자를 지정하여야 한다. 다만, 부모의 협의가 자子의 복리에 반하는 경우에는 가정법원은 보정을 명하거나 직권으로 친권자를 정한다민법 제909조 4항.

:: **혼인 외의 출생자의 친권자** 아버지가 인지하지 않은 혼인 외의 출생자의 경우에는 어머니가 단독으로 친권을 행사한다. 아버지가 인지한 경우에는 부모의 협의로 친권자를 정하여야 하고, 협의할 수 없거나 협의가 이루어지지 아니하는 경우에는 가정법원은 직권으로 또는 당사자의 청구에 따라 친권자를 지정하여

야 한다. 다만, 부모의 협의가 자子의 복리에 반하는 경우에는 가정법원은 보정을 명하거나 직권으로 친권자를 정한다. 협의 이혼의 경우에도 같다.

:: **양자의 친권자** 양자의 친권자는 양부모이며 친생부모는 친권자가 되지 못한다민법 제909조 1항. 입양이 취소되거나 파양된 경우 또는 양부모가 모두 사망한 경우 친생부모 일방 또는 쌍방, 미성년자, 미성년자의 친족은 그 사실을 안 날부터 1개월, 입양이 취소되거나 파양된 날 또는 양부모가 모두 사망한 날부터 6개월 내에 가정법원에 친생부모 일방 또는 쌍방을 친권자로 지정할 것을 청구할 수 있다. 다만, 친양자의 양부모가 사망한 경우에는 그러하지 아니하다민법 제909조의2 2항.

:: **계모, 계부의 친권배제** 현행법에서 계모繼母와 적모嫡母는 생모가 아니므로 아이와 인척관계를 가질 뿐 모자관계는 인정되지 않는다. 따라서 친권도 인정되지 않는다. 계부繼父의 경우도 친권을 행사하지 못한다. 그러나 계부가 아이를 친양자로 입양한 후에는 친권을 행사하게 된다.

:: **친권자의 변경** 가정법원은 자의 복리를 위하여 필요하다고 인정되는 경우에는 자의 4촌 이내의 친족의 청구에 의하여 정하여진 친권자를 다른 일방으로 변경할 수 있다민법 제909조 6항.

:: **친권에 따르는 자** 미성년인 자子는 친권에 따라야 한다민법 제909조 1항. 혼인한 미성년자는 성년자로 되므로 친권에 따르지 않게 되며민법 제826조의2, 그 이후 혼인이 해소이혼·혼인의 취소되어도 다시 과거의 친권에 따르지 않는다.

친권의 내용

친권은 자녀의 가족관계에 관한 권리와 의무를 내용으로 한다.

:: **보호·교양의 권리와 의무** 친권자는 자녀의 신체를 돌보아 주고 정신의 발달을 도모하여 건강한 인간으로 양육하기 위한 조치를 취하여야 할 권리와 의무를 진다민법 제913조. 친권자의 보호·교양의 권리의무는 거소지정권과 징계권을 포함하는 포괄적 의미를 갖는다.

:: **감독의무** 친권자는 자녀가 타인에게 가한 불법행위에 대하여 손해배상의

무를 진다. 책임능력 없는 자대개 13세 미만자가 제 3 자에게 불법행위를 하였다면 친권자는 감독의무자로서 그 의무를 해태한 경우에 손해배상의 책임이 있다민법 제755조. 그리고 책임능력 있는 미성년자가 제 3 자에게 불법행위를 한 경우에도 친권자는 불법행위로 인한 손해배상책임민법 제750조을 진다대법원 1994. 2. 8. 선고 93다 13605 전원합의체판결.

:: **부양의무와의 구별** 친권자의 보호·교양의 권리의무와 보호·교양에 필요한 비용의 부담은 서로 구별된다. 어린 자녀를 가진 부모가 이혼한 경우 대개 어머니가 아이를 양육하고 아버지는 양육비를 부담한다. 친권자의 보호·교양의 권리의무는 친권의 작용이나, 보호·교양에 필요한 비용부담은 부모의 미성년자에 대한 부양의무에 해당한다. 그러므로 친권자가 아닌 부모라도 언제나 보호·교양에 필요한 비용의 부담을 면할 수 없다. 보호·교양에 필요한 비용은 부부의 공동생활에 필요한 비용이며 당사자 사이에 특별한 약정이 없으면 부부가 공동으로 부담한다.

:: **거소지정권** 친권자는 자가 거주하는 장소를 지정할 수 있다. 자구는 친권자의 지정한 장소에 거주하여야 한다민법 제914조. ① 지정권 : 거소의 결정은 친권자의 자유재량에 의한다. 자녀의 거소를 지정하는 것은 넓은 의미로 자를 보호·교양하기 위한 범주에 포함되므로, 친권에 포함된다. ② 지정의 상대방 : 친권자의 거소지정은 1차적으로 자녀에 대하여 행사한다. 친권자는 자가 의사능력이 있는 경우에 한하여 거소지정권을 행사할 수 있다. ③ 방해배제 : 자녀가 친권자의 거소지정에 따르지 않을 때, 이를 강제할 방법은 없다. 그러나 제 3 자가 자녀의 의사에 반하여 부당하게 자를 억류하고 있는 경우에는 친권자는 방해제거청구권을 행사할 수 있다. ④ 남용금지 : 거소지정권은 자녀의 보호·교양을 위하여 인정되는 것이므로 자녀의 심신에 나쁜 영향을 미치는 장소를 거소로 지정하면 거소지정권의 남용이 된다.

:: **징 계 권** 친권자는 그 자를 보호 또는 교양하기 위하여 필요한 징계를 할 수 있고 법원의 허가를 얻어 감화 또는 교정기관에 위탁할 수 있다민법 제915조. 징계의 방법은 두 가지이다. 하나는 친권자가 스스로 자녀를 징계하는 것이고,

여성을 위한 **법**

다른 하나는 법원의 허가를 얻어 감화 또는 교정기관에 위탁하는 것이다. 친권자의 징계가 자녀를 위한 보호, 교양의 범위를 넘는 경우에는 징계권의 남용이 된다. 그 남용 여부는 사회통념에 비추어 판단된다. 징계권의 남용은 친권상실의 원인이 될 수 있다.

친권자의 유아인도청구

친권자가 아닌 자 또는 양육권자가 아닌 자가 아이를 부당하게 억류하고 있는 경우에, 친권자는 그 아이의 인도청구권을 가진다민법에 명문규정이 없음. 친권자의 인도청구는 자녀가 의사능력이 없는 경우, 즉 유아에 한하여 허용될 수 있다. 유아인도청구의 경우라도 판례는 자의 복리를 고려하여 그 인도청구의 인용 여부를 판단토록 한다. 이혼당사자간에 자녀의 양육에 관한 사항을 협의하지 아니한 경우에 그 아이의 양육을 아버지재혼중에게 맡기는 것보다는 생모에게 맡겨 같이 거주하며 생모의 보호와 교육을 받고 자라게 하는 것이 합리적이라고 인정할 때에는 생모에게 양육케 할 수 있으므로, 아버지의 유아인도청구를 기각한 판례가 있다대법원 1970. 11. 30. 선고 70므28 판결. 인도청구를 명하는 재판의 집행과 관련하여, 유아의 인도의무를 이행하여야 할 자가 정당한 이유 없이 그 의무를 이행하지 않을 때에는 이행명령을 하고가사소송법 제64조, 그 이행명령에 따르지 않으면 과태료나 감치에 처할 수 있다가사소송법 제67조, 제68조.

친권자의 대리권과 동의권

친권을 행사하는 부 또는 모는 미성년자인 자의 법정대리인이 된다민법 제911조. ∴ 법정대리인은 미성년자의 법률행위에 대하여 대리권, 동의권 등을 행사한다. 미성년자가 법률행위를 함에는 법정대리인의 동의를 얻어야 한다. 그러나 권리만을 얻거나 의무만을 면하는 행위는 그러하지 아니하다. 이에 위반한 행위는 취소할 수 있다민법 제5조. 법정대리인이 범위를 정히여 처분을 허락한 재산은 미성년자가 임의로 처분할 수 있다민법 제6조. 미성년자가 법정대리인으로부터 허락을 얻은 특정한 영업에 관하여는 성년자와 동일한 행위능력이 있다민법 제8조.

:: 가족법상의 행위에 대한 대리권은 법률에 특별한 규정이 있는 경우에 한하여 인정된다. 특별규정이 있는 가족행위 대리권의 경우는 다음과 같다. 모인 친권자가 친생부인의 소의 피고가 되는 것민법 제847조, 인지청구의 소민법 제863조, 미성년자가 양친이 되는 입양의 취소민법 제885조, 미성년자가 동의권자의 동의를 얻지 않고 양자가 되었을 때의 취소민법 제869조, 13세 미만자의 입양 대락민법 제869조·파양 대락민법 제899조 및 파양청구의 소 제기, 상속의 승인·포기민법 제1019조, 제1020조 등이다.

:: 친권자는 자기 자녀의 친권을 행사할 수 있다민법 제910조. 이 경우 아이는 자기의 친권자의 친권자할아버지, 할머니가 행사하는 친권의 대행에 따라야 한다.

:: 가족법상의 행위에 대한 동의권은 일반적으로 친권자의 지위가 아니라 부모의 지위에서 인정된다. 친권자로서의 동의권은 분가에 대한 동의민법 제768조 2항, 13세 미만자인 자의 입양승낙민법 제869조이 있다.

자녀의 재산에 관한 관리권

:: **특유재산의 관리** 자子가 자기의 명의로 취득한 재산은 그 특유재산으로 하고 법정대리인인 친권자가 이를 관리한다민법 제916조. 자녀의 특유재산이란 미성년인 자녀가 상속·유증·증여를 받았거나, 자신의 노력으로 취득한 재산을 말한다. 재산의 관리란 재산의 보존·이용·개량을 목적으로 하는 행위이며, 처분행위도 경우에 따라서는 재산관리에 포함된다.

:: **관리권이 제한되는 경우** 제 3 자가 무상으로 자녀에게 수여한 재산을 친권자가 관리하는 것이 금지될 수 있다. 무상으로 자子에게 재산을 수여한 제 3 자가 친권자의 관리에 반대하는 의사를 표시한 때에는 친권자는 그 재산을 관리하지 못한다민법 제918조. 이 경우에 그 제 3 자가 재산관리인을 지정할 수 있다. 그러나 제 3 자의 지정이 없는 경우에는 자 또는 제777조의 친족의 청구로 가정법원이 재산관리인을 선임한다. 제 3 자가 지정한 관리인의 권한이 소멸하거나 관리인을 개임할 필요가 있는 때에도 같다.

:: **관리권의 소멸** 친권자의 재산관리권이 종료한 때에는 위임종료에 관한 규

정이 준용된다민법 제919조, 제691조, 제692조. 재산관리권의 종료사유를 상대방에게
통지하지 않은 때에는 이로써 상대방에게 대항하지 못한다.

:: **청   산** 법정대리인인 친권자의 권한이 소멸한 때에는 그 자의 재산에
대한 관리의 계산을 하여야 한다민법 제923조. 이 경우에 그 자의 계산으로부터 수
취한 과실은 양육, 재산관리의 비용과 상계한 것으로 본다. 그러나 무상으로 자
에게 재산을 수여한 제 3 자가 반대의 의사를 표시한 때에는 그 재산에 관하여
는 그러하지 아니하다.

자녀의 재산에 관한 친권자의 대리권

법정대리인인 친권자는 자의 재산에 관한 법률행위에 대하여 그 자를 대리한
다. 그러나 그 자의 행위를 목적으로 하는 채무를 부담할 경우에는 본인의 동의
를 얻어야 한다민법 제920조.

:: **친권자의 주의의무** 친권자는 대리권 또는 재산관리권을 행사함에 있어서
'자기의 재산에 관한 행위와 동일한 주의'를 하여야 한다민법 제922조.

:: **공동친권자의 일방이 단독으로 한 행위의 효력** 공동대리를 필요로 하는 경우
에 일방이 단독으로 대리나 동의를 하면 대리 또는 동의의 효과는 생기지 않는
다. 그러나 공동친권자인 부모의 일방이 공동명의로 자를 대리하거나 자의 법률
행위에 동의한 때에는 다른 일방의 의사에 반하는 때에도 효력이 있다민법 제920
조의2. 그러나 상대방이 악의인 때에는 그러하지 아니하다.

:: **대리권의 제한** 친권자이지만 자녀의 법률행위에 대한 법정대리권을 갖지
않는 경우가 있다. ① 자녀의 행위를 목적으로 하는 채무부담행위 : 친권자의
대리행위가 자녀의 행위를 목적으로 한 채무를 부담할 경우에는 본인의 동의를
얻어야 한다. 동의 없이 친권자가 대리행위를 하게 되면 그것은 무권대리가 된
다. 다만 상대방에게 자녀의 동의를 얻은 것으로 믿을 만한 정당한 사유가 있을
때에는 권한을 넘는 표현대리가 된다. ② 근로계약체결과 임금청구 : 친권자는
미성년인 자를 대리하여 근로계약을 체결하지 못한다근로기준법 제65조. 그러므로
미성년자는 친권자의 동의를 얻어 직접 근로계약을 체결하여야 한다. 미성년자

는 독자적으로 임금을 청구할 수 있으므로, 친권자에게 자녀를 대리하여 임금을 청구할 수 있는 법정대리권은 없다. ③ 친권자가 범위를 정하여 처분을 허락한 재산에 관하여는 친권자의 법정대리권의 행사가 제한된다민법 제8조. ④ 영업을 허락받은 미성년자의 영업에 관한 재산적 법률행위에 관하여도 법정대리권의 행사가 제한된다민법 제8조.

:: **표현대리의 성립** 친권자가 대리권 없이 대리행위를 한 경우에 그 상대방은 표현대리를 주장하여 미성년자에 대한 채무이행을 청구할 수 있는가에 관해서는 긍정설과 부정설이 대립한다. 판례는 긍정설을 취한다. 친권자인 부가 미성년자의 인장과 그 소유부동산에 관한 권리증을 그 미성년자의 친권자가 아닌 처에게 보관시켜 그 처가 그 부동산을 담보로 제공한 경우에는 특별한 사정이 없는 한 표현대리행위가 된다대법원 1968. 8. 30. 선고 68다 1051 판결. 부정설은 표현대리를 인정하면 미성년자를 보호하려는 능력제한제도의 취지에 어긋난다고 비판한다.

:: **대리권의 남용** 친권자가 사리를 꾀할 목적으로 대리권을 남용한 경우에는 대리권남용에 관한 이론이 적용되어 대리의 효과가 부인된다. 친권자의 대리행위가 친권남용이 될 경우에는 그 효과가 자녀에게 미치지 않는다대법원 1981. 10. 31. 선고 81다649 판결.

친권자와 자녀 사이의 이해상반행위

친권자는 자녀와 이해가 상충하는 법률행위를 대리하거나 기타의 재산관리행위를 할 수 없다. 법정대리인인 친권자와 그 자녀 사이에 이해상반되는 행위를 함에는 친권자는 법원에 그 자녀의 특별대리인의 선임을 청구해야 한다민법 제921조 1항. 법정대리인인 친권자가 그 친권에 따르는 수인의 자녀 사이에 이해상반되는 행위를 함에는 법원에 그 자녀 일방의 특별대리인의 선임을 청구하여야 한다민법 제921조 2항, 2005년 개정.

:: **이해상반행위** 이해상반행위란 친권자를 위해서는 이익이 되고 미성년자를 위해서는 불이익이 되는 행위인 경우, 친권에 복종하는 여러 명의 자녀 중에서 일부에게는 이익이 되고 다른 자녀에게는 불이익이 되는 경우와 같이 어떤 행위

와 관련하여 친권자와 그에 복종하는 자 사이에 이해관계가 대립되는 경우를 말한다. 성년의 자녀와 친권에 복종하는 미성년의 자녀 사이의 이해상반행위는 여기에 포함되지 않는다대법원 1989. 9. 12. 선고 88다카28044 판결. 이해상반행위에는 단독행위·계약뿐만 아니라 동의행위·소송행위도 포함된다. 이해상반행위는 재산상의 이익에 관한 행위이든 신분상의 이익에 관한 행위이든 관계없다.

:: **이해상반행위의 모습** 친권자와 자녀의 이해상반행위의 예는 다음과 같다. ① 자녀의 재산을 친권자에게 양도하는 행위, ② 친권자의 채무를 위하여 자녀에게 채무를 부담시키는 행위 : 자녀를 친권자의 연대채무자 또는 보증인으로 하는 경우, 자녀의 부동산을 담보에 제공하는 경우, 자녀의 부동산을 대물변제로 제공하는 행위, 친권자가 자기의 채무에 관하여 미성년자인 자녀를 대리하여 병존적 채무인수를 하는 경우, 아버지가 자신의 제3자에 대한 채무지급을 위하여 자신이 발행하는 어음에 아들을 공동발행인으로 기명날인한 경우대법원 1971. 2. 23. 선고 70다2916 판결, 친권자의 채무를 자녀에게 전가하는 경개계약, 자녀의 채권을 포기하고 그 채무자로부터 친권자의 채무의 면제를 받는 행위 등이다.

:: **이해상반행위가 되지 않는 경우** 친권자가 자녀에 갈음하여 맺은 근저당권설정계약, 자녀가 친권자로부터 단순히 증여를 받는 행위 등은 이해상반행위가 되지 않는다. 민법 제921조는 이해가 상충하는 경우 그 친권의 공정한 행사를 기대할 수 없다는 이유 때문에 그 친권의 행사를 제한하려는 데 그 취지가 있으므로 그 친권에 복종하는 미성년자에게 이익만이 생기는 경우에는 자기계약 또는 쌍방대리가 되는 경우라도 그 행위는 유효하다. 친권자가 그 자녀인 미성년자원고 소유의 부동산을 친권자의 다른 아들이복형제인 피고에게 증여할 당시 원고는 이미 19년 5개월 남짓하여 수개월이 지나면 성년이 될 나이에 있었고, 원고가 위 처분행위를 강력히 반대하였으며, 위 처분행위도 원고를 위한 것이 아니라 그 장남인 피고만을 위한 것으로서 위 처분행위로 원고는 아무런 대가도 지급받지 못한 점 등이 인정되므로, 원고의 법정대리인인 친권자가 이 건 부동산을 피고에게 증여한 행위는, 당시 피고가 이미 성년에 달하여 소위 이해상반행위에는 해당하지 않으나, 친권의 남용에 의한 것이라 할 것이므로 위 행위의 효과는

원고에게 미치지 아니한다대법원 1981. 10. 31. 선고 81다649 판결.

　:: **특별대리인의 선임**　친권자와 자녀 사이에 혹은 수인의 자녀 사이의 이해상 반행위를 함에는 친권자가 대리권 또는 동의권을 갖지 않으며, 이 경우 친권자는 가정법원에 자녀 또는 자녀 일방의 특별대리인의 선임을 청구하여야 한다민법 제921조. 만약 특별대리인을 선임하지 않고 친권자가 대리인으로서 이해상반 행위를 대리하면 무권대리가 되어 효력이 생기지 않는다.

친권의 소멸

　다음의 경우에는 친권이 소멸한다.

　:: **절대적 소멸사유**　자녀가 사망한 때, 자녀가 성년이 된 때만 19세로 성년이 됨, 자녀가 혼인한 때에는 부모의 친권이 절대적으로 소멸한다.

　:: **상대적 소멸사유**　친권자가 사망실종선고 포함한 때, 자녀가 타인의 양자로 된 때, 부모의 이혼·혼인무효·혼인취소 후 부모 중 일방만의 친권자가 된 때, 모의 단독친권에 복종하던 혼인외의 자가 부의 인지를 받아 부가 친권자로 된 때, 입 양이 무효·취소되거나 양자가 파양된 때, 친권자가 협의·심판으로 변경된 때, 친권자가 친권을 행사할 수 없게 된 때, 친권자가 대리권·관리권을 사퇴한 때, 친권자가 친권상실의 선고를 받은 때에 종전의 친권자의 친권은 소멸하게 된다.

친권의 상실, 일시정지 및 일부제한

　:: **친권의 상실사유**　가정법원은 부 또는 모가 친권을 남용하여 자녀의 복리를 현저히 해치거나 해칠 우려가 있는 경우에는 그 친권의 상실 또는 일시 정지를 선고할 수 있다민법 제924조. 친권을 상실시킬 것인가의 판단은 구체적인 사정을 기초로 행해져야 한다. 친권의 남용 또는 현저한 비행으로 부모와 자의 공동생 활이 파괴되고, 자의 복지가 침해될 정도가 되면 친권상실의 선고를 할 수 있 다. 남편의 행방불명으로 인한 생활난을 해소하기 위하여 처가 타인과 사실상 부부관계에 있다고 하더라도 친권상실사유가 되지 않는다대법원 1963. 9. 12. 선고 63 다197 판결.

　　　　　　　　　　　　　　　　　　　　　　　　　　　　　여성을 위한 **법**

:: **친권상실선고** 가정법원은 위의 사유가 있는 경우 자녀, 자녀의 친족, 검사 또는 지방자치단체의 장의 청구에 의하여 친권의 상실을 선고한다. 판정의 기준시는 사실심 종결시이다. 친권상실의 원인이 존재했더라도 친권상실의 제 2심 판결 전에 그 원인이 소멸한 경우에는 친권상실선고를 할 수 없다. 친권상실은 심판의 확정에 의하여 효과가 발생한다.

:: **친권상실의 효과** 친권이 전부 상실되면 종전의 친권자는 친권에 기한 모든 권리를 행사할 수 없게 된다. ① 친권상실자는 자의 혼인·이혼에 대한 동의권 및 입양·파양에 대한 동의권·대락권 등을 갖지 않게 된다^{다수설}. 그러나 반대설로서 친권을 상실한 경우일지라도 구체적으로 부모와 자녀간의 직계혈족으로서 발생된 권리들, 예컨대 혼인동의권, 친권, 입양 또는 파양에 관한 대락권 등에 대하여는 아무런 영향을 미치지 않는다는 견해도 있다. ② 친권상실은 부양·상속 등에는 영향을 미치지 않는다. ③ 공동친권자의 일방이 친권상실의 선고를 받은 때에는 다른 일방의 단독친권이 되고, 단독친권자가 친권상실선고를 받으면 미성년후견이 개시된다.

:: **친권의 일시 정지** 가정법원은 부 또는 모가 친권을 남용하여 자녀의 복리를 현저히 해치거나 해칠 우려가 있는 경우에는 친권의 일시 정지를 선고할 수 있다. 이 때에는 자녀의 상태, 양육상황, 그 밖의 사정을 고려하여 그 기간을 정하되, 그 기간은 2년을 넘을 수 없다. 가정법원은 자녀의 복리를 위하여 친권의 일시 정지 기간의 연장이 필요하다고 인정하는 경우에는 자녀, 자녀의 친족, 검사, 지방자치단체의 장, 미성년후견인 또는 미성년후견감독인의 청구에 의하여 2년의 범위에서 그 기간을 한 차례만 연장할 수 있다^{민법 제924조}.

:: **친권의 일부 제한** 가정법원은 거소의 지정이나 징계, 그 밖의 신상에 관한 결정 등 특정한 사항에 관하여 친권자가 친권을 행사하는 것이 곤란하거나 부적당한 사유가 있어 자녀의 복리를 해치거나 해칠 우려가 있는 경우에는 자녀, 자녀의 친족, 검사 또는 지방자치단체의 장의 청구에 의하여 구체적인 범위를 정하여 친권의 일부 제한을 선고할 수 있다^{민법 제924조의 2}.

:: **대리권, 재산관리권의 상실** 친권자는 친권의 내용의 일부를 이루는 대리권

과 재산관리권만 상실하게 될 수 있다. 법정대리인인 친권자가 부적당한 관리로 자녀의 재산을 위태하게 한 때에는 대리권과 재산관리권의 상실선고가 행해질 수 있다민법 제925조. 부적당한 재산관리는 반드시 친권자의 악의에 의하여야 하는 것은 아니다. 재산을 위태롭게 하는 사정이 있으면 충분하고, 반드시 재산이 상실되어야 하는 것은 아니다. 대리권과 재산관리권 상실의 선고는 친권의 행사 중 자녀의 재산과 관련된 대리권, 재산관리권만을 박탈하고, 신분상의 권리의 행사에는 영향을 주지 않는다. 공동친권의 경우에 친권자의 일방이 대리권, 재산관리권을 상실하였더라도 신분상의 행위에 관한 친권은 부모가 공동으로 행사해야 한다.

　:: **친권자의 동의를 갈음하는 재판**　가정법원은 친권자의 동의가 필요한 행위에 대하여 친권자가 정당한 이유 없이 동의하지 아니함으로써 자녀의 생명, 신체 또는 재산에 중대한 손해가 발생할 위험이 있는 경우에는 자녀, 자녀의 친족, 검사 또는 지방자치단체의 장의 청구에 의하여 친권자의 동의를 갈음하는 재판을 할 수 있다민법 제922조의2. 친권자의 동의가 필요한 행위를 친권자의 동의 없이도 유효하게 한다는 측면에서 실질적으로는 친권에 대한 제한의 의미가 있다.

　:: **친권의 상실과 제한 등의 관계**　친권 상실의 선고는 친권의 일시 정지, 친권의 일부 제한, 대리권·재산관리권의 상실 선고 또는 그 밖의 다른 조치에 의해서는 자녀의 복리를 충분히 보호할 수 없는 경우에만 할 수 있고, 친권의 일시 정지, 친권의 일부 제한 또는 대리권·재산관리권의 상실 선고는 친권자의 동의를 갈음하는 재판 또는 그 밖의 다른 조치에 의해서는 자녀의 복리를 충분히 보호할 수 없는 경우에만 할 수 있다민법 제925조의 2.

　:: **실권회복의 선고**　친권자가 친권의 상실, 제한 및 정지의 경우 그 선고의 원인이 소멸한 때에는 가정법원은 본인, 자녀, 자녀의 친족, 검사 또는 지방자치단체의 장의 청구에 의하여 실권의 회복을 선고할 수 있다민법 제926조.

　:: **대리권·재산관리권의 사퇴와 회복**　대리권과 재산관리권에 관해서는 사퇴와 회복의 절차가 규정되어 있다. ① 사퇴 : 법정대리인인 친권자는 정당한 이유가 있는 때에는 법원의 허가를 얻어 그 법률행위의 대리권과 재산관리권을 사퇴할

　　　　　　　　　　　　　　　　　　　　　　여성을 위한 **법**

수 있다민법 제927조 1항. ② 회복 : 사퇴의 사유가 소멸한 때에는 그 친권자는 법원의 허가를 얻어 사퇴한 권한을 회복할 수 있다민법 제927조 2항.

6. 인공수정자

인공수정의 의의

인공수정Artificial Insemination이란 남녀간의 성행위에 의하지 않고 남자의 정자와 여자의 난자를 인공적으로 결합시켜 수태토록 하는 것을 말한다. 종래에는 정자를 여성의 체내에 삽입시키는 체내수정에 한정하였으나 최근 정자와 난자를 시험관 등의 체외에서 수정시켜 여성의 자궁에 착상시키는 체외수정도 행해지고 있어 인공수정이 종래보다 포괄적인 의미로 사용되고 있다. 광의의 의미로 인공수정은 부부라는 전제를 깔지 않고도 별도의 방법으로 자녀를 두는 경우도 포함된다. 자주 이용되는 인공수정방식은 배우자의 정자에 의한 인공수정Artificial Insemination by Husband: AIH과 제 3 자의 정자에 의한 인공수정Artificial Insemination by Donor: AID 방식이다. AIH방식은 부부 사이에 성행위에 의한 임신이 곤란한 의학적 조건이나 그 밖에 다른 사정이 있을 때 배우자간에 이루어지는 인공수정방식이므로 윤리적으로나 법적으로 아무 문제가 없다. AID방식은 '비배우자간의 인공수정'이라고도 하며 불임의 원인이 남편의 정자에 있을 때 시술되는 방식으로서 대개 정자제공자가 익명으로 처리된다. 인공적 출산기술이 더욱 발달됨으로써 종래의 체내인공수정뿐 아니라 체외에서 시험관수정, 수정란이식이 시술되고 있다. 이런 다양한 경우에 아이와 법적 친자관계를 갖는 아버지와 어머니는 누구인가가 종종 문제된다. 최근 생부, 생모와 아이와의 부자관계, 모자관계가 유전자감식을 통하여 드러나게 되는 경우가 생기면서 친생자관계의 과학적 확인에 따른 법률문제가 새로운 쟁점이 되고 있다.

독신여성 인공수정의 사회문제

인공수정에는 몇 가지의 부작용이 있다. 첫째는 우리 사회의 혈통주의를 더욱 강화하는 결과를 낳는다. 혈통을 유지하기 위하여 여성의 몸이 인공수정을 통한 생산의 도구로 이용될 소지가 있다. 둘째로는 현재 진행되고 있는 인공수정에 관한 법적인 논쟁에서는 출산의 주체인 여성의 법적 권리가 제대로 논의되고 있지 못하다. 셋째로 독신여성의 인공수정으로 인한 출산과 같이 기존의 핵가족개념에 해당되지 않는 경우에는 허용하고 있지 않다. 독신여성에 의한 인공수정은 현행법상 '혼인외 자'를 탄생시킬 수밖에 없다. 독신여성이 인공수정을 통해 아이를 출산하는 것은 대개 처음부터 아버지 없이 키우겠다는 것을 전제로 하므로 아이의 복리에는 도움이 되지 않는다며 반대하는 입장이 우세하다. 이 입장은 일부일처제의 핵가족에 근거한 가족개념에 바탕을 둔 것으로서 어머니와 아버지가 모두 존재하지 않는 가정은 '가족'으로서의 기능을 하지 못한다고 본다. 그러나 아버지가 존재할 때에만 꼭 아이가 행복할 수 있다고 보는 생각은 고정관념이라는 비판도 있다. 현재와 같이 아이를 출산한 후 이혼하는 가정이 많은 상황에서 독신여성에게만 아버지 없이 아이를 길러서는 안 된다고 인공수정을 금지하는 것은 불공평하다고 지적된다.

인공수정자의 법률관계

인공수정의 종류는 배우자간의 인공수정, 제 3 자의 정자제공에 의한 인공수정, 제 3 자의 난자에 의한 인공수정, 제 3 자의 정자와 제 3 자의 난자에 의한 인공수정 그리고 독신여성의 인공수정 등을 들 수 있다. 인공수정에 의해 출산한 아이의 수가 증가하고 있음에도 불구하고 민법에는 인공수정자의 법률문제를 해결해 줄 규정이 없다. 그러므로 현재로서는 현행민법의 친자관계에 관한 규정들을 인공수정자에게 유추적용할 수밖에 없다.

배우자간의 인공수정에 의해서 출생한 아기는 체내인공수정이나 체외인공수정의 여부와 상관없이 혼인 후 200일 이후 또는 혼인해소 후 300일 이내에 출생하였으면 친자로 인정된다. 남편의 반대의사가 있었거나 남편에게 알리지 않고 인공수정방법이 시술되었더라도 혼인중의 아내에게서 태어난 인공수정자는 그 남편의 혼인중의 자식이 되므로, 인공수정자는 부모에 대해 부양청구권과 상속권 등 자식으로서의 권리를 갖는다. 남편과 아내의 합의로 제3자의 정자를 인공수정하여 출생한 아기는 친자식으로 인정하여야 하며, 남편이 그 아이가 자기의 친자식이 아니라는 것을 주장할 수 없도록 되어야 한다. 아버지는 자기의 동의에 의한 인공수정자에 대하여 친생부인권을 행사할 수 없다. 제3자의 정자와 제3자의 난자에 의해 출생한 아기도 역시 혼인중의 자로서의 법적 지위를 취득하지만, 아버지가 친생부인권을 행사하면 친자관계가 부정된다.

체외수정의 인공수정자에 관한 법률문제는 1983년 가정법원의 사건 이후 법조계의 관심을 주목시키고 있다. 그러나 현행민법의 친생자추정규정민법 제844조은 인공수정자를 예상하지 못한 상태에서 입법된 것으로서 인공수정자에 적용하기 곤란한 점이 있으며, 또한 인공수정자에 관한 복잡한 법률문제에 관해 규범공백을 드러내고 있다.

외국에서는 인공수정자에 관한 입법이 행해지고 있다. 스웨덴의 「인공수정법」1984은 적용범위를 체내수정에 한정한다. 스웨덴법의 특색은 인공수정자에게 자신의 혈통, 즉 정자제공자를 알권리가 부여된다는 점, 법률혼이나 사실혼의 여성에 대하여만 국립병원에서 인공수정의 시술을 받을 수 있도록 시술을 매우 제한한다는 점 등이다. 미국 「통일친자법」Uniform Parentage Act, 1973은 남편의 서면동의를 얻어 제3자의 정자를 수정받아 출생한 아이는 확고히 혼인중의 자가 된다고 하며, 인공수정의 기록에 관한 비밀을 보호한다.

체외수정의 수정란

체외수정에 의한 수정란은 인간도 아니고 태아도 아닌 모호한 지위에 놓이게 되어, 수정란에 대한 침해로 인한 법률효과가 무엇인가에 관한 견해의 대립을 불러일으킨다. ① 수정란을 인간생명체로서 보아 법인격을 부여하는 견해가 있다. 이 견해는 수정란에 권리능력을 인정하고 폐기나 훼손행위를 배척할 권리를 인정한다. ② 수정란을 인간으로부터 분리된 체외신체조직으로 보아 물건으로 취급하는 견해가 있다. ③ 착상 전의 수정란은 장차 인간이 될 잠재성으로 인해 인간생명의 상징으로 취급해야 한다는 절충적 견해가 있다. 절충설에 의하면 수정란은 물건으로 취급되어서도 안 되고 그렇다고 하여 법인격이 부여될 수도 없으나, 부모에게 제한된 범위에서 수정란에 관한 일을 결정할 권리를 부여해야 한다는 것이다.

배우자간 인공수정

배우자간의 인공수정은 보통의 경우와 수태의 방법에 차이가 있을 뿐이므로 민법을 적용함에 곤란이 적다. 체내수정이나 체외수정을 묻지 않고, 또한 아버지나 어머니의 동의가 있는가에 관계없이 인공수정에 의한 출생자는 혼인중의 자가 되며, 친생자추정 및 부양청구권 등에서 보통의 경우와 차이가 없다. 다만 남편의 정자가 냉동보존되었다가 그 정자를 인공수정하여 아이가 출산되는 경우에 여러 가지 문제가 생길 수 있다. 정자의 냉동보관의 사례가 증가하면서, 특히 보관된 정자에 대한 권리는 누가 가지는가 하는 문제와 관련하여 법적 분쟁이 많이 야기된다. 남편의 허락 없이 아내가 그 정자를 이용하여 임신하여도 되는지, 남편의 사후에 아내가 그 정자에 대한 권리를 갖는지, 남편의 부모가 그 정자에 대한 권리를 이용하여 제 3 의 여성에게 임신을 시켜도 되는 것인지 등의 문제가 쟁점사안이다.

비배우자간 인공수정

비배우자간의 인공수정은 다음의 여러 가지 유형으로 세분되며, 관련 당사자 사이에 복잡한 법률문제를 야기한다. ① 제 3 자의 정자를 제공받아 시술하는 인공수정Artificial Insemination by Donor, AID, ② 제 3 자의 난자에 의한 인공수정, ③ 제 3 자의 정자와 제 3 자의 난자에 의한 인공수정, ④ 대리모에 의해 분만되는 인공수정 등이다.

:: **비배우자간 인공수정의 정당성 논쟁** 남편 아닌 제 3 자의 정자에 의한 인공수정이 선량한 풍속에 어긋나는 일인지에 관해서는 최근 논의가 적으며, 일반적으

로 정당성이 인정된다. 그 근거로서는 첫째, 이러한 인공수정이 불임부부의 소망을 성취시키는 일이라는 점, 둘째, 제3자의 정자를 받는 방법이 의료시술이므로 성도덕을 문란케 하지 않는다는 점, 셋째, 아이의 입장을 고려할 때 인공수정을 정당시하여 친자관계를 인정해야 한다는 점 등을 들 수 있다.

제3정자 인공수정자의 친생자추정

제3자의 정자와 아내의 난자를 결합시킨 인공수정자 AID의 경우 어머니와 아이 사이에는 혈연관계가 있으나 어머니의 남편과 아이 사이에는 자연적인 혈연관계는 존재하지 않는다. 혈연관계가 없더라도 사회통념에 상응하여 법적 부자관계를 인정할 것인가는 별도로 판단한다. 남편과 아이 사이에 민법상의 친생자관계를 인정할 것인가와 관련해서 다음의 여러 관점에서 논쟁이 전개된다.

민법의 친생자추정이 제3자의 정자제공에 의한 인공수정자에 적용되는가 하는 문제는 매우 미묘하게 전개된다. 처가 혼인중에 포태한 자는 부夫의 자子로 추정하며, 혼인성립의 날로부터 200일 후 또는 혼인관계 종료의 날로부터 300일 내에 출생한 자는 혼인중에 포태한 것으로 추정한다 민법 제844조. 그러나 아내가 남편의 아이를 출생할 수 없는 '외관상 명백한 사정'이 있는 때에는 친생자추정을 하지 않는 견해 제한추정설가 다수설이다. 제한추정설을 취하는 경우에, 외관상 명백한 사정이 무엇인가라는 세부사항과 관련하여 다시 견해가 대립된다.

인공수정자와 관련해서는 남편이 포태능력을 갖지 않는 경우에도 법정추정일 혼인 후 200일, 혼인 종료 후 300일에 출생한 아이에 관해 친생자추정을 할 것인가에 관해서 학설이 대립한다. ① 친생자추정설 : 제3자의 정자로 출생한 인공수정자도 친생자추정을 받는 혼인중의 자로 된다고 해석한다. 민법상 이 경우를 위한 규정이 따로 없고 제844조가 인공수정에 관해서는 적용배제된다는 규정도 없으므로 그를 적용하여 친생자추정을 해야 한다고 주장한다. ② 추정부인설 : 남편의 생식불능으로 포태가능성이 없는 경우에는 부부가 동거했더라도 친생자추정을 해서는 안 된다는 이유에서 인공수정자에 대한 친생자추정을 부인한다.

제 3 정자 인공수정자에 대한 친생부인

제 3 자의 정자로 수태된 인공수정자^{AID}의 어머니의 남편에게 친생부인권이 인정될 것인가에 관하여 다음의 학설이 대립한다.

:: **동 의 설** 제 3 자의 정자를 빌리는 인공수정에 관해 남편의 동의가 있는 경우에, 남편의 친생부인권을 부정하는 견해가 있다. 동의설의 근거는 다음과 같다. 첫째, 남편의 동의는 아이의 출생에 근거를 제공하였으므로 남편은 그에 따르는 책임을 져야 한다. 둘째, 시술에 동의한 남편이 나중에 변심하여 친생부인을 하는 것은 신의칙에 반하기 때문에 권리남용금지의 원칙에 따라 부인권의 행사를 금지한다. 셋째, 남편의 부인권행사는 아이의 복리에 어긋나므로 허용해서는 안 된다. 만약 남편에게 친생부인권을 인정하게 되면 친생부인된 인공수정자는 어머니의 혼인외 출생자로 되고 그 남편에 대한 부양청구권 및 상속권을 상실하게 되어 불리한 지위로 떨어지게 된다. 넷째, 민법이 친생부인권에 2년의 단기 제척기간을 둔 점, 그리고 남편이 아이의 출생 후 친생자라고 승인한 후에는 친생부인의 소를 제기할 수 없다는 점에 비추어 친생부인에 관한 민법의 기본정신이 혈통의 확립보다는 자녀의 지위보호에 비중을 둔 것이라고 주장한다.

동의설은 남편의 동의가 없는 경우는 친생부인을 허용한다. 남편과 동거하는 동안 아내가 독단적으로 인공수정을 받아 출산한 아이는 친생자추정을 받으며, 이 경우 남편은 친생부인의 소를 제기할 수 있다고 해석한다. 그러나 남편과 장기간 별거하고 있는 동안 포태한 경우에는 친생자추정을 받지 않는데, 이 경우에는 이해관계인이 친생자관계부존재확인의 소를 제기할 수 있다. 인공수정의 시술을 할 때에 남편의 동의서를 첨부해야 하는 관행이 있으므로 남편의 동의 없는 인공수정은 실제로 매우 적다.

:: **친생부인설** 남편의 동의 여부에 관계없이 남편에게 인공수정자에 대한 친생부인권을 인정하는 견해가 있다. 아이와 아버지의 친생자관계는 당사자의 합의에 의해 좌우될 수 있는 문제가 아니므로, 민법에 의해 남편은 친생자부인권을 갖는다고 해석한다. 그 근거로서는 첫째, 인공수정에 동의하였다는 사실이 갖는 구속력이 친생부인권의 포기라고 해석하는 것은 가족법의 정신에 맞지 않

는다고 한다. 친생부인권은 2년의 행사기간 내에 행사하지 않는 경우에 소멸하며, 비록 불행사의 특약을 한 경우에도 그러한 특약은 가족법에 적용되지 않으므로 남편은 친생부인권을 갖는다고 주장한다. 둘째, 인공수정자가 친생부인에 의해 혼인외의 자가 되더라도 혼외자의 법적 지위가 종전보다 향상되었으므로 아이를 희생시키게 되지 않는다고 한다. 남편의 친생부인권이 인정되더라도 신의칙에 어긋나지도 않고 자녀의 복리를 해치지도 않는다고 본다독일판례의 입장. 친생부인설을 취하면서 남편과 아이 사이에 부자관계를 인정하기 위해 출생신고를 입양신고로 해석할 수 있다는 주장도 있다.

정자제공자의 지위

제 3 자가 제공한 정자로 포태한 인공수정자에게 친생자추정을 해 주어 부자관계가 인정된 후에는, 정자제공자나 그 밖의 이해관계인은 친생자관계부존재확인의 소를 제기할 수 없게 된다. 만약 남편의 친생부인권을 인정하는 견해를 취하면, 남편이 우선 친생자관계를 부인한 후에 정자제공자인 생부生父가 아이를 인지認知할 수 있다. 이러한 절차를 인공수정자의 경우에 적용할 것인가에 관해서 견해가 대립한다.

:: **인지부정설** 남편의 친생부인권이 인정되는 경우에, 인공수정자도 정자제공자에 대해 인지청구권을 갖지 않으며 정자제공자 측에서도 그 아이를 인지할 수 없다는 견해가 있다. 그 근거는 첫째, 인지를 허용하는 것은 아이의 보호도 되지 않고 어머니나 그 남편의 이익을 보호하는 일이 되지 않는다. 둘째, 정자제공자는 혈액제공자와 유사하게 보수를 받고 정액을 제공할 뿐이므로, 제공자가 다수의 아이들로부터 예기하지 않게 아버지로서 인지청구를 받는 것은 불합리하다는 것이다. 외국법에서는 남편의 동의를 얻어 인공수정한 경우에 어머니와 그의 남편 사이의 친생자와 같은 혼인중의 자로서 인정하고 정자제공자는 아버지로서 인정하지 않음을 명문으로 규정하는 것이 최근 입법경향이다미국통일친자법, 스웨덴인공수정법.

:: **인지긍정설** 어머니의 남편이 친생부인을 한 경우에는 정자제공자도 그 아

이를 자기자식으로 인지할 수 있고, 아이도 정자제공자에 대하여 인지할 것을 가정법원에 청구할 수 있다는 견해가 있다. 독신여성이 인공수정에 의해 임신하여 출산한 경우에, 아이는 어머니인 독신여성의 혼인외의 자가 된다. 이 경우 정자제공자의 인지 및 아이의 정자제공자에 대한 인지청구권을 인정하는 것이 옳다고 한다.

제 3 난자에 의한 인공수정자

아내의 난자卵子에 불임원인이 있어 제 3 자의 난자를 빌려 체외수정을 한 수정란을 아내의 자궁에 착상시켜 출생케 한 경우를 말한다. 제 3 자의 난자와 자궁을 모두 빌리는 경우는 그 여자가 어머니로 되는 혼인외의 자로 인정되므로 제 3 난자에 의한 인공수정자의 경우와 구별된다. 제 3 난자에 의한 인공수정자의 경우 난자제공자를 어머니로 볼 것인가 또는 자궁분만자를 어머니로 볼 것인가가 문제된다. 자궁을 제공하여 분만한 여성을 법률상의 모로 보아야 하며, 아이는 어머니와 그녀의 남편 사이의 혼인중의 자로서 법적 지위를 갖게 된다고 해석된다. 이때 그 어머니는 아이와 혈연관계가 없다는 이유로 하는 친생부인권을 갖지 않는다.

제 3 정자와 제 3 난자에 의한 인공수정자

아내와 남편에게 모두 불임원인이 있어 제 3 자의 정자와 제 3 자의 난자를 빌려 체외수정을 하여 수정란을 아내의 자궁에 착상시켜 출생하는 경우도 가능하다. 이런 경로로 출생한 아이에 대하여도 자궁제공자와 그의 남편 사이의 혼인중의 자로 인정할 것인가에 관하여는 견해가 대립한다. 이 경우는 제 3 자의 정자에 의한 인공수정의 법률문제와 제 3 자의 난자에 의한 인공수정의 문제를 종합하여 판단해야 할 것이다. 아내와 남편의 체외수정란을 제 3 자인 대리모의 자궁에 착상시켜 분만케 하는 경우에는 그 부부와 자궁제공자인 대리모 사이에 대리모계약이 문제된다.

CHAPTER 13

여성과 복지정책

"만약 가정주부들이 자기들에게 직접적으로 영향을 미치는 분야에서 변화가 일어나기를 원한다면 그 분야에 대해 잘 아는 것이 필수적이다."

_ 레이 안드레(Rae Andre), 『가정주부』 중에서

I. 여성의 실업과 빈곤화

여성의 실업의 실태

경기가 악화되면 여성실업자는 남성실업자보다 두 배로 많아진다. 그러나 실업통계에는 여성실업자의 비율이 정확히 잡히지 않는다. 실제로 여성은 남성보다 약 두 배의 취업감소를 보이고 있으나, 여성실직자는 실업상태에 진입하지 않고 있을 뿐만 아니라, 그리 오래 실업상태에 머무르지 않기 때문에 여성실업률의 증가는 남자보다 낮게 나타난다. 직종 및 고용형태별 실업상태를 성별로 보면 남성은 생산직에서 큰 폭의 감소를 보이고, 여성은 농림어업직을 제외하고 모든 직종에서 감소하고 있다. 남성의 경우 주로 일용근로자의 실업이 가장 높은 반면 여성은 상용근로자와 자영업주들의 실업이 매우 높게 나타난다.

실업자란 ILO의 권고대로 일할 능력과 의사가 있으면서도 수입을 목적으로 1주일에 1시간 이상 일한 적이 없으면서 즉시 취업이 가능하며 적극적으로 구직활동을 한 사람과 구직활동을 하지 않았더라도 일기불순, 구직결과의 대기, 일시적인 병, 자영업의 준비 등의 불가피한 사유로 조사대상 기간 중 구직활동을 적극적으로 하지 못했던 사람을 가리킨다. 일용직근로자와 같이 일감의 부족 등으로 직업을 가지고 있음에도 불구하고 실업자와 다름없는 상태에 있는 사람들은 실업자에 포함되지 않는다. 정규직 일자리를 원하지만 아르바이트나 시간제근로를 하는 등 일거리가 부족한 임시직노동자는 실업상태에 있다고 보는 것이 맞다. 취업을 원하는 여성과 구직의 어려움 등으로 취업을 포기한 실망실업자도 실제로 실업자에 해당한다. 이런 사실상의 실업자를 포함시킨다면 우리나라 여성실업자의 수는 매우 많다.

여성의 취업단절과 종신고용기피

여성의 취업구조는 여성경제활동의 지속적인 증가에도 불과하고 쌍봉형M자형을 나타내고 있으며 그 연령별 취업구조에 큰 변화를 보이지 않고 있다. 여성의 연령별 경제활동참가율곡선은 2000년 이전까지 전반적으로 상향으로 증가하였지만 임신과 출산을 하는 시기에는 직장에서 떠나는 엠^{M}자 모양의 저점을 이룬다. 근래 저점이 25~29세에서 30~34세로 이동하는 등의 변화를 보이고 있으나 전반적으로 쌍봉형^{M자형}의 구조는 사라지지 않고 있다. 이와 같은 쌍봉형 곡선은 결혼 및 출산에 따른 여성의 취업단절이 여전함을 의미한다. 연공급 인사관리제도를 취하고 있는 경우에 여성의 취업단절은 승진에 따른 상위직 진출 및 임금상승을 어렵게 하고, 교육훈련에 대한 기회를 제한하여 승진과 승급에 악영향을 미친다.

여성들은 정규직에의 진출이 적고 정년보장이 되는 경우가 비교적 적다. 따라서 여성은 중장년과 노년에 직장에 취업하여 있는 경우가 매우 적고, 있더라도 단순노무직의 비중이 높다. 사업주는 여성의 취업단절 가능성을 핑계로 여성을 정규직으로 채용하는 것을 기피하기 때문에 남성에 비해 노후보장이 되지 않는다. 여성의 취업상황은 결혼 유무에 따라 다른 특징을 보이는데, 미혼여성인력은 대부분 상시고용으로서 사무직원, 전문직 및 준전문직에서 일하는 반면에, 기혼여성은 주로 자영업자, 무급가내공업종사자 혹은 임시고용이나 일용고용으로서 서비스업 및 판매관련 숙련공, 농·어업관련 숙련공, 단순노무자로 일한다. 기혼여성의 직종은 중장년에 접어들어도 본인의 체력이 허용하는 한 취업이 유지된다.

여성에 대한 우선 정리해고

경제위기가 닥치면 부득이한 정리해고가 빈번하게 된다. 이런 와중에 긴급한 경영상의 이유가 없음에도 구조조정이라는 미명하에 여성근로자를 해고하는 경우가 많이 발견되었다. 특히 공채여성 중 승진을 앞두고 있는 사람을 모두 해고한다든가, 정규직 여성근로자를 해고하고 계약직으로 대체하는 등 기업 내에서 여성들이 평등한 지위를 확보할 수 있는 기반 자체를 뒤흔들어 놓는 경우가 확산되고 있다. 결혼퇴직제가 은밀히 부활되고, 커피심부름과 같은 잡무가 다시 여성의 업무로 되는 한편, 그동안 벗어나기 위해 애썼던 직장 내 꽃으로서의 이미지가 다시 강화되고 있다. 그동안 양성평등한 노동조건과 모성보호를 확보하기 위해 기울여왔던 노력들이 상당부분 퇴보하고 있는 것이다.

부당한 우선해고의 대상으로 여성들이 지목되는 이유는 여성들은 생계의 책임자가 아니라는 이유이다. 이에 따라 부양가족이 없는 미혼여성이나 남편이 있는 기혼여성이 해고의 주요대상이 되고 있다. 그러나 기혼여성이 생계의 책임자가 아니라는 인식은 현실과 상당한 차이가 있다. 실제로 우리나라의 여성가구주의 비율은 매우 높다. 여성노동자들은 연령이 많거나 경력이 오래 되었다는 이유로 해고대상이 된 경우도 많다. 정리해고를 핑계로 여성 장기근속자를 신규사원으로 대체하는 경우도 있다. 이런 현상은 기업이 여성근로자를 기간노동자가 아닌 소모적인 노동력으로 평가절하하고 있음을 보여 준다.

빈곤층의 여성화

실업은 여성에게 매우 큰 고통을 안겨 준다. 대부분의 가정에서 가족 내 전통적 성역할 분업이 사라지지 않았기 때문에 여성은 경제적 빈곤의 고통을 더욱 뼈아프게 체감한다. 자녀에게 먹을 것과 학비를 제공하지 못하는 괴로움에 시달린다. 간혹 자녀양육에 무책임한 남편이 가정을 등지고 가출하는 어려움이 있더라도 여성은 그것을 감내해 내야 한다. 우리나라와 같이 가부장적 사고가 잔존하고 직장에서 성차별이 행해지는 상황에서 빈곤층의 여성화는 더욱 심각하게 나타난다. 빈곤층의 여성화 현상은 세계적으로 확대되어 가고 있다.

특히 여성가구주 가족에게 있어서는 실직의 고통이 더욱 크다. 여성은 가구주로서 생계를 책임지는 경우에 보통 가족보다 사회생활과 인간관계가 제한되어 생활기회life chances가 적기 때문에 빈곤으로부터의 탈출이 더 어렵다. 실직 여성가구주 가족의 빈곤은 악순환이 계속되어 빈곤으로부터의 탈출이 매우 어렵게 되며, 빈곤이 대를 이어 세습되는 현상이 종종 나타난다.

실업으로 인한 생활변화

근로자의 실직으로 인한 경제여건의 변화는 가족의 붕괴, 해체 등으로 연결되어 회복할 수 없는 상처를 남긴다. 실직자 가족은 실직 후 친교활동을 줄이고, 자녀의 사교육 및 상급학교 진학을 중단하거나 외식과 문화·여가활동을 줄이는 등의 생활수준의 하강을 겪는다. 경제적 어려움은 가족관계에 대한 불만과 불안 및 적대행위의 가능성을 높이고, 가족의 가출을 증가시키며, 가정폭력을 유발하기도 하고 심지어는 가족 간 갈등야기로 이혼 및 별거가 증가하여 가족해체dissolution of family에 이르기도 한다. 가족의 가출은 남성에게는 거리의 부랑자로, 여성에게는 향락산업에 종사하게 하는 위험성을 내포한다. 가정폭력은 전이성과 반복성이 있으므로 세대를 넘어 전이되고, 가정 내의 폭력이 사회적대감으로 발전하여 사회폭력 또는 잔인한 범죄를 유발한다.

가족스트레스에의 대처

가족스트레스란 "어떤 사건이나 상황이 가족으로 하여금 그것에 적응하기에 큰 부담을 주기 때문에, 그 사건 이후 가족이 기존의 상태로 유지되기 어려운 불안정한 상태에 놓이는 것"이라고 정의할 수 있다. 경제적 어려움은 스트레스를 야기하는 요인이 될 뿐 아니라, 스트레스에 대처할 수 있는 가족역량을 소진시키기도 하며 다른 스트레스 요인이 될 수도 있다. 경제적 어려움에 처해 있을 때 이에 대응하는 방법으로 흔히 지출을 줄이거나 재산을 처분하게 되는데 그 결과 사기저하와 사회적 위축 등의 고통이 따른다. 빈곤 또는 실직은 그 자체로서 스트레스 요인이 될 수도 있고 또는 다른 스트레스 상황에 대한 적응력을 약화시키는 요인이 된다. 그러나 실직가정이 겪는 스트레스 유형은 실직자의 가구특성에 따라 상이한 면을 다소 보인다. 가족의 건강과 자녀양육에 대한 걱정 또는 스트레스는 실직자 가족이 공통적으로 겪는다. 실직자가 남성이든 여성이든 실직으로 인한 경제상황 악화로 인하여 가족스트레스를 받는다. 남성가구주 가족은 특히 큰 가정불화를 겪는다. 남성가구주 가족에서 실직한 가구주남성은 대인관계에서 특히 심한 스트레스를 받는다. 여성 가구주실직자는 다른 유형의 가구보다는 가정불화와 대인관계로부터 오는 스트레스는 상대적으로 낮으나 자녀비행에 대한 걱정이나 스트레스는 높다. 실직에 어떻게 대처해 나가느냐에 따라 가족이 변하는 모습은 다르게 나타난다. 가족이 더 강해지기도 하고, 부적응으로 인하여 심한 스트레스를 받기도 하고, 가족위기를 겪으면서 해체되기도 한다.

여성노숙인의 증가

노숙인의 유형을 성별에 따라 남성노숙인, 여성노숙인, 가족단위의 노숙인으로 나눌 수 있다. 현재 남성노숙인이 대부분이고 여성노숙인과 가족노숙인은 소수에 불과하다. 노숙장소가 역주변, 공원 주위에서 이루어지는 관계로 여성의 신체적 특성상 노숙이 쉽지 않다. 실업으로 인한 가정해체의 경우 우선 실직 남성세대주의 가출이 대부분이고 여성은 아이들과 남아 있는 경우가 많다. 여성이 가출하는 경우에도 여성은 노숙을 선택하기보다는 식당일, 유흥업 등의 주거와 식사가 제공되는 쪽으로 선택한다.

그런데 최근 여성노숙인의 수가 나날이 증가하는 추세라는 점을 주목할 필요가 있다. 여성노숙인은 노숙인 조사에서 실제보다 적은 수로 나타난다. 노숙자의 대책이 남성위주의 사회정책으로 뿌리내리고 있어 여성들에게는 그 배려가 미약한 형편이다. 여성노숙인은 대부분 정신적으로 불안정한 사람들이므로 사회복지 차원에서의 세심한 배려가 필요하다.

2. 여성의 빈곤퇴치를 위한 대책

여성실업대책

:: 근로시간단축을 통한 일자리 나누기 순환휴직이나 근로시간의 단축을 통한 일자리나누기는 무더기 해고를 회피하기 위한 효과적 대안이다. 구조조정을 위해 적법한 정리해고가 불가피하더라도 실업의 사회적 충격을 줄이기 위해 해고를 최소화하는 것이 바람직하다. 근로시간의 단축으로 추가적인 실업을 방지하고, 이미 실업한 근로자를 재고용하는 효과도 얻을 수 있다. 근로시간의 단축으로 근로자는 남녀를 불문하고 자녀양육, 가사노동, 여가, 교육, 공동체 활동 등 자신의 삶의 여유를 되찾게 되어 '인간다운 노동자상'을 되찾게 된다.

:: **여성들의 노조활동** 여성근로자들은 노조를 포함하는 다양한 여성조직에 참여하여 자신의 요구를 알리는 것이 필요하다. 부당한 정리해고에 관하여 여성노조의 의견을 밝히고 복직 등 노조의 요구사항의 관철을 위해 노력해야 한다. 여성의 문제가 노조 내에서 중심사안으로 논의되지 못하는 경우가 많다. 여성노동자들은 노조조직률이나 노조 집행부 내 참여비율을 높여야 한다.

:: **신속한 법집행** 부당해고 및 여성차별에 대한 법집행을 강화하여 해고된 여성노동자를 신속하게 구제해야 한다. 여성에 대한 부당한 우선해고는 근로기준법 및 남녀고용평등법에 위반하는 행위로서 처벌의 대상이 된다.

고용보험법

고용보험법은 고용보험의 시행을 통하여 실업의 예방, 고용의 촉진 및 근로자의 직업능력의 개발과 향상을 꾀하고, 국가의 직업지도와 직업소개 기능을 강화하며, 근로자가 실업한 경우에 생활에 필요한 급여를 실시하여 근로자의 생활안정과 구직 활동을 촉진함으로써 경제·사회 발전에 이바지하는 것을 목적으로 한다.

이 법에 의해 주어지는 실업급여의 종류는 다음과 같다. 실업급여는 구직급여와 취업촉진 수당으로 구분한다. 취업촉진 수당의 종류는 조기早期재취업 수당, 직업능력개발 수당, 광역 구직활동비, 이주비가 있다.

:: **구직급여** 구직급여는 이직한 피보험자가 다음의 요건을 모두 갖춘 경우에 지급한다. ▶ 이직일 이전 18개월간 피보험 단위기간이 통산通算하여 180일 이상일 것 ▶ 근로의 의사와 능력이 있음에도 불구하고 취업하지 못한 상태에 있을 것 ▶ 이직사유가 수급자격의 제한 사유에 해당하지 아니할 것 ▶ 재취업을 위한 노력을 적극적으로 할 것 ▶ 수급자격 인정신청일 이전 1개월 동안의 근로일수가 10일 미만일 것 ▶ 최종 이직일 이전 기준기간의 피보험 단위기간 180일 중 다른 사업에서 수급자격의 제한 사유에 해당하는 사유로 이직한 사실이 있는 경우에는 그 피보험 단위기간 중 90일 이상을 일용근로자로 근로하였을 것.

:: **조기재취업 수당** 조기재취업 수당은 수급자격자가 안정된 직업에 재취직하

거나 스스로 영리를 목적으로 하는 사업을 영위하는 경우로서 대통령령으로 정하는 기준에 해당하면 지급한다. 수급자격자를 조기에 재취업시켜 구직급여의 지급 기간이 단축되도록 한 자에게는 대통령령으로 정하는 바에 따라 장려금을 지급할 수 있다.

:: **직업능력개발 수당** 직업능력개발 수당은 수급자격자가 직업안정기관의 장이 지시한 직업능력개발 훈련 등을 받는 경우에 그 직업능력개발 훈련 등을 받는 기간에 대하여 지급한다.

:: **광역 구직활동비** 광역 구직활동비는 수급자격자가 직업안정기관의 소개에 따라 광범위한 지역에 걸쳐 구직 활동을 하는 경우로서 대통령령으로 정하는 기준에 따라 직업안정기관의 장이 필요하다고 인정하면 지급할 수 있다.

:: **이주비** 이주비는 수급자격자가 취업하거나 직업안정기관의 장이 지시한 직업능력개발 훈련 등을 받기 위하여 그 주거를 이전하는 경우로서 대통령령으로 정하는 기준에 따라 직업안정기관의 장이 필요하다고 인정하면 지급할 수 있다. 이주비의 금액은 수급자격자 및 그 수급자격자에 의존하여 생계를 유지하는 동거 친족의 이주에 일반적으로 드는 비용이다.

여성복지대책

여성실직자 가정의 복지를 위해서 생계비, 주거비, 자녀양육 및 교육비 등 경제적 문제에 대한 도움이 가장 시급히 요구된다. 그리고 가정불화, 자녀비행, 대인관계의 스트레스 등 심리적 문제에 대한 도움도 필요하다.

:: **여성일자리 확대** 실직자들을 위한 일자리를 만들어 실직가정이 일정소득을 얻을 수 있도록 공공근로사업을 실시해야 한다. 저소득층을 위한 특별취로사업, 여성실직자를 위한 저소득아동 생활지도사업 및 여성사회복지도우미사업 등이 실시되어 왔다.

:: **생활보조금의 지급** 생활보호제도로서 생계보호대상자와 자활보호대상자로 나누어 보조금이 지급되었다. 생계보호대상자에게는 가정 구성원의 수에 따라 매월 일정액의 생계비지원이 이루어져야 한다. 생계·자활보호대상자에게는 중·

고등학교 자녀학비교육보호와 의료보호혜택이 제공되어야 한다.

:: **아동보육의 무료실시** 저소득실직자의 양육부담을 낮추기 위해 보육료를 내지 않고 아이를 맡기고 취업할 수 있게 도와주어야 한다. 취업으로 아동의 보호가 현저히 곤란한 가정을 위하여 아동을 시설에 위탁하여 보호하도록 배려해야 한다.

:: **가족해체의 방지** 실직으로 인한 가족스트레스를 해소하고 가족이 해체되는 것을 방지하기 위해 청소년상담, 가족심리상담 등 사회적 도움의 손길이 필요하다.

사회보장기본법

사회보장기본법은 사회보장에 관한 국민의 권리와 국가 및 지방자치단체의 책임을 정하고 사회보장제도에 관한 기본적인 사항을 규정함으로써 국민의 복지 증진에 기여함을 목적으로 한다1995년 제정. 사회보장은 모든 국민이 인간다운 생활을 할 수 있도록 최저생활을 보장하고 국민 개개인이 생활 수준을 향상시킬 수 있도록 제도와 여건을 조성하여, 그 시행에 있어 형평과 효율의 조화를 도모함으로써 복지사회를 실현하는 것을 기본 이념으로 한다.

모든 국민은 사회보장에 관한 관계 법령에서 정하는 바에 따라 사회보장급여를 받을 권리사회보장수급권를 가진다. 국가는 모든 국민이 건강하고 문화적인 생활을 유지할 수 있도록 사회보장급여의 수준 향상을 위하여 노력하여야 한다. 위법 또는 부당한 처분을 받거나 필요한 처분을 받지 못함으로써 권리 또는 이익을 침해받은 국민은 「행정심판법」에 따른 행정심판을 청구하거나 「행정소송법」에 따른 행정소송을 제기하여 그 처분의 취소 또는 변경 등을 청구할 수 있다.

넓은 의미의 사회보장에는 다음의 것들이 포함된다.

:: **사회보장** 질병, 장애, 노령, 실업, 사망 등의 사회적 위험으로부터 모든 국민을 보호하고 빈곤을 해소하며 국민 생활의 질을 향상시키기 위하여 제공되는 사회보험, 공공부조, 사회복지서비스 및 관련복지제도를 말한다. 사회보장비용의 부담은 각각의 사회보장제도에 대한 역할 분담에 따라 국가, 지방자치단체 및 민간부문 간에 합리적으로 조정되어야 한다.

:: **사회보험** 국민에게 발생하는 사회적 위험을 보험의 방식으로 대처함으로써 국민의 건강과 소득을 보장하는 제도를 말한다. 사회보험에 드는 비용은 사용자, 피용자被傭者 및 자영업자가 부담하는 것을 원칙으로 하되, 관계 법령에서 정하는 바에 따라 국가가 그 비용의 일부를 부담할 수 있다.

:: **공공부조**公共扶助 국가와 지방자치단체의 책임하에 생활 유지 능력이 없거나 생활이 어려운 국민의 최저생활을 보장하고 자립을 지원하는 제도를 말한다. 공공부조 및 관계 법령에서 정하는 일정 소득 수준 이하의 국민에 대한 사회복지서비스에 드는 비용의 전부 또는 일부는 국가와 지방자치단체가 부담한다.

:: **사회복지서비스** 국가·지방자치단체 및 민간부문의 도움이 필요한 모든 국민에게 상담, 재활, 직업의 소개 및 지도, 사회복지시설의 이용 등을 제공하여 정상적인 사회생활이 가능하도록 지원하는 제도를 말한다. 부담 능력이 있는 국민에 대한 사회복지서비스에 드는 비용은 그 수익자가 부담함을 원칙으로 하되, 관계 법령에서 정하는 바에 따라 국가와 지방자치단체가 그 비용의 일부를 부담할 수 있다.

:: **관련복지제도** 보건, 주거, 교육, 고용 등의 분야에서 인간다운 생활이 보장될 수 있도록 지원하는 각종 복지제도를 말한다.

한부모가족지원법

한부모가족지원법은 한부모가족이 건강하고 문화적인 생활을 영위할 수 있도록 함으로써 한부모가족의 생활 안정과 복지 증진에 이바지함을 목적으로 한다. 1989년 제정된 모자복지법은 어머니가 가족의 생계를 책임지고 아버지의 역할을 대신해야 하는 모자가정을 정서적·경제적 기타 사회적 지원이 필요한 문제가정으로 보아 이에 대한 복지서비스를 실시함으로써 이러한 가족의 해체를 미연에 방지하고 요보호자 발생, 기타 사회문제의 발생을 예방적 차원에서 방지하기 위해 마련되었다. 2002년 개정된 모·부자복지법으로 모자가정뿐 아니라 부자가정도 같은 복지혜택을 받게 되었다. 2007년 한부모가족지원법으로 전면 개정되었다.

이 법에서 한부모가족이란 모자가족 또는 부자가족을 말한다. "모" 또는 "부"란 다음 어느 하나에 해당하는 자로서 아동인 자녀를 양육하는 자를 말한다. ▶ 배우 자와 사별 또는 이혼하거나 배우자로부터 유기遺棄된 자 ▶ 정신이나 신체의 장애로 장기간 노동능력을 상실한 배우자를 가진 자 ▶ 미혼자사실혼 관계에 있는 자는 제외한 다 ▶ 여성가족부령으로 정하는 자. 이 법에서는 한부모가족의 권리와 책임에 관한 규정을 둔다. 한부모가족의 모母 또는 부父는 임신과 출산 및 양육을 사유로 합리 적인 이유 없이 교육·고용 등에서 차별을 받지 아니한다. 한부모가족의 모 또는 부와 아동은 한부모가족 관련 정책결정과정에 참여할 권리가 있다. 한부모가족의 모 또는 부와 아동은 그가 가지고 있는 자산과 노동능력 등을 최대한으로 활용하 여 자립과 생활 향상을 위하여 노력하여야 한다.

:: **복지급여** 국가나 지방자치단체는 복지 급여의 신청이 있으면 ▶ 생계비 ▶ 아동교육지원비 ▶ 아동양육비 ▶ 그 밖에 대통령령으로 정하는 비용 등의 복지 급여를 실시하여야 한다. 다만, 이 법에 따른 보호대상자가 「국민기초생활 보장 법」 등 다른 법령에 따라 보호를 받고 있는 경우에는 그 범위에서 이 법에 따른 급여를 하지 아니한다. 아동양육비를 지급할 때에 미혼모나 미혼부가 5세 이하 의 아동을 양육하거나 청소년 한부모가 아동을 양육하면 예산의 범위에서 추가 적인 복지 급여를 실시하여야 한다. 이 경우 모 또는 부의 직계존속이 5세 이하 의 아동을 양육하는 경우에도 또한 같다.

:: **복지 자금의 대여** 국가나 지방자치단체는 한부모가족의 생활안정과 자립을 촉진하기 위하여 다음 어느 하나의 자금을 대여할 수 있다. ▶ 사업에 필요한 자금 ▶ 아동교육비 ▶ 의료비 ▶ 주택자금 ▶ 그 밖에 대통령령으로 정하는 한 부모가족의 복지를 위하여 필요한 자금.

:: **고용의 촉진** 국가 또는 지방자치단체는 한부모가족의 모 또는 부와 아동의 직업능력을 개발하기 위하여 능력 및 적성 등을 고려한 직업능력개발훈련을 실 시하여야 한다. 국가 또는 지방자치단체는 한부모가족의 모 또는 부와 아동의 고용을 촉진하기 위하여 적합한 직업을 알선하고 각종 사업장에 모 또는 부와 아동이 우선 고용되도록 노력하여야 한다.

:: **가족지원서비스** 국가나 지방자치단체는 한부모가족에게 다음의 가족지원서비스를 제공하도록 노력하여야 한다. ▶ 아동의 양육 및 교육 서비스 ▶ 장애인, 노인, 만성질환자 등의 부양 서비스 ▶ 취사, 청소, 세탁 등 가사 서비스 ▶ 교육·상담 등 가족 관계 증진 서비스 ▶ 인지청구 및 자녀양육비 청구 등을 위한 법률상담, 소송대리 등 법률구조서비스 ▶ 대통령령으로 정하는 한부모가족에 대한 가족지원서비스. 그 밖에 청소년 한부모에 대한 교육 지원으로서 초·중등학교에서의 학적 유지를 위한 지원 및 교육비 지원 또는 검정고시 지원을 한다. 국가나 지방자치단체는 국민주택을 분양하거나 임대할 때에는 한부모가족에게 일정 비율이 우선 분양될 수 있도록 노력하여야 한다.

국민기초생활보장법

국민기초생활보장법은 생활이 어려운 자에게 필요한 급여를 지급하여 이들의 최저생활을 보장하고 자활을 조성하는 것을 목적으로 한다. 1999년 국민기초생활보장법이 제정됨으로써 종래의 생활보호법 대신에 근대적 사회복지제도가 도입되었다. 이 법은 기초생활보장의 책임이 개인에게 있는 것이 아니라 국가에게 있다는 생각에 바탕을 두고 있다. 경제위기를 계기로 누구나 실업자와 빈민이 될 수 있다는 인식을 갖게 된 것이 복지제도의 개선에 한 도움이 되었다.

헌법에서는 모든 국민은 인간다운 생활을 할 권리를 가지며, 신체장애자 및 질병·노령 기타의 사유로 생활능력이 없는 국민은 법률이 정하는 바에 의하여 국가의 보호를 받는다고 규정한다헌법 제34조. 국민기초생활보장법에 의한 급여는 수급자가 자신의 생활의 유지·향상을 위하여 그 소득·재산·근로능력 등을 활용하여 최대한 노력하는 것을 전제로 이를 보충·발전시키는 것을 기본원칙으로 한다. 급여의 기준은 "건강하고 문화적인 최저생활을 유지할 수 있는 것"이어야 한다.

종전의 생활보호제도는 주로 노동능력이 없는 사람들에게 최소한도의 지원을 하는 것이었으나, 기초생활보장제도는 노동능력의 존부에 관계없이 가구소득이 최저생계비 이하인 가구를 수급자로 선정하여 생계급여를 통해 기초생활을 보장하는 제도이다. 급여의 종류에는 생계급여·자활급여·기타의 급여가 있다. 주거급여를 통해 저소득층이 안정적으로 거주할 수 있도록 하고, 임시급여를 통하여 생계지원이 긴급한 경우에 대비하고 있다. 수급자의 근로능력·가구여건·자활욕구 등을 감안하여 가구별 자활지원계획을 수립하고 자활지원서비스를 제공한다. 근로능력자에 대하여는 근로유인장치를 마련해 둠으로써 복지급여로 인해 근로의욕이 줄어드는 것을 방지하고 있다.

생각해볼 문제

● 여성실업대책을 강구함에 있어서 실직자와 실직가구의 특성에 따른 차별화가 필요한가? 예를 들어 소득수준, 교육수준, 연령, 가구주 여부 등의 요인을 고려할 필요가 있는가?

● 경제위기를 극복하고 국가경제가 다시 활성화되었을 때 실직여성들은 종전과 같이 재취업을 하게 될 것이라고 생각하는가? 실직여성의 재취업을 도와주기 위한 방법에는 어떤 것이 있는가?

CHAPTER 14

여성의 노년

"오늘날 봉건사회에서 착취되었던 머슴과 노비는 사라졌으나 뒷바라지
와 봉사에 전념하는 여성들은 매우 민주적인 방식으로 지금까지도 모든
남성집단에 의해 마음대로 그 노동력이 쓰여지고 처분되고 있다."
            _ 칼브레이드(미국 경제학자)

I. 노인복지제도

노인복지제도의 방향

여성은 평균적으로 남성보다 5-6년 이상 더 산다. 그럼에도 불구하고 여성은 노후를 편안히 보낼 경제적 기반이 약하다. 그래서 여성에게 노인복지제도의 지원이 더욱 절실히 요구된다. 노인복지란 사회적 변화에 따른 노인문제를 해결하고 노인 스스로 신체적·정신적으로 건강하며 행복한 생활을 영위할 수 있도록 경제적·사회적 여건을 조성해 주고 이를 위해 충분한 서비스를 제공해 주는 노력을 말한다.

노인복지제도는 사회보험이나 공공부조와 다른 사회복지서비스로서의 특성을 가진다. 노인복지제도는 경제적 지원은 물론 비경제적 지원에 속하는 심리적·정신적·사회적 서비스를 포함해야 한다. 노인복지제도에서는 사회복지전문가와 노인복지전문가가 다른 전문가들과 함께 서비스를 제공하는 실천적 개입이 중요하다.

:: **국가 및 지방자치단체의 복지서비스** 국가 및 지방자치단체에서 국민들의 안정적인 노후생활을 보장하는 사회 안전망을 구축하여야 한다. 국가 및 지방자치단체는 노인들에게 소득, 의료, 주택 등의 분야에서 사회보장시스템을 제공해야 한다.

:: **지역사회복지** 질병이 있거나 어려운 처지에 있는 노인들에 대한 지역의 관심을 통하여 사회의 일원으로서 살아갈 수 있게 서로 도와야 한다. 사회가 급속히 변함에 따라 발생하는 가족기능의 쇠퇴와 노인에 대한 공경심의 상실로 노인들이 가정과 사회로부터 소외되는 경우가 많다. 노인학대로 인한 사회문제가 심각한 현실을 감안하여 가족들에게 학대를 받거나 버림을 받는 노인들을 위한 보호시설 및 여가시설이 필요하다. 지역 단위로 노인들이 이용할 수 있는 시설들을 확충하여 지역의 노인들이 안락한 환경 속에서 공동의 생활을 누릴 수 있는 영역을 확대해야 한다.

:: **가족복지** 노인들이 자신의 삶의 주체로서 자기결정권을 통하여 스스로 자

조하고 자활하는 능력 개발을 통하여 가족 내에서 존경을 받고 집안의 어른으로서 건전한 가족제도를 지속적으로 유지해 나가도록 지원해야 한다. 가정 내에서 서비스를 받을 수 있도록 재가의료서비스, 배달급식, 목욕이발 방문서비스, 생활보조금 지급 등이 요구된다.

헌법의 노인복지규정

고령화 사회로 들어서면서 노인들이 건강문제와 생활고 등으로 고통을 받고 있다. 개인주의적 가치관이 확산되고 여성의 사회참여가 증가함으로써 가족의 부양기능이 약화되는 가운데 노인이 중풍이나 치매 등 질병을 비관해 스스로 목숨을 끊거나 혼자 병사한 채 발견되는 등 불행한 죽음을 맞는 노인들이 증가하고 있다. 국가는 노인의 복지향상을 위한 정책을 실시할 헌법상 책무가 있다헌법 제34조.

헌법에 노인지원법제에 관한 명시적 조항은 없다. 다만 헌법 제10조의 "모든 국민은 인간으로서의 존엄과 가치를 가지며, 행복을 추구할 권리를 갖는다"는 규정은 노인지원법제의 이념적 근거를 제시한다. 헌법 제34조는 인간의 생존권 및 사회복지제도에 관하여 다음과 같은 규정을 둔다. "모든 국민은 인간다운 생활을 할 권리를 가진다"1항. "국가는 사회보장·사회복지의 증진에 노력할 의무를 진다"2항. "국가는 여자의 복지와 권익의 향상을 위하여 노력하여야 한다"3항. "신체장애자 및 질병·노령 기타의 사유로 생활능력이 없는 국민은 법률이 정하는 바에 의하여 국가의 보호를 받는다"4항. 이러한 사회보장에 관한 헌법규정은 고령사회의 노인지원법제의 기초를 마련한다고 하겠다.

노인복지법

노인복지의 사회적 요청을 구현하기 위해 1981년에 노인복지법이 제정되었다. 노인복지법은 노인의 질환을 사전예방 또는 조기발견하고 질환상태에 따른 적절한 치료·요양으로 심신의 건강을 유지하고, 노후의 생활안정을 위하여 필요한 조치를 강구함으로써 노인의 보건복지증진에 기여함을 목적으로 한다. 노인복지의 기본이념은 다음과 같다. ▶ 노인은 후손의 양육과 국가 및 사회의 발전에 기여하여 온 자로서 존경받으며 건전하고 안정된 생활을 보장받는다. ▶ 노인은 그 능력에 따라 적당한 일에 종사하고 사회적 활동에 참여할 기회를 보장받는다. ▶ 노인은 노령에 따르는 심신의 변화를 자각하여 항상 심신의 건강을 유지하고 그 지식과 경험을 활용하여 사회의 발전에 기여하도록 노력하여야 한다.

:: **노인의 사회참여** 국가 또는 지방자치단체는 노인의 사회참여 확대를 위하여 노인의 지역봉사 활동기회를 넓히고 노인에게 적합한 직종의 개발과 그 보급을 위한 시책을 강구하며 근로능력 있는 노인에게 일할 기회를 우선적으로 제공하도록 노력하여야 한다. 국가 또는 지방자치단체는 노인의 지역봉사 활동 및 취업의 활성화를 기하기 위하여 노인지역봉사기관, 노인취업알선기관 등 노인복지관계기관에 대하여 필요한 지원을 할 수 있다.

:: **노인일자리지원** 노인의 능력과 적성에 맞는 일자리지원사업을 전문적·체계적으로 수행하기 위한 전담기관을 둔다. 국가 또는 지방자치단체는 노인일자리전담기관을 설치·운영하거나 그 운영의 전부 또는 일부를 법인·단체 등에 위탁할 수 있다. 노인일자리전담기관은 다음과 같다. ▶ 노인인력개발기관 : 노인일자리개발·보급사업, 조사사업, 교육·홍보 및 협력사업, 프로그램인증·평가사업 등을 지원하는 기관 ▶ 노인일자리지원기관 : 지역사회 등에서 노인일자리의 개발·지원, 창업·육성 및 노인에 의한 재화의 생산·판매 등을 직접 담당하는 기관 ▶ 노인취업알선기관 : 노인에게 취업 상담 및 정보를 제공하거나 노인일자리를 알선하는 기관.

:: **노인주거복지** 국가 또는 지방자치단체는 노인주거복지시설을 설치할 수 있다. 노인복지주택에 입소할 수 있는 자는 60세 이상의 노인으로 한다. 다만, 입소자격자의 배우자는 60세 미만의 자라 하더라도 입소자격자와 함께 입소할 수 있다. 노인주거복지시설은 다음의 시설로 한다. ▶ 양로시설 : 노인을 입소시켜 급식과 그 밖에 일상생활에 필요한 편의를 제공함을 목적으로 하는 시설 ▶ 노인공동생활가정 : 노인들에게 가정과 같은 주거여건과 급식, 그 밖에 일상생활에 필요한 편의를 제공함을 목적으로 하는 시설 ▶ 노인복지주택 : 노인에게 주거시설을 분양 또는 임대하여 주거의 편의·생활지도·상담 및 안전관리 등

일상생활에 필요한 편의를 제공함을 목적으로 하는 시설.

:: **노인의료복지** 국가 또는 지방자치단체는 노인의료복지시설을 설치할 수 있다. 노인의료복지시설은 다음의 시설로 한다. ▶ 노인요양시설 : 치매·중풍 등 노인성질환 등으로 심신에 상당한 장애가 발생하여 도움을 필요로 하는 노인을 입소시켜 급식·요양과 그 밖에 일상생활에 필요한 편의를 제공함을 목적으로 하는 시설 ▶ 노인요양공동생활가정 : 치매·중풍 등 노인성질환 등으로 심신에 상당한 장애가 발생하여 도움을 필요로 하는 노인에게 가정과 같은 주거여건과 급식·요양, 그 밖에 일상생활에 필요한 편의를 제공함을 목적으로 하는 시설 ▶ 노인전문병원 : 주로 노인을 대상으로 의료를 행하는 시설.

:: **노인여가복지** 국가 또는 지방자치단체는 노인여가복지시설을 설치할 수 있다. 노인여가복지시설은 다음의 시설로 한다. ▶ 노인복지관 : 노인의 교양·취미생활 및 사회참여활동 등에 대한 각종 정보와 서비스를 제공하고, 건강증진 및 질병예방과 소득보장·재가복지, 그 밖에 노인의 복지증진에 필요한 서비스를 제공함을 목적으로 하는 시설 ▶ 경로당 : 지역노인들이 자율적으로 친목도모·취미활동·공동작업장 운영 및 각종 정보교환과 기타 여가활동을 할 수 있도록 하는 장소를 제공함을 목적으로 하는 시설 ▶ 노인교실 : 노인들에 대하여 사회활동 참여욕구를 충족시키기 위하여 건전한 취미생활·노인건강유지·소득보장 기타 일상생활과 관련한 학습프로그램을 제공함을 목적으로 하는 시설 ▶ 노인휴양소 : 노인들에 대하여 심신의 휴양과 관련한 위생시설·여가시설 기타 편의시설을 단기간 제공함을 목적으로 하는 시설.

국민연금법

국민연금법은 국민의 노령, 장애 또는 사망에 대하여 연금급여를 실시함으로써 국민의 생활 안정과 복지 증진에 이바지하는 것을 목적으로 한다. 국민연금법은 전국민의 연금수급을 목표로 하는 사회보험제도이다. 국내에 거주하는 국민으로서 18세 이상 60세 미만인 자는 국민연금 가입 대상이 된다. 다만, 중복된 연금수급을 방지하기 위하여 「공무원연금법」, 「군인연금법」 및 「사립학교교

직원 연금법」을 적용받는 공무원, 군인 및 사립학교 교직원, 그 밖에 대통령령으로 정하는 자는 제외한다. 국민연금법은 1986년에 제정되었고, 국민연금제도는 1988년부터 실시되고 있다.

국민연금의 가입자는 다음의 세 종류로 분류된다.

:: **사업장가입자** 사업의 종류, 근로자의 수 등을 고려하여 대통령령으로 정하는 사업장의 18세 이상 60세 미만인 근로자와 사용자는 당연히 사업장가입자가 된다.

:: **지역가입자** 사업장가입자가 아닌 자로서 18세 이상 60세 미만인 자는 당연히 지역가입자가 된다. 다만, 사업장가입자 등의 배우자로서 별도의 소득이 없는 자는 제외된다.

:: **임의가입자** 사업장가입자, 지역가입자가 아닌 자로서 18세 이상 60세 미만인 자는 국민연금공단에 가입을 신청하면 임의가입자가 될 수 있다.

국민연금제도는 취업유무, 사업장규모, 소득수준 및 가입기간에 따라 운용되는 능력주의 원칙에 입각하고 있으므로 성차별적 고용현실하에서 여성의 노후소득보장의 마련이 어렵다는 문제점을 가졌다. 이 법은 남편의 아내 및 자녀에 대한 전통적 가족부양의 원칙을 전제로 함으로써 여성이 연금제도의 혜택을 받으려면 노동시장에 직접 참여하여 가입자가 되거나 남편이라는 부양의무자를 가져야만 한다는 문제점을 가졌다. 1998년 개정으로 아내의 '분할연금수급권'을 인정하는 등 여성을 배려하는 규정을 설치하였다_{이혼에 따른 재산분할청구권에서 설명했음}.

ㄹ. 가족 사이의 부양

부양의무

가족과 생계를 같이 하는 친족은 생활공동체를 구성하여 상호 부조할 의무와 권리를 갖는다. 과거의 대가족제도에서와는 달리 현대에는 핵가족제도로 변천하고 있어 넓은 범위의 친족부양의 관념은 희박해지고 좁은 범위의 가족부양의

여성을 위한 **법**

관계만이 존속되고 있다.

:: **부양관계** 법률상 부양의무는 다음의 친족 사이에 상호적으로 발생한다민법 제974조. ① 직계혈족直系血族 및 그 배우자 사이 ② 기타 친족간생계를 같이 하는 경우에 한정. 과거의 광범위한 부양관계에 관한 규정은 1990년 삭제되었다.

:: **생활유지의 부양** 일반적으로 가족 및 친족 사이의 부양은 두 단계로 나눌 수 있다. 1차적 부양관계으로는 부모와 미성숙 자식 간의 '친자부양'과 혼인한 배우자 간의 '부부부양'을 든다. 1차적 부양관계는 '생활유지의 부양'으로 부양자의 생활정도와 같은 정도로 부양하여야 한다고 한다.

:: **생활부조의 부양** 1차적 부양관계 이외의 일정 범위의 친족 사이에서는 2차적 부양관계가 인정된다. 2차적 부양관계는 '생활부조의 부양'으로, 부양자의 생활을 희생하지 않고 요부양자의 생활의 필요를 충족시킬 정도로 부양할 것을 말하므로, 1차적 부양관계보다 부양의 정도에 대한 기대가 낮다.

:: **자율적 결정의 존중** 부양에 관해서는 자율적 결정의 원칙이 존중된다. 누가 부양의무자가 될 것인가 하는 '부양의무자의 결정', 피부양자의 생활수준을 어느 정도로 상향시킬 것인가 하는 '부양의 정도'도 자율적 결정에 맡겨져 있다. 금전으로 부양할 것인가, 일시불 또는 매월 지급 등 지급방법은 어떻게 할 것인가, 노무서비스로서 부양할 것인가, 피부양자와 동거할 것인가 등 '부양의 방법'에 관하여도 자율성이 존중된다. 부양에 관한 사항은 당사자의 협의에 의한 자율적 결정을 우선하고 그것이 이루어지지 않는 경우에 조정이나 심판에 의해 정한다민법 제976조, 제977조.

부양청구권의 발생

부양청구권은 부양권리자와 부양의무자의 가족관계, 경제사정 등을 고려하여 부양의 필요성과 가능성의 양 요건이 충족된 때에 한하여 발생한다. 이 점에서 개인 사정에 관계없이 확정적으로 채권채무가 발생하는 재산법적 채권관계와 구별된다.

:: **요부양자** 부양청구권자는 자기의 자력 또는 근로에 의하여 생활을 유지할

수 없어야 한다민법 제975조.

:: **부양의무자** 부양의무자는 자기의 생활을 꾸려나갈 자력은 물론이고 요부양자의 생활을 도와줄 경제적 능력을 갖추어야 한다. 그 자력이 어느 정도이어야 하느냐에 관하여는 구체적인 기준이 없다. 1차적 부양관계인 친자부양 및 부부부양에 있어서는 부양의무자가 비록 어려운 경제상황에 있더라도 요부양자에 대한 부양의무가 면책되지는 않으나, 2차적 부양관계인 친족부양에 있어서는 부양의무자의 경제능력이 타인의 부양을 감당할 정도일 것이 요구된다.

부모와 미성년자 사이의 부양

전통적으로 부모와 자식 사이에는 부양의무를 부담했으며 이는 민법에도 규정되어 있다.

:: **부양의무자** 자녀에 대한 부양의무를 지는 사람은 아버지와 어머니이다. 미성년의 자녀에 대한 부양의무는 생부, 생모, 양부, 양모가 모두 부담하며, 적모, 계모, 의붓아버지는 부양의무를 지지 않는다. 특히 부모가 이혼한 경우에 누가 자녀를 부양할 의무를 지는가 하는 문제가 법적 쟁점으로 된다. 국제적 동향을 살펴보면, 국제연합은 「자녀의 권리에 관한 협약」Convention on the Right of the Child에서 '체약국은 부모 쌍방이 자녀의 양육 및 성숙에 대하여 공동의 책임을 진다는 원칙을 확보하기 위하여 최선의 노력을 기울이도록' 요구한다. 독일민법은 이에 따라 아버지와 어머니 사이의 부양분담의 원칙을 확립했다. 이 원칙에 의하면, 어머니는 미성년이며 미혼인 자녀를 부양할 의무를 통상 자녀의 보살핌과 양육Pfiege und Erziehung에 의해서 이행한다. 그리고 아이를 보살피지 않는 아버지나 어머니는 금전으로 부양Unterhalt의 의무를 이행한다. 양육하지 않는 부모비양육친가 부양료를 부담하는 것은 양육을 담당하는 부모양육친가 자녀를 직접 양육하는 것과 같은 가치로 평가한다.

:: **부양기간** 자녀가 몇 살이 될 때까지 부양해야 하는가에 관해서는 규정이 없다. 미성년자에게만 부양할 것인지 아니면 성년이 된 후에도 자신이 경제력을 가질 때까지 부양해야 하는지 의문이다. 우리나라의 현실을 감안할 때 중류 이

상의 가정에 관해서는 적어도 대학교육을 마칠 때까지는 부양청구권을 인정해야 하리라고 생각한다. 부모가 자식에 대해 언제까지 부양의무를 지는가에 관해 각국은 다르게 정한다. 독일민법은 부양권리자가 부양을 받을 필요성이 있는 때까지라고 규정하고독일민법 제1602조, 독일판례는 성년 후에도 부양의 필요성을 인정하며 부양을 하는 부모는 자식의 성년 후에는 전공 및 진로선택 기타 생활방식에 대해서 간섭할 수 없도록 한다. 스위스민법은 자식이 성년에 도달할 때까지 부양함을 원칙으로 하고 교육중인 경우는 교육이 끝날 때까지라고 규정한다스위스민법 제277조. 스위스판례는 교육비를 지불하는 부모는 자식의 진로선택에 영향력을 행사할 수 있다고 한다.

:: **생부의 부양의무** 생부生父는 혼인외의 출생자에 대해 부양의무를 부담한다. 실제로 자녀 또는 그 생모가 생부에 대해 부양료를 청구하기 위하여 먼저 친자관계의 확인이 이루어져야 한다. 아버지가 자기 자식으로 인정하는 인지認知를 하거나 또는 자녀나 생모가 생부를 상대로 인지청구의 소를 제기하여 친자관계를 인정받을 수 있다. 외국의 판례는 생부에게 혼인외 출생자에 대한 부양의무뿐 아니라 양육권 및 면접교섭권을 인정하고 있다.

부부 상호간 부양의무

배우자간에는 상호적인 부양의무가 있다민법 제974조. 부부간의 부양의무는 단순히 금전의 문제만이 아니라 동거생활에 따르는 취사, 가정관리, 병자간호 등 노무의 측면도 강하다. 다른 한편 부부간의 공동생활에 필요한 비용은 당사자간에 특별한 약정이 없으면 부부가 공동으로 부담하도록 되어 있다민법 제833조. 부부간에 생활비부담에 관한 약정이 없는 경우에, 배우자 일방이 상대방에 대해 부양청구를 할 수 있는가. 부부가 동거생활을 하고 있는 동안 생활비의 청구를 할 권리가 있으며, 아내가 자식과 시부모를 보살피고 있는 동안에도 생활비 및 양육비를 청구할 권리가 있다.

:: **부양의 정도** 부부는 1차적인 부양관계에 있으므로 상호 동등한 생활수준을 누릴 수 있는 정도로 생활비를 청구할 수 있다. 독일민법은 부부부양을 혼인의

일반적 효력으로서 규정한다독일민법 제1360조. 남편은 자기의 사회적 지위, 재산 및 수입능력을 기준으로 아내를 부양해야 하며, 아내는 남편이 그의 사회적 지위에 맞는 생계를 스스로 유지할 상태에 있지 않은 때에는 자기의 재산 및 수입능력을 기준으로 남편을 부양해야 한다고 규정한다.

:: **별거중인 부부** 부부가 별거중인 경우에, 그들 사이에 부양청구권이 있는가, 그리고 어느 정도의 부양료를 청구할 수 있는가는 논의의 여지가 있다. 민법은 경제적 자립능력이 없는 배우자에 대한 부양의무를 규정하므로, 별거중인 배우자에 대하여 원칙적으로 부양의무가 있다고 해석된다. 그 별거가 누구의 귀책사유에 의한 것인가는 묻지 않는다고 해석된다. 다만 판례는 남편과의 동거의무를 스스로 저버린 아내는 남편에게 부양료청구를 할 수 없다고 하였다대법원 1976. 6. 22. 선고 75므17·18 판결.

:: **이혼의 경우** 배우자는 이혼 후에도 상호 부양의무가 있는가. 독일민법은 이혼 후의 전배우자간 부양의무를 규정하여 경제적 자립능력이 없는 자로 하여금 전배우자가 균등한 생활수준을 누릴 수 있도록 부양청구권을 부여한다. 우리 민법에서는 배우자간의 부양의무를 규정할 뿐 이혼 후의 전배우자에 대한 부양의무는 규정하고 있지 않아 그 부양의무를 긍정하기 어렵다. 민법은 재판상 이혼에 관해서 유책주의를 기본으로 하고 있으므로, 실무에서는 이혼시 유책배우자에게 위자료를 부과함에 있어 장래의 부양료를 감안하여 위자료액을 책정하는 방법을 이용하고 있다. 그 밖에 이혼시의 재산분할청구권의 행사에 있어서 장래의 부양료가 부분적으로 고려될 수 있다. 그러나 이러한 방법들이 실질적으로 부양료를 보장해 줄 수 없으므로, 입법으로써 이혼 후 전배우자에 대한 부양의무를 명문화하는 방안을 고려해 볼 필요가 있다.

노부모와 친족에 대한 부양의무

우리나라에는 사회보장제도가 완비되지 못한 상태이기 때문에 노부모 및 친족에 대한 부양의무는 실질적인 의미가 있다. 부양청구권은 가족법에 의한 재산적 권리로서 소송에 의한 구제의 요청이 높은 권리이다. 그럼에도 불구하고 우리 민법은 부양청구권에 관해 매우 막연한 규정만을 두고 있어서 부양을 필요로 하는 사람이 누구를 상대로 어느 정도의 부양료를 청구해야 하는지 막연하다. 민법의 모호한 규정들을 현대의 가족관에 맞게 구체화하는 작업이 필요할 것이다.

:: **부모를 위한 부양** 자녀는 부모에 대한 부양의무를 진다. 이러한 친자부양에 관해서는 부모가 자녀를 부양하는 경우와 자녀가 부모를 부양하는 경우 모두 같은 원칙이 적용된다. 실제로 여러 명의 자녀가 있는 경우에 누가 얼마의 부양료를 부담해야 하는가가 문제되는데 이에 관하여 구체적인 원칙은 수립되어 있지 않다.

:: **생계를 같이 하는 친족** 친족간의 부양에 관해서는 부양당사자가 "생계를 같이하는 경우에 한한다"는 별도의 요건을 충족시켜야 한다. 그리고 부양의무자가 자기의 사회적 지위에 적합한 생활 정도를 낮추지 않고 부양할 수 있을 만한 여유가 있을 때에 부양의무가 생긴다. 근래의 가족관이 핵가족 위주로 형성되고 있고 생활이 곤란한 자에게 사회복지적 배려가 요망되고 있으므로, 친족간 부양을 광범위하게 인정함에는 부작용이 우려된다. 생계를 같이하는 경우라는 요건을 탄력적으로 운영하여 시대관념 및 사회복지제도와 균형을 이루도록 해석해야 한다. 친족간 부양에 있어서는 친자간이나 부부간과는 달리 요부양자로 하여금 최저생활을 유지할 정도의 약한 부담을 지운다. 부양의무의 발생 및 그 정도의 판단에 있어서는 요부양자와 부양의무자 사이의 친소관계직계인가 방계인가, 혈족인가 친척인가, 몇 촌간인가, 양육 여부특히 서자를 양육해 준 적모, 전처의 자식을 양육해 준 계모가 고려된다.

부양의 순서

법률에 의해 부양의 순위를 획일적으로 정하는 것은 구체적인 사정에 맞지 않으므로 바람직하지 않다. 민법은 부양순위를 법정순위로 고정하지 않고 당사자의 협정이나 법원의 선정에 의해 정하도록 한다.

:: 부양의무를 지는 자가 여러 명인 경우에 부양의 순위에 관하여 당사자간의 협정이 없는 때에는, 법원은 당사자의 청구에 의하여 이를 정한다민법 제976조. 이 경우 법원은 여러 명의 부양의무자 또는 권리자를 선정할 수 있다. 부양의무

자가 여러 명인 때에는 전원 또는 일부가 공동하여 부담할 수 있다.

:: 부양청구권자가 여러 명이고 부양의무자의 자력이 전원을 부양할 수 없을 때에 그 순위는 당사자의 협정, 법원의 선정, 사실상의 부양개시 등에 의해 정해진다.

:: **부양관계의 변경 또는 취소** 부양을 할 자 또는 부양을 받을 자의 순위, 부양의 정도 또는 방법에 관한 당사자의 협정이나 법원의 판결이 있은 후, 이에 관한 사정변경이 있는 때에는 법원은 당사자의 청구에 의하여 그 협정이나 판결을 취소 또는 변경할 수 있다_{민법 제978조}. 부양권리자나 의무자의 경제상황의 변경_{실직, 상속, 질병 등}, 다른 부양의무자의 출현 등의 사정변경이 있을 때 부양권리자 및 부양의무자를 변경하거나 부양관계를 종료할 수 있다.

부양의 방법

부양의 내용은 반드시 경제적 보조만을 의미하는가. 부양은 반드시 경제적인 보조만이 아니며, 필요에 따라 동거, 양육, 간호, 장례에 이르기까지 포괄적인 부조행위를 의미한다고 해석된다. 다만 부양의무의 불이행시에 소송상 청구를 하거나 강제집행을 하는 때에는 그 절차의 성질상 금전채권으로 변하여 행사되는 것이다. 그러므로 소송 외에서 부양권리자는 자기와 동거할 것 또는 질병의 간호를 요구할 수 있고, 부양의무자도 부양료를 지급하지 않고 동거할 것을 제안할 수 있으며, 협정이나 조정에서도 그러한 것을 정할 수 있다고 해석된다. 반면에 부양은 주로 경제적인 부조, 즉 생활비의 보조를 내용으로 하므로 재산권의 성질을 갖는다고 보는 견해도 있다.

판례는 "부양받을 권리는 일종의 신분적 재산권이므로 그 권리가 충족되지 않음에 관련되는 일반적인 정신상의 고통은 그 재산권의 실현에 의하여 회복되는 것이라고 봄이 상당하고, 부父의 자녀에 대한 부양의무불이행으로 인한 회복할 수 없는 정신적 손해는 특별사정으로 인한 손해에 해당한다"고 한다_{대법원 1983. 9. 13. 선고 81므78 판결}.

부양료의 결정

부양의 정도와 방법에 관하여는 1차적으로 당사자간의 협정에 의해 정한다. 협정이 없는 때에 법원은 당사자의 청구에 의하여 이를 정한다민법 제977조. 부양의 정도나 방법은 당사자간에 협정이 없는 한 부양을 받을 자의 생활 정도와 부양의무자의 자격 기타 제반사정을 참작하여 정하게 되어 있는바, 부양을 받을 자의 연령, 재능, 신분, 지위 등에 따른 적절한 교육을 받는 데 필요한 비용도 부양료에 해당된다대법원 1986. 6. 10. 선고 86므46 판결.

:: **부양료결정의 고려사항** 부양료는 부양을 받을 자의 생활 정도와 부양의무자의 자력 기타 제반사정을 참작하여 결정된다. 제반사정에는 부양청구권자와 부양의무자 사이의 친분관계, 경제적 관계 등이 포함된다. 부양청구권자의 잘못으로 곤궁하게 되어 그 결과를 의무자에게 부담시키는 것이 부당하다고 판단될 사정이 있는 경우에는 의무자가 면책될 수 있다. 예를 들어, 의무자가 부양료를 목돈으로 주었는데 그것을 탕진했다는 사정이 부양료 결정에 고려된다.

:: **부양의 방법** 부양의 방법은 매월 정기적으로 생활비를 금전으로 지급하는 것이 보통이지만, 현물곡식, 의류 등로 급여하는 방법이나 의무자와 동거함으로써 생활을 책임지는 방법도 무방하다. 장기간의 부양료를 일시급으로 지급하는 것은 그 돈을 유용하게 관리하지 못할 우려가 있으므로 바람직하지 않다. 소송에 의한 이행판결과 강제집행에 있어서는 금전으로 청구하여야 집행이 가능하므로 통상 부양청구권은 금전채권으로 행사된다. 그러나 조정의 단계에서는 현물급여나 동거부양의 방법이 이용된다. 부양의무의 신속한 이행을 위하여 가정법원이 필요한 사전처분을 하는 경우가 있다. 이행의 강제방법으로서 의무자의 불이행시에 법원이 이행명령을 발함과 함께 과태료의 부과를 명할 수 있다.

:: **부양료의 변경** 부양료결정 후 현저한 물가변동이나 부양권리자와 부양의무자의 경제사정의 변화 등 사정변경이 있는 때에는 부양료를 증액하거나 감액할 수 있다.

부양료 확정의 성격

조정이나 심판에 의한 부양료의 확정은 어떤 성격을 갖는가가 문제된다.

:: **형 성 설** 조정·심판에 의해서 부양료청구권이 창설적으로 형성된다고 보는 견해이다. 그리고 청구권의 형성은 장래에 향해서만 가능하고, 과거의 부양료에 관한 형성이나 확인은 불가능하다고 한다.

:: **확 인 설** 부양의무의 내용은 부양요건의 발생에 의해서 객관적으로 정해지며, 조정이나 심판은 객관적으로 결정된 내용을 확인하는 절차에 불과하다는 견해이다. 그리고 부양료의 확인에 있어서 반드시 장래의 것에 한정할 필요는 없고 과거의 것에 대해서도 확인이 가능하다고 한다.

과거의 부양료

과거의 부양료에 대한 청구가 가능한가라는 문제는 종래부터 가족법의 논점이 되어 왔다. 이에 관해서는 부양료는 장래에 향해서만 청구할 수 있으므로 과거의 부양료에 대한 구상청구는 있을 수 없다는 부정설과 과거의 부양료라도 부양의무자가 지급을 면한 부분은 구상청구할 수 있다는 인정설이 대립한다.

:: **부 정 설** 부양의무는 정기채무로서 부양을 필요로 하는 당시에 이행되지 않으면 소멸한다고 보며, 부양청구는 청구시점부터 장래의 것만을 청구할 수 있을 뿐 과거의 부양료는 청구할 수 없다고 보는 견해이다^{과거 일본의 통설}. 부양의무는 부양요건이 발생하면 시시각각으로 발생·변동하는 것이며, 일반채권과 달리 이행기의 경과와 동시에 이행의 만족을 얻든 말든 어느 경우에나 소멸하며, 다음에 새로운 부양의무로 이행하여 변천하는 것이라고 봄으로써 과거의 부양료청구를 부정한다. 즉 부양의무는 현재 및 장래의 생활을 유지하기 위한 목적으로 발생하며, 과거의 생활에 대하여는 그 목적이 소멸했으므로 의무도 소멸했다고 본다.

:: **인 정 설** 부양료청구 전에 부양을 필요로 하는 상태에 있었으므로 부양의무자에게 부양할 요건이 발생한 때부터 부양의무가 생겼다고 보아 과거의 부양료도 원칙적으로 청구할 수 있다고 보는 견해이다. 여유가 있는 가족이나 배우자가 있음에도 불구하고 부양권리자가 부양받지 못함으로써 빚을 졌거나 또는

건강을 해한 경우에, 부양의무자가 과거의 부양료를 부담해야 한다고 한다.

■ 과거의 부양료청구에 관한 판례 ■

판례는 부부간의 부양의무 중 과거의 부양료에 관하여 특별한 사정이 없는 한 부양을 받을 사람이 부양의무자에게 부양의무의 이행을 청구하였음에도 불구하고 부양의무자가 부양의무를 이행하지 아니함으로써 이행지체에 빠진 후의 것에 관하여만 부양료의 지급을 청구할 수 있을 뿐이라고 한다. 이행청구 이전의 과거 부양료는 부양의무자인 부부의 일방에 대한 부양의무 이행청구에도 불구하고 배우자가 부양의무를 이행하지 아니함으로써 이행지체에 빠진 후의 것이거나, 그렇지 않은 경우에는 부양의무의 성질이나 형평의 관념상 이를 허용해야 할 특별한 사정이 있는 경우에 한하여 지급하여야 한다는 입장이다대법원 2012. 12. 27. 선고 2011다96932 판결.

그런데 부모의 미성숙 자녀에 대한 부양료에 대하여는 과거의 부양료를 청구할 수 있다는 입장이다. 즉, 부양의 어떠한 사정으로 인하여 부모 중 어느 한쪽만이 자녀를 양육하게 된 경우에, 그와 같은 일방에 의한 양육이 그 양육자의 일방적이고 이기적인 목적이나 동기에서 비롯한 것이라거나 자녀의 이익을 위하여 도움이 되지 아니하거나 그 양육비를 상대방에게 부담시키는 것이 오히려 형평에 어긋나게 되는 등 특별한 사정이 있는 경우를 제외하고는, 양육하는 일방은 상대방에 대하여 현재 및 장래에 있어서의 양육비 중 적정 금액의 분담을 청구할 수 있음은 물론이고, 부모의 자녀양육의무는 특별한 사정이 없는 한, 자녀의 출생과 동시에 발생하는 것이므로 과거의 양육비에 대하여도 상대방이 분담함이 상당하다고 인정되는 경우에는 그 비용의 상환을 청구할 수 있다고 한다대법원 1994. 5. 13.자 92스21 전원합의체결정. 한 쪽의 양육자가 양육비를 청구하기 이전의 과거의 양육비 모두를 상대방에게 부담시키게 되면 상대방은 예상하지 못하였던 양육비를 일시에 부담하게 되어 지나치고 가혹하며 신의성실의 원칙이나 형평의 원칙에 어긋날 수도 있으므로, 이와 같은 경우에는 반드시 이행청구 이후의 양육비와 동일한 기준에서 정할 필요는 없고, 부모 중 한쪽이 자녀를 양육하게 된 경위와 그에 소요된 비용의 액수, 그 상대방이 부양의무를 인식한 것인지 여부와 그 시기, 그것이 양육에 소요된 통상의 생활비인지 아니면 이례적이고 불가피하게 소요된 다액의 특별한 비용치료비 등인지 여부와 당사자들의 재산상황이나 경제적 능력과 부담의 형평성 등 여러 사정을 고려하여 적절하다고 인정되는 분담의 범위를 정할 수 있다.

부양료의 구상청구

:: **제3자의 부양료 구상청구** 부양의무 없는 제3자가 부양을 필요로 하는 자에 대하여 부양을 한 경우에, 그 제3자는 부양의무자에게 지출한 부양료를 구상청구할 수 있는가. 제3자는 법률상 의무 없이 부양의무자의 사무를 대신 처리해 준 것이 되므로 사무관리에 해당하게 된다. 제3자는 사무관리자로서 부양의무자에게 비용상환을 청구할 수 있다_{인정설을 취하는 경우에만 구상가능}. 즉 제3자가 부양의무자를 대신하여 필요비 또는 유익비를 지출한 것은 상환청구할 수 있고 그로 인하여 타인에게 진 채무는 부양의무자에게 변제토록 요구할 수 있다. 그러나 제3자가 부양의무자의 의사에 반하여 관리한 때에는 부양의무자의 현존이익의 한도에서 구상청구할 수 있다.

:: **부양의무자 사이의 구상청구** 공동부담의 협정 없이 한 명의 의무자가 전부의 부양의무를 이행한 후에 다른 의무자에 대하여 분담부분의 구상청구를 할수 있는가에 관하여 학설이 대립한다.

① **부 정 설** 아무런 협정 없이 한 명의 부양의무자가 자발적으로 부양을 전담한 경우에는 그것으로 부양의무의 이행관계는 결제되므로, 다른 의무자에 대한 구상청구는 불가능하다는 견해이다. 협정 등에 의해 의무자로 지정되지 않으면 현실적 의무를 지지 않으므로 구상청구가 불가하다고 설명한다.

② **인 정 설** 한 명의 부양의무자가 자기의 부담부분을 초과하여 부양의무를 이행한 경우에는 다른 의무자에 대하여 분할부분의 상환을 청구할 수 있다고 하는 견해이다.

③ **판   례** 판례는 인정설을 취한다. 즉, 민법 제974조, 제975조에 의하여 부양의무 있는 자가 여러 사람인 경우에 그 중 부양의무를 이행한 1인은 다른 부양의무자를 상대로 하여 이미 지출한 과거의 부양료에 대하여도 상대방이 분담함이 상당하다고 인정되는 범위에서 그 비용의 상환을 청구할 수 있는 것이고, 이 경우 법원이 분담비율이나 분담액을 정함에 있어서는 과거의 양육에 관하여 부모 쌍방이 기여한 정도, 자의 연령 및 부모의 재산상황이나 자력 등 기타 제반사정을 참작하여 적절하다고 인정되는 분담의 범위를 정할 수 있다_{대법원 1994. 6. 2.자 93스11 결정}고 한다.

■ 부양료 구상청구에 관한 판례 ■

판례는 수술을 받은 후 의식이 혼미하고 마비증세가 지속되고 있는 아들에 대하여 치료비를 지출한 어머니가 아들의 처인 며느리에게 부양료 상환을 청구한 사안에서 1차적 부양의무가 2차적 부양의무에 우선한다는 전제에서 부양료의 구상을 인정하였다. 즉, 민법 제826조 1항에 규정된 부부간 상호부양의무는 혼인관계의 본질적 의무로서 부양을 받을 자의 생활을 부양의무자의 생활과 같은 정도로 보장하여 부부공동생활의 유지를 가능하게 하는 것을 내용으로 하는 제1차 부양의무이고, 반면 부모가 성년의 자녀에 대하여 직계혈족으로서 민법 제974조 1호, 제975조에 따라 부담하는 부양의무는 부양의무자가 자기의 사회적 지위에 상응하는 생활을 하면서 생활에 여유가 있음을 전제로 하여 부양을 받을 자가 자력 또는 근로에 의하여 생활을 유지할 수 없는 경우에 한하여 그의 생활을 지원하는 것을 내용으로 하는 제2차 부양의무라는 통설의 입장을 서술한 후, 이러한 제1차 부양의무와 제2차 부양의무는 의무이행의 정도뿐만 아니라 의무이행의 순위도 의미하는 것이므로, 제2차 부양의무자는 제1차 부양의무자보다 후순위로 부양의무를 부담한다고 하였다. 따라서 제1차 부양의무자와 제2차 부양의무자가 동시에 존재하는 경우에 제1차 부양의무자는 특별한 사정이 없는 한 제2차 부양의무자에 우선하여 부양의무를 부담하므로, 제2차 부양의무자가 부양받을 자를 부양한 경우에는 소요된 비용을 제1차 부양의무자에 대하여 상환청구할 수 있다는 결론에 이르렀다대법원 2012. 12. 27. 선고 2011다96932 판결.

부양청구권의 양도

부양청구권은 부양청구권자와 부양의무자 사이의 친족관계를 바탕으로 하여 발생하는 권리이므로 그 친족관계를 떠나 제3자에게 양도하거나 입질하는 등의 처분을 하는 것은 허용되지 않는다. 부양청구권이 금전채권으로 되어 재산권적 성격을 갖게 되더라도 재산법상 채권같이 양도성을 갖지는 않는다. 이런 성격을 부양청구권의 '일신전속성'이라고 한다. 민법은 "부양을 받을 권리는 이를 처분하지 못한다"는 명문규정을 두고 있다민법 제979조.

부양청구권의 일신전속성으로부터 다음의 효과가 생긴다. ① 부양청구권을 양도하거나 채권담보를 위해 입질入質할 수 없다. ② 부양청구권은 청구권자의 채권자가 압류하거나 채권자대위권에 의해 대위청구 및 대위수령할 수 없다.

③ 부양청구권은 상계의 수동채권이 되지 않는다. ④ 부양청구권은 상속재산에 포함되지 않는다. ⑤ 부양청구권은 포기하지 못한다. 단 이행기가 도래한 구체적인 청구권은 포기할 수 있다. ⑥ 파산자의 부양청구권은 파산재단에 속하지 않으며, 파산자에 대한 부양청구권은 재단채권으로서 우선변제를 받는다.

3. 성년후견제도

성년후견제의 도입

성년후견제도는 급속한 노령화 추세와 장애인 보호의 관점에서 중요한 입법과제로 부상하였고, 장애인단체 등 여러 시민단체들은 조속한 입법을 촉구하였다. 이에 상응하여 2011년 민법 개정으로 한국에 성년후견제가 도입되었다. 과거 민법에는 행위능력과 관련하여 금치산자와 한정치산자의 무능력자제도가 있을 뿐이었지만 이러한 무능력자 대신에 성년후견제가 민법총칙의 능력제도와 가족법의 후견제도의 양쪽에 새로이 삽입되었다. 주요 내용은 다음과 같다.

첫째, 요보호자를 위한 지속적·포괄적 보호제도로서 '성년후견'과 '한정후견'의 두 가지 유형의 후견제를 도입하였다민법 제1편 제2장 제1절 능력. 새로운 성년후견제를 도입함과 동시에 행위무능력제도인 금치산제와 한정치산제를 폐지하였다.

둘째, 요보호인의 다양한 욕구와 필요에 대처할 수 있게 하기 위하여 새로운 제도로서 일회적 특정적 보호제도인 '특정후견'의 제도를 신설하였다.

셋째, 요보호자가 후견계약을 체결하여 위임과 유사한 계약관계에 의해 보호받을 수 있는 '임의후견'에 관한 규정을 신설하였다.

넷째, 가족법의 후견제도 규정들을 요보호자의 복리에 맞게 대폭 바꾸고, 친족회 규정을 삭제하였다민법 제4편 제5장 '후견' 및 제6장 '친족회'.

다섯째, 성년연령을 종전 만 20세에서 만 19세로 낮추었다.

한국사회의 고령화추세에 비추어 볼 때 입법이 늦은 감이 있지만, 그런대로 좋은 내용의 성년후견제를 도입할 수 있게 되어 다행이다. 한국민법에 성년후견제를 도입함에 있어서는 무엇보다 여러 선진국의 입법을 참조하고 그 시행과정을 살펴본 것이 큰 도움이 되었다.

성년후견의 여러 유형

성년의 요보호자를 위한 후견제도는 성년후견, 한정후견, 특정후견, 임의후견의 네 가지가 있다. 우리나라는 하나의 유형을 취하여 그 내용을 다양하게 구성하는 '탄력적 단일유형제'一元主義의 방식을 취하지 않고, 네 개의 유형을 제시하고 요보호자가 하나의 유형을 취하되 그 내용에 약간의 탄력적 내용을 갖도록 하는 '탄력적 다수유형제'多元主義의 방식을 취하였다.

성년후견의 유형을 정함에 있어 종래 지속적·포괄적 보호제도로서 존재하던 금치산제, 한정치산제의 기본구조를 답습하되 명칭을 바꾸어 각각 '성년후견'과 '한정후견'의 후견제도로 발전시켰다. 법의 구조에 관한 급진적인 변경을 가져오는 입법은 시행상 혼란을 야기할 우려가 있다고 판단되었기 때문이다. 후견유형의 결정에 있어서 기존제도의 골격은 살리되 문제점을 보완하는 방식으로 입법함으로써 법문화를 지속적으로 발전시키고 종래 축적된 법운영의 방식과 기술을 취대한 살리는 것이 바람직하다고 여겨졌다. 이와 동시에 기본 제도의 결함으로 지적된 문제점들을 제거하고 각각의 유형에 탄력적인 운영을 가능하게 하는 장치를 설치하였다. 이에 더하여 요보호인의 다양한 욕구에 대처할 수 있게 하기 위하여 일회적 특정적 보호제도인 '특정후견'과 계약에 의한 후견인 '임의후견'에 관한 규정을 신설하였다.

:: **성년후견** 질병, 노령 기타 사유로 인한 정신적 제약으로 사무를 처리할 능력이 지속적으로 결여된 사람을 위하여 성년후견이 개시될 수 있다민법 제9조 1항. 피성년후견인은 행위능력에 제한을 받으며, 성년후견인이 법정대리인으로서 피성년후견인의 법률행위를 대리할 권한을 갖는다. 피성년후견인은 가정법원이 달리 정하지 않는 한 원칙적으로 확정적으로 유효한 법률행위를 할 수 없고 그의 법률행위는 취소할 수 있다민법 제10조 1항. 가정법원은 취소할 수 없는 법률행

위의 범위를 정할 수 있다. 다만 일용품의 구입 등 일상생활을 영위하는 데에 필요한 행위이며 그 대가가 과도하지 아니한 것은 피성년후견인이 단독으로 행위할 수 있고 성년후견인이 이를 취소할 수 없다.

:: **한정후견** 질병, 노령 기타 사유로 인한 정신적 제약으로 사무를 처리할 능력이 부족한 사람을 위하여 한정후견이 개시될 수 있다_{민법 제12조 1항}. 한정후견은 정신적 제약으로 인하여 사무처리 능력이 부족한 요보호인 중에서 성년후견의 필요가 있는 경우를 제외한 모든 경우를 포괄하는 탄력적인 보호유형이다. 한정후견에서 피한정후견인은 행위능력을 보유하므로 단독으로 확정적으로 유효한 법률행위를 할 수 있음이 원칙이다. 다만 가정법원은 한정후견의 심판에서 일정 법률행위를 할 때에 한정후견인의 동의를 받도록 그 범위를 정할 수 있다. 이에 해당하는 행위에 관해서는 한정후견인의 동의가 없는 피한정후견인의 법률행위는 취소할 수 있다_{민법 제13조 4항}. 미성년자의 경우와는 달리 가정법원이 구체적으로 요보호인의 정신적 능력을 고려하여 잔존능력을 최대한 활용할 수 있도록 하는 형태의 동의유보제도를 취한 것이다. 한정후견인의 동의를 필요로 하는 행위에 대하여 한정후견인이 피한정후견인의 이익이 침해될 염려가 있음에도 그 동의를 하지 않을 때에는 가정법원은 피한정후견인의 청구에 따라 한정후견인의 동의에 갈음하는 허가를 할 수 있다. 가정법원은 한정후견인에게 법정대리권을 부여하여 그 한도에서 한정후견인이 법정대리인이 될 수 있게 한다_{민법 제959조의4}.

:: **특정후견** 정신적 제약이 다소 미약한 정도이거나 또는 일상생활에서는 가족의 보호를 통하여 무난한 생활을 하고 있으면서 어떤 특정문제에 대하여만 개별적·일시적·일회적으로 가정법원의 보호조치를 받고자 하는 경우에 특정후견이 개시될 수 있다. 가정법원은 질병, 노령 기타의 사유로 인한 정신적 제약으로 일시적 또는 특정한 사무에 관하여 후견인이 필요한 사람을 위하여 특정후견의 심판을 할 수 있다_{민법 제14조의2 1항}. 특정후견의 심판을 할 때에는 특정후견의 기간 또는 사무의 범위를 정하여야 한다. 가정법원은 피특정후견인의 후원을 위하여 필요한 처분을 명할 수 있다_{민법 제959조의8}. 중요한 재산상 법률행위, 중대한 치료행위의 결정 등 피특정후견인의 재산 또는 신상과 관련된 특정한

법률문제의 해결을 위하여 이용될 수 있다. 가정법원은 특정명령으로 피특정후견인을 후원하거나 대리하기 위한 특정후견인을 선임할 수 있다.

:: **임의후견** 요보호인 스스로 계약에 의하여 후견인을 선택하고 대리권을 부여함으로써 후견사무의 내용을 스스로 형성할 수 있는 수단으로서 후견계약을 규정한다. 후견계약은 질병, 노령 그 밖의 사유로 인한 정신적 제약으로 사무를 처리할 능력이 부족한 상황 또는 부족할 상황에 대하여 자신의 재산관리 및 신상보호에 관한 사무의 전부 또는 일부를 타인에게 위탁하고 그에 관한 대리권수여를 내용으로 하는 계약이다민법 제959조의14 1항. 민법은 한편으로는 본인의 의사가 후견사무에 있어서 원만하게 관철되도록 하는 규정을 두며, 다른 한편으로는 가정법원을 통해 임의후견인의 후견사무의 처리에 대해 간섭하는 규정을 둔다. 후견계약은 다른 계약에 비하여 피후견인의 재산과 신상에 큰 영향을 미치므로 무제한으로 계약자유에 맡겨 놓을 수 없기 때문이다. 가정법원은 본인이 사무를 처리할 능력이 부족한 상황에 있다고 인정할 때에는 임의후견감독인을 선임한다.

피후견인의 자기결정권

한국의 성년후견제는 요보호자의 자기결정의 능력을 최대한 존중하려고 노력한다. 성년후견제의 개시는 본인의 의사에 반하여 행해질 수 없음이 원칙이다. 성년후견제가 개시된 경우에도 필요한 경우에 보충적으로만 개시되며, 후견사무의 범위에 관하여 본인의 의사를 고려해야 한다. 가정법원은 성년후견과 한정후견의 심판에서 반드시 본인의 의사를 고려해야 한다민법 제 9조 2항, 제12조 2항. 특정후견에서는 본인의 의사에 반하여 후견을 개시할 수 없도록 한다민법 제14조 의2 2항.

본인과 임의후견인 사이의 계약에 의해 발생하는 임의후견에서는 본인의 자기결정이 후견의 법률관계를 대부분 좌우하게 된다. 임의후견에서는 본인이 직접 자신이 신뢰하는 사람을 후견인으로 선임할 수 있고 후견사무의 내용에 관한 약정을 해 둠으로써 본인의 의사가 정확히 반영되도록 한다. 다만 가정법원이 임의후견감독인을 선임하여 임의후견인의 사무처리에 대해 감독을 하지만

이는 근본적으로 본인의 의사가 제대로 반영되게 하려는 취지이다.

성년후견인은 재산관리 및 신상보호에 있어 피성년후견인의 복리에 반하지 않는 한 피성년후견인의 의사를 존중하여야 한다민법 제947조. 특히 신상보호에 관하여는 본인의 자기결정이 중요하게 다루어진다. 피성년후견인은 자신의 신상에 관하여 그의 상태가 이를 허락하는 한에서 단독으로 결정한다민법 제947조의2 1항.

필요성의 원칙과 보충성의 원칙

:: **필요성의 원칙** 성년후견의 개시에서 후견의 필요성 여부를 심사하는 것, 그리고 성년후견인의 업무범위를 성년후견이 요구되는 직무의 범위에 한정하는 것은 필요성의 원칙에 따른 것이다. 종전의 행위무능력제도는 획일적인 능력제한제도로서 필요성의 원칙을 취하지 않았기 때문에 폐지되었다. 새로운 제도하에서는 피후견인의 필요성에 상응하는 다양한 지원방식을 도모하여 성년후견제의 탄력적 운용을 가능하게 한다. 필요성의 원칙에 따라 본인을 부당한 후견개시조치로부터 보호하는 것은 한편으로는 피후견인의 사익 보호의 측면을 가지며, 다른 한편 과잉보호로 인한 사회적 낭비를 줄인다는 측면에서 공공의 이익에 합치된다.

본인이 잔존능력의 범위 내에서 한 법률행위는 취소가 불가능하다. 네 가지 유형의 성년후견제도에서 모두 요보호자의 잔존능력을 인정하고 그 능력의 범위에서 하는 자기결정을 존중하며 본인의 능력이 미치지 않는 범위에서 후견인의 도움을 받는다. 신설된 성년후견제도는 종래 금치산제도보다 본인과 후견인의 관계를 정교하게 규정한다. 종래 일률적으로 후견인이 취소권, 동의권, 대리권을 가졌지만, 새로운 제도 아래에서는 가정법원이 성년후견인의 취소권, 동의권, 대리권을 배제하거나 그 범위를 한정할 수 있다. 그리고 피후견인이 일상생활을 영위하는 데 필요한 행위는 단독으로 할 수 있다. 한정후견에서는 피후견인의 잔존능력을 최대한 활용하도록 가정법원이 후견인의 대리권과 동의권을 제한적으로 인정한다. 특정후견에서는 후원이 반드시 필요한 특정행위에 관해서만 특정후견인에게 대리권을 부여한다.

:: **보충성의 원칙** 본인의 의사에 합치하거나 또는 본인에게 더 유리한 지원방법이 있는 경우에, 성년후견제의 개시로 요보호자가 그러한 지원방법을 향유할 수 없게 해서는 안 된다는 것이 보충성의 원칙이다. 가정법원이 개입하는 성년후견제는 본인의 의사에 의한 임의후견계약보다 후순위에 놓임이 원칙이다. 임의대리인이 후견사무를 처리할 수 있는 때에는, 그 임의대리인의 권한이 존중되며 성년후견인은 선임되지 않는다. 다만 임의대리인이 있더라도 본인의 이익보호에 충분하지 않거나 후견업무를 수행할 수 없는 상황에 놓인 경우에는 가정법원에 의해 성년후견인이 선임될 수 있다. 또한 요보호자가 친족에 의한 부양 및 다른 지원을 받고 있는 경우 또는 요보호자가 이미 사회복지제도에 의한 지원을 받는 경우에, 요보호자는 성년후견제 심판에 의해 방해받지 않고 이러한 부양이나 지원을 계속 향유할 수 있다.

노인과 장애인의 신상보호와 인권보호

성년후견인은 피후견인의 신상보호에 있어서 동의권이나 대리권을 남용하여 피후견인의 인권에 부당한 침해를 입혀서는 안 된다. 피성년후견인은 자신의 신상에 관하여 그의 상태가 이를 허락하는 한에서 단독으로 결정하며, 성년후견인이 신상보호에 관한 결정을 해야 하는 경우에도 제반사정을 고려하여 그의 복리에 부합하는 방법으로 사무를 처리해야 한다. 가정법원은 성년후견인이 피성년후견인의 신상에 관하여 결정할 수 있는 권한의 범위를 정할 수 있다민법 제938조 2항.

:: **신상보호** 피한정후견인의 신상보호에 관해서도 성년후견과 유사하다. 피한정후견인의 상태가 자신의 결정을 허락하는 때에는 단독으로 결정하지만, 자신이 결정할 수 없는 때에는 가정법원은 한정후견인이 피한정후견인의 신상에 관하여 결정할 수 있는 권한의 범위를 정할 수 있고 변경할 수 있다민법 제959조의4 2항. 중요한 신상결정에 대해서는 가정법원의 허가에 의한 감독이 요구된다.

:: **격리시설수용의 제한** 요보호자는 성년후견이 개시된 후에도 가능한 한 자택에 거주하며 가족들과 교류하는 생활을 누릴 권리를 갖는다. 성년후견인이 피

성년후견인을 치료 등의 목적으로 정신병원 그 밖의 다른 장소에 격리하기 위해서는 가정법원의 허가를 얻어야 한다민법 제947조의2 2항. 법원의 허가를 얻지 않는 때에는 위법한 감금행위가 된다.

사생활과 주거의 존중

요보호자의 사생활에 관한 권리는 성년후견인의 개시에도 불구하고 가능한 한 유지되어야 한다. 격리시설수용 이외에도 성년후견인의 신상결정에 의하여 피성년후견인의 중요한 기본권이 침해될 우려가 있는 때에는 후견인의 대리권이 제한된다.

성년후견의 개시에 의하여 요보호자의 주거의 안정성이 침해되어서는 안 된다. 피후견인은 자기가 거주해 왔던 주거환경을 유지할 권리를 갖는다. 성년후견인이 피성년후견인을 대리하여 그가 거주에 상용하고 있는 건물 또는 그 대지에 대하여 매도, 임대, 전세권 설정, 저당권 설정, 임대차의 해지, 전세권의 소멸 그 밖에 이에 준하는 행위를 할 때에는 가정법원의 허가를 받아야 한다민법 제947조의2 5항.

의료행위에 대한 동의

피성년후견인의 신체를 침해하는 의료행위에 대하여 피성년후견인이 동의할 수 없는 경우 성년후견인이 대신하여 동의할 수 있다민법 제947조의2 3항. 의료계약은 성년후견인에 의해 대리될 수 있지만, 의료행위에 따르는 침습에 대한 동의위법성 조각사유는 피성년후견인의 상태가 허락하는 한 자신이 하는 것이 바람직하다. 피성년후견인이 일차적으로 동의권을 가지지만 그가 동의할 수 없는 상태에 있을 때에는 가정법원으로부터 권한을 부여받은 성년후견인이 보충적으로 동의할 수 있다. 환자의 수술에 대한 동의는 헌법 제10조에서 규정한 개인의 인격권과 행복추구권에 의하여 보호되는 자기결정권을 보장하기 위한 것으로서, 환자가 생명과 신체의 기능을 어떻게 유지할 것인지에 대하여 스스로 결정하고 진료행위를 선택하게 되므로, 의료계약에 의하여 제공되는 진료의 내용은 의료인의 설명과 환자의 동의에 의하여 구체화된다대법원 2009. 5. 21. 선고 2009다17417 전원합의체판결 참조.

가정법원은 성년후견 개시의 심판을 할 때 피성년후견인의 상태를 고려하여 일정한 의료행위에 대한 결정권을 부여할 수 있다민법 제938조 3항. 만약 후견개시 당시에 그러한 결정권을 부여받지 않았으나 피성년후견인의 의료행위에 대한 동의가 문제되는 경우에 성년후견인과 기타 청구권자는 가정법원에 그러한 결정권을 부여해 줄 것을 청구할 수 있다.

가정법원의 허가가 필요한 의료행위

생명이 걸린 수술과 심각한 후유증이 남을 우려가 있는 치료를 행하는 경우에, 후견인의 동의절차에 대하여 법적 규제가 가해진다. 피성년후견인이 의료행위의 직접적인 결과로 사망하거나 상당한 장애를 입을 위험이 있을 때에는 가정법원의 허가를 받아야 한다. 다만, 허가절차로 의료행위가 지체되어 피성년후견인의 생명에 위험을 초래하거나 심신상의 중대한 장애를 초래할 때에는 사후에 허가를 청구할 수 있다민법 제947조의2 3항. 중대한 수술을 할 경우, 의사가 성년후견인에게 설명의무에 좇아 수술의 이익과 위험을 설명하고 고지하면 성년후견인은 피성년후견인의 복리를 고려해야 할 주의의무에 좇아 그 위험을 충분히 고려한 다음 동의를 해야 할 것이다. 의사가 사망이나 상당한 장애의 위험이 있다고 설명한 경우에, 성년후견인은 반드시 가정법원에 허가를 청구해야 한다. 이로써 성년후견인이 의무에 위반하여 불필요한 모험적인 수술을 시도하는 것이 방지된다. 가정법원이 반드시 전문적 의학판단을 해야 하는 것은 아니다. 가정법원은 성년후견인의 동의가 후견인으로서의 주의의무를 다 한 것인지를 의사의 설명을 기초로 판단하면 되는 것이다. 의료행위가 사망 또는 중대한 장애를 초래하지 않는 경우 동의권 있는 성년후견인은 가정법원의 허가 없이 의료행위에 동의할 수 있다. 중대한 의료행위는 "의료행위의 직접적인 결과로 사상하거나 상당한 장애를 입을 위험이 있는 때"로 한정된다. 여기의 의료행위는 환자의 상태의 개선을 목적으로 하는 행위를 의미한다. 극단적인 행위인 '연명치료 중단', '장기이식수술'은 포함하지 않는다고 해석된다. 연명치료에 관해서

"회복불가능한 사망의 단계에 이른 후에 환자가 인간으로서의 존엄과 가치 및 행복추구권에 기초하여 자기결정권을 행사하는 것으로 인정되는 경우에는 특별한 사정이 없는 한 연명치료의 중단이 허용될 수 있다"고 한 대법원판결이 있다 대법원 2009. 5. 21. 선고 2009다17417 전원합의체판결. '연명치료'는, 원인이 되는 질병의 호전을 목적으로 하는 것이 아니라 질병의 호전을 사실상 포기한 상태에서 오로지 현 상태를 유지하기 위하여 이루어지는 치료에 불과하므로, 그에 이르지 아니한 경우와는 다른 기준으로 진료중단 허용 가능성을 판단하여야 한다. 성년후견인이 가정법원의 허가를 얻어 연명장치를 제거하는 것 또는 장기를 드러내는 것에 동의할 권한이 있는지 하는 문제에 대하여는 동의권한 내의 '의료행위'와는 별개의 행위로 판단해야 할 것이다.

후견인의 자격

성년후견인은 여러 명을 둘 수 있으며, 법인도 성년후견인이 될 수 있다민법 제930조 2항, 3항. 민법은 법인에게 성년후견인, 한정후견인, 특별후견인, 임의후견인이 될 수 있는 자격을 부여한다. 성년후견제가 사회복지정책으로서 실효성을 가지려면 전문성을 가진 후견인의 임무수행이 중요하다. 후견인 개인의 자의적 판단을 배제하면서 전문성과 공정성·중립성을 담보할 수 있는 기관이 개인보다 유리하며, 객관성을 유지할 수 있다. 후견 법인은 영리법인보다는 사회복지업무를 수행하는 공익법인의 성격을 띠는 것이 바람직하다. 후견사업을 수행하는 후견법인에 관한 법적 규제가 필요한데 이에 관해서는 특별법으로 규정할 예정이다. 후견법인의 결격사유, 형태, 설립요건, 직무 임원 등에 대한 규정이 필요하다. 복지시설을 이용하는 장애인이나 노인이 성년후견제도 및 임의후견제도를 활용하게 될 경우에 서비스를 제공하는 입장에 있는 시설의 장 또는 직원운영법인에 소속된 자를 포함이 성년후견인 또는 임의후견인이 되는 것이 적절한지에 대한 의문이다. 전문인에 의한 성년후견 및 성년후견감독이 정착되는 경우에 가정법원의 감독기능은 보조적 역할에 그치게 될 것이다. 성년후견인 및 성년후견감독인에게는 보수가 지급될 수 있다민법 제940조의7, 제955조.

성년후견감독인

새로운 성년후견제에는 성년후견감독제도가 신설되고 과거의 친족회제도는 폐지되었다. 과거 민법규정은 있었지만 친족회가 후견인과 밀접한 관계를 갖지 못했고, 공동체 문화가 해체되어 친족회의 기능이 약화되었으며, 친족회에 대한 감독절차가 전혀 없었다. 가정법원이 친족회 소집허가를 한 사건에서 법원은 친족회 소집허가만 해 줄 뿐, 그 후에 제대로 친족회가 소집되어 결의를 했는지에 관하여 확인을 하지 않았었다.

성년후견감독인은 임의적 기관으로 한다. 가정법원은 성년후견인을 선임할 때에 감독의 필요를 판단하여 재량적으로 결정하도록 하였다. 가정법원은 필요하다고 인정하는 때에는 미성년후견인, 친족, 성년후견인의 청구 또는 직권에 의하여 성년후견감독인을 선임할 수 있다민법 제940조의4 1항. 결격사유로서 후견인의 결격사유 외에민법 제940조의7, 제937조 성년후견인의 가족이라는 사유가 추가된다. 적절한 감독을 위하여 성년후견인과 가까운 위치에 있는 그의 가족은 성년후견감독인이 될 수 없도록 한 것이다. 법정후견인제도에서는 후견감독인의 선임이 필수사항이 아니어서 후견업무에 관한 감독기능이 약화될 소지가 있다는 비판이 가능하다. 그러나 임의후견에 관해서는 가정법원이 반드시 후견감독인을 선임하여야 한다.

후견감독인은 후견인의 사무를 감독하며, 후견인이 없는 경우 지체없이 가정법원에 후견인의 선임을 청구해야 한다민법 제940조의6 1항. 후견감독인은 피후견인의 신상이나 재산에 관하여 급박한 사정이 있는 경우에 그의 보호를 위하여 필요한 처분을 할 수 있다민법 제940조의6 2항. 후견인과 피후견인 사이에 이해상반행위를 할 때에는 후견감독인이 피후견인을 대리한다. 이 경우 법률의 규정에 의하여 후견감독인에게 그 한도에서 법정대리권이 인정된다.

지방자치단체장의 성년후견 청구

지방자치단체의 장은 가정법원에 요보호자에 대한 성년후견, 한정후견, 특정후견의 심판을 청구할 수 있다. 성년후견 등의 개시는 일정한 청구권자의 청구에 의한 가정법원의 심판으로 열린다. 청구권자는 본인, 배우자, 4촌 이내의 친족, 미성년후견인, 미성년후견감독인, 한정후견인, 한정후견감독인, 특정후견인, 특정후견감독인, 검사 또는 지방자치단체의 장長이다민법 제9조 1항. 처음의 개정안2009년 법무부안에서는 성년후견심판은 가정법원이 주도적으로 담당할 예정이었다. 성년후견의 청구권자 중에 공익을 대변하는 사람으로서 검사만이 포함되고 지방자치단체의 장에게는 권한이 부여되지 않았었다. 입법공청회에서 이 법안의 문제점이 지적되고 법원과 지방행정의 연계필요성이 요청되었다. 그 후 국회 심의 과정에서 지방자치단체의 장이 성년후견의 청구권자의 하나로서 포함되었다2010년 국회수정안. 이로써 실제 복지행정을 담당하는 지방자치단체가 성년후견의 심판에 관여할 수 있는 길이 열리게 되었다. 현재 지방자치단체는 주민복지를 향상시키기 위하여 복지행정을 담당하는 공무원, 자문위원, 자원봉자자의 활동이 매우 활발하다. 성년후견제가 시행됨으로써 이러한 활동이 노인복지 및 장애인복지를 위해 성년후견업무로 연결될 것으로 기대된다.

생각해볼 문제

● 서양에서는 상속인인 배우자나 자녀가 노인의 값비싼 의료시술 등에 반대하는 경우가 있어, 노후관리를 제3자인 변호사, 사회복지사, 친지에게 맡기는 경우가 증가하고 있다고 한다. 노후의 재산관리, 의료시술결정, 노인시설입소 등을 누구에게 맡기는 것이 안전하다고 생각하는가?

● 성년후견제도의 필요성은 커지고 있는데, 이러한 제도를 알지 못하는 일반인들도 많고, 경제적 형편이 어려워 후견인에게 보수를 줄 수 없는 등 성년후견의 사각지대에 놓인 사람들도 있다. 이러한 여건을 개선하기 위한 방안은 무엇일까?

여성을 위한 **법**

CHAPTER 15

여성과 상속제도

"국가가 '숙명'이 아니라는 것을 깨달으면서, 여성들은 처음으로 '국민'
이 만들어지는 방식을 문제삼기 시작하였다."

_ 정현백, 『민족과 페미니즘』 중에서

I. 상속제도의 의의

사유재산제와 상속

사유재산제 아래에서는 개인이 재산을 소유하고, 관리하고, 처분할 자유를 갖는다. 사유재산제의 연장으로서 소유자는 유언에 의해 임의로 자기재산을 타인에게 양도할 수 있다. 근대에 들어 개인이 사망하는 때에 그 재산이 국가나 지방자치단체에 귀속하지 않고 가까운 친족이나 증여를 받은 사람에게 승계되는 상속제도가 정착되었다. 상속법은 개인의 재산을 친족에게 상속시킴으로써 소유권의 주체에 공백이 생기지 않도록 하는 등의 방법으로 소유권질서를 유지시킨다. 상속법은 사망자의 재산귀속을 둘러싼 권리의무를 확정지어 줌으로써 상속에 관한 분쟁을 방지하고 거래의 안전에 기여한다.

상속제도에 대한 비판

개인이 소유하던 재산을 상속하는 제도에 관해서는 초기 자연법학파와 사회주의자로부터 많은 비판이 있었다. 초기의 자연법학파는 사람이 갖는 권리의 주체로서의 자격은 사망과 동시에 소멸한다는 원칙에 입각하여 상속을 부인하였다. 그 후 자연법학에서는 "권리는 권리자의 의사를 기본으로 하므로 권리자가 사망하면 그 재산은 권리자가 없는 상태로 되지만 법률은 피상속인의 의사를 추측하여 그에 합치하는 의사의 주체를 상속인으로 한다"는 설명으로 상속을 인정하게 되었다.

사회주의자들은 개인의 활동능력에 따라 소유의 불평등이 생기는 것은 시인하더라도 상속에 의한 재산은 불로소득으로서 그에 의해 출발점부터 불평등하게 만드는 것은 금지하거나^{S. Simon} 제한해야 한다^{A. Menger}고 주장하였다. 사회주의국가에서는 초기에 사소유私所有와 더불어 상속을 엄격히 금지시켰다. 후기에는 개인의 소유권를 부분적으로 허용하고 그 재산의 일부에 대하여 상속을 허용하였다.

여성을 위한 **법**

상속의 이론적 근거

근대에 접어들어 상속제도의 이론적 근거를 규명하려는 시도가 다양하게 이루어져서 다음과 같은 학설들을 발전시켰다. 현대의 상속제도는 다음의 여러 이론을 복합하여 실질적 합리성을 추구하는 것으로 그의 본질이 어느 하나의 이론으로 설명되지 않는다.

:: **의 사 설** 자연법학에서는 피상속인의 의사에서 상속의 근거를 찾았다. 사람은 생존하는 동안 자기재산에 대해 처분의 자유를 갖는 것처럼, 사후에도 처분의 자유가 인정되어야 한다는 것이다. 사적 자치를 존중하여 개인의 의사에 따라 그의 재산을 타인에게 귀속시켜야 한다고 본다. 사망자의 의사는 자기의 친족에게 재산을 이전하려는 것이므로 그 의사에 의해 재산이전이 된다고 한다. 이 이론은 유언상속을 원칙으로 보고 법정상속은 피상속인의 의사를 보충하는 제도로 본다. 유언의 자유를 제한하는 유류분제도가 사망자의 처분자유를 제한하는 것을 설명하지 못한다는 약점을 갖는다.

:: **유 언 설** 생전의 재산처분의 자유는 사후에도 동일한 것으로 해석하여 상속은 유언상속을 원칙으로 하되 유언이 없는 경우에는 법정상속을 인정하여야 하는데 이것은 사망자의 의사를 추측하는 것에 불과하다고 한다. 유언설은 의사설에서 파생된 이론이다.

:: **공동체설** 역사법학파는 형식적으로 개인에게 속하는 재산이라도 실질적으로는 친족공동체에게 공동으로 귀속하는 것이라고 보았다. 이러한 공동재산은 친족공동체에 속하는 자에게 상속되어야 하며, 협동생활이 없던 사람은 상속인에서 제외시켜야 한다고 주장한다. 생산과 소비를 공동으로 하던 대가족시대에는 적합한 이론이었을지 모르지만, 현대산업사회에는 이와 같이 지나치게 단순화된 원리는 적합치 않다. 법이 유류분을 제외한 재산에 관하여는 유언의 자유를 인정하는 것을 이 이론으로는 설명하기 어렵다는 약점을 갖는다.

:: **혈족지속설** 죽음과 동시에 자기를 대신하여 자손에게 물려주기 위한 대습적 권리를 갖는다는 견해이다. 가족제도에 있어서 가장 보편적 대물림의 원리를 설명하고 있다. 이 견해는 공동체설과 일맥상통한다. 가산공유설, 애정설, 친족

협동체설 등도 주장되었는데 기본적으로 여기에 속한다.

　:: **부양의무설**　상속은 공동생활자 사이의 부양의무를 연장하는 의미를 갖는다고 본다. 피상속인이 가족공동생활을 통해 부양하던 자는 피상속인의 사망으로 부양받을 수 없게 되므로, 피상속인의 부양의무에 대신하여 재산을 상속받음으로써 생활을 보장받게 된다고 한다. 현행법에서 부양권자와 상속권자 사이에 차이가 있는데 부양의무설은 그 이유를 설명하지 못한다는 약점을 갖는다.

　:: **인격가치승계설**　개인의 재산은 그가 생존 중 건설한 인격가치의 성과로서 그것을 상속인에게 승계시킴으로써 피상속인의 인격가치승계가 이루어진다고 설명한다. 이 이론에서 말하는 인격가치라는 개념이 명확치 않고, 개개의 물건에 영혼이 깃들어 있다는 식의 신비주의로 기울 우려가 있다고 비판을 받는다.

　:: **사회공익설**　사유재산을 인정하는 현대 민법에서 사후의 승계를 인정하지 않으면 개인주의의 극심한 결과인 이기주의가 발생하여 근로의 감퇴성을 초래하며, 유산이란 본래 무주無主의 재산이라는 입장을 방치하면 인간욕망의 충돌로 인하여 사회질서가 혼란하게 될 수 있으므로 상속을 인정하는 것은 공익을 위한 제도라고 설명한다.

⒉ 상속제도에 대한 이해

상속제도

　상속이란 사망자피상속인가 사망함으로써 그가 가지고 있던 재산에 관한 권리·의무를 일정 범위의 혈족과 배우자에게 포괄적으로 승계해 주는 재산이전을 말한다.

　:: 상속은 피상속인이 사망할 때에 개시된다. 그 밖에 사망과 동일하게 취급되는 실종선고의 경우에도 상속이 개시된다.

　:: 상속인의 범위와 순위는 법률에 의해 정해지며 피상속인이 임의로 추가할 수 없다. 법률로 정해진 일정 범위에 속하는 사람만이 상속권자가 될 수 있기

때문에 혼인신고 없이 동거하는 사실상 배우자는 상속권을 갖지 못한다.

:: 상속은 피상속인의 재산이 포괄적으로 상속인에게 승계되는 제도이다. 사망자가 생전에 살던 주택이나 생전에 운용하던 사업체 같은 특정재산에 대한 개별적인 처분과 상속은 다르다.

:: 상속은 유증遺贈과 구별된다. 유증은 사망자가 유언에 의해서 자기재산의 일정부분을 자유롭게 처분하는 것이다. 유증은 상속권자가 아닌 사람에게도 할 수 있다. 예를 들어 장학재단에 기부하는 것, 생전에 사랑하던 친구에게 재산을 남기는 것 등은 유증을 통해서 할 수 있다.

:: **상속의 개시** 상속의 법률관계는 상속개시사유가 발생한 때에 전개된다. 상속개시사유는 다음과 같다. ① 사실상의 사망 : 실제로 사망이 발생한 때에 상속이 개시된다민법 제997조. ② 실종선고 : 실종기간의 만료시가 사망시기이다민법 제28조. ③ 인정사망 : 호적부에 기재된 사망의 연월일시가 사망시기로 인정된다. ④ 상속의 개시장소는 피상속인의 주소지이다민법 제998조.

상 속 분

사망으로 상속되는 재산은 상속인들에게 포괄적으로 이전되었다가 상속인들이 각자의 지분비율에 따라 분할받게 된다. 상속분相續分이란 각자의 상속인이 전체 상속재산에 대해 갖는 지분을 말한다. 상속분은 보통 상속재산의 1/2, 1/3과 같이 상속개시 시기에 있어서의 상속재산 전체의 가액에 대한 비율에 의하여 표시된다.

상 속 인

상속인은 법률이 정하는 일정 범위의 친족과 배우자이다. 피상속인은 임의로 상속인을 지정할 수 없다. 상속권이 있는 친족은 피상속인의 직계비속子女, 孫子女 등, 직계존속父母, 祖父母, 형제자매이복형제자매, 입양에 의한 형제자매 포함, 4촌 이내의 방계혈속숙부, 고모, 외숙부, 조카, 종형제자매, 고종·이종형제자매에 한정된다. 상속인은 상속순위와 관련하여 정해진다. 후순위 상속권자는 선순위의 상속인이 없는 경우에만 상속받게 된다.

:: **상속능력**　상속인이 피상속인의 재산상의 권리의무를 승계받기 위해서는 권리의무의 주체가 될 수 있는 능력인 권리능력을 갖추고 있어야 한다. 그러므로 상속인은 상속개시의 때에 생존하여야 한다민법 제3조. 단 상속인은 자연인만이 될 수 있으며, 법인은 상속인이 될 능력이 없다. 이는 사망자가 유언에 의해 법인에 대하여도 재산을 증여할 수 있는 것과 대조적이다.

:: **상속인의 부존재**　상속인의 자격을 갖춘 자가 없는 경우에, 상속인이 존재하지 않는 것으로 처리된다. ① 재산분여 : 상속인이 없는 경우로서 법률이 정하는 특별연고자가 있을 때에는 상속재산의 전부나 일부를 나누어 줄 수 있다민법 제1057조의2. ② 국가귀속 : 상속인도 없고 분여권자도 없는 경우에 상속재산은 국가에 귀속한다민법 제1058조.

:: 계모, 적모, 계부가 사망하여 재산을 남긴 경우에, 혈연관계가 없는 계자녀들은 상속권을 갖지 않는다. 다만 민법 개정 이전1990년 이전에 이루어진 상속에 관하여는 구민법이 적용되어 상속권이 인정된다. 구민법 시행 당시 계모의 모母가 사망한 경우, 그 전에 계모가 이미 사망하였다면 전처의 출생자가 계모의 순위에 갈음하여 대습상속을 한다대법원 2009. 10. 15. 선고 2009다42321 판결.

:: **북한에 있는 자녀**　한국전쟁 이전에 북한에 두고 온 이산가족들도 상속권을 가지며, 이들의 상속과 관련한 소송이 빈번하다. 망인의 직계비속인 딸이 이북에 있어 생사 불명이라는 이유만으로는 재산상속인에서 제외될 수 없다대법원 1982. 12. 28. 선고 81다452 · 453 판결.

상속의 순위

상속인이 누가 되는가는 상속순위에 의해 결정된다. 상속의 순위는 법률로 정해지며, 당사자가 임의로 변경할 수 없다. 법률이 정하는 상속의 순위법정순위는 ① 피상속인의 직계비속, ② 피상속인의 직계존속, ③ 피상속인의 형제자매, ④ 피상속인의 4촌 이내의 방계혈족의 순서이다민법 제1000조 1항. 배우자는 ①과 ②의 상속인이 있는 경우에는 그 상속인과 동순위로 공동상속인이 되고 그 상속인이 없는 때에는 단독상속인이 된다민법 제1003조 1항.

선순위의 상속권자가 없는 경우에만 그 다음 순위의 상속권자가 상속인으로 결정된다. 같은 순위의 상속인이 여러 명인 때에는 최근친最近親을 선순위로 하고, 동친同親 등의 상속인이 여러 명인 때에는 공동상속인이 된다민법 제1000조 2항. 태아는 상속순위에 관하여는 이미 출생한 것으로 본다민법 제1000조 3항.

예를 들어 아내남편와 자녀를 남기고 사망한 아버지어머니의 재산은 아내남편와 자녀가 공동상속한다. 자녀가 없는 기혼 남자여자가 사망한 경우에는 아내남편와 사망자의 부모가 공동으로 상속한다. 자녀도 없고 부모도 없는 사람이 사망한 경우 기혼인 때에는 배우자가 단독으로 상속하고, 독신인 때에는 형제자매가 공동으로 상속한다. 이 경우 형제자매도 없으면 4촌 이내의 방계혈족숙부, 사촌형제 등이 상속한다.

부모나 배우자 대신 상속받는 제도

대습상속代襲相續제도는 상속을 받지 못하고 먼저 사망하거나 상속결격이 된 사람대습자을 대신하여 배우자와 자녀가 그 사망자의 상속분을 대물림하여 상속받게 되는 것을 말한다. 대습상속제도는 사망자의 상속에 대한 기대를 보호하고 생전의 배우자와 자녀의 생계를 보장하여 주는 등 그 사망으로 인해 상속에서 제외되는 것을 막기 위한 제도이다.

:: 요　　건 피상속인의 직계비속이나 형제자매로서 상속인이 될 자가 사망하거나 결격자가 된 경우에, 배우자와 자녀직계비속가 있는 때에는 그 직계비속이 사망자나 결격자에 갈음하여 상속인이 된다민법 제1001조. 상속받을 사람이 직계존속인 경우에예: 10살의 아들이 사망하여 그 부모가 상속인이 되는데 아버지가 아들보다 먼저 사망했던 경우, 대습상속은 인정되지 않는다. 상속인이 상속을 포기한 경우에는 대습상속이 인정되지 않는다. 동시사망으로 추정되는 경우에 대습상속이 가능하며, 피상속인의 자녀가 상속개시 전에 전부 사망한 경우 피상속인의 손자녀의 상속은 대습상속의 성격을 갖는다대법원 2001. 3. 9. 선고 99다13157 판결.

:: 효　　과 대습상속이 이루어지면 원래의 상속순위에 그의 배우자와 자녀

가 대신 들어오게 된다. 대습상속인은 피대습상속인이 상속받을 것으로 예정된 상속분을 단독 또는 공동으로 대습상속인이 여러 명인 경우 상속한다. 대습상속인은 자신의 고유한 상속권을 취득하게 된다. 대습상속인은 피대습상속인의 상속권을 대행하는 것이 아니라, 상속순위에 있어서만 피대습상속인의 지위를 물려받는다. 피대습상속인은 피상속인의 사망시에 실재하지 않았으므로 현실적인 상속권을 취득하지 못하기 때문에 상속권을 대습상속인에게 승계해 줄 수 없다.

태아의 상속능력

태아는 상속순위에 관하여는 이미 출생한 것으로 본다민법 제1000조 3항. 일반적으로 권리능력은 출생시부터 부여되지만, 상속에 관하여는 예외가 인정되는 것이다. 그러나 태아가 태어나지 못하고 사산되는 경우에는 상속을 받지 못한다. 이에 대하여는 출생하면 상속개시시에 소급하여 상속능력을 취득하게 된다는 입장정지조건설과 태아인 상태에서 상속인이 되고 살아서 출생하지 못하면 소급하여 상속능력을 상실하게 된다는 입장해제조건설의 대립이 있다. 해제조건설을 취할 것인가 또는 정지조건설을 취할 것인가는 결국 태아의 보호에 치중할 것인가 또는 상대방이나 제3자의 보호에 치중할 것인가의 정책판단의 문제이다.

:: **해제조건설** 태아는 상속에 있어서 출생한 것과 마찬가지로 권리능력을 인정받지만 만약 태아가 사산되면 상속시에 소급하여 상속능력을 잃는다고 보는 견해이다. 태아가 살아서 출생할 확률이 높으므로 태아를 보호하는 것이 옳다고 한다. 해제조건설은 민법 제1003조 3항이 태아에게 사산을 해제조건으로 하여 출생 전에도 상속능력을 부여하는 취지라고 해석한다. 이 경우 태아의 법정대리에 관해서는 출생자에 관한 법정대리의 규정이 준용되어야 하며 명문의 규정이 없다고 해서 법정대리인을 부인해서는 안 된다. 태아의 법정대리인의 권한은 현재의 권리관계를 보존하는 범위재산관리 기타 권리보호행위로 한정된다고 한다.

:: **정지조건설** 태아는 출생 전에는 상속능력을 취득하지 못하고 출생했을 때 상속개시시에 소급하여 상속능력을 취득한다는 견해이다. 민법이 태아의 권리능력에 관하여 개별주의를 취하고 있고 태아에 대한 모의 법정대리를 인정치

않는 점을 고려하여, 태아에게 출생을 정지조건으로 하여 출생시부터 권리능력을 부여하는 취지라고 해석한다. 태아에게 출생을 의제하여 상속능력을 부여한다면 다음에 열거하는 여러 사태에서 불합리한 결과로 될 것이기 때문에, 해제조건설보다 태아에게 불리하더라도 정지조건을 취하는 것이 타당하다고 한다.

　:: **판　　례**　판례는 태아의 손해배상청구권에 관한 사안에서 정지조건설을 취한 바 있다. 태아가 권리를 취득한다 하더라도 이를 대행할 기관이 없으며 태아로 있는 동안은 권리능력을 취득할 수 없으므로, 살아서 출생한 때에 출생시기가 문제의 사건의 시기까지 소급하여 그때에 태아가 출생한 것으로 간주하는 것이다대법원 1976. 9. 14. 선고 76다1365 판결.

상속인이 될 수 없는 결격사유

　상속인의 부도덕한 행위나 유언에 대한 부정행위가 있는 경우에는 상속인의 자격이 박탈된다. 상속협동체라고 하는 윤리적·경제적 결합관계를 깨뜨리는 비행이 있는 자에게 상속권을 인정해서는 안 된다는 생각에서 비롯된다. 상속인 자격이 박탈되는 사람은, ① 고의로 직계존속, 피상속인, 그 배우자 또는 재산상속의 선순위나 동순위에 있는 자를 살해하거나 살해하려 한 자, ② 고의로 직계존속, 피상속인과 그 배우자에게 상해를 가하여 사망에 이르게 한 자, ③ 사기 또는 강박으로 피상속인의 양자 기타 상속에 관한 유언 또는 유언의 철회를 방해한 자, ④ 사기 또는 강박으로 피상속인의 양자 기타 상속에 관한 유언을 하게 한 자, ⑤ 피상속인의 양자 기타 상속에 관한 유언서를 위조, 변조, 파기 또는 은닉한 자이다민법 제1004조 1호-5호.

　:: **결격의 효과**　결격사유가 있는 자는 상속 및 유증을 받을 자격을 상실한다민법 제1064조. 피상속인의 사망시에 자격이 있었더라도 상속개시 후에 결격사유가 있음이 밝혀지면 그 결격자에 대한 상속은 소급하여 무효로 된다. 결격자가 취득한 상속재산은 진정상속인에게 반환되어야 한다. 그러나 결격자의 상속분이 그의 배우자나 직계비속에게 대습상속되는 것을 방해하지 않는다.

　피상속인이 결격사유 있는 자를 용서하여 결격효과를 소멸시킬 수 있는가에 대하여는 학설이 대립한다. 긍정설은 용서에 의해 상속인의 자격이 부활하는 것을 허용하는 견해이다. 부정설은 상속인의 자격을 부여할 수 없으며 상속결격제도는 공익상의 제도이기 때문, 생전증여에 의해서만 재산을 줄 수 있다고 한다.

상속의 승인

상속을 승인하여야 상속재산을 받게 되는 때, 이때에 부동산, 동산, 예금, 주식 같은 적극재산뿐 아니라 채무와 기타 의무까지 승계하게 된다. 승인에는 단순승인과 한정승인의 두 종류가 있다.

:: **단순승인** 상속인이 상속을 승인한 때에는 제한 없이 피상속인의 권리의무를 승계한다 민법 제1025조. 민법은 단순승인을 원칙으로 삼기 때문에 상속인이 단순승인의 의사표시를 명시적으로 해야 할 필요는 없다. 단순승인에는 다음의 두 종류가 있다. ① 임의단순승인 : 상속인은 상속개시 있음을 안 날로부터 3개월 내에 단순승인을 할 수 있다. 그러나 그 기간은 이해관계인 또는 검사의 청구에 의하여 가정법원이 이를 연장할 수 있다 민법 제1019조 1항. 상속인은 승인 또는 포기를 하기 전에 상속재산을 조사할 수 있다. ② 법정단순승인 : 상속인이 상속재산에 대한 처분행위를 한 때, 상속인이 기간 내에 한정승인 또는 포기를 하지 아니한 때, 상속인이 한정승인 또는 포기를 한 후에 상속재산을 은닉하거나 부정소비하거나 고의로 재산목록에 기입하지 아니한 때에는 상속인이 단순승인을 한 것으로 본다 민법 제1026조, 2002년 개정.

:: **한정승인** 한정승인이란 상속인의 의사표시 및 신고에 의하여 조건부로 상속할 것을 승인하는 제도이다. 상속인은 상속으로 인하여 취득할 재산의 한도에서 피상속인의 채무와 유증을 변제할 것을 조건으로 상속을 승인할 수 있다 민법 제1028조. 한정승인을 하려면 법률이 정한 기간 내에 법원에 신고하여야 한다. 상속개시 있음을 안 날로부터 3개월 내에 해야 하지만, 이해관계인 또는 검사의 청구에 의하여 가정법원이 이를 연장할 수 있다. 상속인은 상속채무가 상속재산을 초과하는 사실을 중대한 과실 없이 기간 내에 알지 못하고 단순승인 단순승인한 것으로 보는 경우를 포함을 한 경우에는 그 사실을 안 날부터 3월 내에 한정

승인을 할 수 있다민법 제1019조 3항, 2002년 신설. 이러한 기간의 연장은 헌법불합치 결정에 따른 입법조치이다헌법재판소 1998. 8. 27. 선고 96헌가2 · 3 · 9, 98헌바24 · 25 결정. 과거에는 3개월이 경과하면 무조건 단순승인한 것으로 간주했었는데, 그 법률조항은 상속인이 고려기간 내에 한정승인 또는 포기를 하지 아니한 때에는 그 이유여하를 불문하고 일률적으로 단순승인을 한 것으로 의제하는 방법을 선택하였다는 데 문제가 있었다.

:: **양자의 비교** 실제로 한정승인은 단순승인으로 인한 상속채무의 무한정승계를 면하기 위하여 하므로, 양자의 차이는 상속받은 적극재산이 채무보다 적을 때에 크게 나타난다. ① 단순승인의 경우에는 상속인이 상속재산 이외에 자기의 고유재산으로써 채무를 변제해야 하지만, 한정승인의 경우에는 상속재산의 범위에서만 채무를 변제하면 되고 초과액에 대하여는 변제책임을 지지 않는다. 한정승인의 경우에는 파산 후의 청산절차와 유사한 법률문제가 발생하게 되는데, 상속인은 모든 채권자에게 균등하게 변제할 의무를 진다. ② 단순승인에 의하여는 상속개시의 때부터 자기의 고유재산과 상속재산이 혼연일체가 되어 피상속인에 대한 재산상의 권리의무는 혼동으로 소멸한다. 반면에 한정승인자의 상속재산에 대한 권리의무는 자기고유재산과 구분되므로 한정승인자가 피상속인에 대하여 갖는 재산상 권리의무는 소멸하지 않는다민법 제1031조.

상속의 포기

상속인이 상속개시 후 3개월 이내에 자기의 상속권을 포기하겠다는 의사표시를 하는 경우를 상속의 포기라고 한다. 이해관계인 또는 검사의 청구에 의하여 가정법원이 연장할 수 있다. 포기를 하면 상속인이 상속개시의 때부터 아무런 권리의무를 승계하지 않았던 것으로 되며, 단지 다른 상속인에게 인계하기까지 상속재산을 관리할 의무만을 진다민법 제1044조.

:: **소급적 소멸** 상속의 포기란 상속인이 상속재산에 대한 모든 권리와 의무를 한꺼번에 소멸시키는 효과를 발생시킨다. 상속인이 기간 내에 포기의 뜻을 가정법원에 신고함으로써 포기를 하면, 그 포기의 효과는 상속이 개시된 때에 소급

하여 효력이 있다민법 제1042조.

:: **공동상속인의 포기** 공동상속의 경우에 그들 중 일부가 상속재산의 취득을 양보할 때에도 상속의 포기를 할 수 있다. 공동상속인 중 어느 한 명이 상속을 포기한 경우에, 포기한 자의 상속분은 다른 공동상속인에게 각자의 상속분의 비율로 귀속한다민법 제1043조. 실제로는 절차가 까다로운 '포기'를 이용하기보다는 '상속재산의 분할협의서' 또는 '특별수익증명서'로써 공동상속인 중 한 명이 분할재산을 다른 상속인에게 양보한다. 상속재산 전부를 공동상속인 중 한 명에게 상속시킬 방편으로 나머지 상속인들이 법원에 한 상속포기신고가 그 법정기간 경과 후에 한 것으로서 재산상속포기로서의 효력이 생기지 아니하더라도, 그에 따라 위 공동상속인들 사이에는 위 한 명이 고유의 법정상속분을 초과하여 상속재산 전부를 취득하고 잔여 상속인들은 이를 전혀 취득하지 않기로 하는 내용의 상속재산에 관한 협의분할이 이루어진 것으로 본다대법원 1991. 12. 24. 선고 90누 5986 판결.

:: **포기의 기간** 포기는 상속개시 있음을 안 날로부터 3개월 내에 해야 하지만, 이해관계인 또는 검사의 청구에 의하여 가정법원이 이를 연장할 수 있다. '상속개시 있음을 안 날'이란 상속개시의 원인이 되는 사실의 발생을 인식함으로써 자기가 상속인이 되었음을 안 날을 말하는 것이므로, 상속재산 또는 상속의무의 존재를 알아야만 기간이 진행되는 것은 아니다대법원 1991. 6. 11.자 91스1 결정. 상속인이 위 기간 내에 한정승인이나 포기를 하지 않고 그 기간이 경과되면 단순승인이 된다.

:: **포기와 한정승인의 차이** 포기를 하면 상속인이 상속개시의 때부터 아무런 권리의무를 승계하지 않았던 것으로 되며, 단지 다른 상속인에게 인계하기까지 상속재산을 관리할 의무만을 진다제1044조. 상속인이 채무가 더 많은 것으로 잘못 알고 포기한 경우에, 후에 상속재산이 새로 발견되더라도 포기를 취소할 수 없으므로 예상치 못한 불이익을 입게 된다.

한정승인을 하면 상속인의 의무가 한정될 뿐 권리에는 영향을 미치지 않으므로, 후에 적극재산이 채무보다 더 많은 것으로 판명되면 그 이익을 놓치지 않는

여성을 위한 **법**

다는 장점이 있다. 단 한정승인자의 채무변제에 더 많은 제한과 엄격한 의무가 부과된다는 절차상의 번거로움이 있다. 실제로 피상속인의 적극재산이 채무보다 적다는 사실이 명백한 때에는 대개 포기를 하고, 그 사실이 불분명하여 적극재산이 많을 가능성이 높을 때에는 한정승인을 많이 한다.

상속인이 없는 경우

상속인이 존재하지 않거나 그 존재 여부가 불명확한 경우에 제1단계로 피상속인의 재산을 관리할 필요가 있다. 민법은 상속인의 부존재시에 상속재산관리인을 선임토록 하여 재산의 관리를 맡긴다. 제2단계로서 상속재산으로부터 상속채무와 유증을 이행하는 청산절차가 필요하다. 재산관리 및 청산의 절차는 장래 나타날지 모르는 상속인의 이익을 보호하고, 유증을 받은 자, 상속채권자 기타 이해관계인 사이의 이익을 합리적으로 조정하기 위함이다. 민법은 한편으로는 상속재산을 관리토록 하면서 다른 한편으로는 상속인을 수색하도록 공고를 요구한다. 그 수색절차 후에는 상속인이 존재하지 않는 것으로 확정하고, 제3단계로서 청산 후 남은 상속재산을 누구에게 귀속시킬 것인가를 정한다. 이에 관하여 특히 의미있는 규정은 특별연고자에 대한 분여에 관한 민법 제1057조의 2^{1990년 신설}이다. 종래에는 상속인수색의 공고를 하고도 상속권을 주장하는 자가 없는 경우 바로 상속재산을 국가에 귀속시켰으나, 피상속인과 생계를 같이 하고 있던 자, 피상속인의 요양간호를 한 자 기타 피상속인과 특별한 연고가 있던 자가 상속재산을 분여받을 권리를 갖게 되었다.

:: **국가에의 귀속** 상속인이 없고 특별연고자에 대한 분여도 되지 않은 경우 상속재산은 국가에 귀속한다민법 제1058조 1항. 단 저작권자, 특허권자가 상속인 없이 사망한 경우에 그 권리가 민법 기타 법률의 규정에 의하여 국가에 귀속되는 경우에는 저작재산권, 특허권이 소멸한다. 일단 재산이 국가에 귀속한 후에는 상속재산으로 변제받지 못한 상속채권자나 유증을 받은 자가 있는 때에도 국가에 대하여 그 변제를 청구하지 못한다민법 제1059조.

3. 배우자의 상속분

배우자의 상속순위

상속인의 배우자는 제 1 순위자녀, 제 2 순위부모의 자가 상속하는 경우에, 그 상속인과 같은 순위로 공동상속인이 된다. 제 1 순위와 제 2 순위의 상속인이 전혀 없는 경우에는 배우자가 혼자서 재산 전부를 상속받는다민법 제1003조 1항. 배우자가 상속이 개시되기 전에 사망하거나 또는 결격되어 대습상속이 되는 경우에 사망자의 배우자는 자녀와 같은 순위로 공동상속인이 되거나, 자녀가 없을 때에는 단독상속인이 된다민법 제1003조 2항.

상속에서 말하는 배우자란 혼인신고가 접수된 경우, 즉 '법률혼의 배우자'만을 의미한다. 혼인신고를 하지 않고 실질적으로 부부생활을 하는 '사실혼의 배우자'에게는 상속권이 주어지지 않는다. 다만 상속인이 전혀 없는 경우에는 사실혼의 배우자가 특별연고자로서 상속재산에 대한 분여청구권을 가질 수는 있다민법 제1057조의2.

배우자 상속권의 구조

배우자의 상속문제를 어떻게 처리할 것인가는 입법정책의 문제이다. 배우자 상속권의 실제 내용을 들여다보면 부부재산의 분할 요소와 사망자의 재산을 나누어 주는 상속의 요소가 결합되어 있다. 그래서 각 나라의 법은 배우자에게 우선 재산분할을 해 준 후 상속권을 줄 것인지, 재산분할은 하지 않고 상속권만 줄 것인지, 또는 상속권은 주지 않고 재산분할만 인정할 것인지 등 여러 가지 방법 중에서 하나의 정책을 선택하는 것이다. 그리고 배우자에게 상속권만 주는 경우에는 배우자의 상속권과 혈족의 상속권을 각각 독립시키는 이원적 구조를 취하는 방식과 양자를 통합하여 진행하는 일원적 방식이 있다. 이렇게 다양한 방식이 고안된 것은 배우자의 상속분을 부부재산의 절반또는 상당량을 확보해 주어 다른 공동상속인이 아무리 많아도 배우자의 상속분에 위협을 주지 않기 위한 제도를 발견하기 위함이다.

:: 우리 민법은 배우자의 사망시 상속권만 인정하고 재산분할은 인정하지 않는 방식을 취하고 있다. 그리고 배우자의 상속권을 혈족의 상속권과 함께 처리하는 일원적 구조를 취하고 있다. 배우자는 사망자의 자녀직계비속나 부모직계존속와 공동상속인이 된다. 배우자의 상속분은 공동상속인과 독립된 독자적인 지분의 비율로 정해지지 않는다. 공동상속인의 수가 많으면 혈족상속인들 상호간에 있어서 각자의 상속분이 적어지는 것과 마찬가지로, 배우자의 상속분에도 영향을 미쳐 배우자의 상속분을 감소시킨다. 배우자의 상속지분을 확보해 주기 위해 상속분에 하한선을 정해놓은 것이 없다. 배우자 상속권에 부부재산법적 요소가 포함되어 있다는 것을 고려할 때, 배우자 상속권과 혈족상속권을 동일선상에 놓고 배정하는 것은 부당하다는 비판이 있다.

외국법에서의 배우자 상속

외국에서는 배우자 사망시 재산분할을 하지 않는 입법방식을 취한 경우에는 배우자의 상속분을 최소한 2분의 1을 확보해 주고, 다른 공동상속인이 자녀인가 부모인가 형제자매인가에 따라 배우자의 상속분을 3분의 2 또는 4분의 3으로 확보해 주는 방식을 취하고 있다.

:: **독 일 법** 독일에서는 배우자가 자녀와 공동 상속하는 경우에는 전 유산의 2분의 1을 상속하고, 배우자가 부모, 형제자매 또는 조부모와 함께 상속하는 경우에는 4분의 3의 배우자 상속분을 받게 되며, 사망한 배우자에게 그 밖의 혈족만 있는 경우에는 남은 배우자가 단독으로 상속한다. 독일의 남녀동권법1957년은 배우자의 상속권을 강화하는 데에 큰 역할을 하였다.

:: **스위스법** 스위스에서는 배우자가 최소한 유산의 2분의 1의 소유권을 갖는다. 배우자가 자녀 또는 부모와 함께 상속받을 때에는 유산의 4분의 3의 소유권을 갖고, 그 밖의 경우에는 유산 전부를 상속한다스위스 민법 제462조.

:: **일 본 법** 일본에서는 배우자가 자녀와 공동으로 상속하는 경우에 배우자의 상속분은 2분의 1, 자녀의 상속분은 2분의 1로 된다. 배우자가 직계존속시부모 또는 장인·장모과 함께 상속하는 경우에 배우자는 3분의 2, 직계존속은 3분의 1

로 된다. 배우자가 피상속인의 형제자매와 공동상속하는 경우에는 배우자가 4분의 3, 형제자매가 4분의 1이다. 1980년 민법개정으로 배우자의 상속분이 전보다 크게 증가된 것이다. 개정 전에는 배우자가 자녀와 공동으로 상속하는 경우에 배우자는 3분의 1, 자녀는 3분의 2이었다. 개정 전에는 배우자가 직계존속시부모 또는 장인·장모과 함께 상속하는 경우에, 배우자, 직계존속 각각 2분의 1이었다. 개정 전에는 배우자가 피상속인의 형제자매와 공동상속하는 경우에 배우자 3분의 2, 형제자매 3분의 1이었다.

배우자 상속권의 도입 필요성

배우자가 1순위 또는 2순위 상속인과 공동상속인이 되는 경우, 그 상속분은 직계비속혹은 직계존속의 상속분의 5할을 가산할 뿐이다. 그러므로 공동상속인이 여러 명이 되면 배우자의 상속분이 적어지게 된다. 이와 관련하여 배우자에게는 다른 혈족 상속과는 달리 독립된 상속분을 인정하여야 한다는 지적이 있다. 구체적으로는 다음과 같은 방법들이 논의된다.

:: **재산분할과 상속의 병행** 부부재산에 관한 청산적 재산분할을 한 후에 남은 재산으로 상속을 하는 방안을 생각해 볼 수 있다. 이혼할 때의 재산분할비율보다 배우자의 상속권이 많이 보장되어야 한다는 취지이다. 실제로 우리나라의 배우자 상속분은 이혼할 때의 권리보다 적게 인정되고 있어 아내의 황혼이혼청구가 증가하는 한 원인으로 지적되기도 한다. 그러나 이러한 재산분할과 상속의 병행 방법은 재산분할의 기준이 법률로 명확히 정해져 있지 않은 경우에는 상속재산에 관한 복잡한 분쟁을 일으킬 수 있다.

:: **선취분先取分의 인정** 피상속인과 혼인공동생활을 하면서 공동으로 사용해 오던 가사용구나 직업 활동과 관계없는 피상속인의 개인용품들을 동산動産에 한정하여 생존배우자에게 우선적으로 승계시키자는 입장이다. 가사용구, 혼인시 장만했던 혼수, 취미로 모은 수집품 등 취미활동과 관련되는 용품, 함께 사용하던 승용차, 애완동물 등이 이에 해당할 것이다. 이러한 선취분의 대상이 되는 물건들은 주로 부부공유로 되는 경우가 많을 것이고, 또 많은 경우 강제집행의

여성을 위한 **법**

대상에서 제외되는 것으로 될 것이기 때문에 상속채권자가 특별히 불리하게 되는 것도 아닐 것이다. 이러한 선취분의 인정은 배우자의 사망으로 인한 정신적 충격과 상실감을 감소시키는 기능을 갖는다고 한다.

기여분을 통한 보충

배우자가 사망자의 재산형성에 기여하였거나 재산절약에 도움을 준 경우에 그 부분은 상속을 받을 지분에 더해 준다. 배우자나 자녀의 간병이나 부양은 기여분으로서 계산된다. 기여분寄與分이란 공동상속인 중에서 피상속인의 재산의 유지 또는 증가에 관하여 특별히 기여하였거나 피상속인을 특별히 부양한 자가 있을 경우에 정도에 따라 그 기여자나 부양자의 상속분을 가산해 주는 제도이다. 공동상속인 중에 상당한 기간 동거·간호 그 밖의 방법으로 피상속인을 특별히 부양하거나 피상속인의 재산의 유지 또는 증가에 특별히 기여한 자가 있을 때에는 상속개시 당시의 피상속인의 재산가액에서 공동상속인의 협의로 정한 그 자의 기여분을 공제한 것을 상속재산으로 보고 법정상속분에 기여분을 가산한 액으로써 그 자의 상속분으로 한다민법 제1008조의2 1항.

기여분제도에 의해 상속분이 증가될 가능성이 가장 많은 상속인은 배우자이다. 배우자는 피상속인과 혼인공동생활을 하였으므로, 재산을 함께 증식하거나 서로 보살펴 주는 등 어느 정도의 기여는 어떤 부부에게나 있다. 그러나 법률상 기여분이 인정되기 위해서는 통상의 기여가 아니라 특별한 기여가 있어 공동상속인이 본래의 상속분에 따라 재산을 분할하는 것이 기여자에게 불공평한 것이 명백히 인식되는 정도이어야 한다. 배우자는 부부로서 서로 부양, 협력의무가 있기 때문에 가사노동에 의한 배우자의 기여는 특별한 기여로 보기 어렵다. 모든 배우자가 기여분제도에 의해 다른 상속인과 달리 특별히 우대되는 것은 아니다.

특별연고자에 대한 재산분여제

특별연고자에 대한 재산분여제도는 상속인이 없어 국가에 귀속하게 될 재산을 사망자의 특별연고인에게 나누어 줌으로써 혈연관계 있는 자를 중심으로 하는 상속권제도의 취약점을 보완하려는 제도이다. 재산분여제도는 피상속인과 동거하면서 말년을 보살핀 사실혼배우자, 사실상의 양자 기타 동거가족에게 그들의 노고를 보상해 주는 역할을 할 것이다. 또한 특별연고자에 대한 재산분여제도가 있음으로 해서 상속인 없는 자에게 노년의 보살핌을 주려는 요양기관이나 개인이 늘어날 가능성도 있다.

:: **재산분여청구권** 특별연고자는 민법의 규정에 의해 재산분여권을 갖는다. 이것은 상속권과도 다르고 유증받은 자의 권리와도 다른 별개의 실체법적 권리이다. 재산분여의 결정은 반드시 가정법원의 심판을 거치도록 하고 있으므로, 재산분여청구권자는 그의 분여권을 심판의 청구라는 절차를 통해서만 행사할 수 있다. 심판은 특별연고자의 재산분여청구권을 창설하려는 효과를 가져오는 것이 아니라 민법상 부여된 분여청구권을 확인하고 그 분여액을 결정하는 역할을 한다.

:: 상속재산분여의 요건은 ① 상속인이 없을 것, ② 상속재산이 청산 후에 남아 있을 것, ③ 가정법원에 분여의 청구를 하였을 것기간의 제한이 있음, 민법 제1057조의2 2항, ④ 청구인이 특별연고자일 것, ⑤ 가정법원의 분여의 심판이 있을 것이다.

특별연고자로 인정받기 위해서는 피상속인과 생계를 같이하거나, 피상속인을 요양, 간호했거나 기타 피상속인과 특별한 연고가 있었어야 한다. 기타 특별한 연고가 있는 자로서는 장기간의 사실혼배우자, 사실상의 양자, 사실상의 양부모, 장기간의 동업자, 실제로 친척과 다름없이 가까이 지내던 자가 포함된다. 특별연고자는 자연인에 한하지 않고 법인고아원, 양로원 등도 될 수 있다. 특별연고관계의 존재는 그것을 주장하는 자가 증명하여야 한다.

:: **재산분여의 효과** 특별연고자는 상속재산의 전부 또는 일부를 분여받을 수 있다. 재산분여에 있어서 상속채무 등의 의무는 승계되지 않는다. 분여재산의 범위나 분여액은 가정법원이 정한다. 분여액을 정함에 있어서는 피상속인과 공동생활한 기간, 요양간호의 기간, 연고의 밀접한 정도를 참작해야 한다. 분여액의 결정은 법원의 재량에 속한다.

:: **재산분여와 기여분의 관계** 재산분여와 기여분은 별개의 제도이다. 기여분제도는 상속인 중에서 특별히 재산증가 등에 기여한 자에게 인정되는 상속분가산 제도이며, 재산분여제도는 상속인이 아닌 특별연고자에게 법률이 부여하는 재산취득의 제도이다. 재산분여와 기여분이 경합되는 경우는 있을 수 없으며, 기여분이 인정되는 경우에 재산분여는 행해지지 않는다_{상속인이 있는 경우이므로}.

특히 특별연고인이 피상속인의 상속재산의 유지나 증가에 기여한 경우 또는 피상속인을 부양한 경우에는 반드시 기여분 상당액의 재산분여를 해 주어야 한다고 생각된다. 기여분권은 상속인에게만 인정되므로 상속인이 되지 못한 자는 그 실질적인 기여분을 재산분여제도로써 보상받는 것이 타당하기 때문이다.

유류분 제도

사망한 배우자가 생전에 대부분의 재산을 특정인_{내연의 처, 장학재단 등}에게 증여한 경우에, 사망자의 재산에 대한 상속이 개시된 때에 배우자에게나 자녀들에게 남겨진 재산이 거의 없어 당황하게 되는 사례가 종종 있다. 이런 경우에 상속인은 유류분을 통해 자기의 몫을 되찾아 올 수 있다. 부모가 딸이라는 이유로 아무런 재산을 남겨주려 하지 않을 때, 남편이 아내에게는 아무 재산을 남기지 않고 아들에게 모든 재산을 상속해 주려고 할 때에도, 유류분 제도를 통하여 최소한의 상속분을 보장받을 수 있다.

유류분_{遺留分}이란 피상속인의 유언에 의한 재산처분의 자유를 제한함으로써 상속인_{피상속인의 4촌 이내의 방계혈족은 제외}에게 법정상속분에 대한 일정비율의 상속재산을 확보해 주는 제도이다_{1977년 민법개정시 도입}. 유류분 제도는 피상속인의 가족 및 친족으로 구성된 가족공동체의 가산에 대한 권리를 인정하는 것이며 그 구성원에게 장래의 생활의 안정을 보장해 준다. 유류분은 피상속인의 재산에 의존하여 생활하고 있었던 가족 등의 생활을 보장하기 위한 제도일뿐 아니라, 피상속인의 명의로 되어 있는 재산 중에 가족 등의 잠재적 지분이 포함되어 있다고 보고 그 잠재적 지분을 되찾아 올 수 있게 하는 제도이다.

:: **유류분권의 발생** 상속인은 법률이 허락한 유류분의 범위에서 상속재산에

관한 유류분권을 갖는다. 유류분권은 상속인의 상속권으로부터 파생되는 것이므로 피상속인의 사망으로 상속이 개시된 후에 발생한다. 유류분권은 상속개시 전에 포기할 수 없으며 유류분권리자가 상속개시 후에 그 권리를 포기하는 것은 허용된다.

:: **유류분권의 효력** 상속인은 자기의 유류분권에 기해 다른 사람에게 넘어간 재산의 반환을 청구하거나 다른 사람에게 넘기는 것을 거절할 수 있다. 유류분권으로부터는 유류분반환청구권과 이행거절권이 나오는데, 그것들의 행사는 피상속인이 한 처분행위의 효력을 부인하는 효과를 갖는다. 그 부인의 효력은 증여계약이나 유증행위를 누구에 대하여든 절대적으로 무효로 하는 것이 아니라, 유류분권리자에 대한 관계에서만 그의 유류분반환청구권이나 이행거절권의 범위에 한해서 상대적으로 무효로 만든다.

:: **유류분반환청구권** 상속인은 유류분권을 침해한 피상속인의 수증자에 대하여 상속재산의 반환청구권을 갖는다. 피상속인의 증여일정범위로 제한됨 및 유증으로 인하여 유류분권리자의 유류분에 부족이 생긴 때에는 그 부족한 한도에서 그 재산의 반환을 청구할 수 있다민법 제1115조.

:: **이행거절권** 유류분권에 의하여 부인될 증여나 유증이 아직 이행 전인 때에는 이행거절권을 갖는다. 피상속인이 수증자에게 증여의 계약은 하였으나 그의 이행을 하지 않은 채 사망한 경우 또는 유언으로 제 3 자나 다른 상속인에게 재산을 증여하는 경우유증에 상속인은 상속재산으로부터 상속채무 및 유증채무를 변제할 채무를 지는 것이 원칙이지만, 상속채무자인 유류분권리자가 부인하려는 범위의 채무는 이행을 거절할 수 있다. 결국 유류분권리자는 유류분의 부족이 생기는 범위에서는 증여계약의 채무를 면할 수 있다.

유류분권리자 및 유류분 비율

:: **유류분권리자** 유류분의 권리를 갖는 자는 피상속인의 직계비속, 배우자, 직계존속, 형제자매로서 법률의 상속순위에 따라 상속권을 갖는 자이다. 예를 들면 피상속인에게 자녀직계비속가 있는 경우에는 제 2 순위인 피상속인의 부모직계존속·

형제자매는 상속권을 갖지 않으므로 유류분권도 갖지 않는다. ① 태아는 상속순위에 관하여 이미 출생한 것으로 보아 상속권이 부여되므로, 그의 상속분에 비례한 유류분권을 갖는다. ② 대습상속은 유류분권에 관하여도 인정되어 대습상속인은 자신의 대습상속권에 비례한 유류분권을 갖는다. ③ 상속인으로서 결격사유를 갖는 자는 상속인이 되지 못하므로 유류분권도 없다. ④ 포괄적 유증을 받은 자는 상속인과 동일한 권리의무를 갖지만 유류분권은 갖지 않는다.

:: **유 류 분** 유류분의 범위는 각 상속인에 따라 다르다. 직계비속과 배우자는 각각 자기의 법정상속분의 2분의 1씩의 유류분권을 가지며, 직계존속과 형제자매는 각각 자기의 법정상속분의 3분의 1씩의 유류분권을 갖는다민법 제1112조. 상속인으로서 피상속인으로부터 재산의 증여 또는 유증을 받을 자는 그 수증재산이 자기의 법정상속분에 미달하는 범위에서만 상속분을 가지므로 유류분도 그 상속분을 기초로 2분의 1 또는 3분의 1로 된다민법 제1118조, 제1008조. 유류분권자의 일부가 그 권리를 포기한 경우에는 그 사람의 권리가 처음부터 없었던 것으로 하여 나머지 유류분권자의 지분을 산정한다. 유류분 권리자가 유류분반환청구를 함에 있어 증여 또는 유증을 받은 다른 공동상속인이 여러 명인 때에는 다른 공동상속인들 중 각자 증여받은 재산 등의 가액이 자기 고유의 유류분액을 초과하는 상속인만을 상대로 하여 그 유류분액을 초과한 금액의 비율에 따라서 반환청구를 할 수 있어야 하고, 공동상속인과 공동상속인이 아닌 제3자가 있는 경우에는 그 제3자에게는 유류분이라는 것이 없으므로 공동상속인은 자기 고유의 유류분액을 초과한 금액을 기준으로 하여, 제3자는 그 수증가액을 기준으로 하여 각 그 금액의 비율에 따라 반환청구를 할 수 있어야 한다대법원 1996. 2. 9. 선고 95다17885 판결.

:: **유류분산정의 기초가 되는 재산** 유류분의 가액을 산정하는 기초가 되는 재산은 상속재산과 동일하지 않다. 유류분의 산정기초가 되는 재산은 피상속인이 상속개시시에 가진 재산의 가액에 증여재산의 가액을 가산하고 채무의 전액을 공제한 금액이다민법 제1113조. 상속개시될 때에 피상속인이 가졌던 재산을 상속재산이라고 하는데, 이에는 적극재산과 소극재산이 포함된다. ① 적극재산에는 부동

산 및 동산에 관한 물권, 채권 기타 재산권이 포함된다. 단 기여분^{민법 제1008조의2}과 분묘와 제구^{민법 제1008조의3}는 상속재산에서 제외된다. 조건부의 권리 또는 존속기간이 불확정한 권리는 가정법원이 선임한 감정인의 평가에 의하여 그 가액을 정한다^{민법 제1113조}. ② 소극재산은 피상속인이 부담해야 할 채무 기타 재산적 의무를 말한다. 피상속인이 빌려 쓴 소비대차의 반환채무, 증여계약에 따른 채무^{단 예외있음, 후술}, 대금채무, 임금지급채무, 차임채무, 보증채무 등이 이에 해당한다. 그 밖에 세금이나 준조세의 공법상 의무도 이에 포함된다. ③ 피상속인이 유증한 재산은 상속인이 수증자에게 그 유증에 따른 급부를 해야 할 채무를 발생시키는데, 유류분의 기초재산을 계산함에 있어서는 유증은 채무로 계산되지 않는다^{아직 상속재산에 포함되어 있기 때문}. 유증할 재산이 특정물인 경우에도 그 물건은 산정의 기초재산에 산입한다.

:: **증여재산의 산입** 피상속인이 한 증여로서 유류분산정의 기초재산에 산입되는 것은 다음의 것들이다. ① 상속개시 전 1년 간에 행해진 증여는 언제나 기초재산에 산입된다^{민법 제1114조 1문}. ② 당사자 쌍방이 유류분권리자에게 손해를 가할 것을 알고 한 증여는 1년 이전에 한 것도 포함된다^{민법 제1114조 2문}. 재단법인의 설립을 위한 출연이나 무상의 채무면제도 증여와 유사한 효과를 가지므로 기초재산에 산입한다.

유류분반환청구권

:: **유류분 부족액** 유류분권리자가 증여 및 유증으로 인하여 그 유류분에 부족이 생긴 경우에는 부족한 한도에서 그 재산의 반환을 청구할 수 있다^{민법 제1115조 1항}. 구체적으로 해당 유류분권리자의 유류분에서 그 유류분권리자가 받은 특별수익액^{생전에 증여를 받거나 유증을 받은 액수}과 순상속액을 뺀 것이 유류분 부족액이 된다.

:: **유류분 반환청구** 유류분의 반환은 침해를 받은 유증 또는 증여행위를 지정하여 이에 대한 반환청구의 의사를 표시하는 방법으로 하여야 하고, 그로 인하여 생긴 목적물을 특정하여 이전등기를 청구하거나 인도를 청구할 필요는 없다^{대법원 1995. 6. 30. 선고 93다11715 판결}. 유류분을 침해하는 유증과 증여가 있는 경우에

는, 우선 유증에 대하여 반환을 청구하여야 하고 그리고도 부족분이 있으면 증여에 대하여 반환을 청구한다민법 제1116조. 피상속인 생전에 이미 증여를 받은 것을 반환하게 하는 것보다는 상속개시와 동시에 또는 그 이후에 유증을 받은 것을 반환하게 하는 것이 반환자에 대하여 덜 가혹하다는 점을 고려한 것이다. 유증 또는 증여를 받은 자가 수인인 때에는 각자가 얻은 유증가액의 비례로 반환하여야 한다민법 제1115조 2항.

:: **소멸시효** 유류분에 기한 반환청구권은 유류분권리자가 상속의 개시와 반환하여야 할 증여 또는 유증을 한 사실을 안 때로부터 1년 내에 하지 않으면 시효에 의하여 소멸하고, 상속이 개시된 때로부터 10년을 경과한 때에도 시효로 소멸한다민법 제1117조.

생각해볼 문제

- 부부가 공동사업을 하면서 취득한 재산으로 구입한 부동산을 남편 명의로 해두고 남편이 사망한 경우에 그 부인의 상속분을 어떻게 정하는 것이 좋은가?
- 가부장적 사고방식을 갖고 있는 남편이 유언을 통해 맏아들에 전 재산을 상속시키려 한다면 배우자는 어떠한 보호를 받을 수 있는가?
- A는 임신 직후 남편이 사망하자 혼자서 그 아이를 출산하고 양육할 자신이 없어서 낙태 시술을 받았다. 민법 제1004조 1호는 고의로 상속의 선순위나 동순위에 있는 자를 살해하거나 살해하려던 자는 상속인이 되지 못한다고 규정하고 있는데, 태아를 낙태한 경우 A는 동순위 상속인을 살해한 것으로 볼 수 있는가? 남편의 부모님이 생존하여 있는 경우 남편의 재산은 누가 상속받게 되는가? A는 남편의 재산을 상속받을 수 있을까?

4. 상속의 대상

상속되는 재산, 상속되지 않는 재산

상속재산에는 원칙적으로 재산적 권리의무만이 포함되며, 비재산적 권리의무는 포함되지 않는다. 재산적 권리의무에는 물권, 채권과 채무, 무체재산권, 그의 보존을 위한 소송법적 권리의무가 포함된다. 또한 청약수령자의 지위, 매도인의 담보책임과 같이 아직 구체적으로 발생하지 않은 법률관계도 그 성질에 반하지 않는 한 승계된다. 주식회사의 주주권과 합자회사의 유한책임사원의 사원권 등은 재산성이 강하므로 상속이 인정되지만, 공익성이 강한 무한책임사원의 사원권은 상속되지 않는다.

일신전속적 지위 또는 권리의무는 승계되지 않는다. 특정한 신분을 전제로 하는 권리는 일반적으로 일신전속권이다. 친족상속법상의 지위 또는 권리의무는 일반적으로 일신전속권으로서 상속의 대상이 되지 않는다.

:: **부양청구권** 부양청구권은 일반적으로 부양권리자의 일신에 전속하는 권리이므로 상속성이 없다. 단, 연체된 부양료채권이나 채무는 금전채권으로 확정된 것에 한하여 상속된다.

:: **이혼청구권** 재판상 이혼청구권은 부부의 일신전속의 권리이다. 이혼소송계속중 배우자의 일방이 사망한 경우에도 상속인이 그 소송절차를 수계受繼할 수 없으므로, 소송은 청구인의 사망과 동시에 종료한다대법원 1982. 10. 12. 선고 81므53 판결.

:: **재산분할청구권** 이혼시의 재산분할청구권은 청구의 의사표시와 관계없이 상속된다. 단 이혼 후의 배우자의 부양을 위해 책정된 부분은 상속의 대상이 되지 않는다.

:: **소송상의 지위** 소송은 당사자의 사망에 의해 중단되나, 상속인, 상속재산관리인 기타 법률에 의하여 소송을 속행하여야 할 자는 소송절차를 수계하지 않으면 안 된다민사소송법 제211조 1항. 다만 소송의 목적인 권리관계가 피상속인의 일신에 전속하는 것인 경우이혼소송, 인지무효의 소에는 소송은 종료한다.

여성을 위한 **법**

부동산에 관한 권리의 상속

부동산과 동산에 관한 모든 물권은 원칙적으로 상속되며, 물권의 상속에 있어서 등기나 인도는 필요하지 않다. 다만 그 상속받은 물권을 처분하기 위하여는 등기를 하여야 한다.

:: 분묘에 속한 1정보 이내의 금양임야禁養林野, 600평 이내의 묘토墓土인 농지, 족보, 제구의 소유권은 제사를 실제로 주재하는 자가 단독으로 승계한다민법 제1008조의3. 유해遺骸는 제사를 주재하는 자의 소유에 속하고 상속재산을 형성하지 않는다.

:: 점유권은 상속인에게 이전한다민법 제193조. 그러나 상속인에게 이전되는 점유권에 관하여는 민법 제1009조 이하에 규정된 상속분에 관한 규정은 적용되지 않는다대법원 1962. 10. 11. 선고 62다460 판결. 점유권은 상속인이 그 물건을 소지하는가 하는 사실문제와는 별도로 상속의 포괄승계 원칙에 따라 관념적인 점유권이 승계된다고 본다. 점유를 승계받는 상속인은 그 물건에 관한 본권을 승계받는 자이며, 본권과 분리하여 점유권만이 상속의 개체가 되지는 않는다. 취득시효에 의한 물권취득의 기대권은 본권은 아니지만 점유와 더불어 상속의 객체가 된다. 점유를 승계받은 상속인은 전점유자인 피상속인의 점유를 아울러 주장할 수 있는데, 이 경우에 전점유자의 하자도 승계한다. 점유의 승계는 취득시효기간의 만료를 용이하게 한다. 상속인은 피상속인의 점유 중 일어난 점유침탈 및 점유방해에 대하여 점유보호청구권을 행사할 수 있다.

채권, 채무의 상속

채권과 채무는 일신전속적 성격을 갖지 않는 한 상속재산에 포함된다. 채권의 상속에는 채권양도의 요건 및 그 대항요건을 갖출 필요가 없다.

:: 채무불이행을 원인으로 하는 손해배상청구권, 해제권, 항변권, 기타 형성권도 상속된다. 불법행위를 원인으로 하는 손해배상청구권도 원칙적으로 상속된다.

:: 사망자가 부담하던 채무는 원칙적으로 상속인에게 이전된다. 보증채무,

연대채무도 상속됨이 원칙이다. 상속인은 피상속인의 사망 이후에 증가된 주채무主債務에 대하여는 보증채무를 부담하지 않겠다고 주장할 수 있다. 계속적 신용보증의 경우에 상속인의 보증채무는 신의칙에 의해 제한된다. 신원보증채무는 상속되지 않는다신원보증법 제7조.

:: 고용·위임 등 노무제공의무는 일신전속적인 채무로서 상속되지 않는다.

:: 생명보험계약에서 보험계약자인 피상속인이 상속인을 보험수익자로 정한 경우 피상속인 사망시 상속인은 보험수익자의 지위에서 보험금지급을 청구할 수 있는데, 이 권리는 보험계약의 효력으로 당연히 생기는 것으로 상속재산이 아니다대법원 2001. 12. 24. 선고 2001다65755 판결.

주택임차권

임차권은 재산적 가치를 갖는 채권으로서 상속재산에 포함되어 상속인에게 승계된다. 그러나 주택임대차에 관해서는 일정범위의 사람에게 승계권이 부여되므로 그 범위에서 상속권이 제한된다.

:: **승계의 요건** 주택임대차보호법에서는 상속인이 있더라도 임차인의 동거인에게 다음의 요건 아래 승계권을 부여한다주택임대차법 제9조. ① 임차인이 임대차계약의 계속중에 사망하였을 것계약의 존속, ② 승계하려는 자와 임차인의 관계가 사실혼관계의 배우자이거나 2촌 이내의 친족일 것가족관계의 존재, ③ 승계하려는 자가 임차인의 사망 당시 임차인과 그 주택에서 가정공동생활을 하였을 것가족공동생활의 영위, ④ 승계권자가 임차인의 사망 후 1개월 이내에 임대인에게 반대의 의사를 표시하지 않았을 것.

:: **승계의 효과** 주택임대차관계에서 생긴 채권·채무는 임차인의 권리의무를 승계한 자에게 귀속하며, 승계되는 채권·채무는 상속재산에서 제외된다. ① 승계인은 그 주택에 계속하여 거주할 권리를 갖는다. ② 보증금반환청구권은 임대차계약에 종속하는 권리이므로 승계인에게 이전한다고 보는 것이 타당하다승계설. 주택임대차가 단기로 체결되어 존속이 보장되지 않는 우리 현실 아래에서 보증금에 관한 권리를 배제하고 단순히 주거권만을 승계하려는 것은 의미가 적

기 때문이다. 이에 대하여 주거 이외의 재산적 이익은 승계되지 않고 상속인에게 상속되어야 한다는 견해도 주장된다상속설. ③ 승계 전에 발생한 연체차임 및 손해배상의 의무는 승계인에게 이전한다승계를 부정하는 견해도 있음. 특히 보증금반환청구권이 승계인에게 이전한다고 해석하는 경우에는 연체차임 등도 함께 이전하는 것이 타당하다.

:: **상속인이 없는 경우** 임차인이 상속인 없이 사망한 경우에 그 주택에서 가정공동생활을 하던 사실상 혼인관계에 있는 자가 임차인의 권리와 의무를 승계한다주택임대차보호법 제9조 1항. 이 경우는 상속인 없는 경우의 특별연고자에 대한 재산분여제도민법 제1057조의2와 같은 취지이다.

손해배상청구권

가해자의 불법행위로 피해자가 사망한 경우에는 발생한 재산적 손해에 대한 배상청구권이 상속인에게 상속된다. 판례는 일관되게 상속설을 취한다대법원 1960. 1. 31. 선고 65다2317 판결. 재산적 손해 중에서 특히 문제되는 것은 일실이익장래 취득할 봉급이다. 특히 피해자가 사고로 즉사한 경우에는 문제가 크므로 손해배상청구권의 상속 여부에 관해 학설이 대립한다.

:: **상 속 설** 일실이익에 관한 손해배상청구권은 일단 사망자에게 귀속되었다가 상속인에게 승계된다고 보는 견해이다다수설. 즉사의 경우에도 피해자가 치명상을 입어 사망하기까지 시간적 간격이 있으므로 사망자에게 손해배상청구권이 발생한다고 설명한다. 상속설은 사망자의 손해배상의 청구권자와 배상범위를 비교적 간명하게 처리할 수 있다는 장점이 있는 반면, 피해자에게 생긴 실제 손해를 전보해 준다는 손해배상법의 이념과는 거리가 있다는 약점을 갖는다.

:: **상속부정설** 피해자와 가까운 일정범위의 사람에게 생긴 고유한 피해에 대해서만 손해배상청구권이 발생한다고 보는 견해이다. 고유피해설이라고도 한다. 사망자가 손해배상청구권의 주체로서의 적격을 갖지 못하므로 손해배상청구권의 상속성이 부정되어야 한다고 주장한다. 손해배상청구권은 상속에 의해 배분될 성질의 것이 아니고 근친자에게 실제 발생한 손해를 배상해 주는 것이

손해배상법의 기본사상과 부합한다고 주장한다. 피해자의 사망으로 누구의 법익이 어느 정도 침해를 입었다고 볼 것인가_{청구권자, 배상범위}의 판단이 매우 어렵다는 약점을 갖는다.

위자료청구권

:: **가족법상의 위자료** 약혼해제 등으로 인한 정신상 고통에 대한 손해배상청구권은 양도 또는 승계하지 못함이 원칙이나, 당사자간에 이미 그 배상에 관한 계약이 성립되거나 소를 제기한 후에는 양도 및 승계할 수 있다_{민법 제806조 3항}. 약혼해제 이외에 혼인의 무효와 취소, 이혼, 입양의 무효와 취소, 파양으로 인한 위자료청구권에 관하여도 같다. 가족법상의 행위로 인한 위자료청구권은 그 자체로서는 일신전속권이므로 양도나 상속의 대상이 되지 않지만, 청구권의 행사에 의해 확정된 금전채권으로 변한 후에는 그 일신전속성이 소멸하여 양도나 상속의 객체가 된다.

:: **불법행위책임의 위자료** 사람의 생명, 신체, 명예 등에 대한 인체손해의 경우에 재산상 불이익_{일실이익, 치료비} 등과 정신적 고통의 두 가지 피해가 별도로 다루어지는데, 특히 문제되는 것은 피상속인에게 발생한 정신적 고통에 대한 위자료청구권의 상속문제이다. 이론상 이 문제와 관련하여 학설이 대립한다. 이는 위자료청구권이 일신전속권이냐의 문제와 직결되어 있다.

① **상 속 설** : 재산상 손해에 대한 배상청구권과 마찬가지로 위자료청구권도 일단 사망자에게 발생하였다가 그의 상속인에게 상속된다고 보는 견해이다. 위자료청구권을 보통의 금전채권으로 보아 그의 일신전속성을 부정한다. 생명침해의 경우 근친의 상속인은 피상속인에게 발생한 위자료청구권을 상속하고_{민법 제751조}, 그에 덧붙여 자신의 고유의 위자료청구권을 갖게 된다고 한다_{민법 제752조}. 전자는 사망자가 입은 정신적 고통의 배상이고, 후자는 근친자가 입은 정신적 고통의 배상이므로 양 청구권은 보호법익이 달라 중복된 권리가 아니라고 한다.

② **상속부정설** : 사망자의 위자료청구권 또는 명예훼손이나 신체상해로 인한 위자료청구권은 피해자 본인에게 지급되어야 할 일신전속권이므로 상속인에게

상속되지 않는다고 보는 견해이다. 피해자가 생전에 위자료의 배상청구를 한 때에는 그것이 금전채권으로 구체화되므로 상속재산에 포함된다고 한다. 생명침해_{피해자의 사망}의 경우에 민법 제752조는 피해자의 직계존속, 직계비속, 배우자에게 위자료청구권을 인정하는데, 이 규정은 사망자의 위자료청구권이 상속됨을 부인하는 것을 전제로 사망자의 정신적 고통에 관해 근친자에게 위자료청구권을 부여하려는 취지라고 한다. 단 근친자는 자신이 불법행위의 피해자임을 주장하여 자신이 받은 정신적 고통을 민법 제751조에 의해 별도로 배상청구할 수 있다고 한다. 가족법상의 위자료와 불법행위로 인한 위자료에 있어서 본질적인 성격이 달라지지는 않으므로 같은 원칙 아래 규율되어야 한다.

③ 판   례 판례는 상속설의 입장에서 위자료청구권은 피해자가 포기하거나 면제하였다고 볼 수 있는 특별한 사정이 없는 한 생전에 청구의 의사를 표시할 필요 없이 원칙적으로 상속된다고 한다_{대법원 1966. 10. 18. 선고 66다1335 판결}. 피해자가 즉사한 경우 순간적이라 할지라도 피해자로서의 정신적 고통을 느끼는 순간이 있었을 것이라는 이유로 위자료청구권의 상속을 인정한다_{대법원 1973. 9. 25. 선고 73다1100 판결}.

5. 상 속 분

상 속 분

상속분이란 각 공동상속인이 승계받게 되는 권리의무의 양을 전체 상속재산에 대하여 차지하는 비율로 표시한 것으로서, 상속분은 상속재산에 대한 각 상속인의 공유지분을 의미한다. 각 공동상속인이 갖는 상속분의 가액은 전체상속재산에 상속분의 비율을 곱하여 산정한다. 상속인이 여러 명인 때에 상속재산은 분할이 있기까지 공동상속인이 공유하게 된다_{민법 제1006조}. 공동상속인은 각자의 상속분에 응하여 피상속인의 권리의무를 승계하게 된다_{민법 제1007조}.

법정상속분

:: **동순위상속인 사이의 법정상속분** 같은 순위의 상속인이 여러 명인 때에는 그 상속분은 균분으로 한다민법 제1009조 1항, 1990년 개정. 아들인가 딸인가, 혼인중의 자녀인가 혼인외의 자녀인가, 장남인가 그렇지 않은가, 미혼인가 기혼인가, 동 순위상속인이 남자인가 여자인가, 모계인가 부계인가 등의 사유에 의하여 영향을 받지 않는다.

:: **배우자의 법정상속분** 피상속인의 배우자의 상속분은 직계비속과 공동으로 상속하는 때에는 직계비속의 상속분의 5할을 가산하고, 직계존속과 공동으로 상속하는 때에는 직계존속의 상속분의 5할을 가산한다제1009조 2항, 1990년 개정. 예를 들어 남편이 두 자녀를 두고 사망한 경우에는 아내 : 아들 : 딸이 1.5 : 1 : 1의 비율로 법정상속을 받게 되어 피상속인의 전체재산에 대해 각각 3/7, 2/7, 2/7의 비율로 지분을 갖게 된다. 아이가 한 명인 때에는 아내와 아이가 1.5(3/5) : 1(2/5)의 비율로 지분을 갖게 된다. 다른 예로서 아내가 자녀 없이 사망한 경우에는 남편 : 장인 : 장모가 1.5 : 1 : 1의 비율로 법정상속을 받게 된다.

:: **대습상속분** 사망 또는 결격된 자에 갈음하여 상속인이 된 자의 상속분은 사망 또는 결격된 자의 상속분에 의한다민법 제1010조 1항. 대습상속이란 상속인이 될 자격 있는 직계비속 또는 형제자매가 상속개시 전에 사망하거나 결격자가 된 경우에, 그 직계비속이 있는 때에는 그 직계비속이 사망하거나 결격된 자의 순위에 갈음하여 상속인이 되는 제도이다민법 제1001조. 만약 상속자격자의 사망또는 결격으로 그 상속인의 상속분을 소멸시켜 다른 공동상속인의 상속분을 증가시킨다면, 그의 가족의 기대를 침해하므로 부당하다. 그가 상속받을 재산을 그의 가족이 상속토록 하여 가족의 정당한 기대에 부응케 하는 것이다. 그러므로 대습상속인의 상속분은 그 사망한 상속자격자의 상속분으로 한다. 남편의 사망으로 아내, 아들, 딸이 상속받게 되어 있는 위의 예에서, 기혼 아들이 자기의 아내와 아들을 남기고 아버지보다 먼저 사망한 경우에는 아들의 상속분인 전체재산의 2/7를 그의 아내와 아들이 각각 6/35과 4/35씩(1.5 : 1) 나누어 상속받게 된다.

:: **분묘 등의 승계** 분묘에 속한 1정보 이내의 금양임야와 600평 이내의 묘지

인 농지, 족보와 제구의 소유권은 제사를 주재하는 자가 이를 승계한다민법 제1008 조의3, 1990년 신설. 이 분묘 등의 승계는 그 승계인의 상속분을 감소시키지 않는다.

■ 제사주재자의 결정 방법에 관한 판례 ■

2008년의 제자주재자 결정에 관한 대법원판결은 아들을 딸에 우선시키는 과거 가부장적인 전통을 존중하였다대법원 2008. 11. 20. 선고 2007다27670 전원합의체판결. 이 판결의 다수의견은 다음과 같다. "제사주재자는 우선적으로 망인의 공동상속인들 사이의 협의에 의해 정하되, 협의가 이루어지지 않는 경우에는 제사주재자의 지위를 유지할 수 없는 특별한 사정이 있지 않은 한 망인의 장남장남이 이미 사망한 경우에는 장남의 아들, 즉 장손자이 제사주재자가 되고, 공동상속인들 중 아들이 없는 경우에는 망인의 장녀가 제사주재자가 된다."
이에 대하여 소수의 반대의견은 "제사주재자는 우선 공동상속인들의 협의에 의해 정하되, 협의가 이루어지지 않는 경우에는 다수결에 의해 정하는 것이 타당하다"고 하여 남자우선의 다수의견을 반박하고 남녀평등한 결정원칙을 제시하였다.

특별수익을 받은 경우의 상속분

상속이 개시되기 전에 미리 재산을 증여받은 사람이 있는 경우에 그를 특별수익자라고 하여 상속분에서 그 금액만큼 공제한다. 예를 들어 아버지가 아들에게 미리 집을 사 준 경우에 아들의 상속분에서 그 집값을 공제하고 상속재산을 나누어 주는 것이다.

:: **특별수익분의 공제** 공동상속인 중에 피상속인으로부터 재산의 증여 또는 유증을 받은 자가 있는 경우에, 그 수증재산이 자기의 상속분에 달하지 못한 때에는 그 부족한 부분의 한도에서 상속분이 있다민법 제1008조. 특별수익자가 상속재산으로부터 받을 구체적 상속분을 결정함에 있어 특별수익분이 고려되어 그 나머지 부분으로 상속분이 결정된다. 민법은 특별수익자의 이익과 다른 공동상속인의 이익을 적절히 조정하기 위하여 수증재산과 법정상속분의 관계를 조정한다특별수익자의 상속분을 전혀 인정하지 않는 입법례도 있음.

:: **특별수익분이 더 적은 경우** 수증재산이 법정상속분보다 적은 경우에는 특별

수익자의 이익이 최소한 법정상속분에 미치도록 배려한다. 이때 특별수익자가 상속받을 재산은 수증재산과 그 부족한 부분의 법정상속분으로 구성된다.

:: **특별수익분이 더 많은 경우** 수증재산이 법정상속분보다 많은 경우에는 법정상속분을 소멸시킴으로써 다른 공동상속인의 이익을 도모한다. 수증재산이 더 많다고 해서 그 재산을 다른 상속인에게 반환해 주어야 하는 것은 아니다.

:: **가액산정** 특별수익재산의 가액을 산정하는 기준이 되는 시기는 상속개시의 때라고 해석된다분할시로 보는 견해 있음. 일반적으로 상속재산은 상속이 개시된 때피상속인의 사망시를 기준으로 하여 평가되므로 증여나 유증을 받은 재산도 그와 보조를 맞추어 상속이 개시된 때를 기준으로 평가하는 것이 타당하다.

상속분의 처분

상속인은 분할 전이라도 자기의 상속분을 다른 공동상속인이나 제3자에게 양도할 수 있다. 다만 피상속인의 유언이나 공동상속인 사이의 합의로써 양도를 금지하거나 제한하는 것은 허용된다.

:: **처분의 자유** 상속분의 양도는 상속개시 후부터 상속재산분할 전에 해야 한다. 상속분의 일부만을 제3자에게 양도하는 것도 가능하다. 상속개시 이전에는 양도대상이 되는 상속분이 현실적으로 발생하지 않았으므로 그의 처분행위는 불가능하다. 다만 장래 양도할 채무를 부담하는 행위는 가능하다. 분할 이후에 포괄적인 상속재산 전부에 대한 공유지분은 소멸하고 분할된 각자의 구체적 재산에 대한 단독소유가 발생하기 때문에, 양도대상이 될 포괄적인 상속분은 존재하지 않는다.

:: **양수인의 지위** 상속분의 양수인은 그 상속분을 처분한 상속인양도인과 같은 지위에서 상속재산에 대한 권리와 의무를 갖는다. 다른 공동상속인이 상속분을 포기함으로써 양도인의 지분이 증가하거나 예상치 못한 상속인이 나타남으로써 지분이 감소하거나 상속재산이나 채무가 새로 발견됨으로써 가액이 증감하는 경우에, 그러한 변화는 양수인의 이익 또는 불이익으로 된다. 양도인은 상속분의 양도로 상속재산에 대한 권리의무를 갖지 않기 때문이다.

:: **환 매 권** 상속분이 제 3 자에게 양도된 경우에 한해서 다른 공동상속인에게 법률의 규정에 의한 환매권매수청구권이라고도 함이 생긴다. 공동상속인 중에 그 상속분을 제 3 자에게 양도한 자가 있을 때에는 다른 공동상속인은 그 가액과 양도비용을 상환하고 그 상속분을 양수할 수 있다민법 제1011조 1항. 제 3 자로부터 환수한 상속분은 환매권을 행사한 공동상속인에게 귀속한다.

기여분의 고려

공동상속인 중에 피상속인의 재산의 유지 또는 증가에 관하여 특별히 기여한 자 또는 피상속인을 특별히 부양한 자에게 그가 기여한 부분을 기여분으로 인정하여 그의 상속분의 산정시에 통상의 법정상속분에 그것을 가산해 준다민법 제1008조의2, 1990년 신설.

기여분 제도는 상속인에 대한 배려의 성격을 가지므로, 공동상속인간에 기여의 정도를 비교하여 가족적 가치관에 맞게 산정해야 한다. 부모의 부양을 외면하는 현재의 가족상황을 고려할 때 부양자의 기여분의 인정은 자녀로 하여금 부양에 관한 의욕을 갖도록 자극하는 기능을 할 수 있다.

:: **기여분권** 피상속인의 재산에 기여한 자 또는 부양한 자는 그의 상속분산정시 기여분을 산입받을 권리를 갖는데, 이것을 기여분권이라고 한다. 기여분권은 독립한 권리가 아니라 상속권의 일부분을 이룬다.

:: **상속분에 가산** 기여분권리자는 상속개시의 때부터 기여분을 포함한 자기의 상속분에 상응하는 지분을 상속하여 상속재산을 그 지분의 비율로 공유하게 된다. 실제로 기여분권리자는 그의 기여분권을 상속재산의 분할시에 주장하여 분할비율에 반영시킴으로써 법정상속분에 의한 것보다 많은 재산을 취득하게 된다.

기여분권리자

기여분권리자는 공동상속인 중의 한 사람이어야 한다. 민법의 기여분제도는 기여분권리자를 상속인에 한정하고 있다.

:: **상 속 인** 상속인이 한 명인 경우에는 그가 모든 상속재산을 승계받게 되므

로 구태여 기여분을 산정할 필요가 없다. 기여분권리자가 여러 명인 경우도 있다. 예를 들면 피상속인의 아들이 재산증가에 관한 기여분을 주장하고 딸이 부양으로 인한 기여분을 주장할 수 있다. 기여분권리자는 상속의 순위에 따라 실제로 상속인이 되어야 한다. 상속인으로서의 결격사유를 갖는 자, 상속권을 포기한 자는 상속권이 없으므로 기여분도 받지 못한다. 예를 들어 피상속인과 그의 동생이 같이 사업을 하여 피상속인의 재산증식에 기여한 경우에, 피상속인에게 자녀가 있어 동생이 상속인으로 되지 못하면 기여분권을 갖지 못한다. 이 때 동생은 부당이득반환청구를 하여 상속재산으로부터 자기의 기여에 의한 증가분을 분리해 낼 수 있다.

:: **대습상속인** 대습상속인은 피대습인의 통상의 상속분에 기여분을 추가한 상속분을 물려받게 된다.

:: **사 실 혼** 사실혼에는 기여분이 인정되지 않는다. 상속인은 혈연관계 및 법률혼배우자로 한정되므로, 사실혼의 배우자, 사실상의 양자 기타 동거가족은 상속인이 될 수 없어 기여분을 상속받을 수 없다.

기여의 형태와 정도

기여분제도의 기여에는 재산증가에 기여한 경우, 재산절약에 기여한 경우, 부양을 한 경우 등이 포함된다.

:: **재산증가 등에 관한 기여** 기여분권리자는 피상속인의 재산의 유지 또는 증가에 관하여 특별히 기여했어야 한다. 기여는 반드시 재산증가에 한하지 않고 손실의 위험이 있었던 경우에 그 위험을 모면하게 한 재산유지도 포함한다. 그 증가나 유지는 반드시 산술적으로 계산 가능한 것에 한정되지 않는다. 피상속인의 아내가 피상속인으로 하여금 의사자격, 변호사자격을 갖도록 지원한 경우에 피상속인의 의사나 변호사로서의 그 수입에 그 기여분이 포함되어 있다고 볼 수 있다.

:: **특별한 기여** 민법에서 말하는 '특별히 기여한'이 무엇을 의미하는가는 불분명하다. 특별성은 다른 공동상속인과 비교해서 결정된다. 보통의 가족관행과

비교하여 결정되는 것은 아니다. 피상속인과 작은 점포를 공동으로 경영한 부인, 피상속인의 재산을 관리하는 장남의 경우에 그 일이 별로 이례적이 아니더라도 다른 공동상속인과 비교할 때 그의 기여분이 인정된다.

　:: **부　　양** 상속인이 피상속인을 특별히 부양한 경우에도 기여분권이 인정된다. '부양'이란 반드시 생활비용의 전담을 의미하는 것은 아니고, 질병시의 간호, 가사의 부담도 포함한다. 아내나 장남이 피상속인을 부양하였던 경우에 그것이 관습이라 하더라도 다른 공동상속인에 비해 특별한 정도였으면 기여분권이 인정되어야 한다. 성년인 자가 부양의무의 존부나 그 순위에 구애됨이 없이 스스로 장기간 그 부모와 동거하면서 생계유지의 수준을 넘는 부양자 자신과 같은 생활수준을 유지하는 부양을 하고 그 부양의 시기, 방법 및 정도의 면에서 민법 제1008조의2 소정의 특별한 부양에 해당하는 경우에, 각 공동상속인간의 공평을 도모한다는 측면에서 그 부모의 상속재산에 대하여 기여분을 인정해야 한다. 판례는 원고^딸가 결혼 전은 물론 이후에도 계속 부모를 모시고 지냈으며 아버지가 사망한 이후에는 어머니, 미혼인 형제들과 함께 생활하였고, 특히 남편이 화장품 특약점을 경영하기 시작한 후부터는 육체적으로 쇠약한 어머니를 원고 소유의 주택에서 모시고 생활하면서 어머니의 유일한 수입원인 임대주택의 관리를 계속하였으며, 형제들이 모두 혼인 분가한 이후에도 아버지 제사를 모시면서 어머니를 계속 부양하였고, 어머니가 병환으로 입원 치료를 받거나 집에서 요양하는 동안 치료비를 선납하고 간호를 계속하여 온 경우에, 통상 예상되는 부양의무이행의 범위를 넘는 특별한 부양에 해당하여 상속재산의 유지·증가에 특별히 기여한 것으로 보았다대법원 1998. 12. 8. 선고 97므513 판결.

기여분의 결정

　공동상속인 중에 상당한 기간 동거·간호 그 밖의 방법으로 피상속인을 특별히 부양하거나 피상속인의 재산의 유지 또는 증가에 특별히 기여한 자가 있을 때에는 상속개시 당시의 피상속인의 재산가액에서 공동상속인의 협의로 정한 그 자의 기여분을 공제한 것을 상속재산으로 보고 상속분민법 제1009조 및 제1010조에 의하여 산정한 것에 기여분을 가산한 액으로써 그 자의 상속분으로 한다민법 제1008조의2, 2005년 개정.

기여분의 결정절차는 다음과 같다.

:: **공동상속인간의 협의** 기여분권리자 및 기여분의 내용가액 또는 비율은 1차적으로 공동상속인의 협의로 정한다. 기여분에 관한 협의는 상속재산의 분할 전이나 분할시에 함이 원칙이다. 그러나 상속개시 후에 인지나 판결로 공동상속인이 된 경우에는 분할 후에도 기여분을 포함한 상속분의 가액을 청구할 수 있다.

:: **가정법원의 심판** 공동상속인 사이에 기여분의 협의가 되지 아니하거나 협의할 수 없는 때에는 가정법원이 기여자의 청구에 의하여 기여분을 정한다. 가정법원은 기여의 시기·방법 및 정도와 상속재산의 액 기타의 사정을 참작하여 기여분을 정한다. 이 심판에는 조정전치주의가 적용된다. 기여분의 결정에 관한 청구는 ① 독립하여 기여분의 결정을 청구하는 방법, ② 상속재산분할의 청구와 함께 하는 방법, ③ 분할 후 피인지자 등의 청구와 함께 하는 방법이 가능하다민법 제1008조의2 4항.

기여분과 유증 및 유류분의 관계

기여분과 유류분은 상속인에 대해서만 인정된다는 점에서 공통점을 가지나, 양자의 제도적 취지는 다르다.

:: **기여분과 유증** 기여분은 상속이 개시된 때의 피상속인의 재산가액에서 유증의 가액을 공제한 액을 넘지 못한다민법 제1008조의2 3항. 기여분권리자가 그 기여분을 감안한 유증을 받을 때에도 그것과 별도로 기여분을 인정받을 수 있는지에 대하여는 그것은 형식적으로는 유증이지만 실질적으로는 기여분으로 보아야 한다는 견해와 기여분 결정에 관하여 기타의 사정으로 참작할 수 있을 뿐이라는 견해가 있다.

:: **기여분과 유류분** 유류분의 반환의무자는 증여 및 유증을 받은 자이며, 기여분을 받은 자는 이에 해당하지 않는다민법 제1115조 참조. 한 명의 상속인에게 기여분이 많이 부여됨으로써 다른 공동상속의 상속분이 줄었다 하더라도, 그 기여

분은 실질적으로 기여분권리자에게 속할 재산이 형식적으로 상속재산에 포함된 것이라는 특성을 가지므로 부당한 결과로 되지 않는다.

한편 기여분권리자가 유류분에 기한 반환청구권을 행사할 때에는 그의 법정 상속분을 기초로 유류분비율2분의 1 또는 3분의 1, 민법 제1112조을 곱하여 유류분액을 산정한다. 즉, 유류분반환청구시에는 기여분이 고려되지 않는다민법 제1008조의2를 준용하는 규정이 없기 때문이다.

6. 상속재산의 분할

상속재산의 포괄승계

상속인은 상속이 개시된 때로부터 피상속인의 재산에 관한 포괄적 권리의무를 승계한다민법 제1005조. 이런 '포괄승계의 원칙'은 로마법에서 기원한다. 포괄승계란 부동산, 동산, 예금, 주식, 채무 등 모든 상속재산이 한 덩어리로 취급되어 포괄적으로 상속인에게 이전되는 것을 말한다.

상속인은 상속이 개시된 때로부터 피상속인의 재산에 관한 권리의무를 승계받는다민법 제1005조. 상속인이 여러 명인 경우에 상속재산은 피상속인의 사망시에 각자의 상속분의 비율로 포괄적으로 이전한다민법 제1007조. 부동산이나 동산에 관한 소유권은 등기나 인도를 하지 않아도 상속인에게 이전되며민법 제187조, 채권과 채무도 사망시에 상속인에게 이전한다. 관념적으로는 피상속인의 사망시에 각 상속인이 개별적으로 자기 지분만큼의 재산을 이전받게 되는 것이다.

실제로 상속인이 재산을 이전받아 사용하게 되는 것은 상속재산이 각자의 상속비율에 따라 분할된 후가 된다. 상속개시와 재산분할 사이에 시간적 간격이 존재하기 때문이다. 이 과도기에 상속재산은 일단 상속인 모두에게 공동으로 귀속하게 된다. 공동상속인은 이렇게 상속재산을 분할 시까지 공동으로 소유하게 된다.

상속재산의 귀속은 ① 상속개시 후에서 분할까지의 잠정적 귀속, ② 분할 이후의 확정적 귀속, ③ 분할의 소급효로 인한 종전처분재산의 문제로 분류된다.

상속재산에는 소유권, 무체재산권, 채권, 채무 등이 있는데, 소유권과 같은 지배권적 재산권의 경우와 채권채무와 같은 청구권적 재산권으로 나뉜다.

분할 전 상속재산의 공유

상속인이 수인인 때에는 상속재산은 그 공유로 한다민법 제1006조. 상속재산의 귀속에 관한 법리는 로마법의 지분적 공동소유의 원칙과 게르만법의 합수적 공동귀속의 원칙으로 각각 다르게 전개되었다. 우리 민법은 근대의 개인주의적 법원칙에 바탕을 두고 로마법과 비슷한 '공유共有의 원칙'을 취한다. 민법은 상속을 가산의 승계로 보지 않고 개인주의적으로 각 상속인에게 재산이 취득되는 원인으로 본다.

공동상속인들은 친족공동체를 구성하기는 하지만 공동의 목적으로 사회적 활동을 한다고 보기 어렵다. 원래 이들 상속인 사이에는 특별한 어떤 목적에 의한 인적 결합관계나 단체적 통제가 있는 것이 아니며, 그 공동관계는 합유에 있어서와 같은 강한 유대에 의한 어떤 조직이 있는 것이 아니다.

민법이 상속재산의 공유의 원칙을 취하는 결과, 각 상속인은 분할 전에도 자기의 지분을 가지며, 이 지분을 처분할 수 있다. 분할금지의 지시나 약정은 5년을 넘지 못하며, 분할금지의 지시가 없는 경우에 공동상속인은 언제든지 그 협의에 의해 분할할 수 있고, 그 분할의 방법에 관하여 공유물분할의 방법이 준용된다. 상속재산이 공동상속인의 공유로 되는 것은 단지 상속재산의 분할이 행해지기까지의 잠정적 효과일 뿐이며, 상속재산의 분할은 상속이 개시된 때에 소급하여 효력이 있다. 이와 같이 공유는 물권편과 상속편에서 원칙적으로 동일하게 해석되지만반대견해 있음, 상속재산의 공유에서는 분할에 소급효가 인정된다는 점에서 물권편의 공유에 대한 예외가 허용된다.

상속재산의 분할방법

상속재산을 분할하는 방법에는 유언분할, 협의분할, 그리고 재판분할이 있다.

:: **유언분할** 피상속인은 유언으로 상속재산의 분할방법을 정하거나 이를 정

할 것을 제3자에게 위탁할 수 있다민법 제1012조.

　:: **협의분할**　공동상속인은 유언에 다른 방법이 지정되어 있지 않는 한 언제든지 그 협의에 의하여 상속재산을 분할할 수 있다민법 제1013조 1항. 상속재산의 협의분할은 공동상속인간의 일종의 계약으로서 공동상속인 전원이 참여하여야 하고 일부 상속인만으로 한 협의분할은 무효라고 할 것이나, 반드시 한 자리에서 이루어질 필요는 없고 순차적으로 이루어질 수도 있으며, 상속인 중 한 사람이 만든 분할 원안을 다른 상속인이 후에 돌아가며 승인하여도 무방하다대법원 2010. 2. 25. 선고 2008다96963·96970 판결.

　:: **재판분할**　공동상속인 사이에 분할에 관하여 합의를 하지 못한 경우에는 소송을 통하여 각자의 상속지분에 상응하는 재산을 분할받을 수 있다. 상속재산의 분할청구소송에 관하여는 공유물의 분할에 관한 규정이 준용된다. 분할의 방법에 관하여 협의가 성립되지 아니한 때에는 공동상속인이 법원에 그 분할을 청구할 수 있으며 현물로 분할할 수 없거나 분할로 인하여 현저히 그 가액이 감손減損될 염려가 있는 때에는 법원은 물건의 경매를 명할 수 있다민법 제269조.

　:: **분할금지**　피상속인은 유언으로 상속개시의 날로부터 5년을 초과하지 아니하는 기간 내의 상속재산분할을 금지할 수 있다민법 제1012조 후단.

분할의 효과

　유언분할 또는 협의분할 등의 방법에 의하여 상속재산이 분할되면 각 재산의 권리자는 상속이 개시된 때부터 그 권리를 보유한 것으로 다루어진다. 상속재산의 분할이 있게 되면 종전의 전 재산에 대한 공동귀속관계는 소멸하고, 분할의 결정에 의해 각 상속인의 것으로 지정된 재산에 대하여만 각자 권리를 갖게 된다.

　:: **분할의 소급효**　상속재산의 분할은 상속이 개시된 때에 소급하여 그 효력이 있다민법 제1015조. 공동상속인 상호간에 상속재산에 관하여 협의분할이 이루어짐으로써 공동상속인 중 일부가 고유의 상속분을 초과하는 재산을 취득하게 된 경우에, 이는 상속개시 당시에 소급하여 피상속인으로부터 승계받은 것이고 다른 공동상속인으로부터 증여받은 것이 아니다대법원 1992. 3. 27. 선고 91누7729 판결. 다

만 분할의 소급효는 제 3 자의 권리를 해하지 않는 범위에서만 효력이 있다.

∷ **공동상속인의 담보책임** 공동상속인은 다른 공동상속인이 분할로 인하여 취득한 재산에 대하여 그 상속분에 응하여 매도인과 같은 담보책임이 있다민법 제 1016조. 담보책임의 내용으로는, 매도인의 담보책임 중에서 상속제도와 성격이 맞는 권리만이 인정된다. 상속인은 다른 상속인에 대하여 손해배상청구, 비용상환청구를 할 수 있으며, 그 하자나 권리흠결이 심각하여 재산분할의 목적이 달성되기 어려운 때에는 분할계약의 해제 및 재분할을 청구할 수 있는 권리가 인정된다. 담보책임의 존속기간은 책임사유를 안 날로부터 1년권리흠결의 경우 또는 6개월물건하자의 경우이다.

∷ **공동상속인이 추가되는 경우** 상속개시 후의 인지認知 또는 재판의 확정에 의하여 공동상속인이 된 자가 상속재산의 분할을 청구한 경우에, 다른 공동상속인이 이미 분할 기타 처분을 한 때에는 그 상속분에 상당한 가액의 지급을 청구할 권리가 있다민법 제1014조. 상속개시 후의 인지 또는 재판의 확정에 의하여 공동상속인이 된 자가 상속재산의 분할을 청구할 경우에 다른 공동상속인이 분할 기타 처분을 한 때에는 그 상속분에 상당한 가액의 지급을 청구할 수 있는데민법 제1014조, 이 청구는 상속회복청구권의 일종이라고 해석된다상속재산분할청구권으로 보는 소수설도 있다.

채권과 채무의 승계

금전채권과 같이 성질상 가분인 채권이 분할의 대상이 되는지에 대하여는 학설이 나뉘지만, 가분채권을 분할의 대상으로 하는데 공동상속인들 사이에 이의가 없거나 이것을 포함하여 분할을 행하는 것이 상속인 사이의 구체적 형평을 실현하는 데 적당한 경우에는 가분채권도 분할의 대상으로 할 수 있다는 것이 실무의 입장이다.

가분적인 상속채무가 상속재산분할의 대상이 되는지에 대하여도 학설이 나뉘지만, 부정설이 우세하다. 판례는 금전채무와 같이 급부의 내용이 가분인 채무가 공동상속된 경우, 이는 상속 개시와 동시에 당연히 법정상속분에 따라 공동상속인에게 분할되어 귀속되는 것이므로 상속재산분할의 대상이 될 여지가 없고, 상속재산 분할의 대상이 될 수 없는 상속채무에 관하여 공동상속인들 사이에 분할의 협의가 있는 경우라면 이러한 협의는 상속재산의 협의분할에 해당하는 것은 아니지만, 위 분할의 협의에 따라 공동상속인 중의 1인이 법정상속분을 초과하여 채무를 부담하기로 하는 약정은 면책적 채무인수의 실질을 가진다고 할 것이어서, 채권자에 대한 관계에서 위 약정에 의하여 다른 공동상속인이 법정상속분에 따른 채무의 일부 또는 전부를 면하기 위하여는 채권자의 승낙을 필요로 하고, 여기에 상속재산 분할의 소급효를 규정하고 있는 민법 제1015조가 적용될 여지는 전혀 없다고 하였다대법원 1997.6.24. 선고 97다8809 판결.

7. 상속회복청구

상속회복청구권

상속회복청구권이란 진정한 상속인이 자기의 상속권에 기한 재산의 회복을 소송으로써 구할 수 있는 권리를 말한다. 상속권이 참칭상속인으로 인하여 침해된 때에는 상속권자 또는 그 법정대리인이 상속회복의 소를 제기할 수 있다민법 제999조 1항. 상속회복청구는 참칭상속인상속이 잘못된 경우를 말함이나 전득자상속된 재산을 넘겨 받은 사람에 대하여 한다. 상속인은 유언이나 법률의 규정에 의하여 피상속인의 사망시에 상속재산에 대한 권리를 취득한다. 상속재산의 취득에 있어서 그가 상속개시 사실을 몰랐더라도 상관없다. 참칭상속인이 마치 자기가 권한 있는 상속인인 양 진정상속인이 취득할 재산을 분할받아 점유하거나 등기를 이전받은 경우에, 진정상속인의 상속권은 침해받게 된다.

상속회복청구권은 단순히 상속인의 자격을 확인하거나 상속분을 확인하는 데에 그치지 않고 적극적으로 자기의 상속재산을 회복하기 위하여 특정상대방참칭상속인 또는 전득자에 대하여 특정의 상속재산의 반환을 청구하는 권리이다. 상속회복청구권은 상속한 개개의 재산권의 주체로서의 지위에서 나오는 물권적 청구권 등의 개별적 청구권의 집합으로 이루어진다집합권리설, 다수설. 이와 달리 상속법상의 고유한 청구권이라고 보는 견해도 있다독립권리설. 상속회복의 소송은 민사소송에서의 이행의 소이며가사소송의 사건이 아님, 그 판결에 의해 강제집행할 수 있다. 상속재산에 관하여 진정한 상속인임을 전제로 상속으로 인한 지분권의 귀속을 주장하고, 자기만이 재산상속을 하였다고 주장하는 일부공동상속인을 상대로 상속재산인 부동산에 관한 등기의 이전 또는 말소를 청구하는 경우에 있어서 그 지분권이 귀속되었다는 주장이 상속을 원인으로 하는 것이라면 그 청구원인 여하에 불구하고 이 소송은 민법 제999조의 상속회복청구의 소라고 보아야 한다대법원 1990. 6. 26. 선고 88다카20095 판결.

상속권의 침해

상속회복청구권을 행사하기 위해서는 '상속권의 침해'가 있어야 한다. 회복청구권자의 상속권이 참칭상속인 등에 의하여 침해된 상태가 현존하고 있어야 한다. 상속회복청구의 소송은 상대방에 대하여 재산의 반환인도 또는 등기취소을 구하는 이행의 소이므로, 상대방이 현재 그 목적물을 점유하거나 등기상 명의인으로 되어 있어야 한다. 단순히 상속권을 다투는 참칭상속인이나 상속재산의 분할에 관하여 공동상속인간에 다툼이 있는 경우에는 회복청구가 허용되지 않는다.

상속재산이 분할되기 전에는 공동상속인은 상속재산을 공유하여 각 상속인이 공유지분을 갖게 되므로, 진정한 공동상속인들 사이에서는 상속회복청구권이 생길 여지가 없다. 공유기간 동안 상속인은 자기가 상속재산의 관리에서 배제됨을 이유로 상속재산의 관리에 참가할 수 있으며, 공유관계를 종료하고 개별재산을 단독으로 소유하기 위해서 상속재산의 분할청구를 할 수 있다민법 제1013조.

공동상속인 사이에서 상속권의 침해는 대개 분할 이후에 비로소 생긴다. 한 상속인이 상속재산을 독차지하여 자기명의로 등기한 경우, 또는 일부의 상속인이 다른 상속인을 배제하고 자기들끼리 분할하여 등기한 경우 등이 그러하다. 상속재산이 분할되기 전이라도 참칭상속인이 상속재산을 관리, 점유, 등기하고 있어 상속권의 침해를 받은 경우에는 각 상속인에게 상속회복청구권이 발생한다.

상속회복청구의 당사자

진정한 상속인 또는 그 법정대리인이 청구권자가 된다_{민법 제999조}. 공동상속의
경우에는 상속인 전원이 청구하거나 일부가 청구하거나 상관없다. 상속분의 양
도를 받은 포괄승계인은 청구권자가 될 수 있지만, 특정재산을 양수받은 특정승
계인은 자격이 없다. 청구의 상대방은 다음과 같다.

:: **참칭상속인** 진정한 상속권을 갖지 않으면서 상속인인 것 같은 외관을 갖거
나 상속인이라고 사칭하여 상속재산의 전부·일부를 점유하는 자를 참칭상속인
이라고 한다. 참칭상속인의 상속인도 상대방이 될 수 있다. 선·악의, 과실 유무
는 묻지 않으나, 상속재산을 점유하지 않고 단지 상속권만을 다투는 자는 회복
청구의 상대방이 아니다.

:: **공동상속인** 어떤 상속인이 다른 상속인의 상속권을 무시하고 상속재산을
점유 또는 등기한 경우에 상속회복청구권을 행사할 수 있다. 이 경우 상속재산
의 재분할청구에 의해서도 목적을 달성할 수 있다. 토지가 원소유자의 재산상속
인인 원고, 피고 및 소외인 등이 공동상속한 것임에도 피고가 그 단독명의로 소
유권보존등기를 마친 경우에, 그 상속지분을 초과한 부분을 원인무효라고 주장
하여 그 말소를 구하는 청구는 상속회복청구의 소에 해당하며 그 제척기간이
적용된다_{대법원 1991. 12. 24. 선고 90다5740 전원합의체판결}.

:: **전 득 자** 참칭상속인이나 공동상속인으로부터 상속재산을 양수받은 제 3 자
도 상속회복청구권의 상대방이 된다_{대법원 1981. 1. 27. 선고 79다854 전원합의체판결}. 제 3
자가 선의인 경우에는 동산의 선의취득이 가능하다. 동산과 부동산 모두 시효취
득이 가능하다.

상속회복의 청구 방법

이 청구는 민사소송을 통해서 할 수도 있고 소송을 하지 않고 청구할 수도
있다. 강제집행을 하기 위해서는 소송을 거쳐야 한다.

:: **소송외 청구** 상속회복청구권은 소송외의 행사도 가능하다. 진정한 상속인은 자기의 상속권에 기해 상속재산에 대한 포괄적 권리를 가지며 개개의 재산에 대해서는 소유권 등의 재산권을 취득하므로, 이 권리에 기해 침해자를 배제하고 자기재산의 반환을 구하는 재산회복청구권 및 물권적 청구권 등이 자동적으로 파생되기 때문이다.

:: **소송상 청구** 상속인은 상속회복의 소를 제기할 수 있다. 이 소송은 민사소송으로서 이행의 소에 해당하며, 가족관계에 관한 소송가사소송을 거치지 않고 직접 민사소송으로 할 수 있다. 소장訴狀에 반환대상이 되는 상속재산을 포괄적으로 표시하거나 특정하여 개별적으로 표시하여도 무방하다. 다만 강제집행을 위한 이행판결이 되기 위해서는 구두변론 종결시까지 개개의 물건을 특정해야 한다. 판결의 기판력은 청구된 목적물에만 미치고 그 밖의 재산에는 미치지 않는다기판력의 물적 범위.

:: **제척기간** 상속회복청구권의 행사에 관하여는 제척기간이 설정되어 있다. 상속회복청구권은 그 침해를 안 날로부터 3년, 상속권의 침해행위가 있는 날로부터 10년을 경과하면 소멸한다민법 제999조 2항, 2002년 개정. 과거에는 상속개시일로부터 10년으로 제한하였으나, 이 부분이 재산권, 행복추구권, 재판청구권 등을 침해하여 헌법에 위반되는 것으로 결정헌법재판소 2001. 7. 19. 선고 99헌바9 결정된 후에 개정되었다. '상속권의 침해를 안 날'이란 자기가 진정상속인임을 알고, 또 자기가 상속에서 제외된 사실을 안 때를 가리킨다. 이 제척기간은 전득자에 대한 청구에도 적용된다.

상속재산의 회복

:: **물건의 반환과 말소등기** 참칭상속인 등 청구의 상대방은 그 목적물을 진정상속인에게 인도하고 그 명의의 부실등기를 말소해야 한다. 진정상속인에게 반환되는 범위는 그의 상속분을 상한으로 한다.

:: **과실 및 비용의 반환** 점유자가 진정상속인에게 물건을 반환할 때에는 점유자와 회복자의 관계에 관한 민법 제201조 내지 제203조가 준용된다. 반환범위,

책임, 상환금액은 점유자가 선의이냐 악의이냐에 따라 다르다.

　:: **제3자에 대한 관계** 전득자는 선의인 경우에도 부동산취득의 경우에는 보호받지 못한다. 참칭상속인 등으로부터 부동산을 양수한 전득자는 그 부동산을 진정상속인에게 반환등기 포함해야 한다. 다만 그는 양도인인 참칭상속인 등에 대한 부당이득반환청구로써 매매대금을 반환받을 수 있다.

8. 유　언

유언의 특징

　:: **요식행위** 민법은 의사표시의 존재를 명확히 하기 위해 유언의 방식을 제한하는 요식주의를 취한다. 유언은 민법에 정한 방식에 의하지 않으면 효력이 생기지 않는다민법 제1060조. 요식주의는 유언자로 하여금 유언에 신중을 기하게 하고, 타인에 의한 위조·변조를 방지하는 역할을 한다.

　:: **단독행위** 유언이란 유언자가 자기를 둘러싼 재산관계나 가족관계에 관한 어떤 법률효과를 사망 이후에 발생시키려는 일정한 방식에 의한 상대방 없는 단독행위이다. 유언은 상대방이 없는 일방적 의사표시이므로 상대방의 승낙이나 인지를 필요로 하지 않는다. 유언은 단독행위임에도 불구하고 그 효과가 상속인이나 수증자에게 지대한 영향을 미치게 되므로, 그 의사표시의 존재 및 내용을 분명히 하여 당사자간에 분쟁의 소지를 줄일 필요가 있다. 유언에 의해 상대방에게 재산을 이전시키는 경우를 특히 유증이라고 한다. 그 밖에 유언에 의해 가족관계의 변동을 가져오는 혼인 외의 자에 대한 인지認知도 가능하다.

　:: **철회의 자유** 유언자는 자기가 한 유언을 언제든지 철회할 수 있다민법 제1108조. 유언자의 최종의사가 존중되기 때문이다. 유언에 의해 특정인에게 증여가 약속되었다 하더라도, 그 수증자의 기대권은 불확정적인 권리에 불과하다. 법률에 의해 부여된 유언의 철회권은 유언자가 포기하지 못한다. 유언을 철회하는 데에는 특별한 방식이 필요 없으며, 철회자의 진정한 철회의 의사표시가

증명되면 충분하다. 유언자는 언제든지 유언의 전부나 일부를 철회하는 의사표시를 유언 또는 생전행위로써 할 수 있다. 전후의 유언이 저촉되거나 유언후의 생전행위가 유언과 저촉되는 경우에는 그 저촉된 부분의 전前유언은 철회한 것으로 본다민법 제1109조. 유언자가 고의로 유언증서 또는 유증의 목적물을 파괴하거나 훼손한 때에는 그 부분에 관한 유언을 유언자가 철회한 것으로 본다민법 제1110조.

:: **유언사항** 유언은 법률이 정한 사항에 대하여만 유언으로서의 효력을 갖는다. ① 재단법인의 설립을 위한 출연행위민법 제47조 2항, ② 친생부인민법 제850조, ③ 인지민법 제859조 2항, ④ 후견인지정민법 제931조, ⑤ 상속재산분할방법의 지정 또는 위탁민법 제1012조, ⑥ 상속재산의 분할금지민법 제1074조, ⑦ 유언집행자의 지정 또는 위탁민법 제1012조, ⑧ 유증민법 제1093조, ⑨ 신탁신탁법 제2조 등이 유언을 할 수 있는 사항이다.

:: **유언의 효력** 유언의 효력은 유언자가 사망한 때에 발생하며민법 제1073조 1항, 유언에 정지조항이 있는 경우에 그 조건이 유언자의 사망 후에 성취된 때에는 그 조건성취한 때로부터 유언의 효력이 생긴다민법 제1073조 2항. 유언의 효력발생 이전에는 처분목적물에 관해 귀속의 변경이 생기지 않는다. 유언자는 유언에도 불구하고 유언목적물에 관한 처분권을 보유한다. 그가 다른 사람에게 한 매각, 증여, 담보설정 등의 처분행위는 유효하다. 유언에 의한 수증자의 목적재산에 대한 기대권은 유언의 효력발생시사망시까지 물권이나 채권 등으로 현실화되지 않는다.

유언의 방식

유언은 엄격한 형식을 요구한다. 민법은 다음의 다섯 가지 종류의 방식만을 인정한다제1065조.

:: **자필증서에 의한 유언** 유언자가 스스로 자필의 유언장을 작성하여 서명날인한 증서는 자필증서에 의한 유언으로써 유효하다. 타이프라이터, 컴퓨터 등에 의해 작성된 유언장은 자필증서에 해당하지 않는다. 자필증서에는 작성연월일,

주소, 성명을 자서하고 날인하여야 한다_{민법 제1066조 1항}. 자필증서는 유언자가 증인 없이 단독으로 할 수 있는 유일한 유언방식이다.

:: **녹음에 의한 유언** 유언자가 유언의 취지, 성명과 연월일을 구술하고_{주소는 포함하지 않음} 이에 참여한 증인이 유언의 정확함과 그 성명을 구술하여 녹음한 경우에는 녹음에 의한 유언이 유효하게 성립한다_{민법 제1067조}.

:: **공정증서에 의한 유언** 유언자가 두 명의 증인이 참여한 공증인의 면전에서 유언의 취지를 구수하고 공증인이 이를 필기 낭독하여 유언자와 증인이 그 정확함을 승인한 후 각자 서명 또는 기명날인한 경우에는 공정증서에 의한 유언이 유효하게 성립한다_{민법 제1068조}.

:: **비밀증서에 의한 유언** 유언자가 필자의 성명을 기입한 증서를 밀봉날인하고_{자필이 아니어도 무방함} 이를 두 명 이상의 증인의 면전에 제출하여 자기의 유언서임을 표시한 후 그 봉서표면에 제출연월일을 기재하고 유언자와 증인이 각자 서명 또는 기명날인하면 비밀증서에 의한 유언이 성립한다_{민법 제1069조}. 이 유언봉서는 표면에 기재된 날로부터 5일 이내에 공증인 또는 법원서기에게 제출하여 그 봉인상에 확정일자를 받아야 한다. 방식에 흠결이 있는 비밀증서는 그것이 자필로 쓰여지는 등 자필증서의 요건을 갖춘 때에는 자필증서에 의한 유언으로 본다.

:: **구수증서에 의한 유언** 유언자가 두 명 이상의 증인이 참석한 가운데 그 중 한 명에게 유언의 취지를 불러 주고 그 구수를 받은 자가 이를 필기 낭독하여 유언자와 증인이 그 정확함을 승인한 후 각자 서명 또는 기명날인하면 구수증서에 의한 유언이 성립한다_{민법 제1070조}. 이 방법은 유언자가 질병이나 기타 급박한 사유로 인하여 앞의 네 가지 방식을 취할 수 없는 경우에 한하여 인정된다_{대법원 2000. 12. 12. 선고 99다7329 판결}. 그 증인이나 이해관계인은 급박한 사정이 종료한 날로부터 7일 이내에 법원에 그 검인을 신청해야 한다.

반혼수상태에 빠진 유언자에게 변호사가 유언의 취지를 문자 고개를 끄덕거려 아들의 손에 의해 서명했다 해도 이 공정증서는 변호사 앞에서의 유언의 취지를 구수하여 작성된 것으로 볼 수 없어 이러한 유언은 무효이다_{대법원 1993. 6.}

8. 선고 92다8750 판결. 유언장이라는 표제를 붙였다 하더라도 유언으로서의 요식성에 흠결이 있다면 유언으로서의 효력이 생기지 않으며 서면에 의한 증여계약서로 보아야 한다대법원 1971. 1. 26. 선고 70다2662 판결.

:: **유언능력** 유언자는 유언의 의사표시를 할 때에 유언능력을 갖추고 있어야 한다. 의사표시가 유효하게 성립하기 위하여는 당시에 의사능력을 갖추고 있어야 한다. 정신착란이나 혼수상태에서 한 유언은 의사표시가 되지 못한다. 유언 이후에 생긴 정신질환 등의 사정은 유언의 효력에 영향을 미치지 않는다. 유언 적령은 만 17세이며, 만 17세 미만의 자는 유언을 할 수 없다민법 제1061조. 유언은 유언자 자신의 의사표시로서 하여야 하며, 대리인에 의하여 할 수 없다.

유   증

유언으로 재산을 증여하는 것을 '유증'遺贈이라고 하며, 증여받는 사람은 상속인 또는 제 3 자이다.

:: **유증의 자유와 제한** 유증자는 유증의 상대방, 객체가 되는 재산의 범위, 증여의 조건 등을 자유로 정할 수 있음이 원칙이다. 이러한 유언 및 유증의 자유는 누구나 자기재산을 임의로 타인에게 양도할 수 있다는 처분의 자유에서 파생된다. 그러나 사망자의 처분의 자유는 유류분제도에 의해서 그 범위가 제한된다. 유류분제도는 가족의 재산상속에 대한 기대를 보호하고 가족의 생계를 지원하기 위하여 둔 제도이다. 유언으로 타인에게 증여할 수 있는 재산의 범위는 유류분을 제외한 나머지 부분으로 한정된다. 유류분은 상속재산의 반을 초과하지 않는다. 우리 민법의 유류분제도는 상속권자에게 그의 법정상속분의 일정비율을 상속받을 수 있는 권리를 부여하는 방법으로 마련되었다민법 제1112조.

:: **양도행위** 유증은 재산을 무상으로 양도하는 행위이다. 양도하는 재산은 특정재산인 경우도 있고, 자기 재산의 일부를 비율로서 표시하는 경우처럼 포괄적으로 지정된 재산인 경우도 있다. 유증에는 적극재산의 양도행위 이외에 채무면제도 포함된다. 유증으로 양도하는 재산이 특정된 것이냐 아니냐에 따라 특정적 유증과 포괄적 유증의 두 종류로 나뉜다.

여성을 위한 **법**

유증의 요건

:: **유효한 유언** 유증은 유언에 의하여 성립하는 법률행위이다. 유언의 내용은 유언자의 특정재산이나 재산의 일정비율을 사망 후에 수증자에게 양도하는 것이다. 유언은 요식행위로서 그의 방식은 법률로써 정해지며, 그 방식에 따르지 않은 행위는 유언으로 성립하지 못한다. 법률이 정하는 유언방식으로서는 다섯 가지가 있는데 그것들은 자필증서, 녹음, 공정증서, 비밀증서, 구수증서이다.

:: **수증자** 유증의 권리자는 유언에 의해 재산을 증여받는 사람, 즉 수증자受贈者이다. ① 수증자는 유증자와 친족관계에 있는 사람에 한정되지 않고 누구라도 권리능력을 갖는 사람이면 된다. ② 자연인뿐 아니라 법인도 유증을 받을 수 있다. ③ 태아는 유증에 관해서는 이미 출생한 것으로 본다. ④ 수증자가 유언자의 사망 전에 사망하거나 해산된 경우법인의 경우에는 유증받지 못한다민법 제1089조. ⑤ 살인이나 유언의 위조 등의 위법행위를 하여 상속자격이 박탈된 사람은 수증자가 되지 못한다. ⑥ 수증자는 유증을 승인 또는 포기할 수 있다민법 제1074조. 유증의무자는 수증자에게 승인이나 포기에 관하여 상당한 기간을 정하여 확답을 최고할 수 있다민법 제1077조.

:: **유증의무자** 유증에서 재산의 양도의무는 유언자가 사망한 후에 집행되기 때문에 유언자가 의무자가 되지 않고 별도로 유증의무자가 존재하게 된다. 상속인이나 유언집행자 등 법률이 지정하는 자가 유증의무자로 된다.

유증의 효력

수증자는 유언의 효력이 발생할 때까지는 유증자의 재산에 대해 아무런 직접적 권리를 취득하지 않는다. 유언자가 유증의 목적물을 제3자에게 양도하거나 담보설정하더라도, 수증자는 장래 자기가 취득할 유증의 권리를 가지고 그것을 막지 못한다.

:: **효력발생의 시기** 유언은 유언자가 사망한 때로부터 효력을 발생한다민법 제1073조. 유언에 정지조건이 있는 경우에 그 조건이 유언자의 사망 후에 성취한 때에는 그 조건이 성취된 때로부터 유언의 효력이 생긴다.

:: **포괄적 유증의 효과** 포괄적 유증의 경우에는 유증에 의하여 유증자의 재산이 수증자에게 포괄적 승계이전된다. 그 이전은 유증자의 사망과 동시에 이루어지므로, 부동산에 관해서도 이전등기 없이 소유권이 이전하게 된다. 즉 사망시에 재산의 귀속주체가 유증자로부터 수증자에게로 변경된다. 포괄적 유증을 받은 사람은 상속인과 동일한 권리의무가 있다민법 제1078조. 수증자와 상속인 사이에는 공동상속인 상호간의 법률관계가 발생한다.

:: **특정적 유증의 효과** 특정적 유증에 의해서는 수증자에게 재산이전청구권이 발생한다. 유증자의 사망으로 곧 재산이 수증자에게 이전하지 않는다. 특정의 물건이나 기타 재산권을 유증하는 경우에는 수증자는 유증자의 사망 후에 그 특정재산에 대한 이전청구권을 취득한다. 사망자의 재산은 모두 일단 상속인에게 포괄적으로 이전하고 그 후 상속인유증의무자의 이행에 의하여 재산이 수증자에게 이전된다. 수증자가 유증받은 물건에 대한 소유권을 취득하기 위해서는 상속인의 양도행위가 있어야 한다.

:: **과실취득권** 수증자는 재산이전청구권을 취득한 때부터 목적물의 과실果實을 취득한다민법 제1079조. 그러나 유언자가 다른 의사를 표시한 때에는 그 의사에 의한다.

:: **비용상환** 유언자의 사망 후에 유증의무자가 과실수취를 위해서 목적물에 대하여 비용을 지출한 때에는 수증자에게 상환을 청구할 수 있다.

 생각해볼 문제 ────────────────────────────

● 당신은 유언장에 어떤 내용들을 담고 싶은가?

● 현행법상 개인에게 주어진 유언의 자유는 재산상속과 관련된 한 50%이다. 개인이 자기 소유의 재산을 유언으로 가족 이외의 사람이나 법인에게 전부 주는 것을 금지하는 이유는 무엇이라고 생각하는가?

──

여성을 위한 **법**

CHAPTER 16

조세정책과 여성의 재산보유

"고도로 찬란한 남성문명의 바벨탑은 여성과 가사노동이라는 자양분을
빨아먹고 성장하였다."

_ M. 델리

I. 조세제도의 일반론

조세제도와 여성

'재산이 있는 곳에 세금이 있다'는 조세의 원칙이 말하듯이 경제활동으로 인한 소득과 재산이전 등 재산과 관련된 대부분의 행위에는 조세부담이 따른다. 여성은 취업이나 생산노동에 참여한 경우에 소득에 따른 조세부담을 지며 그 밖에 재산분할, 상속과 관련한 조세부담도 생길 수 있다. 여성의 조세부담은 결혼 및 이혼 여부, 근로 여부, 재산에 대해 별개의 소유권을 보유하느냐의 여부, 남편으로부터 재산의 이전을 받은 경우 생전生前에 받느냐 사후에 받느냐 등의 많은 변수에 따라 달라진다.

조세의 기본원칙

조세는 인류가 공동생활을 시작하면서 집단의 존립과 유지에 소요되는 재화 및 용역을 구성원으로부터 징수한 것에 그 기원을 두고 있다. 조세는 일반적으로 국가 또는 지방자치단체가 수입을 얻기 위하여 법률의 규정에 의해 직접적인 반대급부를 제공함이 없이 자연인이나 법인에게 부과하는 경제적 부담이라고 할 수 있다. 아담 스미스A. Smith는 국부론에서 조세의 네 가지 원칙을 제시하고 있는데, 이는 평등의 원칙, 확실의 원칙, 편의성의 원칙, 경제성의 원칙인데, 여기에 능률의 원칙을 더하여 조세의 5원칙이라 한다.

남녀평등이념에 따른 조세부담

여성과 관련된 조세의 문제는 크게 혼인의 해소시 재산분할에 대한 증여세의 부과문제와 결혼 이후 직장여성에 대한 소득세 과세와 관련한 보육비 등의 비용공제 및 주부의 가사노동에 대한 조세부과상의 평가의 문제, 배우자 사망시 상속세에 있어서 배우자공제의 문제 등의 논점들이 있다. 이러한 문제들 중에는 여성의 사회적·법률적 지위의 변화에 대한 민법과 세법의 인식의 차이에서 비롯되는 부분이 있다. 민법은 여러 차례의 개정을 통해서 여성의 지위, 특히 배우자로서의 지위를 공동·협력의 관계로 파악하려는 시도를 하고 있으나, 세법은 여전히 전통적인 입장을 유지하고 있다. 그 한 예로서 이혼시의 재산분할에 대해 민법은 혼인기간중 공동의 노력으로 취득한 재산에 대한 공유지분의 분할 등으로 파악하고 있지만, 세법은 남편에 의한 증여로 보아 증여세를 부과하고 있는 것이다. 증여세는 민법의 증여개념을 기초로 하여 부과되는 것이 타당하다. 조세는 민법 등의 사법私法의 원칙에 상응하여 부과되어야 하므로, 민법에 남녀평등을 반영한 제도의 취지는 조세원칙에도 반영되어야 한다.

상속세 및 증여세법의 기초개념

「상속세 및 증여세법」에서는 상속세와 증여세에 관한 기본적인 사항을 규정하고 있다.

:: **상 속 세** 상속세는 피상속인이 사망함으로써 무상으로 이전되는 재산을 대상으로 하여 이를 취득하는 자에게 부과된다. 상속세의 납세의무자는 상속재산을 받는 자이다.

상속세 과세가액

= 상속재산가액 + 피상속인의 증여가액 − 공과금 − 장례비용 − 피상속인의 채무

상속세 과세표준 = 과세가액 − (기초공제 + 부양가족공제 + 기타공제)

:: **증 여 세** 증여세는 타인의 증여에 의하여 취득한 재산을 과세물건으로 하여 그 취득한 자에게 부과하는 조세이다. 이 중 여성과 관련된 부분은 배우자간의 양도행위에 대한 증여의제와 재산취득자금의 증여추정이 있다. 후자는 재산을 자력으로 취득하였다고 인정하기 어려운 경우 다른 자로부터 취득자금을 증여받은 것으로 추정하는 규정으로, 주부가 부동산을 취득한 경우 이를 남편으로부터 증여받은 것으로 의제하는 제도이다. 증여세의 과세표준은 증여세과세가액에서 증여재산공제를 차감하여 계산한다.

2. 결혼과 조세부담

과세단위의 설정

여성의 사회적 진출이 증가함으로 인해서 독신여성의 수와 함께 맞벌이부부의 수도 늘어가고 있다. 이러한 변화과정에서 현실적으로 발생하는 조세정책과제 중의 하나는 과세단위의 설정문제이다. 세법은 소득을 취득하는 개인을 단위로 과세하는 방법인 개별과세를 원칙으로 하되, 자산소득에 한하여 소비생활을 같이하는 가족을 단위로 과세하는 합산과세방법을 가미하고 있다. 개인별로 개인에게 귀속되는 소득금액에 대해 소득세의 납세의무를 지우되, 생계를 같이하는 동거가족에게 이자소득, 배당소득 및 부동산소득이 있는 경우에는 그 동거가족의 자산소득이 세대 내의 주된 소득자에게 있는 것으로 보아 주된 소득자의 종합소득에 합산하여 소득세를 과세하도록 되어 있다.

결혼 후의 조세부담

부부의 경우에 개별과세를 적용하느냐, 합산과세를 적용하느냐에 따라 결혼 전과 결혼 후의 소득세부담이 차이가 있게 되고, 맞벌이부부냐 일인소득자 가계냐에 따라 전체 소득액이 같은 경우에도 조세부담의 차이가 발생하게 된다. 한 가구를 과세단위로 하면 합산소득이 같은 가구는 같은 조세부담을 진다. 개별과세제도하에서는 결혼을 전후하여 세부담에 변화는 없으나, 합산과세제도하에서는 결혼 후에 결혼 전보다 세부담이 증대하게 된다. 이처럼 누진세율 구조하에서는 합산과세방식에 따라 과세가 이루어지면 결혼 후에 결혼 전보다 세부담이 늘어나게 되는데 이를 결혼세marriage tax 또는 결혼벌칙marriage penalty이라고 한다.

맞벌이부부의 증대, 여성의 지위와 역할의 증대, 독신여성의 증대 등의 제반 여건의 변화는 합산과세보다는 개별과세가 공평하고 효율적인 과세단위임을 보여 주고 있다. 부부합산과세를 채택할 경우에는 아내의 노동소득에 높은 세율로 과세가 이루어져 비효율이 야기되게 된다. 누진소득세제하에서 부부의 소득을 합산하게 되면 추가적으로 취득되는 아내의 소득이 더 높은 세율로 과세되는 결과가 초래되어 아내의 노동의 효율성이 저하되므로, 효율성의 관점에서 볼 때 개별분리과세가 합산과세보다 좋다.

3. 배우자사망과 조세부담

배우자상속세의 면제필요성

배우자 일방의 사망으로 인한 유산이 생존배우자에게 이전할 때 상속세 부과의 문제가 생긴다. 혼인기간중에 축적, 형성한 부를 부부의 공동재산으로 하지 않고 일방의 명의로 소유하고 그 명의자가 사망함으로써 생존배우자가 그 재산을 유산으로 상속받는 경우에, 민법은 이를 사망배우자로부터의 상속으로 파악하고 있다. 그러나 외국의 입법례에 의하면 배우자간 재산이전에 대하여는 상속세를 전면적으로 면제하거나 감해 주고 있다. 상속세의 본질에 비추어 볼 때 이렇게 배우자상속세를 면제·감면하는 것이 옳다.

배우자상속세에서 고려할 사항

배우자상속과 관련하여 상속세의 기본적인 원칙을 살펴보면 다음과 같다. 첫째, 상속세는 1세대 1회 부과의 원칙에 의한다. 유산의 이전에 대한 과세는 유산이 한 세대에서 다음 세대로 이전할 때 과세하는 것이다. 그러므로 동일한 세대에 속하는 배우자간의 재산이전에 대하여는 상속세가 면제되는 것이 타당하다. 배우자간의 재산이전에 대해 세부담을 면제, 경감하는 것은 자연적인 동정심이 아니라 상속과세의 목적이 한 세대에 속하는 재산에는 1회만 과세하는 데에 있기 때문이다. 둘째, 부의 축적에 대한 배우자 공동의 공헌은 조세에서 고려되어야 한다. 남편과 아내는 하나의 사회·경제적인 단위이며, 배우자간의 재산이전은 지분적 소유로서 결혼중 축적한 재산의 지분을 정리하는 것으로 보아야 한다.

근래에는 사별 배우자에 대한 조세제도가 다소 개선되었다. 배우자가 동거주택을 상속받는 경우에 조세부담을 줄여 주려는 것이다. '배우자 상속공제'에서 거주자의 사망으로 배우자가 실제 상속받은 금액은 일정한 한도에서 상속세 과세가액에서 공제한다.

4. 이혼과 조세부담

재산분할과 증여세

이혼으로 배우자가 받는 재산분할금에 대하여 증여세를 부과할 것인가 하는 문제는 쟁점이 되어 왔다. 과거 상속세법은 재산분할액 중 인적 공제액을 초과하는 부분에 대해서는 증여세를 부과하였으나 이에 대하여 위헌결정이 있었다^{1997년}. 과거 세법은 재산분할에 의한 재산이전을 증여의 일종으로 보았다. 그 취지는 배우자간의 재산상속에 대하여 상속세를 과세하는 것과 균형을 맞추기 위함이라고 하였다. 생존중에 혼인이 해소되면서 재산분할로 취득하는 재산에 대하여 증여세를 부과하지 않으면 배우자 일방의 사망으로 재산을 상속하는 경우와의 불균형이 발생하므로 그 균형을 맞추기 위한 것이라 하였다. 그 밖에 무제한의 배우자공제는 자녀를 희생시켜 재산의 전부를 생존배우자에게만 물려주도록 유인하게 된다는 점, 그 배우자공제로 상당한 세수감소稅收減少가 우려된다는 점 등을 들어 반대하는 견해도 있었다. 그러나 배우자공제의 과세면제로 인해 상실된 세수입은 상속받은 배우자가 사망할 때 다시 자녀가 상속과세를 하게 되므로 상실되었던 세수입이 회복될 수 있다. 조세는 해당 조세의 목적과 본질에 따라서 부과되어야 하므로, 세수확대를 위해 본질적으로 증여나 상속이 아닌 재산이전에 대해서 과세를 하는 것은 과세의 정당성을 일탈한 것이라 생각된다.

> ■ 이혼에 따른 재산분할에 대한 증여세 규정부분 위헌소원 ■
>
> 이혼시의 재산분할제도는 본질적으로 혼인중 쌍방의 협력으로 형성된 공동재산의 청산이라는 성격에 경제적으로 곤궁한 상대방에 대한 부양적 성격이 보충적

으로 가미된 제도라 할 것이어서, 이에 대하여 재산의 무상취득을 과세원인으로 하는 증여세를 부과할 여지가 없으며, 진정한 재산분할을 가리려는 입법적 노력 없이 반증의 기회를 부여하지 않은 채, 상속세 인적 공제액을 초과하는 재산을 취득하기만 하면 그 초과부분에 대하여 증여세를 부과한다는 것은 입법목적과 그 수단간의 적정한 비례관계를 벗어난 것이며 비민주적 조세관의 표현이다. 그러므로 이혼시 재산분할을 청구하여 상속세 인적 공제액을 초과하는 재산을 취득한 경우 그 초과부분에 대하여 증여세를 부과하는 것은 증여세제의 본질에 반하여 증여라는 과세원인 없음에도 불구하고 증여세를 부과하는 것이어서 현저히 불합리하고 자의적이며 재산권보장의 헌법이념에 부합하지 않으므로 실질적 조세법률주의에 위배된다헌법재판소 1997. 10. 30. 선고 96헌바14 결정. 구상속세법 제29조의2 1항 1호 위헌.

증여세부과의 부당성

재산분할에 증여세를 부과하는 것은 재산분할의 본질에 어긋난다. 첫째, 재산분할은 결혼중 공동으로 축적한 재산에 대한 공유지분을 분할받는 성격을 가짐과 동시에, 이혼 후 배우자의 생활을 보조해 주는 부양의 성격도 함께 가진다. 이와 같이 재산분할은 증여와 법률적 성질을 달리하므로, 증여세의 과세원인인 증여에 해당하는 것으로 보는 것은 옳지 않다. 둘째, 세법은 민법과 같은 기본적인 법질서를 전제로 하여 과세의 원칙을 정해야 하는데, 재산분할에 대해 증여세를 부과하는 것은 증여와 재산분할을 별개로 파악하는 민법과도 조화되지 않으므로 부당하다. 민법이 배우자의 가사노동 등 재산형성에 참여한 몫을 인정하여 누구의 명의로 되어 있든 혼인중 이룬 재산을 공동의 것으로 보아 상속시 배우자의 기여분을 인정하는 기여분제도와 재산분할청구권을 인정하고 있다는 점은 조세에서도 존중되어야 한다. 셋째, 위자료에 대하여는 조세포탈의 목적이 인정되는 경우 외에는 증여세가 부과되지 않는다. 따라서 당사자의 입장에서는 재산분할로서 받는 것보다 오히려 위자료로서 받는 것이 조세부담의 면에서 유리할 수 있다. 재산분할에 대한 증여세 과세규정은 오히려 재산분할제도의 이용에 장애요소로 작용할 우려가 높다. 근래에는 배우자로부터 증여를 받은 경우 일정한 금액을 공제하는 제도로서 운영한다.

5. 여성의 가사노동 및 직장노동과 조세

세법과 사회변화

경제활동주체로서의 여성의 지위는 경제활동기간의 단기간성으로 인해 크게 고려되지 않았고, 경제활동에 대한 기여도 및 독립된 경제활동주체로서의 지위도 평가절하되어 왔다. 과거 여성에 대한 조세정책을 살펴보면 결혼 전에는 아버지의 경제력에 종속된 것으로 파악되었고, 결혼 이후에는 남편의 경제력에 종속된 것으로 파악되었다. 근래에는 여성의 적극적인 경제활동참여, 결혼적령기의 지속적인 상승, 결혼 이후 경제활동의 지속 등으로 인해 여성의 경제활동주체로서의 독립성과 가정경제에 대한 기여도가 높아졌다. 주부의 가사노동에 대해서도 생산적인 경제활동으로 평가되고 있고, 민법에서도 이러한 여성의 지위를 인정하고 있다. 이에 발맞추어 세법의 규정들도 정비되어야 할 것이다.

직장여성의 근로관계비용

직장생활을 해 나가는 데에는 소득을 획득하는 과정에서 각종 비용이 소요되는데 이는 조세에 반영되어야 한다. 맞벌이부부인 직장여성은 근로소득에서 근로소득의 획득에 소요된 비용교통비, 보육비, 파출부비 등을 공제한 순소득이 세부담능력의 지표로 인식되어야 한다. 근로소득공제를 근로에 소요되는 경비를 개별적으로 공제하는 대신 개산적槪算的 경비공제로 이해할 경우에, 주부의 직장노동에 따르는 일체의 실제경비가 공제의 대상이 되어야 한다. 보육비나 기타 직장노동과 관련한 각종 비용을 세금계산상 비용으로 인정하는 방법에는 소득공제방법과 세액공제방법이 있다. 소득공제방법은 저소득층보다 상대적으로 높은 한계세율을 적용받는 고소득층에 유리한 방법이다.

맞벌이부부의 경우에 한 사람만 일하는 가정에 비해 추가로 소요되는 교통비, 식대, 보육비 등이 전액 세금상 비용으로 인정되지 않는 경우 상대적으로 더 불리하게 된다. 근로자들의 교통비와 식대 등이 남녀 모두 같거나 비슷하다고 가정할 경우 맞벌이부부의 노동공급에 수반된 비용은 한 사람 근로자가 쓰는 비용의 두 배일 것이므로 같은 소득 때문에 같은 세금을 부담하도록 하는 규정은 불공평하다. 직장노동으로 얻은 소득에서 이를 위해 지출된 비용을 차감한 순소득이 과세대상이 되어야 한다는 실질과세원칙의 입장에서 취업주부에 대한 조세문제가 검토되어야 한다.

조세부담 불공평의 시정

맞벌이 여성근로자의 직장생활과 관련한 비용공제를 세법상 인정하지 않는다면, 전업주부와의 관계에서 불공평과 왜곡을 초래하게 된다. 소득세는 전업주부가정에 세제상의 혜택을 부여하고 취업주부가정에 불이익을 가하는 결과를 가져온다. 전업주부와 결혼해 있는 남성근로자는 배우자공제, 결혼공제, 인적공제, 부부에 대한 표준공제의 인상 등의 공제혜택을 받으므로 세부담이 상대적으로 적다. 취업여성이 불이익을 받는 원인 중의 하나는 가사노동을 제대로 측정평가하지 못하고 이에 대한 과세가 현실적으로 이루어지지 않기 때문이다. 일부 조세학자들은 가사노동을 평가하여 이를 과세소득에 포함시키는 것이 이론적으로 타당하다고 하나, 현실적인 집행의 어려움이 있다는 반대의견이 있다. 가사노동과 직장노동간의 조세부담 불공평문제를 극복하기 위해서 여성의 직장노동과 관련한 비용을 소득세액의 산출과정에서 비용으로 인정하여 직장근로소득 중 순소득에 대해서만 과세하는 것이 현실적인 방법이라고 주장한다.

생각해볼 문제

● 남편명의로 된 부동산을 부인명의로 이전하려고 할 때 증여세가 부과된다면 주저하게 된다. 이처럼 조세제도가 사람들의 의사결정에 미치는 영향에 대해 어떻게 생각하는가?

● 맞벌이부부의 경우 조세부담이 늘어나서 두 사람이 버는 의미가 적어진다면 결혼이나 맞벌이를 기피하게 될 것인가? 잘못된 조세정책은 결국 여성의 경제활동을 위축시키지 않는가?

CHAPTER 17

성폭력 등 범죄와 여성

"아이는 성장해서 어른이 되고, 빈자는 부자도 될 수 있으나 여자는 성에 묶여 평생 여자로 머문다. 이것은 나이, 계급, 인종에 관계없이 시공을 초월한 역사적·우주적 원리라는 점에서 여성에게는 카스트적인 성격을 갖는다."

_ 케이트 밀렛(Kate Millet), 『성의 정치학』 중에서

I. 한국의 성문화

성역할의 사회화

성性과 관련된 행태에 있어서 사회가 여성에게 기대하는 고정된 역할이 있다. 가부장제 이데올로기는 남성에게 '지배적'이고 '적극적'인 성역할을 부여하고, 여성에게는 '소극적'이고 '순종적'인 성역할을 부여한다. 이렇게 사회적으로 부여된 성역할은 남성이 성적 행동에서 우월한 지위를 차지하거나 남성의 권력을 남용하는 것을 허용하는 사회적 환경을 만든다.

성문화는 사회의 특정한 생활양식의 표현임과 동시에 사회성원의 집단적 산물이라고 할 수 있다. 문화가 한 사회에 보편화되어 있는 특정한 생활양식인 것과 같은 맥락이다. 우리의 성문화는 가부장적 전통과 자본주의 체제로부터 형성된 보편적 성격과 아울러 한국의 유교적 전통으로부터 유래되는 특성을 함께 내포한다.

전통사회에서 여성은 스스로에 대한 성적 자율권을 갖지 못하는 존재로 간주되었고, 결혼은 남성이 여성을 소유한다는 것을 의미했다. 과거에는 결혼중의 성관계에서조차 여성은 복종하는 존재, 의사를 표시하지 않는 소극적인 존재, 또는 의사를 무시해도 되는 존재가 되어야 했다. 한국사회에서 아내강간은 성립될 수 없다고 보는 사회통념은 아내가 남편의 성적 요구에 응해야 하는 것을 극히 당연한 의무로 보고 여성 자신의 의사는 아예 고려할 필요도 없다고 보기 때문이다.

남성에게 성의 방종을 허용하는 가부장적 성문화로 인해 여성은 성행위에 있어서 객체 혹은 '남성 성욕의 배설구'로 폄하되어 왔다. 여성의 성은 '재생산의 도구' 또는 '유희의 대상'으로 낙인찍혀 왔다. 가부장적 성문화는 여성을 성적 도구화해 왔다. 우리 사회는 아직도 여성을 '성적 자기결정권'을 가진 주체로서 바라보지 않는다. 결국 이렇게 잘못된 사회적 환경은 남성의 여성에 대한 성적 폄하, 성희롱, 성폭력 등을 유인한다.

가부장적 성문화에는 남녀간의 불평등한 권력관계가 잠재해 있기 때문에 남성이 성을 권력 행사방법의 하나로 이용할 수 있는 소지를 담고 있다. 불평등한 성관계에서 여성의 성적 자기결정권은 부정된다. 불평등한 위치에서 있는 여성이 성관계에 진정으로 동의한다는 것은 있을 수 없다. 가부장적 성역할에 의해 여성은 성적으로 객체화되고 대상화된다.

성폭력의 사회문화적 요인

가부장적 성문화에서는 남성의 '주체할 수 없는 성본능'이라는 미명하에 '성폭력'이 이해될 수 있다는 사회적 분위기를 조장한다. 남성은 매사에 주도적·능동적·적극적인 역할을, 여성은 의존적·수동적·소극적 역할을 담당하도록 성역할이 강요되고, 여성은 남성의 성적 정복의 대상이 된다. 성폭력은 생물학적 힘의 불균형이 아니라 사회 문화적 힘의 불균형에서 유래한다.

여성이 영향력이 있고 사회의 일원으로 존중되는 문화가 절실하다. 여성은 남성과 동등하게 집단의 복지에 기여하고, 차별 없이 일을 할 수 있으며, 경제적으로 독립하고, 행동반경에 제약을 받지 않아야 한다. 성적 권력이 인정되지 않는 사회에서는 다른 사람을 성적으로 정복하는 것이 가치 있는 일로 평가되지 않으므로 정복하려고 하는 욕구도 적어질 것이다. 남성과 여성은 동등하게 서로 욕구하고 수용하면서 상호 조화를 이루는 성생활을 영위해 나갈 수 있다.

가부장적 성문화는 자본주의하에서 성관련 산업의 발달을 가져왔고, 이와 함께 여성을 남성의 성적 대상물로서 취급하는 현상을 확대시켰다. 성의 상품화는 은연중에 성폭력을 조장한다. 남성의 성적 쾌락을 충족시키는 방편으로 성폭력이 암시되며, 남성에게 성폭력에 대한 죄책감을 면제시켜 준다. 신종 성산업이 날로 개발되고 확대되는 사회적 배경과 성폭력의 증가는 밀접한 관련성을 가지고 있다.

우리 사회에는 '성폭력을 비호하는 편견'이 자리잡고 있다. 피해자의 일탈행동이나 정신적·육체적 장애를 가중시키는 성폭력에 대한 그릇된 통념을 분석할 필요가 있다. 성폭력을 비호하는 편견의 사례를 열거해 보면 다음과 같다.

- ▶ 강간만이 성폭력이다.
- ▶ 성폭력은 젊은 여자에게만 일어난다.
- ▶ 성폭력은 억제할 수 없는 남성의 성 충동 때문에 일어난다.
- ▶ 여자들의 노출이 심한 옷차림과 야한 언동이 성폭력을 유발한다.
- ▶ 대부분의 강간은 낯선 사람에 의해 발생한다.
- ▶ 강간은 폭력이 아니라 성 관계이다.
- ▶ 여자가 끝까지 저항하면 강간은 불가능하다.
- ▶ 부부간에 강간이란 있을 수 없다.
- ▶ 강간범은 정신이상자이다.
- ▶ 여성들이 스스로 조심하는 것 외에는 성폭력을 방지할 수 있는 뾰족한 방법이 없다.

2. 성폭력의 여러 가지 모습

성폭력이란 무엇인가

성폭력은 성희롱이나 성추행, 성폭행 등을 모두 포괄하는 개념으로 상대방의 의사에 반하여 힘의 차이를 이용하여 상대방의 성적 자기결정권을 침해하는 모든 성적 행위를 말한다.

성폭력 피해자는 가해자에 대한 혐오와 부끄러움, 죄책감 그리고 분노 등 복잡한 심리적 혼란을 겪는다. 이러한 혼란은 성폭력 피해자에게 학교생활, 직장생활, 가정생활에 있어서 엄청난 장애를 겪도록 만든다. 피해자는 성폭력 당시의 괴로웠던 심리적 상태에서 벗어나지 못하고 그 때의 고통을 오랫동안 심리적 트라우마로 안고 사는 경우가 많다. 자포자기, 자살기도, 낮은 자아존중감, 건망증, 고립감, 자기파괴, 신경쇠약, 정신분열을 겪기도 하고, 과도한 성행위추구, 약물이나 알콜중독 등의 일탈행동으로 이어지는 경우도 있다.

직장에서의 성희롱

성희롱sexual harassment은 권한이나 지위가 대등하지 못한 상태에서 일어나는 성적인 접근을 말하는데 직장 내에서 업무나 고용관계를 바탕으로 한 권력에 기해 하급직원이나 동료에게 성적 관계를 요구하거나 성적 희롱을 하는 것은 직장에서의 성희롱이 된다. 성적 희롱에는 인간의 존엄을 해치는 성적인 발언, 신체적 접촉, 기타의 성적 혐오감을 주는 표현을 하는 것들이 포함된다. 성희롱을 당하는 근로자는 그것을 거부하면 고용 및 직업훈련의 기회, 임금, 승진 기타의 근로조건에 나쁜 영향을 받게 될 것이라는 위협을 느낀다. 성희롱은 노동환경을 불평등하고 불쾌하게 만드는 요인이 된다.

직장 내 성희롱은 일하는 공간인 사무실에서 발생하는 빈도가 가장 많고, 회식과 관련된 장소나 회식 후의 귀가길, 야유회 등의 순으로 나타난다. 직장 내에서 성희롱을 하는 사람들은 여성들과 업무상 지휘 및 감독관계를 맺고 있는 상사·동료가 가장 많으며 그 밖에 타부서나 상사, 고객 등인 경우도 있다.

대학캠퍼스에서의 성희롱

대학은 지성의 공간이지만 성폭력 사건이 많은 곳이다. 교실이나 교정에서 일어나는 성희롱도 빈번하고, 동아리 활동이나 회식 자리, 학과 여행 등에서 일어나는 성희롱과 성폭력도 심각하다. 특히 일박 이일의 학과 여행이나 동아리훈련 중에 일어나는 성폭력 사건은 심각하다. 학과 여행에서 여학생에게 과음을 강요한 남학생들이 여학생이 잠든 후 옷을 벗기고 집단성희롱과 성추행을 하는 과정을 동영상으로 촬영하여 유포한 범죄행위가 처벌된 경우도 있었다. 과음을 강요하는 대학생의 잘못된 음주문화는 성폭력의 위험과 직접 연관된다.

어떤 여성단체가 실시한 '학내 성폭력 실태파악을 위한 설문조사'에 따르면 응답 여대생의 약 80%가 시각적·언어적 유형의 성희롱을 경험했다고 답했다. 비언어적 유형의 성폭력은 전체 여대생의 약 60%가 경험한 것으로 나타났다. 사회의 진보적 공간이라고 하는 대학이 성희롱과 성폭력의 우범지대로 낙인찍히고 있는 것은 아이러니라고 할 수 있다. 대학에서는 성폭력 상담교수를 배정하고, 전문인력을 투입하여 상담센터를 운영하며, 학칙에서 학내 성폭력 및 성희롱에 대하여 징계를 규정하는 등 교내 성폭력에 적극적으로 대처하고 있다.

가정에서의 성폭력

가정 내 성폭력으로 가장 빈번한 것은 의붓아버지, 삼촌, 친척오빠에 의한 성폭력이다. 친아버지에 의한 자녀강간도 나타나고 있어 가정 내 성폭력의 심각성과 비윤리성을 우려케 한다. 이러한 근친강간은 피해자와 가해자가 공동으로 거주하거나 일상적으로 대면하게 되어 있어 그 피해가 일시적이지 않고 지속적이라는 점이 특징이다. 특히 근친강간은 가해자가 자신의 욕구를 충족시키기 위해 물리적인 힘이나 권력 또는 연령이나 가족 내 지위가 주는 권위 등을 이용한다. 가족 사이의 성폭력은 좀처럼 노출되지 않은 채 피해자를 계속적으로 괴롭히는 특성을 갖는다. 피해자가 가정을 떠나기 전까지는 그 강간에서 벗어나기 어렵다. 가해자가 가정의 실력자인 경우에는 성폭력 이후에 외부에 발설하면 축출하겠다는 위협을 수반하여 피해자를 더욱 괴롭힌다. 가족들 사이에 일어나는 근친강간은 폭로되는 경우에도 가정의 평화를 위해서 은폐되고 오히려 피해자를 억압하는 경우가 많다.

가정 내 성폭력을 예방하기 위해서는 가족 내의 균형잡인 가족관계를 갖는 것이 필요하다. 성폭력의 피해자가 될 수 있는 여자아이나 성인여성은 잠재적인 성폭력의 위협에 대비하여 안전한 주거환경을 조성하는 것이 필요하다. 일단 성폭력이 발생한 경우 가해자에 대한 엄중한 문책이 장기적으로 가정의 평화와 안락에 도움이 된다는 생각을 가지고 가정의 환부를 치유하는 자세를 가져야 할 것이다. 가정의 행복은 일부 실력자의 것이 아니라 아이들을 포함한 모든 구성원이 행복한 생활을 누리는 것이다. 가정 내 성범죄를 줄이기 위해서는 무엇보다 평등한 가족관계를 맺어야 하며, 일부 가족 구성원을 구박하거나 따돌리는 일이 없어야 한다.

직장 · 학교 · 복지시설에서의 성폭력

직장에서 일어나는 성폭력은 가부장적 성문화의 연장선상에 놓여 있다. 여성에 대한 성폭력은 여성노동력이 집중되는 산업체의 근로현장에서 자주 나타난다. 여성노동자의 사회적 지위가 낮으면 낮을수록 성폭력과 성희롱에 의한 피해에 더 많이 시달리게 된다. 노사갈등이 있을 때에 여성노동자의 저항을 무력화시키기 위해 사장, 공장장, 관리직사원, 고용폭력배, 구사대 등이 성폭력과 성희롱을 저지르기도 한다. 경기침체로 인한 구직난 속에서 성폭력·성희롱은 더욱 심해진다. 여성들은 자신의 취업상태를 유지하기 위하여 직장 내에서 일상적으로 진행되는 성희롱이나 성폭력에 대하여 저항을 하지 못하게 된다.

학교, 복지시설에서의 성폭력이나 성희롱도 같은 맥락에서 이해될 수 있다. 가부장적 성문화는 교사에 복종해야 하는 어린 학생, 복지시설에 의지할 수밖에 없는 여자어린이로 하여금 성적 희생물이 되도록 강요한다. 가부장적 성문화와 자본주의적 성산업이 사회의 성윤리를 망치며, 비윤리적인 사회가 여러 장소·여러 형태의 성적 범죄를 양산하고 있다는 점을 간과해서는 안 될 것이다.

3. 성폭력과 성희롱을 방지하기 위한 법률

강 간 죄

강간은 피해자의 성적 자기결정권을 유린하는 비인도적 범죄행위이다. 과거 형법에서 표현하던 '정조에 관한 죄'라는 제목은 여성의 정조와 순결을 강조하는 가부장적 가치관을 반영한 것이어서 비판이 심했는데, 1995년 이후 '강간과 추행의 죄'라는 표현으로 바뀌었다.

강간이란 폭행·협박에 의하여 상대방의 반항을 곤란하게 하고 그 의사에 반하여 상대방을 간음하는 것을 말하는데, 강간한 자는 3년 이상의 유기징역에 처한다형법 제297조. 강제추행은 폭행 또는 협박으로 사람에 대하여 추행을 하는 것을 말한다. 추행이란 성욕의 흥분, 자극 또는 만족을 목적으로 하는 행위로서 건전한 상식 있는 일반인의 성적 수치·혐오의 감정을 느끼게 하는 일체의 행위를 말한다. 강제추행을 한 자는 10년 이하의 징역 또는 1천500만원 이하의 벌금에 처한다형법 제298조. 준강간, 준강제추행은 사람의 심신상실 또는 항거불능의 상태를 이용하여 간음 또는 추행을 한 경우를 말한다형법 제299조.

종래에는 강간의 요건에 관하여 '여성의 성기에 남성의 성기가 삽입된 경우'에 한해서 강간죄가 성립된다는 해석이 다수견해이다. 이에 대하여 성폭력 범죄의 객체가 여성으로 한정되는 것은 부당하고, 성기삽입뿐 아니라 이물질 삽입, 성기가 아닌 구강·항문을 사용한 경우나 각종 변태적인 성행위, 동성간의 성폭력 등을 추행이 아닌 강간과 유사하게 처벌되어야 한다는 주장이 제기되었다. 이에 따라 형법은 2012년 개정을 통하여 성폭력 범죄의 객체를 "부녀"에서 "사람"으로 변경하고, 폭행 또는 협박으로 사람에 대하여 구강·항문 등 성기를 제외한 신체의 내부에 성기를 넣거나 성기·항문에 손가락 등 성기를 제외한 신체의 일부 또는 도구를 넣는 행위를 한 사람을 2년 이상의 유기징역에 처하는 유사강간죄를 신설하였다형법 제297조의 2.

강간에 관한 미국 판례Battle v. State, 414 A.2d 1266Md.1980는 여성이 성교시 삽입에 앞서 성관계에 대하여 동의consent한 경우에만 강간이 성립하지 않는다고 하여 강간과 피해여성의 동의 사이의 관련성을 보여 준다. 만약 여성이 성적 관계에 동의했을지라도 삽입하기 전에 동의를 취소하는 경우에는 성교에 동의했다고 할 수 없다. 그러나 그 여성이 삽입 전에 성교에 동의를 하고 삽입 후에 그러한 동의를 취소한다면 강간은 성립되지 않는다고 한다.

성폭력특별법의 제정

성폭력범죄가 점차 흉포화, 집단화, 지능화, 저연령화되고, 통신매체 등을 이용한 새로운 유형의 성폭력범죄가 발생하면서 기존의 형법만으로는 적절히 대처하기가 어렵다는 문제 의식에서 1993년 성폭력범죄의 처벌 및 피해자보호 등에 관한 법률이 제정되어 1994년부터 시행되었다. 이 법에서는 성폭력범죄에 대한 처벌규정을 신설 또는 강화하고, 수사나 재판 등 사법처리절차에 있어서 특례를 인정하도록 하며, 성폭력피해상담소 및 성폭력피해자보호시설을 설치, 운영하는 등 여성과 미성년자를 성폭력범죄의 위협으로부터 보호하고 건전한 사회질서를 확립하기 위한 장치들을 마련하였다.

당시 우리나라의 성범죄와 그에 따른 여성들의 불안심리는 심각한 수준에 도달하였고, 여성운동 단체들을 중심으로 성폭력에 관한 특별법을 제정하여야 한다는 목소리가 높았다. 그러나 이 법이 입법취지를 제대로 살리기에는 부족한 점이 많다는 지적을 받으면서 제정 직후부터 개정요구가 있었고, 그 이후 여러 차례 개정과정을 거치게 되었다.

특히 2010년에는 성폭력범죄의 처벌 등에 관한 특례와 성폭력범죄의 피해자보호 등에 관한 사항을 함께 규정하고 있는 종전의 성폭력범죄의 처벌 및 피해자보호 등에 관한 법률을 폐지하고, 각 사항에 대하여 보다 효율적으로 대처하기 위하여 '성폭력범죄의 처벌 등에 관한 특례법'과 '성폭력방지 및 피해자보호 등에 관한 법률'로 분리하여 규정하게 되었다.

성폭력범죄의 처벌 등에 관한 특례법

성폭력범죄의 처벌 등에 관한 특례법이하 '성폭력처벌법'은 성폭력범죄의 처벌 및 그 절차에 관한 특례를 규정함으로써 성폭력범죄 피해자의 생명과 신체의 안전을 보장하고 건강한 사회질서의 확립에 이바지함을 목적으로 한다.

:: **성폭력범죄** 성폭력범죄는 강간죄, 강제추행죄, 포르노 등 제작유포죄, 매매춘을 목적으로 한 유인감금죄 등이다. 구체적으로 성폭력처벌법에서 "성폭력범죄"란 다음에 해당하는 죄를 말한다. ▶「형법」제 2 편 제22장 성풍속에 관한 죄 중 제242조음행매개, 제243조음화반포등, 제244조음화제조등 및 제245조공연음란의 죄 ▶「형법」제 2 편 제31장 약취와 유인의 죄 중 추행 또는 간음을 목적으로 하거나 추업醜業에 사용할 목적으로 범한 제288조영리등을 위한 약취, 유인, 매매등, 추행, 간음 또는 성매매와 성적 착취를 목적으로 범한 제289조인신매매, 제290조약취, 유인, 매매, 이송 등 상해 · 치상. 다만, 추행, 간음 또는 성매매와 성적 착취를 목적으로 제288조 또는 추행, 간음 또는 성매매와 성적 착취를 목적으로 제289조의 죄를 범하여 약취, 유인, 매매된 사람을 상해하거

나 상해에 이르게 한 경우에 한정한다, 제291조약취, 유인, 매매, 이송 등 살인·치사. 다만, 추행, 간음 또는 성매매와 성적 착취를 목적으로 제288조 또는 추행, 간음 또는 성매매와 성적 착취를 목적으로 제289조의 죄를 범하여 약취, 유인, 매매된 사람을 살해하거나 사망에 이르게 한 경우에 한정한다, 제292조약취, 유인, 매매된 사람의 수수·은닉. 다만, 추행, 간음 또는 성매매와 성적 착취를 목적으로 한 제288조 또는 추행, 간음 또는 성매매와 성적 착취를 목적으로 한 제289조의 죄로 약취, 유인, 매매된 사람을 수수 또는 은닉한 죄, 추행, 간음 또는 성매매와 성적 착취를 목적으로 한 제288조 또는 추행, 간음 또는 성매매와 성적 착취를 목적으로 한 제289조의 죄를 범할 목적으로 사람을 모집, 운송, 전달한 경우에 한정한다 및 제294조미수범. 다만, 제288조의 미수범 및 제292조의 미수범 중 제288조의 약취, 유인이나 매매된 사람을 수수 또는 은닉한 죄의 미수범과 제293조의 상습범의 미수범 중 제288조의 약취, 유인이나 매매된 사람을 수수 또는 은닉한 죄의 상습범의 미수범으로 한정한다의 죄 ▶「형법」제 2 편 제32장 강간과 추행의 죄 중 제297조강간, 제297조의2유사강간, 제298조강제추행, 제299조준강간, 준강제추행, 제300조미수범, 제301조강간등 상해·치상, 제301조의2강간등 살인·치사, 제302조미성년자등에 대한 간음, 제303조업무상위력등에 의한 간음 및 제305조미성년자에 대한 간음, 추행의 죄 ▶「형법」제339조강도강간의 죄 및 제342조제339조의 미수범으로 한정한다의 죄 ▶ 성폭력처벌법 제 3 조부터 제15조까지의 죄.

성폭력처벌법 제3조부터 제15조까지의 죄는 다음과 같다.

:: **특수강도강간, 특수강간** 주거침입, 야간주거침입절도, 특수절도의 죄를 범한 사람이 강간, 준강간, 준강제추행의 죄를 범한 경우에는 무기징역 또는 5년 이상의 징역형에 처한다. 특수강도의 죄를 범한 사람이 강간, 준강간, 준강제추행의 죄를 범한 경우에는 사형, 무기징역 또는 10년 이상의 징역형에 처한다. 흉기나 그 밖의 위험한 물건을 지닌 채 또는 2명 이상이 합동하여 강간의 죄를 범한 사람은 무기징역 또는 5년 이상의 징역에 처한다.

:: **친족관계에 의한 강간** 친족관계인 사람이 강간, 강제추행, 준강간, 준강제추행의 죄를 범한 경우에는, 강간의 경우 7년 이상의 유기징역, 강제추행위 경우 5년 이상의 유기징역 등 가중하여 처벌한다. 친족의 범위는 4촌 이내의 혈족 및 인척으로 한다. 친족은 사실상의 관계에 의한 친족을 포함한다.

:: **장애인에 대한 강간, 강제추행** 신체적인 또는 정신적인 장애가 있는 사람에 대하여 강간, 유사강간, 또는 추행을 한 사람은 강간의 경우 무기징역 또는 7년 이상의 징역형, 유사강간의 경우 5년 이상의 유기징역, 강제추행위 경우에는 3년 이상의 유기징역 또는 2천만원 이상 5천만원 이하의 벌금 등 가중하여 처벌한다.

:: **미성년자에 대한 강간, 강제추행** 13세 미만의 사람에 대하여 강간의 죄를 범한 사람은 무기징역 또는 10년 이상의 징역에 처한다. 13세 미만의 사람에 대하여 유사강간에 해당하는 행위를 한 사람은 7년 이상의 유기징역에 처한다. 13세 미만의 사람에 대하여 강제추행의 죄를 범한 사람은 5년 이상의 유기징역 또는 3천만 원 이상 5천만원 이하의 벌금에 처한다.

:: **강간 등 상해·치상, 살인·치사** 위의 죄친족관계에 의한 강간을 제외함를 범한 사람이 다른 사람을 상해하거나 상해에 이르게 한 경우에는 무기징역 또는 10년 이상의 징역에 처한다. 친족관계에 의한 강간을 한 자가 다른 사람을 상해하거나 상해에 이르게 한 경우에는 무기징역 또는 7년 이상의 징역에 처한다. 위의 죄를 범한 사람이 다른 사람을 살해하거나 사망에 이르게 한 경우에는 가중처벌한다.

:: **업무상 위력 등에 의한 추행** 업무, 고용이나 그 밖의 관계로 인하여 자기의 보호, 감독을 받는 사람에 대하여 위계 또는 위력으로 추행한 사람은 3년 이하의 징역 또는 1천500만원 이하의 벌금에 처한다. 법률에 따라 구금된 사람을 감호하는 사람이 그 사람을 추행한 때에는 5년 이하의 징역 또는 2천만원 이하의 벌금에 처한다.

:: **공중 밀집 장소에서의 추행** 대중교통수단, 공연·집회장소 기타 공중이 밀집하는 장소에서 사람을 추행한 사람은 1년 이하의 징역 또는 300만원 이하의 벌금에 처한다.

:: **성적 목적을 위한 다중이용장소 침입행위** 자기의 성적 욕망을 만족시킬 목적으로 화장실, 목욕장·목욕실 또는 발한실, 모유수유시설, 탈의실 등 불특정 다수가 이용하는 다중이용장소에 침입하거나 같은 장소에서 퇴거의 요구를 받고

응하지 아니하는 사람은 1년 이하의 징역 또는 300만원 이하의 벌금에 처한다.

:: **통신매체이용음란** 자기 또는 다른 사람의 성적 욕망을 유발하거나 만족시킬 목적으로 전화·우편·컴퓨터 기타 통신매체를 통하여 성적 수치심이나 혐오감을 일으키는 말이나 음향, 글이나 도화, 영상 또는 물건을 상대방에게 도달하게 한 사람은 2년 이하의 징역 또는 500만원 이하의 벌금에 처한다.

:: **카메라 등의 이용촬영** 카메라 기타 이와 유사한 기능을 갖춘 기계장치를 이용하여 성적 욕망 또는 수치심을 유발할 수 있는 타인의 신체를 그 의사에 반하여 촬영하거나 그 촬영물을 반포·판매·임대·제공 또는 공공연하게 전시·상영한 자는 5년 이하의 징역 또는 1천만원 이하의 벌금에 처한다. 촬영 당시에는 촬영대상자의 의사에 반하지 아니하는 경우에도 사후에 그 의사에 반하여 촬영물을 반포·판매·임대·제공 또는 공공연하게 전시·상영한 자는 3년 이하의 징역 또는 500만원 이하의 벌금에 처한다. 영리를 목적으로 이러한 촬영물을 정보통신망을 이용하여 유포한 자는 7년 이하의 징역 또는 3천만원 이하의 벌금에 처한다.

그 외에도 성폭력처벌법은 다음과 같은 내용을 포함하고 있다.

:: **피해자의 신원과 사생활 비밀 누설 금지** 성폭력범죄의 수사 또는 재판을 담당하거나 이에 관여하는 공무원은 피해자의 주소, 성명, 나이, 직업, 용모, 그 밖에 피해자를 특정하여 파악할 수 있게 하는 인적사항과 사진 등을 공개하거나 다른 사람에게 누설하여서는 아니 된다. 누구든지 피해자의 인적사항과 사진 등을 피해자의 동의를 받지 아니하고 출판물에 싣거나 방송매체 또는 정보통신망을 이용하여 공개하여서는 아니 된다.

:: **피의자의 얼굴 등 공개** 검사와 사법경찰관은 성폭력범죄의 피의자가 죄를 범하였다고 믿을 만한 충분한 증거가 있고, 국민의 알권리 보장, 피의자의 재범 방지 및 범죄예방 등 오로지 공공의 이익을 위하여 필요할 때에는 얼굴, 성명 및 나이 등 피의자의 신상에 관한 정보를 공개할 수 있다. 다만, 피의자가 청소년인 경우에는 공개하지 아니한다. 공개를 할 때에는 피의자의 인권을 고려하여

신중하게 결정하고 이를 남용하여서는 아니 된다.

성폭력방지 및 피해자보호 등에 관한 법률

성폭력방지 및 피해자보호 등에 관한 법률은 성폭력을 예방하고 성폭력피해자를 보호·지원함을 목적으로 한다.

:: **국가 등의 책무** 국가와 지방자치단체는 성폭력을 방지하고 성폭력피해자를 보호·지원하기 위하여 다음의 조치를 하여야 한다. ▶ 성폭력 신고체계의 구축·운영 ▶ 성폭력 예방을 위한 조사·연구, 교육 및 홍보 ▶ 피해자를 보호·지원하기 위한 시설의 설치·운영 ▶ 피해자에 대한 주거지원, 직업훈련 및 법률구조 등 사회복귀 지원 ▶ 피해자에 대한 보호·지원을 원활히 하기 위한 관련 기관간 협력체계의 구축·운영 ▶ 성폭력 예방을 위한 유해환경 개선 ▶ 피해자 보호·지원을 위한 관계 법령의 정비와 각종 정책의 수립·시행 및 평가.

:: **상담소의 설치·운영** 국가 또는 지방자치단체는 성폭력피해상담소를 설치·운영할 수 있다. 국가 또는 지방자치단체 외의 자가 상담소를 설치·운영하려면 특별자치도지사 또는 시장·군수·구청장에게 신고하여야 한다. 상담소는 다음의 업무를 한다. ▶ 성폭력피해의 신고접수와 이에 관한 상담 ▶ 성폭력피해로 인하여 정상적인 가정생활 또는 사회생활이 곤란하거나 그 밖의 사정으로 긴급히 보호할 필요가 있는 사람과 성폭력피해자보호시설 등의 연계 ▶ 피해자 등의 질병치료와 건강관리를 위하여 의료기관에 인도하는 등 의료 지원 ▶ 피해자에 대한 수사기관의 조사와 법원의 증인신문證人訊問 등에의 동행 ▶ 성폭력행위자에 대한 고소와 피해배상청구 등 사법처리 절차에 관하여 대한법률구조공단 등 관계 기관에 필요한 협조 및 지원 요청 ▶ 성폭력 예방을 위한 홍보 및 교육 ▶ 그 밖에 성폭력 및 성폭력피해에 관한 조사·연구

:: **성폭력 전담의료기관** 국립·공립병원, 보건소 또는 민간의료시설은 피해자 등의 치료를 위한 전담의료기관으로 지정될 수 있다. 전담의료기관은 피해자 본인·가족·친지나 긴급전화센터, 상담소, 보호시설 또는 통합지원센터의 장 등이 요청하면 피해자 등에 대하여 다음의 의료 지원을 하여야 한다. ▶ 보건 상

담 및 지도 ▶ 치료 ▶ 그 밖에 신체적·정신적 치료.

국가 또는 지방자치단체는 치료 등 의료 지원에 필요한 경비의 전부 또는 일부를 지원할 수 있다.

직장에서의 성폭력과 성희롱에 대한 처벌

직장에서의 성폭력과 성희롱을 없애는 것은 평등한 고용환경을 만드는 데에 꼭 필요하다. 성폭력범죄의 처벌 등에 관한 특례법은 "업무, 고용 기타 관계로 인한 강간과 추행"을 무겁게 처벌하고 있다. 직장에서의 성희롱에 대하여는 양성평등기본법에서 "국가와 지방자치단체는 관계 법률에서 정하는 바에 따라 성폭력·가정폭력·성매매 범죄 및 성희롱을 예방·방지하고 피해자를 보호하여야 하며, 이를 위하여 필요한 시책을 마련하여야 한다"라고 규정함으로써 성희롱에 관한 법이나 정책을 마련할 수 있는 근거를 마련하였다. 이에 근거해서 남녀고용평등과 일·가정 양립 지원에 관한 법률에서는 직장 내 성희롱이 법적으로 금지되는 행위임을 명확히 하고 사업주에게 직장 내 성희롱에 관한 사전 예방의무와 사후 조치의무를 부과하고 있다. 특히 사업주는 직장 내 성희롱과 관련하여 피해를 입은 근로자뿐만 아니라 성희롱 발생을 주장하는 근로자에게도 불리한 조치를 해서는 안 되고, 그 위반자는 형사처벌을 받는다는 명문의 규정을 두고 있다.

■ **성희롱에 관한 판례** ■

직장 내 성희롱을 인정한 최초의 판례는 '서울대 우조교 사건'이 있다대법원 1998. 2. 10. 선고 95다39533 판결. 대법원은 남성가해자 신교수의 여성피해자 우조교에 대한 '성적 괴롭힘'을 인정하고, 손해배상청구를 인용하였다. 그러나 사용자인 서울대측의 피해자에 대한 손해배상은 인정하지 않음으로써 직장 내 성희롱의 책임을 가해자 개인에게 돌려 사건을 축소시키는 한계가 있었다.

최근 판례는 직장 내 성희롱이 발생한 경우 사업주가 피해자를 적극적으로 보호하여 피해를 구제할 의무를 부담한다는 점을 분명하게 한다. 사업자가 피해자에게 불리한 조치나 대우를 하는 것은 피해자가 피해를 감내하고 문제를 덮어버리도록 하는 부작용을 초래할 뿐만 아니라, 피해자에게 성희롱을 당한 것 이상의 또 다른 정신적 고통을 줄 수 있으므로, 사업주가 직장 내 성희롱과 관련하여 피해를 입은 근로자 또는 성희롱 피해 발생을 주장하는 근로자(이하 '피해근로자 등'이라 한다)에게 해고나 그 밖의 불리한 조치를 한 경우에는 남녀고용평등법 제14조 2항을 위반한 것으로서 민법 제750조의 불법행위가 성립한다고 한다. 사업주의 조치가 피해근로자 등에 대한 불리한 조치로서 위법한 것인지 여부는 불리한 조치가 직장 내 성희롱에 대한 문제 제기 등과 근접한 시기에 있었는지, 불리한 조치를 한 경위와 과정, 불리한 조치를 하면서 사업주가 내세운 사유가 피해근로자 등의 문제 제기 이전부터 존재하였던 것인지, 피해근로자 등의 행위로 인한 타인의 권리나 이익 침해 정도와 불리한 조치로 피해근로자 등이 입은 불이익 정도, 불리한 조치가 종전 관행이나 동종 사안과 비교하여 이례적이거나 차별적인 취급인지 여부, 불리한 조치에 대하여 피해근로자 등이 구제신청 등을 한 경우에는 그 경과 등을 종합적으로 고려하여 판단해야 한다고 한다. 남녀고용평등법은 관련 분쟁의 해결에서 사업주가 증명책임을 부담한다는 규정을 두고 있는데(제30조), 이는 직장 내 성희롱에 관한 분쟁에도 적용된다. 따라서 직장 내 성희롱으로 인한 분쟁이 발생한 경우에 피해근로자 등에 대한 불리한 조치가 성희롱과 관련성이 없거나 정당한 사유가 있다는 점에 대하여 사업주가 증명을 하여야 한다는 입장이다(대법원 2017. 12. 22. 선고 2016다202947 판결).

4. 성폭력범죄의 처벌 및 예방에 관한 제안

성폭력 범죄에 대한 친고죄 폐지와 수사 과정

종래에는 친족 성폭력과 장애인 대상 성폭력 등 일부 성폭력 범죄를 제외한 대부분의 성폭력죄가 친고죄로 되어 있었다. 친고죄란 공소제기에 피해자 기타 법률이 정한 자의 고소 또는 고발을 필요로 하는 범죄를 말하는데, 피해자의 수치심과 명예감정을 보호하기 위한 제도이다. 그러나 실제로는 피해자에게 고소에 대한 부담을 지우고, 가해자가 법망을 쉽게 빠져나가게 하는 역할을 하는 등 문제점이 지적되었다.

예를 들어 수사기관이 성폭력 범죄를 인지해도 피해자가 고소하지 않으면 가해자를 기소할 수가 없었고, 피해자가 고소한 이후에도 1심 판결 전까지 고소를 취소하면 가해자가 처벌을 면할 수 있었다. 여성피해자가 협박이나 어쩔 수 없는 인간관계 때문에 강간범을 고발하기 힘든 사정이 있는 경우도 있고, 강간사실의 노출은 남성과 여성 사이의 이중적 성윤리 아래에서 여성을 불리한 위치로 떨어뜨린다. 또한 단기의 고소기간 동안 피해자는 고소 여부를 결정해야만 하였으므로, 가해자 측은 끈질기게 합의를 요구하기도 하였고, 수사기관에서도 고소 취하를 염두에 두고 수사를 하는 경우도 있었다.

여성계는 성폭력특별법 제정 이후 줄곧 성폭력 범죄에 대한 친고죄를 폐지할 것을 주장하였으며, 성폭력 관련법들의 개정을 통하여 아동과 청소년, 장애인 대상 성폭력부터 친고죄가 폐지되었고, 2012년 형법과 성폭력처벌법 등의 개정을 통하여 모든 성폭력 범죄에 대하여 친고죄 규정이 폐지되어 현재에는 피해자가 직접 고소하지 않아도 성폭력 수사가 진행될 수 있으며, 피해자가 합의를 하였더라도 이를 이유로 소가 취하되지 않게 되었다.

그동안 성폭력 범죄를 친고죄로 규정하면서 성폭력 피해 경험을 감춰야 하는 부끄러운 문제로 취급해 온 면이 있다. 성폭력 피해를 드러내는 것은 부끄러운 일이라는 통념을 깨는 한편, 수사기관은 피해자의 신상을 보호하고 정보가 외부에 유출되지 않도록 기본적인 의무를 다하여야 한다. 또한 수사 및 기소의 과정에서도 남성들의 권위주의와 여성경시의 인식이 반영되어 수사관과 검사의 자세가 고압적이기 일쑤이다. 수사담당관의 태도는 성폭력 신고율을 좌우하는 주요 요인이 된다. 성폭력범죄를 수사할 때 여성경찰이나 여성검사의 입회하에 수사하도록 배려하고, 수사담당관에 대해 성폭력 관련교육 등을 통해 수사기법과 여성문제에 관한 의식을 고양시켜서 수사과정에서 여성피해자가 또다시 정신적 피해를 입는 일이 없도록 배려하여야 한다.

성폭력의 재판과정

성폭력의 재판에 있어서는 피해자의 명예와 감정을 상하게 하지 않도록 배려할 필요가 있다. 과거의 재판에서는 죄인이 피해자인지 가해자인지 모를 정도로 피해자를 추궁하는 태도를 취해 여성을 또 한 번 수치와 절망에 빠지게 하였고,

법정에서 공개하에 피해자의 증언을 청취함으로써 다른 사람들의 호기심의 제물이 되게 하였다. 피해자의 성편력을 증거로 채택하는 등 판결의 자료로 삼는 것도 문제이다.

성폭력은 여성이 유발한다는 사회 일반의 그릇된 의식을 고치지 않고는 이러한 관행이 바뀌기 어렵다. 성폭력을 정조를 유린했는가의 문제가 아니라 '성적 자기결정권의 침해'라는 측면에서 바라보아야 한다. 그리고 강간죄의 공소시효가 너무 짧다는 문제도 지적되고 있다. 피해자들이 정신적 충격과 갈등 때문에 제3자에게 그 피해상황을 고백하기까지 오랜 시간이 걸리는 경우가 많다는 점을 고려하여 시효기간을 늘려야 할 것이다.

남녀평등한 사회환경과 건전한 성문화

성폭력피해는 사회구조적으로 보아 여성의 불리한 위치와 직접·간접적으로 연결되어 있다. 여성의 사회적 지위가 낮기 때문에 여성을 독립된 인격체가 아닌 단순한 성의 대상으로 보게 되는 것이다. 법제도의 개선도 중요하지만 여성의 불리한 사회적 지위를 향상시키는 일도 병행되어야 한다. 여성의 사회경제적 활동 증진, 여성의 정치력 향상, 여성의 가족 내 지위강화 등은 성폭력을 줄이는 데에 크게 기여할 것이다.

우리 사회의 성문화는 가부장제에 바탕을 두고 여성을 억압하고 성적 객체화시키고 있다. 성과 관련하여 여성에게 고정적인 역할을 부여하고, 여성의 성과 남성의 성으로 이분화하여 양성에게 다른 윤리적 잣대로 판단하려 한다. 이렇듯 왜곡되어 있는 상황을 개선하고, 여성이냐 남성이냐에 관계없이 건전한 성적 인식을 갖는 '성문화'를 지향해야 한다. 그 방법으로 남녀 성관계의 모델을 찾아 그러한 관계를 확산해 나가는 작업도 생각해 볼 수 있다. 법적 장치를 개선하는 일과 더불어 새로운 성윤리를 확산하는 시민운동을 활발히 펼쳐 나가는 일도 중요하다.

양성평등한 성교육과 성폭력피해자의 치유

성교육은 기존사회의 가부장적 통념의 유포공간이 아니라 성에 관해 필요한 지식과 건전한 가치관을 습득하는 장이 되어야 한다. 청소년에게 성에 대한 새로운 지평을 열고, 열린 눈으로 성관계를 해석하도록 도와주어야 한다. 성관계가 남성이 여성을 소유하는 장도 아니고 남녀 사이의 권력관계를 반영하는 장도 아니라는 사실, 그리고 여성과 남성이 평등한 입장에서 밀착된 대화를 나누는 것이라는 사실을 알려 주어야 한다. 성적 대화의 장에서 여성과 남성은 평등하다는 것을 확인하고 서로의 믿음을 다짐하는 제스처들이 전개되어야 한다. 서로 상대방의 감정을 존중하고 상대방을 기쁘게 해 줄 수 있도록 노력하는 것이 진정한 성관계일 것이다.

성폭력의 피해자에게는 육체적인 피해뿐 아니라 정신적인 피해가 오래 남을 수 있다. 가해자를 처벌하는 일보다 더 중요한 일은 성폭력피해자가 다시 활발하게 자신의 일에 몰두할 수 있도록 치료를 해 주는 일이다. 특히 성폭력의 환상에 계속적으로 시달린다든가, 대인공포증을 갖게 된다든가, 정상적인 성관계를 갖지 못하는 등의 정신적인 장애가 남지 않도록 세밀하게 치료해 주는 일이 꼭 필요하다. 성폭력피해자의 의료처치를 위해서 '성폭력피해자 치료기관'을 확대하는 방안도 제안되고 있다. 그 치료기관에 전문상담요원을 두어 성폭력피해자의 치유를 도와줄 뿐 아니라 근친강간과 같은 경우에는 가족들도 집단상담을 받도록 하며 이를 통해 폭력성에서 벗어나도록 치료받는 것이 요망된다.

5. 가정폭력범죄와 아동관련범죄

여성과 아동에 대한 가정폭력

가정폭력범죄의 처벌 등에 관한 특례법에서는 가정폭력을 가정 구성원 사이의 신체적·정신적 또는 재산상 피해를 수반하는 행위라고 말한다. 가정 내에서 폭력은 상대에 대한 지배를 강화하는 기능을 한다. 가정폭력은 가부장의 역사와 함께 남편이 아내를 억압하는 수단이 되었던 것이 사실이다.

가정폭력범죄는 주위에서 흔히 발생하며 그 종류와 수단이 다양하다. 가정구성원에 대한 폭언, 구타, 상해, 살인, 협박 등의 유형이 있으며, 며느리학대, 아동학대, 노인학대 등 피해자의 유형별로 구분되기도 한다. 그 수단도 흉기사용, 음주, 약물복용 등 다양하다. 가정폭력 사건의 가장 대표적인 유형은 역시 아내학대이다.

가정폭력에 관한 통계만을 살펴보면 아동학대의 비율이 가장 낮게 나타나지만, 이는 발생률 자체가 낮기 때문은 아니다. 아동은 자기보호능력이나 권리의식이 낮기 때문에 신고가 적으며, 결손 가정에서 아동학대가 일어나는 경우에는 보호자가 신고를 해 주기 어려운 경우가 많다. 아동을 상대로 한 가정폭력은 폭행에 그치지 않고 성폭력, 성매매, 포르노그래피 등 성관련범죄와 연결되는 경우도 있기 때문에 아동피해자 보호를 위한 특별한 구제수단이 마련되어야 한다.

가정폭력범죄의 처벌 등에 관한 특례법

가정폭력범죄의 처벌 등에 관한 특례법은 가정폭력범죄의 형사처벌 절차에 관한 특례를 정하고 있다. 가정폭력범죄를 범한 사람에 대하여 환경의 조정과 성행의 교정을 위한 보호처분을 행할 수 있도록 하고, 가정폭력범죄에 대한 응급조치 및 임시조치 등 이를 제지할 수 있는 방안도 마련하고 있다. 이 법은 가정폭력범죄로 파괴된 가정의 평화와 안정을 회복하고 건강한 가정을 가꾸며 피해자와 가족구성원의 인권을 보호함을 목적으로 한다.

가정폭력범죄의 처리절차는 경찰단계, 검찰단계, 법원단계로 이루어져 있다.

∷ **경찰의 수사** 경찰은 가정폭력에 대응하기 위한 최일선 기관으로서 경찰의 적극적인 초기대응은 가정폭력의 방지와 갈등 해결을 위하여 가장 중요한 요소이다. 경찰의 적절한 대응조치를 위하여 응급조치 및 임시조치의 일환으로 가정폭력범죄현장에서의 상담소, 보호시설 또는 의료기관 인도 등이 시행되고 있다. 수사 및 법원의 심리를 거치는 동안 피해자를 행위자의 폭력위험으로부터 보호하기 위한 조치를 취해야 한다. 가정폭력의 특수성을 고려한 적절한 위기개입절

차를 통해 보복의 두려움으로 신고조차 하지 못하는 피해자들의 요구에 실질적으로 대응하기 위해서라도 수사 초동단계에서 가해자를 격리조치한다. 그리하여 피해자가 진정한 의사를 표출할 수 있는 환경을 조성해 주고 그 의사를 정확하게 진단할 수 있는 전문가를 조사관으로 두는 프로그램을 마련한다.

:: **검찰의 조치** 검찰에서는 기소 여부, 법원에의 임시조치 청구, 가정보호사건으로의 송치 등을 결정한다. 각급 검찰청에서는 가정폭력범죄의 적절한 대처와 처리, 피해자의 신체적·정신적 피해를 회복하고자 가정폭력전담검사를 지정하고 범죄피해자지원센터를 설립하여 운영하도록 하고 있다. 검사는 가정폭력범죄가 재발될 우려가 있다고 인정하는 경우에는 임시조치를 청구할 수 있다. 검사는 가정폭력범죄로서 사건의 성질·동기 및 결과, 가정폭력행위자의 성행 등을 고려하여 이 법에 따른 보호처분을 하는 것이 적절하다고 인정하는 경우에는 가정보호사건으로 처리할 수 있다. 이 경우 검사는 피해자의 의사를 존중하여야 한다.

:: **법원의 심리** 법원은 검찰과 형사법원으로부터 가정보호사건으로 송치된 사건에 대하여 신속하게 처리하고, 비공개심리·피해자 진술권 보장·행위자 퇴장명령제도 등을 두어 공판절차에서의 피해자 보호가능성을 열어두고 있다. 가정보호사건을 조사·심리하기 위하여 법원에 가정보호사건조사관을 둔다. 법원은 가정보호사건을 조사·심리할 때에는 의학, 심리학, 사회학, 사회복지학, 그 밖의 전문적인 지식을 활용하여 가정폭력행위자, 피해자, 그 밖의 가정 구성원의 성행, 경력, 가정 상황, 가정폭력범죄의 동기·원인 및 실태 등을 밝혀서 이 법의 목적을 달성할 수 있는 적정한 처분이 이루어지도록 노력하여야 한다.

:: **판사의 임시조치** 판사는 가정보호사건의 원활한 조사·심리 또는 피해자 보호를 위하여 필요하다고 인정하는 경우에는 결정으로 가정폭력행위자에게 다음의 어느 하나에 해당하는 임시조치를 할 수 있다. ▶ 피해자 또는 가정 구성원의 주거 또는 점유하는 방실房室로부터의 퇴거 등 격리 ▶ 피해자 또는 가정 구성원의 주거, 직장 등에서 100미터 이내의 접근 금지 ▶ 피해자 또는 가정 구성원에 대한 전기통신을 이용한 접근 금지 ▶ 의료기관이나 그 밖의 요양소에의

위탁 ▶ 국가경찰관서의 유치장 또는 구치소에의 유치.

　:: **가정폭력범죄에 대한 응급조치**　진행중인 가정폭력범죄에 대하여 신고를 받은 사법경찰관리는 즉시 현장에 나가서 다음의 조치를 하여야 한다. ▶ 폭력행위의 제지, 가정폭력행위자·피해자의 분리 및 범죄수사 ▶ 피해자를 가정폭력 관련 상담소 또는 보호시설로 인도피해자가 동의한 경우만 해당한다 ▶ 긴급치료가 필요한 피해자를 의료기관으로 인도 ▶ 폭력행위 재발시 임시조치를 신청할 수 있음을 통보.

　:: **보호처분**　법원은 결정으로 다음의 보호처분을 할 수 있다. ▶ 가정폭력행위자가 피해자 또는 가정 구성원에게 접근하는 행위의 제한 ▶ 가정폭력행위자가 피해자 또는 가정 구성원에게 전기통신을 이용하여 접근하는 행위의 제한 ▶ 가정폭력행위자가 친권자인 경우 피해자에 대한 친권 행사의 제한 ▶ 「보호관찰 등에 관한 법률」에 따른 사회봉사·수강명령 ▶ 「보호관찰 등에 관한 법률」에 따른 보호관찰 ▶ 「가정폭력방지 및 피해자보호 등에 관한 법률」에서 정하는 보호시설에의 감호위탁 ▶ 의료기관에의 치료위탁 ▶ 상담소 등에의 상담위탁.

가정폭력방지 및 피해자보호 등에 관한 법률

　가정폭력방지 및 피해자보호 등에 관한 법률이하 '가정폭력방지법'은 가정폭력을 예방하고 가정폭력의 피해자를 보호·지원함을 목적으로 한다. 가정폭력방지법은 긴급히 보호할 필요가 있는 피해자를 상담소나 보호시설에 임시보호한다. 이 법에 따라 다음의 시설이 설치·운영된다.

　:: **긴급전화센터**　각 지역마다 긴급전화센터를 설치·운영하여야 한다. 이 경우 외국어 서비스를 제공하는 긴급전화센터를 따로 설치·운영할 수 있다. 긴급전화센터에서는 다음의 일을 한다. ▶ 피해자의 신고접수 및 상담 ▶ 관련 기관·시설과의 연계 ▶ 피해자에 대한 긴급한 구조의 지원.

　:: **상 담 소**　국가나 지방자치단체는 가정폭력 관련 상담소를 설치·운영할 수 있다. 상담소의 업무는 다음과 같다. ▶ 가정폭력을 신고받거나 이에 관한 상담에 응하는 일 ▶ 가정폭력으로 정상적인 가정생활과 사회생활이 어렵거나 그

밖에 긴급히 보호를 필요로 하는 피해자 및 피해자가 동반한 가정 구성원을 임시로 보호하거나 의료기관 또는 가정폭력피해자 보호시설로 인도하는 일 ▶ 행위자에 대한 고발 등 법률적 사항에 관하여 자문하기 위한 대한변호사협회 또는 지방변호사회 및 법률구조법인 등에 대한 필요한 협조와 지원의 요청 ▶ 경찰관서 등으로부터 인도받은 피해자 등의 임시 보호 ▶ 가정폭력의 예방과 방지에 관한 홍보 ▶ 그 밖에 가정폭력과 그 피해에 관한 조사·연구.

　:: **보호시설** 국가나 지방자치단체는 가정폭력피해자 보호시설을 설치·운영할 수 있다. 사회복지법인과 그 밖의 비영리법인은 시장·군수·구청장의 인가認可를 받아 보호시설을 설치·운영할 수 있다. 보호시설에는 상담원을 두어야 하고, 보호시설의 규모에 따라 생활지도원, 취사원, 관리원 등의 종사자를 둘 수 있다. 보호시설의 종류는 다음과 같다. ▶ 단기보호시설 : 피해자 등을 6개월의 범위에서 보호하는 시설 ▶ 장기보호시설 : 피해자 등에 대하여 2년의 범위에서 자립을 위한 주거편의住居便宜 등을 제공하는 시설 ▶ 외국인보호시설 : 배우자가 대한민국 국민인 외국인 피해자 등을 2년의 범위에서 보호하는 시설 ▶ 장애인보호시설 :「장애인복지법」의 적용을 받는 장애인인 피해자 등을 2년의 범위에서 보호하는 시설.

6. 스 토 킹

스토킹 범죄

　스토킹의 정의에 대하여는 이견이 있지만, 대체로 스토킹이란 특정인을 그 의사에 반하여 반복적으로 미행하거나 편지, 전화, 모사전송기, 컴퓨터 통신을 통하여 반복하여 일방적으로 말이나 글 또는 사진이나 그림을 전달하는 등 다양한 방법으로 특정인이나 그 가족에게 심각한 공포심이나 불안감을 유발하는 행위라고 할 수 있다. 스토킹Stalking은 '몰래 접근하다', '미행하다'는 뜻의 영어 'stalk'에서 유래했다.

스토킹은 다양한 모습으로 이루어진다. 집요한 구애전화, 음란전화, 미행, 반복적인 신체접촉 시도, 거칠고 품위 없거나 난폭한 언동을 반복하는 것, 선물공세, 비방, 가족이나 친구 괴롭히기 등이 있으며, 정보통신망을 이용한 접근 시도나 협박 행위 등 사이버 스토킹도 빈번하다.

스토킹은 그 자체로 피해자에게 심각한 정신적·육체적 고통을 초래하고, 과격한 폭력범죄로 이어지는 경우도 많다. 최근 스토킹 범죄가 급증하고 있고, 남자친구나 전 남편이 여성을 지속적으로 스토킹하다가 끝내 숨지게 하는 사건들이 언론에 오르내리며 스토킹 범죄에 대한 경각심이 높아지고 있다.

스토킹 가해자에 대한 처벌

이러한 스토킹 범죄에 대한 처벌이 필요하다는 목소리가 높으나 아직까지 현행법상 스토킹을 독자적인 범죄유형으로서 처벌하는 법규정이 마련되어 있지 않다. 1999년부터 총 12건의 스토킹 관련 법안이 발의되었으나 제대로 논의되지 못하고 모두 폐기 또는 철회되었고, 정부가 2018. 5. 가칭 '스토킹범죄의 처벌 등에 관한 법률'을 입법예고하며 상반기에 국회에 발의할 예정이라고 하였으나 아직 내부 논의조차 끝내지 못하고 있는 상황이다.

현재로서는 스토킹 범죄에 경범죄처벌법이 적용될 수 있는데, 경범죄처벌법 제3조 41항에 의하여 상대방의 명시적 의사에 반하여 지속적으로 접근을 시도해 면회 또는 교제를 요구하거나 따라다니기 등의 행위를 반복하여 하는 사람은 10만원 이하의 벌금, 구류형을 받을 수 있다. 그 외에도 협박죄, 모욕죄, 명예훼손죄 등 형법상의 폭력과 관련된 여러 범죄 구성요건에 해당하는 경우에는 형법으로, 가정폭력이나 성범죄와 관련이 있는 경우에는 가정폭력범죄처벌법과 성폭력처벌법 등으로 처벌될 수 있다.

스토킹 처벌에 대한 특례법을 입법하는 것에 대하여는 스토킹과 호감을 가지고 따라다니는 행위를 구별하기 어렵다는 점을 지적하면서 형사처벌을 하려면 명확한 구성요건이 필요한데 스토킹을 정의하기가 사실상 불가능하다는 견해가 있다. 그러나 스토킹 범죄로 인한 사회적 인식이 확대되고 피해자가 늘어나고 있는 상황에서 현행법으로 스토킹 범죄를 의율하는 것은 역부족이다. 현행법은 모든 스토킹 관련 행위를 포괄하고 있는 것이 아니며 스토커와 피해자가 가족구성원이 아닌 경우 보호처분, 임시조치 등의 초기 단계의 개입이 어렵다는 문제점을 갖고 있다. 관련 특별법 마련을 위한 깊이 있는 논의가 시급하다.

7. 부부강간죄에 관한 논의

부부간 성폭력의 실태와 문제점

가정폭력상담소를 이용한 여성의 많은 수가 부부간 강압적 강간, 구타를 동반한 강간, 가학적 강간을 당한 경험이 있다고 하였다. 수십 년간 부부라는 이름으로 행해진 폭행과 강간으로 육체적 고통은 물론 정신조차 황폐해져 정신적 치료를 받는 경우도 많았다.

부부강간의 문제는 단순히 가정 안에만 머무르는 것이 아니라 가출, 여성 노숙자의 증가, 가정파괴 등 사회 문제로 이어지고 있어 더욱 문제가 된다. 여성 노숙자의 70%가 가정폭력이나 가정불화로 집을 나왔다고 조사되었다. 또한 가정폭력이 원인이 되어 발생하는 여성 범죄 역시 점차 증가하고 있다. 심지어 남편의 폭력 때문에 우발적으로 또는 정서적 고립 상태에 놓여 남편을 살해하는 범죄까지 발생하고 있다. 이런 가정에서 성장하는 자녀들의 정신적인 충격과 불안 등도 심각한 사회 문제로 대두되고 있다.

부부간 성폭력이나 강간도 심각한 인격적·신체적 손상을 가져오는 엄연한 가정폭력이다. 부부강간은 가정 내 문제이기 이전에 인권 문제로 이해되어야 한다.

부부강간죄는 왜 처벌되어야 하는가

결혼한 많은 여성들이 부부라는 이유로 남편의 일방적이고 폭력적인 부부관계 요구를 수용해야 했다. 그러나 부부에게 정조의무와 동거의무가 있다고 해서

여성을 위한 **법**

남편에 대해 무조건적으로 성관계에 동의한 것으로 보거나, 아내를 남편의 배타적인 소유물로 보고 있는 부부관계에 대한 시각은 전근대적인 것으로 시정되어야 마땅하다. 살인이나 폭행과 마찬가지로 강간은 인격 모독이고, 개인의 신체에 대한 중대한 범죄 행위로 보는 것이 옳다. 미성년강간, 부부강간, 동성강간 등 강간 앞에 어떤 말이 붙든 그것은 언제나 추악한 것이 된다. 그러므로 부부강간도 금지되고 처벌되어야 할 것은 당연하다고 하겠다.

부부 사이라고 해서 강간죄의 예외로 보는 것은 기혼여성에 대한 차별로 헌법상 평등권에 위배된다고 여겨진다. 성적 욕망 때문에 남편이 아내를 완력으로 강제하고 지배하는 것을 인정한다면 이는 부부의 대등한 지위를 무시하는 일이 될 것이다. 남편의 아내에 대한 강간을 방치하는 것은 여성의 성적 자기결정권을 침해하게 되며, 원치 않는 임신을 야기하여 여성의 출산결정의 권한을 침해하게 된다.

부부강간의 개념은 일상적으로 일어날 수 있는 사소한 성적 갈등이 아니라, 배우자에게 심한 모욕을 주고 인격적인 수치심을 가하며 폭력을 동반하여 신체적 억압을 가하는 경우의 부부강간을 의미하고 있다. 원만한 부부사이라면 다소 성적인 욕구 표현이 과다하더라도 강간이 성립한다고 보지 않는다. 그러나 폭행을 수반한 강간 등 아주 심각한 경우는 강간이라고 볼 수 있다. 사회적으로 용납할 수 없는 정도의 부부강간을 처벌하자는 것이다. 부부강간으로 부부간 신뢰가 깨어지고 가정이 파탄에 이른 경우까지 사생활이라는 명목 아래 모른 체하고 인권유린을 방조할 수는 없기 때문이다.

부부강간죄 처벌에 관한 법원의 입장

1980년대 이후 미국, 영국, 이탈리아 등 많은 나라에 부부강간죄의 형사처벌 규정이 신설되었다. 과거 강간죄에서 부부를 제외하던 독일도 1997년 형법 개정 때 이를 처벌하는 규정을 보완하였다. 일본은 혼인이 실질적으로 파탄된 경우에 아내강간을 인정한다. 세계적으로도 대다수 인권선진국이 부부강간죄를 처벌하고 있는 추세이다.

우리 법원은 과거에는 부부 사이에는 간통죄를 인정하지 않는 입장이었고, 다만 당사자 사이에 혼인관계가 파탄되어 더 이상 혼인관계를 지속할 의사가 없고 이혼의사의 합치가 있어 실질적인 부부관계가 인정될 수 없는 상태에 이르렀다면, 법률상의 배우자인 처도 강간죄의 객체가 된다는 입장이었다^{대법원} _{2009. 2. 12. 선고 2008도8601 판결}.

그러나 이러한 판례에 대하여는 실질적인 부부관계의 존재 여부를 토대로 강간죄 성립 여부를 판단하는 것은 가정 내에서의 성폭력에 대해 사실상 법이 외면하는 것이 아니냐는 비판이 있었다. 대법원은 전원합의체 판결로 그 입장을 바꾸어 혼인관계가 파탄된 경우뿐만 아니라 혼인관계가 실질적으로 유지되고 있는 경우에도 남편이 반항을 불가능하게 하거나 현저히 곤란하게 할 정도의 폭행이나 협박을 가하여 아내를 간음한 경우에는 강간죄가 성립한다고 판단하기에 이르렀다_{대법원 2013. 5. 16. 선고 2012도14788 전원합의체판결}.

종래에 부부강간죄에 대하여 반대하는 의견은, 법이 가정문제에 지나치게 간섭함으로써 사생활을 침해하고 자칫 가정의 붕괴를 초래할 위험이 있으며 형벌권을 지나치게 남용한다는 것을 이유로 하였다. 그러나 부부간의 성폭력은 개인의 자율성과 인권, 그리고 양성평등에 기초해야 할 가정을 붕괴시키는 행위이다. 가정문제에 국가가 깊게 개입하는 것은 바람직하지 않지만, 가정폭력에 대해서는 엄정히 대처해야 한다. 다만 그 폭행 또는 협박의 내용과 정도가 배우자의 성적 자기결정권을 본질적으로 침해하는 정도에 이른 것인지 여부 등은 여러 사정을 종합하여 신중하게 판단할 필요가 있다.

■ 부부간 강간죄를 인정한 판례 ■

종래 형법이 강간죄 등을 규정하는 제2편 제32장의 제목을 '정조에 관한 죄'라고 정하고 있었는데, 형법 개정으로 제목이 '강간과 추행의 죄'로 바뀌게 되었다. 이러한 형법의 개정은 강간죄의 보호법익이 현재 또는 장래의 배우자인 남성을 전제로 한 관념으로 인식될 수 있는 '여성의 정조' 또는 '성적 순결'이 아니라, 자유롭고 독립된 개인으로서 여성이 가지는 성적 자기결정권이라는 사회 일반의 보편적 인식과 법감정을 반영한 것으로 볼 수 있다. 부부 사이에 민법상의 동거의무가 인정된다고 하더라도 거기에 폭행, 협박에 의하여 강요된 성관계를 감내할 의무가 내포되어 있다고 할 수 없다. 혼인이 개인의 성적 자기결정권에 대한 포기를 의미한다고 할 수 없고, 성적으로 억압된 삶을 인내하는 과정일 수도 없기 때문이다.

결론적으로 헌법이 보장하는 혼인과 가족생활의 내용, 가정에서의 성폭력에 대한 인식의 변화, 형법의 체계와 그 개정 경과, 강간죄의 보호법익과 부부의 동거의무의 내용 등에 비추어 보면, 형법 제297조가 정한 강간죄의 객체인 '부녀'에는 법률상 처가 포함되고, 혼인관계가 파탄된 경우뿐만 아니라 혼인관계가 실질적으로 유지되고 있는 경우에도 남편이 반항을 불가능하게 하거나 현저히 곤란하게 할 정도의 폭행이나 협박을 가하여 아내를 간음한 경우에는 강간죄가 성립한다고 보아야 한다. 다만 남편의 아내에 대한 폭행 또는 협박이 피해자의 반항을 불가능하게 하거나 현저히 곤란하게 할 정도에 이른 것인지 여부는, 부부 사이의 성생활에 대한 국가의 개입은 가정의 유지라는 관점에서 최대한 자제하여야 한다는 전제에서, 그 폭행 또는 협박의 내용과 정도가 아내의 성적 자기결정권을 본질적으로 침해하는 정도에 이른 것인지 여부, 남편이 유형력을 행사하게 된 경위, 혼인생활의 형태와 부부의 평소 성향, 성교 당시와 그 후의 상황 등 모든 사정을 종합하여 신중하게 판단하여야 한다대법원 2013. 5. 16. 선고 2012도14788·2012전도252 전원합의체판결.

─ 생각해볼 문제 ────────────────────

● 성폭력 피해를 주위에서 알게 된 경우에 피해자의 의사에 반해서 범죄자를 처벌하는 일은 왜 필요한가? 친고죄로 하여 피해자의 프라이버시를 존중하는 일이 필요한가?

● 성폭력피해자는 스스로 피해를 유발한 것인가 아니면 약한 여성이라도 밤거리를 활보하고 다니는 등의 활동의 자유를 보장해 주는 일이 중요한가?

● 최근 데이트폭력이 심각한 사회 문제로 대두되고 있다. 데이트폭력을 예방할 수 있는 효과적인 방안은 무엇일까? 데이트폭력에 대하여 별도로 규정하는 특별법의 제정이 필요하다고 생각하는가? 그렇다면 그 법에 포함되어야 하는 주요 내용은 어떤 것이 있을까?

CHAPTER 18

포르노와 성매매의 금지

"나는 또 하나의 진실과 마주쳤다. 외세가 강요하는 매춘과 윤락 속에는
인간의 정신마저 황폐화시키는 폭력이 자리하고 있음을. 여기서 나는 이
땅에서 자유로운 여성은 아무도 없다는 사실을 새삼 확인했다."

_ 윤정모, 『고삐』 중에서

I. 포르노의 금지

포르노란 무엇인가

포르노그래피pornography란 인간의 육체 혹은 성행위를 노골적으로 묘사·서술한 것으로서 성적인 자극과 만족을 위해 이용되는 성표현물sexual representation을 말한다. 포르노그래피는 복잡한 사회맥락 안에서 작동하기 때문에 포르노를 해석하는 방식에 따라 다르게 정의된다. 미국 대법원의 밀러 판결Miller v. United States, 354 U. S. 476 (1973)은 음란물 판단기준을 다음과 같이 제시하였다. 첫째, 일반인이 특정지역사회의 기준으로 보아 특정작품이 성욕을 자극하는 것으로 판단될 것, 둘째, 명백히 도발적인 방법으로 법에 의해 구체적으로 정의된 성행위 등을 묘사한 것일 것, 셋째, 전체적으로 문학적·예술적·정치적 또는 과학적 가치를 결여했을 것 등이다. 특히 마지막 기준은 포르노를 규제한다는 명목으로 문학적·예술적·정치적 또는 과학적 가치가 있는 작품을 단속할 가능성이 있다는 이유로 새롭게 도입된 것인데, 이러한 음란물 정의는 개념이 모호하고 판단의 객관성을 유지하기가 어렵다는 비판을 받았다.

일반적으로 사회공동체의 평균적인 사람이 전체적으로 보았을 때 외설적인 관심에 호소하는 것으로 느끼고, 성적 행위를 노골적으로 불쾌한 방법으로 묘사하며, 진지한 문학적·예술적·정치적·과학적 가치가 없는 경우에는 음란성이 인정된다고 한다. 그러나 여성주의자들은 이에 대하여 남성과 여성 사이에 중립적 성정체성을 지닌 평균적인 사람이 존재하는지, 공동체의 기준 자체를 정할 수 있는지, 여성을 착취로부터 보호하는 것보다 감수성을 보호하는 것이 우선시되는지 등의 의문을 제기한다.

포르노 규제주의

가정의 순수성을 중요시하는 보수주의자들은 포르노가 그 노골성으로 인해 전통적인 성풍속에 적합하지 않으며, 그것을 보는 사람을 타락시킬 수 있기 때문에 금지되어야 한다고 주장하였다. 이들은 한 시대와 지역의 도덕을 절대적인

여성을 위한 **법**

가치기준으로 설정하고 있다는 비판을 받았다.

여성주의의 측면에서는 보다 근본적으로 포르노에 대한 문제를 제기하였다. 전통적 여성주의자는 여성을 남성의 성적 대상으로 삼아 물리적·육체적으로 학대하며 즐기는 것을 포르노그래피로 보았다. 앤소니 드워킨Anthony Dworkin은 포르노를 '영상물이나 말을 통해 여성을 복종시키는 생생한 성적 묘사물'이라고 정의하였다. 에로티시즘과 포르노그래피를 폭력적인 측면에서 파악하고 그의 규제를 주장한 대표적인 여성주의자, 캐서린 맥키논Catharine A. Mackinnon은 포르노는 단순히 성적 표현물에 불과한 것이 아니라 여성에 대한 남성가부장적 지배가 가장 극단적으로 반영된 것으로 보았다. 그리고 포르노의 내용은 여성에 대한 강간, 폭력, 어린이들에 대한 성학대, 살인, 모욕으로 구성되어 있다고 분석하고, 포르노의 해악은 개인의 도덕적 타락만이 아니라 남성의 여성 지배를 영속화하는 데 있다고 비판하였다.

포르노 규제를 주장하는 여성주의자들이 포르노가 여성을 모욕하고, 학대하고, 여성에 대한 폭력을 정당화시키며 이를 조장한다고 주장하는데, 이런 주장에 동의하지 않는 여성주의자들도 있다. 어떤 식으로든 표현의 자유를 제약하면 성평등적인 성표현물들도 제약받을 수 있고, 포르노를 규제하기 위하여 보수주의와 영합하게 될 것이라는 것이 이들의 비판점이다.

자유주의적 여성주의자 가운데에는 포르노를 금지시켜야 한다는 주장도 나왔다. 인간의 주요한 쾌락 중 하나인 성을 통하여 성차별의 영속화를 위한 사회적 의식형성이 이루어지고 있는데, 그 주요 수단이 포르노라는 지적이었다. 특히 폭력과 결합된 남녀의 성관계를 묘사하면서, 남성은 가학으로서 여성은 피학대로서 쾌락을 느끼는 것을 자연스러운 것으로 인식하도록 만들어 지배와 종속이라는 남녀의 역학관계를 자연적이고 바꿀 수 없는 질서로 만든다고 하였다.

포르노 자유주의

개인의 자유의지를 존중하는 자유주의의 입장에 근거하여 도덕적 차원에서 성을 정의하고 규제하는 것에 반대하며 표현의 자유를 옹호하고 개인들에게 완전한 성적 자유를 주어야 한다는 주장이 대두되었다. 이들의 주장은 성의 자유를 도덕과 분리시켰다는 데에 큰 의미가 있었으나, 포르노가 남성중심적 성문화 속에서 폭력적으로 작동하고 있다는 사실을 간과하였다는 비판을 받았다.

여성주의자들 가운데에도 맥키논식의 부정적 포르노관에 대하여 반론을 제기하는 목소리도 있다. 우선 맥키논의 주장은 남성은 부도덕하고 음탕한 존재인 반면 여성은 낭만적이고 정숙한 존재인 것처럼 여성을 미화하는 관점이 깔려 있다고 비판했다. 성행위에 있어서도 남성은 힘, 지배, 폭력의 관계로 인식되는 반면에 여성은 상호성, 부드러움, 감수성을 가진 존재라고 묘사하고 있으나, 이는 포르노나 여성이 주체가 된 페미니즘 에로티카를 즐기는 여성들이 늘어나고 있는 현상을 설명하지 못한다는 것이다. 이들은 여성도 성적 자유와 쾌락을 누릴 권리가 있으므로, 애정과 신뢰감이 있는 가운데 상호적인 성행위를 묘사하는 포르노는 오히려 권장되어야 하고, 다만 폭력적이거나 여성을 비하하는 포르노만을 문제삼아야 한다고 주장한다.

포르노 규제의 이유

외설물은 반드시 금지시켜야 하는가. 이에 관한 논쟁을 살펴보면 다음과 같다.

:: **포르노 유해有害론** 포르노를 규제해야 한다고 주장하는 사람들은 노골적인 성적 표현물에 접하게 되면 사람들의 성적 수치심이 마비되고, 그 내용을 모방하려는 경향을 보이며, 포르노를 많이 볼수록 성적 공격성이 커진다고 주장한다. 특히 극단적인 금지주의자들은 포르노는 보는 사람에게 억제할 수 없는 성욕을 생기게 하여 결국 성폭력 범죄로 이어진다고 한다. 모르간Robin Morgan이란 학자는 "포르노는 이론이고 강간은 실천이다"라고 주장하였다.

:: **포르노 무해無害론** 포르노가 유해하다는 주장과 달리 포르노가 성범죄를 증가시키는 원인이 아니라는 주장도 꽤 많다. 포르노를 성범죄에 직접 연결시키는 것은 지나친 과장이고, 일부 범죄자들의 극단적 충동을 마치 일반적인 현상인 것처럼 강조하고 있다고 비판한다. 성인들이 포르노를 보고 성적으로 흥분하

였더라도 포르노에서 본 대로 현실에 행동할 가능성은 적고, 오히려 포르노를 보면서 억눌린 성적 충동을 자위행위 등을 통해 해소함으로써 현실에서 성범죄의 동력이 되는 성적 충동을 감퇴시킬 수 있다고도 주장한다.

포르노와 성범죄는 직접적인 관계를 갖는 것일까. 국내 형사정책 측면의 조사에 의하면 음란물과 성폭력범죄는 밀접한 상관관계를 갖고 있다고 한다. 이에 따르면 외설필름이나 잡지에 접한 횟수와 본인이 느끼는 성욕 정도 사이에는 비례관계가 있고, 강간범죄자의 30% 이상이 잡지, 영화, 주간지를 통해서 강간을 알게 되었다고 답변을 하였다.

그런데 포르노의 허용과 강간발생률에 관한 국제적인 비교연구의 결과에 의하면, 강간이 포르노를 허용하는 국가에서 더 많이 발생한다고 보기는 어렵다. 포르노를 가장 먼저 허용했던 덴마크에서는 오히려 포르노 합법화 이후 강간발생률이 현저하게 감소한 것으로 나타났다. 이러한 현상은 1960년대부터 포르노를 허용했던 스칸디나비아 국가들에서도 같았다. 미국과 영국은 포르노의 규제정책에 별 차이가 없는데, 영국에서의 강간발생률은 미국의 12분의 1에 불과한 것으로 나타났다. 한편 우리나라의 포르노 규제는 다른 나라에 비하여 매우 엄격하나 우리나라의 성범죄율은 선진국에 비해 매우 높은 편이어서 포르노허용과 성범죄율이 비례관계에 있지 않다는 것을 실증적으로 보여준다.

우리나라의 포르노 규제

우리나라에서는 포르노가 형법상 음란물죄로 규제된다. 형법상 '성풍속에 관한 죄'에는 음화반포죄, 음화제조죄, 공연음란죄에 관한 규정이 있다. '음화반포죄'는 "음란한 문서, 도화, 필름 기타 물건을 반포, 판매 또는 임대하거나 공연히 전시 또는 상영한 자"를 처벌하고형법 제243조, '음화제조죄'는 음화반포 등의 행위를 할 목적으로 "음란한 물건을 제조, 소지, 수입 또는 수출한 자"를 처벌하는 것이다형법 제244조. 그 외에 '공연음란죄'는 "공연히 음란한 행위를 한 자"를 처벌한다형법 제245조.

최근에는 인터넷망 등을 통하여 포르노가 유통되는 경우가 절대적으로 많은데,

정보통신망을 통하여 음란한 부호·문언·음향·화상 또는 영상을 배포·판매·임대하거나 공공연하게 전시하는 내용의 정보를 유통하는 것은 정보통신망 이용촉진 및 정보보호 등에 관한 법률에 따라 처벌될 수 있다제44조의7 제 1 항 제 1 호, 제74조.

음란성은 통상 사회통념상 일반 보통인의 성욕을 자극하여 성적 흥분을 유발하고 정상적인 성적 수치심을 해하여 성적 도의관념에 반하는 것을 말한다. 그 판단 기준에 대하여 대법원은 특정 표현물을 형사처벌의 대상이 될 음란 표현물이라고 하기 위하여는 표현물이 단순히 성적인 흥미에 관련되어 저속하다거나 문란한 느낌을 준다는 정도만으로는 부족하다고 하면서, 사회통념에 비추어 전적으로 또는 지배적으로 성적 흥미에만 호소할 뿐 하등의 문학적·예술적·사상적·과학적·의학적·교육적 가치를 지니지 아니한 것으로서, 과도하고도 노골적인 방법에 의하여 성적 부위나 행위를 적나라하게 표현·묘사함으로써, 존중·보호되어야 할 인격체로서의 인간의 존엄과 가치를 훼손·왜곡한다고 볼 정도로 평가될 수 있어야 한다고 하였다. 나아가 이를 판단할 때에는 표현물 제작자의 주관적 의도가 아니라 사회 평균인의 입장에서 전체적인 내용을 관찰하여 건전한 사회통념에 따라 객관적이고 규범적으로 평가하여야 한다는 점도 강조하였다대법원 2017. 10. 26. 선고 2012도13352 판결 등. 이러한 법원의 판단기준은 음란성에 관한 논의는 자연스럽게 형성·발전되어 온 사회 일반의 성적 도덕관념이나 윤리의식 및 문화적 사조와 직결되고, 아울러 개인의 사생활이나 행복추구권 및 다양성과도 깊이 연관되는 문제로서, 국가 형벌권이 지나치게 적극적으로 개입하기에 적절한 분야가 아니라는 점을 전제로 한다.

포르노 규제의 한계와 그 범위

법률에 의한 금지와 처벌에도 불구하고 우리나라에서 포르노물의 보급은 급속도로 증가하고 있다. 매체가 다양해지고 관련 기술이 발달함에 따라 안전장치 없이 다량의 포르노물에 손쉽게 접근할 수 있게 되었고, 성에 대한 사회적인 인식이 변화함에 따라 포르노물을 볼 권리를 인정할 필요가 있다는 목소리도 높아지고 있다.

이러한 변화에 상응하여 포르노 규제를 다시 생각해 볼 필요가 있다. 최근의 조사에서는 우리나라 남성의 대부분이, 여성의 경우에도 80% 가량이 포르노를 시청한 경험이 있다고 밝히고 있다. 국민 대부분이 지키지 못하는 법률을 유지하는 것이 능사는 아니다. 이러한 현실에서 포르노 규제가 무조건 건전한 성풍속을 유지시키는 지름길이라고 보는 편견에서 벗어나 그 영향을 보다 과학적이고 객관적으로 재검토할 필요가 있다.

포르노의 규제에서 중점을 두어야 하는 것은 그것이 성적 흥분을 야기한다거나 수치심을 자극한다는 점이 아니라, 성에 관한 왜곡된 가치관을 심어 주고 인간의 존엄성과 가치를 심각하게 훼손할 수 있다는 점이다. 최근 큰 사회적 문제가 되고 있는 몰래 불법적으로 촬영된 음란물이나 상대에게 해악을 끼치려는 의도에서 유포되는 보복성 음란물과 같이 개인의 인권을 침해하는 일체의 행위는 반드시 금지되고 엄벌에 처하여야 할 것이다. 아동을 대상으로 한 아동 포르노도 허용되어서는 안 된다_{아동·청소년의 성보호에 관한 법률 제11조 참조}. 그러나 상업적인 포르노물을 모두 불법이라고 하여 금지하는 것은 현실적이지 않을 뿐만 아니라, 규제를 받지 않는 해외사이트를 이용하거나 불법 촬영물을 유통시키는 등 불법을 양산하는 면도 있다.

어떤 성적 표현물이 나쁜 영향을 미치는가는 심사하는 사람의 선입관에 기초해 판단할 것이 아니라 과학적인 연구, 조사를 거쳐 판명해야 할 것이다. 비록 성적 표현물에 관한 것이라도 국민들에게 '표현의 자유'와 '읽을 자유'가 기본적으로 부여되어 있고, 법은 필요불가결한 경우에 최소한의 범위에 한정해서 그 자유를 제한할 수 있다. 성 의식에 대한 조사와 함께 포르노가 미치는 영향에 대한 체계적인 분석을 통하여 그 허용 범위와 규제 방법에 대한 진지한 논의가 시급하다.

- 왜 포르노를 보는지, 그리고 포르노를 본 후 어떤 느낌을 갖게 되는지를 함께 이야기해 보자.

- 여성주의가 주장하는 '성평등'적인 포르노는 무엇일까 생각해 보자. 그리고 여성비하적 또는 여성학대적 포르노가 규제될 때도 이것은 허용되어야 하는가 생각해 보자.

- 1990년 이후 '즐거운 사라', '내게 거짓말을 해봐' 등과 같은 문학작품의 음란성을 처벌하는 법원의 판례가 있었다. 학문과 예술을 음란문서로 규정할 수 있을까? 예술작품과 음란물의 경계는 어디인가?

- 불법촬영된 음란물이나 보복성 음란물을 규제하는 효과적인 방안은 무엇일지 생각해 보자. 이들은 왜 문제인지도 함께 이야기해 보자.

2. 성매매의 금지

성매매에서 드러나는 이중규범

성매매는 인간의 성행위를 상행위의 객체로 삼는 것을 말한다. 종전에는 여성이 성을 파는 것을 일컬어 '매춘'이라는 표현을 사용하였으나, 성거래의 수요자 또한 비윤리적이라는 점을 지적하며 '매매춘'이라는 표현을 사용하여야 한다는 문제제기가 있었다. 기존의 윤락행위등방지법에서는 '윤락행위'라는 용어를 사용하였으나, 현행 성매매 관련법에서는 가치중립적인 '성매매'라는 용어를 사용한다.

성매매와 관련하여서는 여성과 남성에 대하여 각각 다른 기준을 적용하는 이중규범double standard의 문제가 극명하게 드러난다. 우리 사회는 성을 구매하는 남성에게는 관대한 반면, 성을 판매하는 여성은 매춘부라 하여 멸시를 하는 경우가 일반적이다. 성매매를 규제하는 경우에도 여성과 남성 사이에 그 규제조치나 처벌에 있어서 상당한 차이를 보이고 있다. 근래에는 여성고객에 의한 남성매춘부의 이용도 종종 나타나고 있는데, 이 문제를 바라보는 시각이나 처벌강도에 있어서 남녀의 이중규범이 작용하고 있다.

성매매의 실태

1970년대 이후 한국의 향락산업은 급속히 번창하기 시작했다. 한국의 자본주의적 경제의 파행적 구조가 향략산업의 팽창으로 연결되었다. 향락과 접대 문화가 만연하면서 이 부문의 수요가 증대되었고, 외국인 관광유치를 위한 수단으로 향락산업이 활용되기도 하였다. 최근에는 온라인 채팅이나 모바일 어플리케이션 등의 방법을 이용한 성매매가 증가하면서 청소년을 대상으로 하는 성매매도 확산되는 실정이다.

:: **변태적 윤락업소의 확산** 성매매의 업소와 종류가 변태적인 형태를 띠면서 일상생활 속으로 점점 더 깊숙이 침투하고 있다. 이는 성매매 공간의 확대 그리고 성매매업의 무분별한 파급현상에 기인한다. 과거에 집장촌이나 기지촌의 형태로 집중되었던 성매매업이 이제는 특정한 장소의 구별 없이 일반주택가를 포함한 어느 장소에서나 가능해졌다. 유흥업소, 안마시술소 등 성매매를 알선하는 업소가 매우 다양화되었다는 사실도 심각한 문제점으로 지적된다. 성매매를 부업으로 삼거나 성매매를 다른 영업으로 위장하는 유흥업소들이 확산되었다. 그리고 성매매업의 형태가 다양해지면서 매춘여성의 부류 또한 점점 다양해지고 있다.

:: **자발적 성매매의 증가** 과거에 매춘여성이 되는 동기가 대개 인신매매나 사기, 강압 등 타인에 의한 행위였고, 본의 아니게 매춘에 빠지거나 마지막 호구지책으로 몸을 팔 수밖에 없는 경우들이 더러 있었다. 반면에 오늘의 매춘여성들 중에는 타의나 강요에 의하지 않은 자발적 결정에 의해 매춘여성이 된 경우가 종종 있다. 이는 성매매를 노동과 같은 직업수단으로 삼는 풍토가 확산되어가고 있음을 말한다. 여성의 경우 성의 상품가치가 노동의 상품가치보다 더 비싸게 교환되는 경제 환경이 그 한 원인으로 되고 있다. 여성이 건전한 직장을 구하기도 힘들고, 그 직장에서 충분한 생계비를 벌기도 힘든 현실에서 일방적으로 여성의 성윤리만을 문제삼는 것은 적절하지 못하다. 이와 더불어 매춘여성의 연령

이 갈수록 낮아진다는 사실도 나타나고 있다. 10대의 어린 소녀들이 자발적인 성매매의 길에 접어드는 현상은 우리 사회를 어둡게 하고 있다.

성매매의 금지에 관한 논쟁

성매매에 대한 규제를 어떤 방법으로 할 것인가에 관하여 다른 입장이 있었다. 특히 성매매업에 종사하는 여성이 자발적으로 그 직업을 택한 자발적 성매매행위의 경우에까지 인신매매의 요소가 짙은 강제적 성매매행위와 마찬가지로 처벌할 것인가를 놓고 논쟁이 심하였다.

:: **제한적 허용설** 성매매 자체를 금지하거나 규제하기보다는 성매매를 강제한 인신매매자나 중간착취자를 없애도록 해야 한다는 주장이다. 이 주장은 강제된 성매매와 자유의사에 의한 성매매를 구별하고, 전자는 여성에 대한 인권 침해로 보지만 자유의사에 의한 성매매는 인정해야 한다고 본다. 따라서 국가는 성매매 자체를 금지하거나 규제하기보다는 성매매를 강제하는 다른 요소들을 적발하고 처벌하는 데 주력해야 한다는 입장이다.

:: **절대적 금지설** 모든 성매매는 여성의 인간성을 침해하므로 성매매 자체를 없애야 한다는 주장이 있다. 성매매 자체가 여성의 성을 상품화하는 것이고, 성매매는 어떤 경우에도 여성의 인권을 침해한다고 본다. 성매매를 매춘여성의 선택이라고 간주하는 것은 남성의 지배이데올로기를 대변하는 것이라고 비판한다.

:: **허 용 설** 일부 매춘여성들이 주장하는 것으로 성매매에 대한 일체의 규제를 하지 않고 오히려 직업으로 인정해야 한다는 주장이 있다. 1980년대에 유럽에서 개최된 세계매춘부회의World Whore' s Congress에서 이러한 주장이 표명된 바 있다고 한다.

성매매 규제에 관한 각국의 입장

성매매에 대한 각국의 입법주의는 금지주의, 규제주의, 폐지주의의 세 가지로 나눌 수 있다.

:: **금지주의** 성매매를 범죄로 간주하여 성매매조장자, 착취자는 물론 성매매 자까지 처벌하는 입장이다. 그렇더라도 음성적 성매매까지 완전히 추방하지는 못하여서 지하에서 이루어지고 있다. 금지주의를 취하는 국가로는 한국, 태국, 필리핀, 미국의 뉴욕주 및 일리노이주 등이 있다.

:: **규제주의** 경찰이나 행정관청의 허가를 받아 공공연히 성매매를 하며 등록 대장, 색인, 의료감시 등을 통제수단으로 활용하는 경우를 말한다. 이 경우 합법적 형태와 비합법적 성매매가 상존하게 된다. 규제주의를 취하는 국가로는 독일, 대만, 네덜란드, 미국의 네바다주, 오스트레일리아의 빅토리아주 등이 있다.

:: **폐지주의** 규제주의 자체를 폐지하는 제도로서 성매매가 자유활동으로 허가 되고 개인적인 활동으로 고려되는 경우를 말한다. 다만 성매매의 조장, 착취자 및 눈에 띄는 호객행위 등은 단속한다. 폐지주의를 취하는 국가로는 프랑스, 영국, 스위스, 이탈리아, 뉴질랜드, 오스트리아, 캐나다, 미국의 일부 주 등이 있다.

:: **성매매금지 국제협약** 국제적 기구는 성매매를 금지하기 위한 노력을 지속 적으로 전개해 왔다. 국제기구들은 성매매를 없애기 위해 다음과 같은 협약이나 기준을 만들었다. ▶ 1950년 제정된 "인신매매 금지 및 타인의 매춘행위에 의한 착취금지에 관한 협약"Convention for the Suppression of the Traffic in Person and Exploitation of Others ▶ 여성차별철폐협약CEDAW: Convention on the Elimination of All Forms of Discrimination Against Women에 포함된 매춘에 관한 조항 ▶ 1995년 제4차 세계여성회의에서 채택된 "북경선언문과 행동강령"의 성매매관련항목 ▶ 1996년 아동들의 성보호 를 위한 "스톡홀름 선언 및 행동의제" ▶ 1999년 1월 29일, 세계 여성회의에서 매춘거부 다카선언 채택, 이 선언에서는 성매매가 여성에 대한 폭력이자 인권 침해임을 선언했다.

성매매를 처벌하는 법률

형법에서는 '음행매개죄'를 처벌한다. 음행매개죄는 '영리의 목적으로 사람을 매개하여 간음하게' 함으로써 성립한다형법 제242조. 성매매를 직접 규제하는 법률 로는 2004년 제정된 '성매매알선 등 행위의 처벌에 관한 법률'이하 '성매매처벌법'과

'성매매방지 및 피해자보호 등에 관한 법률'이하 '성매매피해자보호법'이 있다. 이들 법률의 제정으로 과거의 '윤락행위 등 방지법'은 폐지되었고, 성매매알선 등 행위 및 성매매를 위한 인신매매를 근절하고 성매매피해자의 인권을 보호함을 목적으로 하는 처벌법과 성매매를 방지하고 성매매피해자 및 성을 파는 행위를 한 자의 보호와 자립의 지원을 목적으로 하는 보호법을 구분하여, 성매매 여성뿐 아니라 구매자인 남성 및 포주 등 영업에 관여한 자까지 처벌하고 성매매법의 실효성 있는 집행가능성을 확보하고자 하였다. 이 법률들은 성매매 여성들의 행위를 비난하는 취지의 '윤락행위'라는 표현 대신에 가치중립적 개념인 '성매매'라는 용어를 사용하고, 성매매와 관련된 인권유린 행위를 처벌하고 성판매자와 성구매자 외의 제3자인 성매매의 알선 등 중간자를 처벌하는 근거를 부여하였다.

:: **성매매처벌법**　성매매처벌법은 성매매, 성매매알선 등 행위 및 성매매 목적의 인신매매를 근절하고, 성매매 피해자의 인권을 보호함을 목적으로 한다. 성매매처벌법에서는 누구든지 다음의 어느 하나에 해당하는 행위를 하여서는 아니 된다고 규정한다.

▶ **성매매**　불특정인을 상대로 금품이나 그 밖의 재산상의 이익을 수수收受하거나 수수하기로 약속하고 성교행위 또는 유사 성교행위구강, 항문 등 신체의 일부 또는 도구를 이용한 행위를 의미함를 하거나 그 상대방이 되는 것을 말한다.

▶ **성매매알선 등 행위**　성매매를 알선, 권유, 유인 또는 강요하는 행위, 성매매의 장소를 제공하는 행위, 성매매에 제공되는 사실을 알면서 자금, 토지 또는 건물을 제공하는 행위를 말한다.

▶ **성매매 목적의 인신매매**　성을 파는 행위 또는 「형법」 제245조에 따른 음란행위를 하게 하거나, 성교행위 등 음란한 내용을 표현하는 사진·영상물 등의 촬영 대상으로 삼을 목적으로 위계, 위력, 그 밖에 이에 준하는 방법으로 대상자를 지배·관리하면서 제3자에게 인계하는 행위 등을 말한다.

▶ **성을 파는 행위를 하게 할 목적으로 다른 사람을 고용·모집하거나 성매매가 행하여진다는 사실을 알고 직업을 소개·알선하는 행위**

▶ **이상의 행위 및 그 행위가 행하여지는 업소에 대한 광고행위**

:: **성매매피해자보호법** 성매매피해자보호법은 성매매를 방지하고, 성매매피해자 및 성을 파는 행위를 한 사람의 보호, 피해회복 및 자립·자활을 지원하는 것을 목적으로 한다. 이 법에서는 국가와 지방자치단체에 성매매를 방지하고, 성매매피해자 등의 보호, 피해 회복 및 자립·자활을 지원하기 위하여 법적·제도적 장치를 마련하고 필요한 행정적·재정적 조치를 하여야 하는 책임을 규정하고 있다.

:: **아동·청소년성보호법** '아동·청소년의 성보호에 관한 법률'은 아동·청소년의 성을 사거나 이를 알선하는 행위, 아동·청소년을 이용하여 음란물을 제작·배포하는 행위, 아동·청소년에 대한 성폭력행위 등으로부터 아동·청소년을 보호하고자 한다. 이 법은 성매매·성폭력 등과 관련하여 아동·청소년의 인권을 보호하고 건전한 사회구성원으로 성장할 수 있도록 하려는 것이다. 아동·청소년을 이용한 성매매 등은 성년자의 경우보다 가중 처벌한다. 이는 아동·청소년들이 성년에 비해 충동적이고 유혹에 빠지기 쉬우며 성에 대한 가치관이 미성숙되어 올바른 판단을 할 수 없기 때문이다. 아동·청소년성보호법에서는 아동·청소년대상 성범죄로 유죄판결이 확정된 자의 신상정보를 등록 및 공개하고 취업을 제한하고 있다. 이는 아동·청소년대상 성범죄를 방지하기 위한 것이다. 청소년 성매수자에 대한 신상공개 위헌제청사건헌법재판소 2003. 6. 26. 선고 2002헌가14 결정에서는 청소년 성매수자에 대한 신상공개를 규정한 (구)청소년의성보호에관한법률 제20조 2항 1호가 합헌이라고 하였다. 청소년의 성보호라는 공익적 복적이 중대하므로 그 신상공개는 과잉금지원칙 및 평등원칙에 위배되지 않는다는 것이다.

성매매에 대한 대처방안

성매매 문제는 사회의 여러 부문의 이해관계가 복잡하게 얽혀 있기 때문에 여성문제 중에서도 가장 어려운 문제의 하나이다. 따라서 구조적인 문제의 해결 없이 단순한 단속과 벌칙만으로 그 근원적인 해결책을 기대할 수 없다. 성매매 문제의 해결이 어려운 또 한 가지 이유는 "성매매는 해결할 수 없는 문제이다"

라는 인식이 우리 사회에 팽배해 있기 때문이다. "매춘은 인류역사상 가장 오래된 직업이다"라는 묘사에 나타난 것처럼, 성매매가 필요악이라든가 근절이 불가능하다는 생각으로 이를 방관하고 있다. 또 성매매의 문제가 여성운동의 주된 관심사가 되지 못하고 있는 것도 문제의 해결에 걸림돌이 되고 있다.

일부에서는 성매매의 합법화 및 성매매 실명제를 취할 것을 주장하고 있다. 성매매를 직업화하여 세금을 받고 당당하게 일할 수 있게 하자는 것이다. 영국, 독일, 프랑스 등 유럽국가에서는 제한적으로 성매매가 합법화되어 있다. 이 제도의 장점은 행정적인 통제가 가능해 에이즈, 매독 등 성병의 전염을 예방할 수 있고, 미성년자나 청소년들의 성매매행위를 예방할 수 있으며, 마약이나 약물 사용 등의 병폐적인 성매매행위를 통제할 수 있다는 것이다. 현재처럼 성매매처벌법이 있음에도 불구하고 공공연히 성매매가 성업을 이루고 있는 현실에서 음성적인 상납금, 착취구조의 먹이사슬에 보다 강력하게 대처할 수 있다는 것이다.

그러나 성을 사고 파는 행위를 합법화하는 것은 우리 사회의 실정 및 우리의 법 감정에 비추어 아직 수용하기 어렵다고 할 것이다. 돈을 주고 성을 산 남성뿐만 아니라 착취나 강요 없이 자발적으로 성매매를 한 여성도 처벌하도록 한 성매매처벌법이 헌법에 어긋나지 않는다는 것이 우리 헌법재판소의 태도이다_{헌법재판소} _{2016. 9. 29. 선고 2015헌바65 결정}. 성매매를 근절 내지는 감소시키기 위해서는 우리 사회에 뿌리내리고 있는 남녀의 성에 대한 차별과 그동안의 잘못된 인식을 개선해 나가는 것이 최선의 방법임을 알 수 있다. 성매매 문제에 대한 대책으로서 성매매로 이익을 보는 중간 착취구조를 없애는 데에 노력을 기울여야 한다. 성의 착취를 통해 이익을 취하는 집단 및 이들과 행정관청의 연결고리를 어떻게 근절할 것인가 하는 문제에 대해서도 해결책이 필요하다. 더욱 중요한 것은 미성년자의 성매매를 근절하는 일이다.

● 성매매는 왜 나쁜 것일까? 미성년자의 성매매는 어떤 해악을 가져오는가? 여성이 성매매의 고객으로 되어 가는 현상은 어떤 문제를 안고 있는가?

● 성매매폐지 반대론자의 논거로 성매매를 없애면 성폭력이 증가한다는 주장이 있다. 이것은 과연 타당성이 있는 주장인가? 독신남성들은 성적 욕구를 억제할 수 없는 생리적 구조를 갖고 있다고 생각하는가?

CHAPTER 19

여성을 위한 법을 넘어, 모두를 위한 법으로

"나는 기계가 아니다, 부품들의 조립이 아니다
내가 아픈 것은 기계가 글러 먹어서가 아니다
내가 아픈 것은 영혼에, 깊은 감정의 자아에 난 상처 탓이다 —
영혼의 상처는 오래간다, 시간이 흘러야 아문다
그리고 인내, 어려운 참회, 길고도 어려운 참회가 필요하고,
삶이 저지른 오류를 깨달아야 한다
끝없이 반복되는 오류에서 벗어나야 한다
인류가 거룩한 양 꾸며 온 그 오류에서 벗어나야 한다."
    _ D.H. 로렌스, 『무쇠 한스 이야기(로버트 블라이 저)』에서 재인용

I. 남성학의 태동

남성의 문제제기

한국남성들은 자신에게 가해지는 기대와 부담 때문에 어깨가 짓눌려 있다. 전통과 관습이 부과한 고정된 패턴의 삶을 살아야 하는 것은 여성뿐만 아니라 남성에게도 부당하다. 자신의 삶을 스스로 설계하고 선택할 수 있어야 하는 것은 인간으로서의 권리이다. 어떤 이데올로기라도 자신의 삶에 대한 선택가능성을 박탈해서는 안 된다. 가부장적인 사회에서 자신이 어떻게 남자로 길러졌는지에 대한 문제의식을 가지고, 사회가 강요하는 전형적인 남성의 삶이 아니라 자기 식의 삶을 살아가는 사람들이 늘어나고 있다.

우리나라 남성들은 과거 전통 사회에서는 느끼지 못했던 고민을 갖게 되었고 그들의 사는 모습도 과거와는 달라졌다. 어머니의 지나친 보호와 간섭 속에서 자라 마마보이가 된 남성, 여성과 원만한 관계를 갖지 못해 원치 않는 독신으로 지내는 남성, 출세경쟁 속에서 정신적 장애를 경험하는 남성, 직장에서의 장시간 노동으로 개인생활을 빼앗기는 것이 싫어 직장생활을 거부하는 남성 등 남성이 당면한 문제가 다양해지고 있다. 중년 남성들이 직장에서 정년퇴직이나 실직을 하게 되어 생의 의욕을 상실하거나, 아내로부터 버림받고 정신적 충격을 이기지 못하는 경우, 사회에서 산업폐기물과 같은 취급을 받는 것에 분개하여 정신적 균형을 상실하는 경우 등의 문제도 늘어나고 있다. 남성의 문제가 증가함에 따라 남성들을 위한 상담기구도 증가하고 있다.

남성만이 부담하는 병역의무에 대한 반발도 강해지고 있다. "나는 전쟁을 거부하기 때문에 군대에는 가고 싶지 않다"고 생각하고 대체근무를 희망하거나 아예 군대를 없애야 한다고 주장하는 평화운동파의 남성도 많아졌고, 이와는 조금 다른 입장에서 "남성이라는 이유만으로 여성은 가지 않는 군대에 가야 하는 것은 부당하다" 하고 병역제도에 대해 발상의 전환을 요구하는 움직임도 있다. 동성애자가 자기의 성적 취향을 밝히고 자신들의 권리를 주장하는 경우도 늘어나고 있으며, 이에 대한 사회적 인식도 조금씩 변화하여 관용하는 태도를 보이고 있다. 이와 같이 남성들은 사회가 남성에게 강요하는 역할에 의해 고통받기를 거부하고 그의 무조건의 수용을 거부하는 목소리를 내기 시작하였다.

미국에서 전개된 남성운동

미국에서는 남성단체의 운동이 활발하였다. 페미니즘을 이해하고 동조하는 남성운동으로서 '성차별에 반대하는 남성의 전국조직'NOMAS은 남성과 여성 사이의 완전한 평등, 동성애자에 대한 차별의 철폐, 보다 의미 있고 윤택한 삶을 희망하는 남성들에 대한 지지 등의 세 가지를 운동의 기본방향으로 삼았다. 그들은 "남성과 여성은 상호 평등하지 않는 한 풍요롭고 깊이 있는 인생을 누릴 수 없다"고 하였다. 이 밖에도 미국에는 동성애자의 차별철폐만을 도모하는 단체, 남성다움의 복권을 외치는 보수단체, 여성운동을 비판하기 위한 보수단체 등 여러 유형의 남성단체가 있다.

미국의 남성단체 중 하나인 '자유로운 남성'Free Men은 현대사회에서 일벌로 전락한 남성들의 권리를 되찾기 위한 운동을 펼쳤다. "여성이 남성보다 5년 내지 8년 정도 더 오래 사는 이유는 무엇인가", "구급환자의 3분의 2가 남성인 이유는 무엇인가", "남성은 여자의 25% 정도만 의사에게 가며 입원은 15% 오래하는 이유는 무엇인가", "남성의 자살률이 여성의 3배가 되는 이유는 무엇인가", "남성이 살인사건의 희생자의 75%를 차지하는 이유는 무엇인가", "감옥에 수감된 남성이 여성의 25배인 이유는 무엇인가", "학교에서 처벌받는 대상이 대부분 남학생인 이유는 무엇인가" 등의 문제를 제기하였다.

남성단체 중에는 '남성성의 회복'을 주창하는 단체도 있는데, 이러한 남성성 회복운동은 페미니즘에 대해 적대시하는 입장은 아니다. 이 운동을 이끌었던 로버트 블라이Robert Bly가 쓴 『Iron John』우리나라에서는 『무쇠 한스 이야기』로 번역 출간됨에서는 현대사회에서 남성들이 자신감을 잃었으며 상처입기 쉬운 존재로 변했다고 지적하였다. 블라이는 남성들이 남성으로서의 아이덴티티를 잃어버렸음에 문제가 있다고 보고 남성들 스스로 남성성의 회복을 도모해야 한다고 주장한다.

종교적이고 보수적인 성격을 띤 남성단체도 있다. '약속지킴이'Promise Keepers

는 기독교 원리주의에 기초해 '남성의 가정에의 회귀'를 주장한다. "남성들이여! 가정과 공동체로 돌아가라", "남성들이여! 좋은 남편, 좋은 아버지가 되라"는 구호를 외쳤다. 남성들도 감성을 되찾아 감정적 생활을 누리고, 남성끼리의 우정을 깊게 해야 한다는 것이다.

그 밖에 남성문제를 마르크스주의적 관점에서 분석하는 사회주의적 남성운동이나, 남성문제를 인종문제와 관련짓는 흑인남성운동도 있었다. 흑인남성운동 Black American Movement은 미국사회가 흑인남성에 대하여 피부색이 검다는 사실만 가지고 강간범으로 취급하는 등의 차별을 하는 경우가 있다고 지적한다.

남성학이란 무엇인가

이러한 사회적 분위기 속에 남성학이 하나의 학문분야로 자리잡기 시작하였다. 「남성학」은 가부장적인 사회 속에서 남성으로서 겪어야 하는 부담과 특권을 비판적으로 분석하고 고정관념에서 벗어나 자유롭게 사는 사회를 만들기 위한 학문적 접근이라고 말할 수 있다. 남성 자신이 자기 집단의 문제를 점검하고 대안을 모색하는 것이다. 미국에서 남성학men's studies은 1970년대에 여성운동 Women Live 및 여성학women's studies에 대응하여 생겨나 1980년대에는 학문분야로 인정되었다. 미국 대학의 남성학 강의는 남성주도사회의 문제점과 남성이 겪는 성차별을 살펴본 후 남녀평등사회를 만들기 위해서는 남성들이 자신의 의식과 생활스타일을 어떻게 변화시켜야 할 것인가를 모색하는 것이 주요한 내용을 이룬다.

남성학이 추구하는 이상향

남성학은 남성의 시점에서 남성중심사회를 비판하고 보다 인간다운 생활을 추구할 것을 목적으로 한다. 남성의 인간다운 생활이 무엇인가에 대하여는 여러 가지의 시각이 있을 수 있다. 가장 바람직하게 여겨지는 것은 전통적인 남녀의 역할을 깨고 성별의 고정관념에서 벗어난 자기의 생활을 설계하는 것gender free이다.

남성다움의 회복을 외치는 남성들의 움직임은 자칫 전쟁을 일으키는 쪽으로

향하기 쉽다. 1970년대 후반부터 일어난 미국의 남성운동이 베트남전쟁에서의 패배를 부끄러워하고 이를 만회하기 위해 새로운 전쟁을 일으키기를 희망하는 사회분위기를 조성했다는 분석도 나와 있다. '여자 같다'거나 '겁쟁이'라는 평을 받은 적이 있는 남성이 이런 자신의 이미지를 바꾸기 위해 과격하고 호전적인 행위를 하는 경향이 높다고 한다. 남성학에서는 '남자다움'과 '호전적임'이 같은 의미로 쓰이는 것을 비판한다. 남성들은 어린 시절에 전쟁놀이를 좋아하지 않을 권리가 있고 어른이 된 후 전쟁을 피하고 평화로운 사회를 건설할 권리가 있다고 말한다. 남성학에서는 군대에서 전쟁과 규율이 마치 남성다움을 상징하는 것인 양 미화하는 '남성다움의 군사화'를 중지해야 한다고 주장한다.

메사 슈미트라는 범죄사회학자가 쓴 『남성성과 범죄』라는 책에서는 "왜 남성은 범죄를 저지르기 쉬운가"라는 문제에 대하여 "범죄적인 행위나 사회적 일탈행위는 종종 남성이 자신의 남성성을 증명하는 방법으로 이용되기 때문이다"라고 답한다. 소년들의 집단에서부터 '튀는 녀석', '일탈행위를 감행하는 녀석'이 멋있다는 평을 받는다. 남성집단에서 폭력은 남성다움의 발로라고 칭찬받는 경우가 많으며 그 집단의 헤게모니를 장악하기 위한 수단으로 이용된다. 이러한 사회환경 아래에서 남성들은 일탈행위나 범죄행위로의 유혹에 쉽게 빠지게 된다고 한다. 가정폭력의 경우는 남성다움의 강박관념에 의해 지배당하는 정도가 더욱 심하다. 남성학에서는 남성다움을 왜곡시키고 일탈과 폭력을 미화하는 사회가 변화해야만 범죄가 감소하게 될 것이라고 본다.

남녀가 고정적 성역할에서 벗어나 자신의 개성에 맞는 생활을 할 수 있는 사회를 만들어야 한다는 점에서 여성학과 남성학은 공조관계에 놓인다. 자신이 지향하는 바를 가로막는 사회적 장애물이 없는 사회barrier free society를 향해 나아가야 하는 것이다. 그렇다고 해서 남성과 여성이 같아져야 한다는 뜻은 아니다. 남녀라는 성별에 상관없이 개개인이 다른 것을 받아들이는 사회로 가자는 것이다.

2. 여성을 위한 법을 넘어 모두를 위한 법으로

성별 고정관념에서의 탈피

지금까지의 법여성학에서 여성이 강조되었던 이유는 여성의 권익을 증진시키기 위한 것만은 아니다. 보다 근본적으로는 기존의 법이 남성의 경험과 세계관에만 근거하여 편향적으로 구성되어 있었으므로, 이를 교정하여 법체계의 중립성을 환원시킬 필요가 있었기 때문이다. 국제적으로 법여성학은 여성의 시각과 경험, 피해를 강조하여 그 범위를 여성으로 한정짓기보다는 성차별과 장애, 빈곤, 인종차별 등의 복합된 문제를 가지는 여성과 젠더에 의하여 억압받는 남성 및 성적 소수자들의 문제까지 아우르는 것으로 발전하고 있다. 이에 따라 논의 주제를 여성문제만이 아니라 사회문화적 개념인 젠더gender로 확대하는 추세이다.

성별에 따른 고정적 역할에서 벗어나 자신의 개성에 맞는 삶을 사는 것은 여성뿐만 아니라, 남성, 성적 소수자에게 중요한 일이다. 사회의 고정관념을 깨뜨리기 위해서는 제도적 개선과 함께 문화적 변화를 꾀하여야 한다. 남녀의 이분법이나 이성애자와 동성애자의 이분법을 넘어서 개인의 취향과 능력에 따라 자기 방식의 생활을 살 권리가 인정되어야 할 것이다.

젠더법학의 과제

아직까지도 법학에서 남성중심의 시각이 지배적인 것이 사실이지만, 법여성학에 대한 기대는 여성을 위한 법에 머무르지 않고, 사회적으로 형성된 성역할에 의하여 발생하는 다양한 경험과 사고의 차이를 반영하여 법의 진정한 중립성을 확보하는 것으로 확장되고 있다. 이러한 취지에서 법여성학이라는 명칭보다는 젠더법학이라는 표현을 사용하는 경우가 늘어나고 있다. 최근 법여성학 또는 젠더법학에 관한 논의에 따르면, 젠더법학은 법과 법실무, 법학의 성에 관한 이해와 태도를 분석하여 문제를 규명하고, 모든 사람이 성과 관련된 차별과 폭력 및 편견을 받지 않으며, 개인의 존엄과 인권을 존중받고 평등하며 상생의 발전을 하고 평화로운 사회와 인간관계를 구현하기 위한 법이론과 법실무 방안을 모색하는 연구를 포괄적으로 지칭하는 용어이다.

이제 우리는 우리의 논의 대상을 여성만이 아닌 가부장적인 사회에서 피해를 입은 남성과 성적 소수자를 포함한 사회적 소수자로 넓혀서 모든 사람이 사회적인 성역할, 젠더에 의하여 차별받지 않고 인간의 존엄과 평등, 상생, 평화를 향유할 수 있는 법이론과 실천방안을 모색하여야 할 것이다. 이를 위하여 지금까지 법여성학의 경험과 연구 성과가 주요한 자양분으로 기여할 수 있을 것이다. 또한 여성이 사회적인 성역할의 인식에 따른 주요한 피해자라는 점에서, 여성인권을 보호하고 실질적인 남녀평등을 구현하는 것은 여전히 젠더법학의 중심 과제가 될 것이다.

생각해볼 문제

● 다른 성(性)에 대한 혐오가 심각한 사회적 문제로 대두되고 있다. 이러한 현상의 원인은 무엇이라고 생각하는가? 이를 해결할 방안은 무엇일까?

● 동성애자 등 사회적 소수자를 보호하는 것에 대하여 우리 사회의 합의가 이루어졌다고 볼 수 있을까? 이들을 법률로서 보호하는 것은 어떤 의미를 가지는가?

찾아보기

제2판
여성을 위한 법

초판발행   2011년 8월 30일
제2판발행   2019년 3월 5일

지은이   이은영·장보은
펴낸이   안종만·안상준

편 집   김선민
기획/마케팅   송병민
표지디자인   김연서
제 작   우인도·고철민

펴낸곳   (주) **박영사**
             서울특별시 종로구 새문안로3길 36, 1601
             등록 1959. 3. 11. 제300-1959-1호(倫)

전 화   02)733-6771
f a x   02)736-4818
e-mail   pys@pybook.co.kr
homepage   www.pybook.co.kr
ISBN   979-11-303-3337-3   93360

copyright©이은영·장보은, 2019, Printed in Korea

정가   24,000원